Die Sprache des Hundes

aufmerksam

freut sich

ergeben

unterwürfig

Peter Beck

Das Beste für meinen Hund

Peter Beck

Das Beste für meinen Hund

Profitips für Hundefreunde

KOSMOS

Mein Dank gilt all meinen vierbeinigen Weggefährten, die mein Leben unendlich bereichert haben, besonders Prinz, Flippi, Bella, Roxi, Asta, Aira und Jenny, sowie den vielen anderen Hunden, derentwegen dieses Buch entstanden ist, die mich mochten und mögen.
Vor allem aber auch ein Dankeschön an die Lektorin Angela Wolf und Frau Dr. med. vet. Helga Brehm für ihre tatkräftige Unterstützung.

Mit zwei mehrteiligen Schwarzweißzeichnungen und 28 Farbfotos von Peter Beck (13), Horst Bielfeld (2, Tafel 2 oben, 5 oben), Mareile Boyer (1, Tafel 3 Mitte), Gerda Buse (1, Tafel 2 unten), Irene Eifel (2, Tafel 4 oben rechts und Mitte), Eva-Maria Krämer (4, Tafel 1 oben, 3 oben und unten, 7 oben), Reinhard-Tierfoto (3, Tafel 4 oben links, 6 oben rechts, 6 unten), M. und U. Sowinski (1, Tafel 8 Mitte) und Angela Wolf (1, Tafel 8 oben links).
Umschlaggestaltung von Atelier Reichert, Stuttgart, unter Verwendung von 3 Farbaufnahmen von Christof Salata/Kosmos und Michael Prasuhn (Autorenbild).
Die Zeichnungen auf dem Vorsatz stammen von der Interessengemeinschaft Deutscher Hundehalter, Zeichnung und Text auf dem Nachsatz sind dem Kosmos-Buch »Deutscher Schäferhund« entnommen (die Zeichnungen stammen von Mia Ejerstad-Conti).

Die Deutsche Bibliothek – CIP-Einheitsaufnahme

Beck, Peter: Das Beste für meinen Hund : Profitips für Hundefreunde
Peter Beck. – Stuttgart: Franckh-Kosmos, 1995, ISBN 3-440-08101-X

2. Auflage/2000

ISBN 3-440-08101-X
Lektorat: Angela Wolf
Herstellung: Die Herstellung, Stuttgart
Printed in Czech Republic/Imprimé en République tchèque
Satz: Utesch Satztechnik GmbH, Hamburg
Druck und Bindung: Těšínská Tiskárna, Český Těšín

Inhalt

Ein Hund spiegelt die Familie.
Wer sah jemals einen munteren Hund
in einer verdrießlichen Familie
oder einen traurigen in einer glücklichen?
Mürrische Leute haben mürrische Hunde,
gefährliche Leute gefährliche.

Conan Doyle

Einleitung

Aus Erfahrung wird man klug – dieses Sprichwort ist zu Recht weit verbreitet und gilt auch für die Hundehaltung. 4,5 bis 5 Millionen Hunde machen derzeit in der BRD ihre positiven, aber leider auch noch zu oft ihre negativen Erfahrungen mit ihren Besitzern und Millionen von Mitbürgern, die der Hundehaltung neutral oder auch feindlich gegenüberstehen. Liest man die Zahlen, so möchte man glauben, daß unser Volk besonders hundefreundlich wäre. Unsere europäischen Nachbarn pflegen aber weit mehr Hunde (pro Kopf der Gesamtbevölkerung) als wir.

Unsere Vorfahren haben vor ca. 14000 Jahren begonnen, den Wolf zu domestizieren. Daraus wurde das wohl am meisten sozialisierte Heimtier, das sich dem Menschen im Verlauf seiner Haustierentwicklung am engsten und im wahrsten Sinne des Wortes »auf Gedeih und Verderb« angeschlossen und dabei viele Stationen der Vergangenheit mit ihm gemeinsam beschritten hat.

Kein Tier paßt sich uns und unseren Lebensumständen so an wie der Hund. Er unterscheidet in seiner Zuneigung nicht zwischen arm und reich oder alt und jung. Der Hund steht in einer Partnerschaft zu uns, wie wir sie sonst in der Beziehung zwischen Mensch und Tier nicht mehr finden.

Auf dem Weg vom Wolf zum heutigen Haushund mußten Mensch und Tier sich stetig verändernden Lebensumständen anpassen, wobei die Hunde dem Menschen bis heute vielfältig zu nutzen hatten. Aus einem reinen Zweckbündnis des Menschen mit Jagd-, Hüte- oder Treibhunden und Zugtieren (Schlittenhunden), Behinderten-Begleithunden, Blindenführ- und Rettungs- und Suchhunden, vor allem aber mit Hunden als Wächter oder Beschützer, entwickelten sich immer engere, ja innige Bindungen zum sogenannten Familienhund. Er ist als Gesellschafter, Sport- und Kommunikationspartner und als Kumpan für Menschen von der Kindheit bis ins Alter heute auch zum beliebten Hobby geworden und geht mit seinen Menschen durch dick und dünn.

Der Mensch ersetzt dem Hund in unserer Zeit das Rudel, also die Sozialpartner, stellt aber auch den Rudelführer. Dies führt oft dazu, daß Hunde von ihren Besitzern vermenschlicht werden und vergessen wird, daß alle Rassen, ganz gleich ob Chihuahua oder Irish Wolf, vom Wolf abstammen und dessen Erbe immer noch vorhanden ist. Obwohl sich manche Hunde wie Menschen gebärden, weil sie dazu gebracht werden, wurden sie gottlob nicht zu solchen. Leider müssen aber ihre natürlichen Bedürfnisse zugunsten menschlicher Vorstellungen zurückstehen.

Wenn jemand dazu neigt, menschliches Verhalten auf den Hund zu übertragen, ihn mit unseren Maßstäben zu werten und zu messen, führt dies zu falsch verstandener Tierliebe mit fatalen Folgen. Die Tierarztpraxen sind voll von »überbehüteten« Hunden, die unter den Auswirkungen von falscher, vor allem zu reichlicher Ernährung, zuwenig Bewegung, fehlerhafter Pflege und menschlichen Eitelkeiten oder gar Moden leiden. Auch das Gegenteil gibt es: vernachlässigte Tiere ohne menschliche Zuwendung, die im wahrsten Sinne des Wortes ein Hundeleben führen müssen. Solche Hunde landen im günstigsten Fall im Tierheim.

Darüber hinaus werden Hunde oft das Opfer unbewußter und ungewollter Tierquälerei, die aus Unwissenheit, vorgefaßten Meinungen, falschen Informationen und längst überholten Vorurteilen sowie maßloser Selbstüberschätzung resultiert, was eine artgerechte Hundehaltung unmöglich macht.

Die folgenden Zeilen sind das Ergebnis unzähliger Beratungsgespräche mit ratsuchenden Hundebesitzern, deren Hunde von Anfang an Problemhunde waren oder dazu gemacht wurden. Die eigenen Erfahrungen und die, welche glückliche Hundebesitzer mit ihren geliebten Vierbeinern gemacht haben, sowie die von Hunden, die sich mit ihren menschlichen Rudelmitgliedern wohl fühlen, sind ebenfalls eingeflossen. Hinzu kommen Beobachtungen bei Züchtern, auf Hundeausstellungen, in Vereinen und überall dort, wo es hundelt – auf Straßen und Plätzen und in der freien Feldflur. Aber auch viele Gespräche mit Tierärzten, Tierschützern und in Tierheimen können hoffentlich dazu beitragen, Fehler bei der Hundehaltung schon im Ansatz weitgehend zu vermeiden.

Mit dem nötigen theoretischen Wissen, gutem Willen, viel Zeit, Geduld und Selbstdisziplin, aber auch Konsequenz und Liebe zum Partner Hund können wir ein besseres Hundeleben ermöglichen. So müssen Schwierigkeiten gar nicht erst entstehen oder lassen sich bereits im Ansatz beheben. Dazu soll dieses Buch Wege aufzeigen.

Entscheidung mit Herz und Verstand

Der sehnliche Wunsch, einen Hund zu haben, schlummert in vielen von uns. Dabei beinhaltet das kindliche »Habenwollen« eine Vielzahl von Motiven. Dahinter stehen aber auch Bedürfnisse, die sich ein angehender Hundebesitzer bewußt machen muß, um gewissenhaft abzuwägen, ob er auch der richtige Mensch für das wunderbare Wesen Hund sein kann, das im Lauf ihrer Domestikation in eine oft unerquickliche Abhängigkeit vom Menschen geraten ist.

Der Hund in unserer »Gesellschaft« (im doppelten Sinne des Wortes) ist gezwungen, sich in unserer hundefeindlichen, voll technisierten, zubetonierten Welt mit dem, was ihm als zugedachter Lebensraum geboten wird, zurechtzufinden. Es ist schon verwunderlich, daß er trotzdem bleibt, was er ist: zum einen ein Wolfsabkömmling und zum anderen das angepaßte Heimtier, der wunderbare Freund und Begleiter des Menschen, bei dem er bevorzugt seine Sozialkontakte sucht.

Hunde sind eine ständige Verpflichtung und Herausforderung zugleich. Auf keinen Fall dürfen sie zum austauschbaren Konsumartikel werden, den man sich leistet und der wieder abgeschafft wird, wenn er den besonderen Reiz des Außergewöhnlichen, des Neuen verloren hat oder unbequem geworden ist.

Es gibt viele Gründe, sich über das Zusammenleben mit einem vierbeinigen Gefährten zu freuen, was eine Meinungsumfrage bestätigt:

- So freut er sich immer, wenn man nach Hause kommt, und begrüßt einen überschwenglich.
- Er fordert zum Gassigehen auf und begleitet uns bei allerlei Aktivitäten wie Jogging, Wandern und Radfahren.
- Er will beschäftigt werden oder spielen.
- Ein Hund gibt das Gefühl, gebraucht zu werden.
- Es ist gut, einen zuverlässigen Wächter neben sich zu haben.
- Der Umgang mit dem Hund ist sehr gut für Kinder.
- Mit ihm läßt es sich gut knuddeln und schmusen.
- Über den Hund lassen sich leicht Kontakte knüpfen.
- Das Gefühl der Einsamkeit kommt mit einem Hund seltener auf.
- Mit einem Hund läßt es sich gut kommunizieren, er widerspricht nicht und bringt uns oft zum Lachen.

- Er ist ein toller Freizeitpartner.
- Man hat etwas zum Bemuttern.
- Oft stellt der Hund noch den einzigen Bezug zur Tierwelt dar.
- An einem Hund lassen sich täglich neue Beobachtungen machen, er gibt Einblicke in seine Gefühlswelt und sein Wesen und läßt den Wolf erahnen.
- Das Leben mit dem Hund hält aktiv und gesund.

Wenn Sie bei mindestens zehn der genannten Punkte zustimmen und ebenfalls Freude empfinden, so sind Sie erfahrungsgemäß auch bereit, die Gegenleistungen dafür zu erbringen:
- Verantwortungsbewußtsein praktizieren.
- Beständigkeit leben.
- Empfindungsvermögen einsetzen.
- Wissen über den Hund und seine Bedürfnisse sammeln.
- Sich in Geduld üben und seine Nerven in Zaum halten. Launen und Aggressionen nicht am oder über den Hund ausleben.
- Konsequent gegenüber dem Hund und sich selbst sein. Wer eine Abneigung gegen Konsequenz, Pünktlichkeit und Verantwortung in sich spürt, der sollte Flagge zeigen und auf einen eigenen Hund verzichten.
- Viel Liebe zur Kreatur ausleben.
- Sich viel Zeit für den vierbeinigen Partner nehmen, viele Streicheleinheiten geben und mit ihm sprechen.
- Die Kosten der Hundehaltung tragen.
- Auf ein Stück Freiheit und vieles andere zu verzichten.

Es ist wichtig zu wissen, daß nur in 14% der bundesrepublikanischen Haushalte Hunde leben und deshalb nicht alle Mitmenschen begeisterte Hundefreunde sind und Hunde wirklich kennen. Das Gegenteil kann Ihnen auf Schritt und Tritt begegnen: Sie ecken an, weil die Hundehaltung regelrecht ins Gerede gekommen ist. Mit unfreundlichen Bemerkungen muß man rechnen. So ist es z. B. bei einem Gang durch ein norddeutsches Seebad vorgekommen, daß die Besitzer eines Mopswelpen aufgefordert wurden, sich mit ihrem »Kampfhund« schnellstens zu entfernen ...

Nach mehr oder weniger sachlichen Medienkampagnen muß ein Hundefreund sich auch unerquickliche Diskussionen über Hundekot oder Tierhaltung im allgemeinen gefallen lassen. Einladungen und Besucher können plötzlich ausbleiben, wenn man auf den Hund gekommen ist. Denn bei manchen Leuten sind mehr oder weniger berechtigte Ängste vor dem »Unbekannten« vorhanden, vor Hundehaaren, Schmutz und davor, beleckt zu werden. Bei echten Allergien ist das sogar verständlich.

Man sollte sich auf diese Reaktionen vorbereiten, sich auf sie einstellen und mit entsprechenden Gegenargumenten und Antworten wappnen. Vor allem aber ist es wichtig, daß man selbst durch eigenes vorbildliches Verhalten im Alltag keinen Anlaß zur Kritik am Hund gibt und auf die Gefühle der Mitmenschen Rücksicht nimmt.

Spontane Kaufentscheidungen nach dem reinen Lustprinzip, zu denen »Ersthundeinteressierte« gerne neigen, wenn auch noch ein euphorischer Kinderwunsch dazukommt, führen in den seltensten Fällen zu glücklichen Mensch-Hund-Beziehungen. Daß Hunde kein Geschenkartikel sind, vor allem, wenn der zu Beschenkende keine Ahnung von all dem hat, was in den nächsten zehn bis 20 Jahren auf ihn zukommt, sollte eigentlich jedem klar sein.

Vor diesem Hintergrund ist auch zu bedenken, daß es einen Hund ähnlich hart trifft wie uns, wenn einschneidende Ereignisse sein Leben verändern; besonders wenn er seinen Menschen, der ihm Sozialpartner und Rudelführer war, verliert oder wenn sich seine Lebensumstände drastisch verschlechtern oder er wieder aus dem Haus muß.

Hunde sind Gewohnheitstiere, die einen geregelten Tagesablauf brauchen. Werden sie gar zum »Wanderpokal«, kann ihre Psyche so sehr leiden, daß sie neurotisch werden, im Tierheim landen oder gar eingeschläfert werden.

Neben der eigenen Einstellung zum künftigen Hausgenossen gibt es weitere grundsätzliche Voraussetzungen für ein harmonisches Miteinander. Dies geht auch über das derzeitige Tierschutzgesetz hinaus, das mittlerweile zumindest auf dem Papier den Hund im juristischen Sinn von einer »Sache« zum empfindsamen Mitgeschöpf gemacht hat:

Das Tierschutzgesetz legt in § 1 fest: Niemand darf einem Tier ohne vernünftigen Grund Schmerzen, Leiden oder Schäden zufügen. Nach § 2 muß derjenige, der ein Tier hält, betreut oder zu betreuen hat, das Tier seiner Art und seinen Bedürfnissen entsprechend angemessen ernähren, pflegen und verhaltensgerecht unterbringen. Er darf die Möglichkeit des Tieres zu artgemäßer Bewegung nicht so einschränken, daß ihm Schmerzen oder vermeidbares Leiden oder Schäden zugefügt werden.

Nach § 3 ist es auch verboten, einem Tier, außer in Notfällen, Leistungen abzuverlangen, denen es wegen seines Zustandes offensichtlich nicht gewachsen ist oder die offensichtlich seine Kräfte übersteigen; ein im Haus, Betrieb oder sonst in Obhut des Menschen gehaltenes Tier auszusetzen oder es zurückzulassen, um sich seiner zu entledigen; ein Tier auszubilden, sofern damit erhebliche Schmerzen, Leiden oder Schäden für das Tier verbunden sind; ein Tier an einem anderen lebenden Tier auf Schärfe abzurichten oder zu prüfen; ein Tier auf ein anderes zu hetzen, soweit dies nicht die Grundsätze waidgerechter Jagdausübung erfordern; einem Tier Mittel zum Zwecke des Dopings zu verabreichen; einem Tier Futter darzureichen, das ihm erhebliche Schmerzen, Leiden oder Schäden bereitet.

Drum prüfe, wer sich an einen Hund als Partner bindet! Die richtige Entscheidung beginnt mit Fragen nach den äußeren Verhältnissen.

Für Hunde braucht man Zeit

An erster Stelle steht die Frage: Wieviel Zeit steht zur Verfügung? Hinsichtlich der Zeit wird meines Erachtens am meisten am Hund gesündigt. Obwohl je nach Rasse (oder Mischling), Alter und Geschlecht unterschiedliche Anforderungen an den Halter gestellt werden, ist allen Hunden eines gemeinsam: Sie erwarten und brauchen möglichst viel Zeit, um diese gemeinsam mit ihrem »Mithund«, dem Menschen, zu verbringen.

Das bedeutet, daß sich jeder Hundeinteressent gewissenhaft und ehrlich fragen muß, wieviel Zeit für den vierbeinigen Hausgenossen wirklich noch bleibt. Wenn man dieses Thema über mehrere Wochen hindurch ernsthaft verfolgt und Notizen macht, sieht man klarer und emotionsloser. Ohne Aufzeichnungen kann diese Frage kaum jemand auf Anhieb beantworten. Also: Wieviel Zeit ist man beruflich außer Haus? Wieviel Zeit geht außerdem mit den täglichen Verpflichtungen (Kochen, Hausarbeit, Einkaufen usw.) drauf? Welche Zeit wird für das Hobby (Sport, Kultur, Restaurantbesuche, Vereinsveranstaltungen etc.) veranschlagt? Dann ist die Zeit für persönliche Gewohnheiten (lange schlafen, verplante Wochenenden oder Traumschiffurlaub) oder einen simplen Ausflug zum Baden zu bedenken, wo man entweder unabhängig sein muß oder wo Hunde nicht mitkönnen.

Dagegen ist zu halten, daß es durchaus Möglichkeiten gibt, mehr Zeit mit dem Hund zusammenzusein, wenn dieser z.B. mit in den Betrieb darf. Solche Betriebe gibt es durchaus. Darüber hinaus sind mir Fälle bekannt, wo ein Hund im »Außendienst« nicht nur dabei, sondern sogar hilfreich ist, weil er Anknüpfungspunkte für Gespräche bietet und die Gesprächsatmosphäre auflockert.

Hin und wieder stehen auch Hundesitter (Verwandte, Nachbarn usw.) zur Verfügung, weil sie ohnedies in der häuslichen Gemeinschaft leben oder selbst keinen Hund halten dürfen und gern für den Vierbeiner sorgen. Dann müssen aber auch Alternativen überlegt werden für den Fall, daß so ein lieber Mensch, aus welchen Gründen auch immer, einmal ausfällt.

Die Zeit, die ein Hund einem abverlangt, muß vorhanden sein! Tag für Tag, oftmals schon sehr früh und manchmal bis spät in die Nacht hinein – und dies bei jedem Wetter. Zum »Hosenlüften«, um das kleine und große Geschäft zu ermöglichen, muß man fünfmal, beim Welpen acht- bis zehnmal raus, von sehr früh bis sehr spät. Wer einen umfriedeten Garten mit einem Platz zum Lösen hat, dem bleiben diese Gänge, wenn es einmal nicht anders geht, erspart.

Mit oder ohne Garten – zwei Stunden will der Hund mindestens »Gassigehen« und beschäftigt sein. Hinzu kommen evtl. das Säubern der Pfoten nach dem Ausgang bei schlechtem Wetter und die Fellpflege (bei langhaarigen Rassen mehr, bei kurzhaarigen weniger), die Gesundheitsvorsorge sowie das Füttern (mit Napfreinigen) und Säubern der Liegestatt und anderer Plätze, die er bevorzugt aufsucht. Das macht summa summarum, ohne Ausbildungs- und Trainingszeiten oder Tierarztbesuche, rund drei bis vier Stunden täglich aus.

Hunde würden sagen: Ein guter Tag beginnt mit frühem, möglichst intensivem »Hosenlüften« und Baum-Wand-Zeitung-Lesen. Dann geht's weiter mit bekömmlichem Futter, vielen reizvollen Aktivitäten, Beschäftigung mit dem Rudel, Körperpflege, gelegentlichem Ausruhen, einem oder noch besser mit mehreren intensiven Spaziergängen mit allem Drum und Dran. Außerdem Hundebegegnungen zum Kommunizieren und Toben und dann ein gemütlicher Feierabend mit Rudelliegen – und den ganzen Tag über möglichst viele Streicheleinheiten. Das braucht ja nicht unbedingt im Bett stattzufinden. Aber zu Füßen des Rudelführers liegen, mit Körperkontakt, das wäre schön.

Ganz toll finden es Hunde, wenn am Wochenende und im Urlaub Frauchen oder Herrchen nebst Anhang nur ihnen gehören. Sie müssen an fast allem teilhaben können. Getreu dem Motto: »Dabeisein ist alles!« Alles was dazwischen liegt, ist Menschenzeit, die auch kostbar ist, aber – noch bevor der Hund ins Haus kommt – bedacht und eingeteilt werden muß.

Lebens- und Wohnverhältnisse

Auch sie sollten stimmen, um den Hund »verhaltensgerecht«, so wie es das Tierschutzgesetz vorschreibt, unterzubringen. So leicht, wie sich diese Forderung liest, ist sie aber nicht zu erfüllen. Sieht man z. B. am frühen Morgen aus einem mehrstöckigen Mietshaus einen »Großhund« ohne Begleitung herausstürzen, um schnell sein Geschäft auf dem Gehsteig zu verrichten, so gibt es keinen Zweifel: diese Hundehaltung ist weder verhaltensgerecht noch gutzuheißen.

Wenn aber im selben Haus mit Lift ein mittelgroßer Hund wohnt, der regelmäßig auf stets wechselnden Wegen zu immer neuen Zielen ausgeführt und beschäftigt wird, der exzellent versorgt und gepflegt ist, für den man auch noch viel Zeit hat, so ist dieser sicherlich besser dran als der überhegte, total verfettete Nobelhund mit riesigem Garten ohne hundliche Kontakte oder der neurotisch gewordene Zwingerhund auf dem Landsitz, der sehnsüchtig auf Zuwendung wartet.

Sicher gibt es Lebensbereiche, die einem Hund mehr als andere zusagen. Die Wertigkeit der räumlichen Verhältnisse ist kaum nach der vorhandenen Quadratmeterzahl zu bemessen, vielmehr nach dem, was ein verantwortungsbewußter Hundebesitzer für seinen Vierbeiner daraus macht. Seine Mobilität, vor allem aber Einsicht und Wille entscheiden, ob er dem Hund ein hundegerechtes Leben ermöglicht – ganz gleich, ob dies auf dem Lande oder in der Stadt ist. So wie kein Hund dem anderen gleicht, gleichen sich auch die Wohnverhältnisse nicht. Es muß vor Ort von Fall zu Fall mit dem gesunden Menschenverstand entschieden werden, ob ein erwachsener Hund sich wohlfühlen kann oder nicht.

Wenn man nach den folgenden Regeln vorgeht, so fällt die Entscheidung für den richtigen Hund sicher leichter.

Hundeleben in der Stadt

- Je größer die Stadt und je kleiner die Wohnung, um so kleiner muß der Hund sein.
- Welpen sollen keine Treppen steigen (Überlastung der Gelenke!), und alte oder kranke Hunde können dies oft nicht mehr. Sie müssen dann getragen werden, auch wenn der Lift einmal aus-

fällt. Aus diesen Gründen muß der Hund um so kleiner und leichter sein, je »höher« man wohnt, damit ihn auch der Schwächste der Familie noch hochtragen kann.

- Kurzbeinige Rassen mit langem Rücken oder solche, die zu Hüft- oder Kniegelenksproblemen neigen, dürfen nur im Parterre leben.
- Je mehr Mietparteien im Haus leben und je hellhöriger die Wohnung ist, desto ruhiger soll die Rasse sein und um so besser muß der Vierbeiner erzogen werden, um nicht durch sein Bellen Ärgernis zu erregen.
- Hunde mit großem Bewegungsdrang, Laufbedürfnis und dichtem, langem Fell (nordische Rassen etc.) gehören grundsätzlich nicht in eine Etagenwohnung.
- In Städten und Gemeinden ist oft Leinenzwang vorgeschrieben oder aus Sicherheitsgründen unverzichtbar. Deshalb sollte sich schon der angehende Hundebesitzer nach geeigneten Löseplätzen in der näheren Umgebung umsehen. Manche Städte, z.B. Köln, stellen solche Plätze zur Verfügung. Oft hat ein Hund aber gegen »Massenklos« eine Abneigung. Gegen solche Mengen von fremden Duftmarken kann er beim Drübermarkieren nicht mehr anstinken. Da wird ein abgelegener Rinnstein oder die geringe Deckung eines städtischen Busches zum Lösen vorgezogen. Außerdem ist bei »Hundeklos« die Gefahr groß, daß der Vierbeiner sich einen Infekt zuzieht.
- Kann der Vierbeiner einmal nicht an sich halten und löst sich auf dem Gehsteig, so sollte der Hundebesitzer in der Lage sein, die Hinterlassenschaft (auch wenn sie etwas dünn geraten ist) ohne Ekel zu entsorgen. Mit speziellen Kotgreifern aus dem Zoofachhandel ist dies leicht möglich.
- Beim Gassigehen sind Kinderspielplätze (Sandkästen) und Flächen in unmittelbarer Umgebung von Kindergärten, Schulen usw. tunlichst zu meiden. Wer dies nicht einsieht, handelt fahrlässig und verantwortungslos.
- Auf dem Balkon – soweit überhaupt vorhanden – könnten sich naturgemäß nur Kleinsthunde in einer Katzentoilette lösen. Erwachsene Rüden solcher Rassen haben beim kleinen Geschäft damit auch schon Probleme. Wo sollen sie denn ihr Bein heben? Das Gassigehen darf also nie ausfallen, weil man dazu gerade keine Lust hat!
- Oft ist es gar nicht schwer, schon im Vorfeld geeignete Freilaufflächen mit weichem Boden, Gras und Erde zu finden. Dort können dann die wichtigen Hundebegegnungen stattfinden, und

ohne Leine macht es doppelt Spaß, zu spielen und mit anderen herumzutoben.
- Aus vielerlei Gründen (Stadtverkehr, Geräusche, Rolltreppen etc.) müssen Welpen auf das Stadtleben besonders gut vorbereitet werden. Dies erfordert große Flexibilität des Besitzers und Anpassungsfähigkeit des Hundes.
- Das Stadtleben ist eine ständige Herausforderung an den Hund und den Hundehalter (siehe Seite 241).

Damit eine Wohnung nicht zum quälenden Zwinger wird, darf der Hund nicht allzu lange (mehr als drei Stunden) ohne seinen Menschen sein. Hunde leiden sehr unter Einsamkeit, weil sie keine Einzelgänger, sondern Gruppentiere sind. Wohnungshunde brauchen daher noch mehr Zuwendung als andere. Gleich bleibt das große Bewegungs- und Beschäftigungsbedürfnis.

Hunde mit Garten

Auf den ersten Blick hat es da ein Hund, der »frei« im gesicherten Haus und Garten wohnen kann, schon besser. Vorausgesetzt, er kann den Garten auch richtig nutzen.

Er und die Menschen genießen es, wenn bei besonders schlechtem Wetter die Notdurft im Eilverfahren vor Ort erledigt werden kann. Dies entbindet natürlich nicht vom täglichen, abwechslungsreichen Spaziergang.

Hunde mit Gartennutzung genießen es auch, ihr Revier nach Belieben und Hundeart erleben zu dürfen – kleinen oder größeren Flurschaden eingeschlossen. Solche Betätigungen werden immer dann interessant, wenn sich bei den Tieren gähnende Langeweile breitmacht. Im eigenen Revier riecht es ja schon nach kurzer Zeit immer gleich. Wie langweilig!

Und da fragen sich Hundebesitzer noch, warum der Hund am Anfang so auf das Herumstromern im Garten versessen war und sich stundenlang mit allem möglichen beschäftigen konnte – um jetzt dort nur in der Sonne zu liegen und immer wieder in die Wohnung zurückzukehren, um nach seinen Menschen zu sehen.

Zum Abreagieren des Bewegungsdranges wird nach meiner Erfahrung der Garten nur selten gewählt – höchstens, um an der Straßenseite Wettrennen mit vorbeilaufenden Hunden zu veranstalten.

Richtig toben will ein Hund lieber draußen, beim Spaziergang. Das merkt man schon daran, daß der Hund auch bei offenstehender Terrassentür auf sein »Zauberwort« fürs Gassigehen wartet, das bei meinen Hunden lautet: »Wo sind denn die Halsbänder?«, um dann vor lauter Freude geradezu zu explodieren.

Im Garten, ganz gleich welcher Größe, fehlen den ewig Neugierigen die Begegnungen mit anderen Hunden, der dufte Trafokasten am Weg, die typischen Treffpunkte wie Hundewiese, Supermarkt, Post oder Zoofachgeschäft, wo's so manches Leckerli gibt, und die heißgeliebten Laternen- oder Strommasten, Verkehrszeichen, Mauern und Ecken sowie die duften Geländemarken in der freien Feldflur.

Hunde müssen einfach ihre Triebe ausleben können, um sich richtig wohl zu fühlen. Der Hund, der nichts ausleben, sich nicht abreagieren und nichts lernen darf, stumpft ab, wird lethargisch und ist ein armer Hund im wahrsten Sinne des Wortes.

Ein besonderer Reiz: der Gartenteich

Ich kenne viele Hunde, die im Garten vom Menschen ausgewiesene Areale als Tabuzonen anerkennen, wenn ihnen das unerwünschte Betreten mit einem deutlichen »Neiiin« oder noch besser »Naaah« (als Hörzeichen) und mit lautem In-die-Hände-klatschen (als Sicht- und Hörzeichen) klargemacht wurde.

Ausgesprochen gerne wird aus dem Gartenteich getrunken. Dies sollte man auch nicht verbieten, wenn das Teichwasser gesund und frei von Butolismus-Bakterien ist, die in stark verschlammten Teichen, die von Wassergeflügel aufgesucht werden, vorkommen können.

Führt ein gut gangbarer Weg zum Wasser, so ist der Vierbeiner erst gar nicht gezwungen, sich seinen Weg durch eine üppige Uferbepflanzung (womöglich mit Pflanzenraritäten) zu bahnen.

Einige Rassen (Neufundländer, Labrador Retriever, Irish Water Spaniel, Landseer, Otterhound u. a.) gehen mit großer Begeisterung ins Wasser – ob sie dürfen oder nicht. Aufs tägliche Bad sind sie geradezu versessen. Dieser Trieb läßt sich nicht abgewöhnen – und das ist richtig so! Wenn der Teich keinen Schaden an der Dichtung (z. B. Folie) oder der Bepflanzung nehmen soll, muß er groß und tief genug sein. Vor allem aber soll ein gut begehbarer Ein- und Ausstieg vorhanden sein. Ein auf den Hund zugeschnittener Teich schont die Gartenanlage, Ihre Nerven und – daraus resultierend – auch die Psyche Ihres Hundes.

Hunde sind Meister darin, Schlupflöcher in einer Umfriedung aufzuspüren. Deshalb muß das gesamte Grundstück lückenlos, vor allem aber hoch genug eingezäunt werden, um zu verhindern, daß das findige Tier sich unten durch oder mit Sprungkraft oder Technik (die er beim über die Wand klettern auf dem Hundeplatz gelernt hat) auf und davon macht.

Wer die Triebe seines Hundes unterschätzt, wird schnell eines Besseren belehrt: wenn z. B. die läufige Nachbarshündin ihre animierende Duftmarke vor das Grundstück gesetzt hat oder die eigene läufige Hündin in der heißen Zeit einen duften Rüden in die Nase bekommt. Genauso interessant und unwiderstehlich kann eine Katze sein, wenn sie, für den Hund provozierend, am Zaun entlangstreicht, oder Hühner oder ein zahmes Kaninchen, die dort umherflattern bzw. -hoppeln.

In solchen Momenten blitzt ererbtes Verhalten auf: Springen, graben, rennen – alles geschieht blitzschnell und urgehirngesteuert. Leider sind solche triebgesteuerten Handlungen oft von Erfolg gekrönt, was wiederum zur Wiederholung anregt. Wenn man dann gerade nicht dabei ist, kann dies böse Folgen haben, auch für unseren vierbeinigen Freund. Der Ärger, der durch entwichene Hunde entstehen kann, überwiegt bei weitem die Arbeit und Kosten für eine sichere Umfriedung.

Um Besuchern unerwartete Begegnungen mit dem freilaufenden Wächter, als der sich ein Hund im eigenen Revier fühlt, zu ersparen, empfiehlt es sich, eine Gegensprechanlage mit automatischem Türöffner am Gartentor zu installieren.

Zwingerhaltung ist problematisch

Wer vorhat, seinen Hund im Zwinger zu halten, ist wirklich falsch beraten. Eine dauerhafte Zwingerhaltung macht überhaupt keinen Sinn, und man fragt sich, weshalb Leute sich einen Hund zulegen, wenn sie diesen von vornherein aus ihrem Leben ausschließen. Zum einen verkommen solche bedauernswerten Geschöpfe, wenn sie ohne intensive Sozialkontakte und ohne freien Zutritt zum Wohnbereich vor sich hinkümmern. »Isolationshaft« macht neurotisch und krank. Zum anderen kann der Hund außer Bellen nichts dazu beitragen, einen Einbruch zu verhindern. Es soll auch schon vorgekommen sein, daß der Hund, nach Betäubung, gleich mit gestohlen wurde. Dann ist dem Hund nur zu wünschen, daß er beim Dieb ohne Zwingerhaltung auf ein besseres Leben hoffen darf.

Eine dauerhafte Zwingerhaltung ist also genauso abzulehnen wie die Kettenhaltung. Dies gilt auch für den Fall, daß der Zwinger nach dem Gesetz groß genug und die Hundehütte (auch beim Kettenhund) komfortabel ausgestattet ist.

Als selbstverständlich wird eine geräumige Anlage auch erwartet, wenn ein Hund einmal kurzfristig im Zwinger sein muß oder wenn Hunde mit dichtem Fell und nach freiem Willen bevorzugt draußen sein wollen (nordische Hunde etc.). Das entbindet einen Hundebesitzer aber nicht davon, ihn an das Draußenleben langsam zu gewöhnen. Darüber hinaus muß ein solcher Hund jederzeit die Möglichkeit haben, zu seinem Rudel (den Menschen) zu gehen, wenn ihm danach ist. Praktisch sind die sog. Hundetüren mit verschließbaren Klappen, die sich in alle normalen Türen einpassen lassen. Es gibt sie derzeit bis zu 65 cm Schulterhöhe. Damit aber Einbrecher nicht durch die Hundetür einsteigen können, wenn Sie gerade mit dem Hund unterwegs sind, kann man sie von innen verschließen, oder sie öffnen sich nur über einen Sender, den der Hund am Halsband trägt.

Längere Spaziergänge und eine adäquate Beschäftigung brauchen aber auch draußen lebende Hunde.

Hunde und Briefträger

Warum sich Hunde und Briefträger nicht so gerne mögen, ist noch ziemlich unklar. Daß Briefträger nicht gut auf aggressive Hunde zu sprechen sind, ist schon klarer. Was aber Hunde relativ häufig dazu bringt, den Briefträger zum ungeliebten Objekt zu machen, bedarf noch der Klärung. Es kann nur gemutmaßt werden, daß es mehrere Gründe sind, die eine so abgrundtiefe Antipathie auslösen.

Hundekenner meinen, daß die Aversionen durch die Uniform bzw. die ungewöhnliche Kleidung ausgelöst werden. Das mag richtig sein. Zu bedenken gilt es aber auch, daß selbst zivil gekleidete Briefträger von Hunden »angefegt« werden können. Es liegt außerdem nahe, daß sich der Hund an eine schlechte Erfahrung, die er mit einem »Uniformierten« gemacht hat, erinnert. Dies ist aber genauso hypothetisch wie die Vermutung, daß es die stets sichtbare, große Tasche ist, die einem Hund durchaus Angst machen könnte.

Ganz nahe – so denke ich – liegt der Verdacht, daß es Hunde einfach nicht mögen, wenn jemand plötzlich an der Reviergrenze (Gartentor) auftaucht, sich dort zu schaffen macht und dabei auch noch lärmt (Klappern des Briefkastenschlitzes). Solches Tun kann den Schutzinstinkt auslösen und den Hund zumindest zum Bellen anregen.

Diese Überlegungen können das Verhalten der Hunde zwar verständlicher machen, das Problem aber nicht aus dem Weg schaffen. Hier einige Tips, wie man es besser angehen könnte:

Bereits der Welpe muß mit dem Briefträger gute Erfahrungen machen. Beide sollen sich aneinander gewöhnen. Dies gelingt, wenn Sie mit dem Welpen den Briefträger erwarten und ihn sehr freundlich ansprechen, ihn für einige Minuten aufs Grundstück bitten und dem Welpen durch Worte und Gesten zeigen, daß diese Person stets willkommen ist und sowohl die Reviergrenze überschreiten als auch Krach machen darf. Bei gutem Benimm wird der Welpe gelobt und von Ihnen belohnt. Schaffen Sie so positive Verknüpfungen. Wenn der Briefträger wechselt, ist dies wieder eine völlig neue Situation für Ihren Hund, und die Gewöhnung muß erst wieder Schritt für Schritt erfolgen. Eine Voraussetzung ist natürlich, daß der Briefträger mitspielt.

In jedem Fall wird der Briefkasten so angebracht, daß die Post gefahrlos eingeworfen werden kann. Fühlt sich ein Briefträger andauernd bedroht, so könnten Sie womöglich von der Zustellung ausgeschlossen werden.

Damit das Gewöhnen an den Briefträger wirklich funktioniert, muß man darauf achten, daß keine Werbung von anderen Zustellern in den Kasten kommt. Dafür gibt es Schilder, die es verbieten. Sonst kann es leicht passieren, daß Ihre Bemühungen umsonst waren.

Hunde auf dem Land

Am wohlsten – so möchte man glauben – müßten sich die Hunde fühlen, die auf einem Bauernhof oder einem anderen uneingezäunten Gelände in völliger Freiheit wohnen – vorausgesetzt, sie fristen nicht als Kettenhund ohne menschliche Zuwendung ihr Leben.

Auf den freilaufenden Hund lauern aber allerlei Gefahren, die leider zu oft vergessen werden. Er kann sein Revier mehrmals täglich inspizieren. Dabei trifft er natürlich auf andere Hunde, die herumstreunen und denen er seinen Anspruch im Hundesinn »erklären« muß. Dabei kann es zu bösen Beißereien kommen, wenn der eigene oder der andere beteiligte Hund keine Hundemanieren kennengelernt hat.

Bei den täglichen Reviergängen besteht auch die Gefahr, daß Untaugliches gefressen wird oder der Hund gar alles, was kreucht und fleucht, jagt. Daß die Jägerschaft an solchen Hunden keine Freude hat, ist verständlich. Frei herumstromernde Hunde sind überall gefährdet. Sie gehören unter Aufsicht! Am wohlsten fühlen sie sich ohnehin in menschlicher Gesellschaft – ganz gleich, an welchem Platz.

Von sogenannten Hofhunden wird allerlei gefordert, was ganz besondere Fähigkeiten und Fertigkeiten verlangt. Im Grunde genommen brauchen solche Tiere eine besonders gute Hand, die ihnen Schritt für Schritt beibringt, was sie auf dem Hof und im Gelände tun und lassen sollen. Darüber hinaus brauchen auch Hofhunde viele soziale Kontakte mit ihren Menschen, vor allen Dingen wollen sie beschäftigt werden – mit viel Lob von früh bis spät.

Persönliche Empfindlichkeiten

Das Zusammenleben mit einem Hund bringt nicht nur Erfreuliches und Sonnenseiten mit sich – es findet auch bei Regen, Kälte und Schnee statt. Das wird spätestens dann klar, wenn der Hund an den täglichen Spaziergang erinnert.

Darüber hinaus stellt die Beziehung zwischen Hund und Mensch weitere Anforderungen an den Hundefreund, die es ohne Wenn und Aber zu erfüllen gilt: Man darf sich nicht vor Ausscheidungen ekeln, vor Erbrochenem, entzündeten Wunden, Sekret- oder Blutstropfen bei läufigen Hündinnen oder Absonderungen aus dem Penis der Rüden sowie vor Gegenständen mit Haugout, die der Vierbeiner, nachdem er sie gefunden oder wieder ausgegraben hat, anschleppt. Manche Hunde wälzen sich auch gerne in Kot oder Jauche.

Es läßt sich nicht vermeiden, daß bei Nässe oder nach einem Spaziergang das Fell, der Liegeplatz, ja die ganze Wohnung nach Hund riecht. Auch kann es bei Hunden Körpergeruch geben. Ältere

Tiere mit Zahnstein haben Mundgeruch, jeder Hund hat Blähungen. Sieht man einmal von der Duftwolke ab, so kann die »Erleichterung« oft peinliche Situationen heraufbeschwören – denn keiner will's gewesen sein, und der Hund findet überhaupt nichts dabei. Ihm wird schließlich wohler. Manche Hunde sabbern auch und schleudern die Speichelfäden durch die Gegend.

Die Körperpflege und Gesundheitsvorsorge erfordert ebenfalls viel Einfühlungsvermögen und Unempfindlichkeit. Der Umgang mit Ohrenschmalz, Tränenflüssigkeit, Zahnbelägen, Ausscheidungen aus den Geschlechtsorganen sowie das Ausdrücken der Analdrüsen dürfen nicht zur Abscheu führen. Das gilt ebenso für die tägliche Körperpflege. Das Entfernen von Verklebungen im Fell, mit allem, was drin und dran bleibt, darf nicht stören.

Wer über extremen Ordnungs- und Reinlichkeitssinn verfügt, sollte sich im klaren sein, daß Möbel, Teppiche, Bücher, Zimmerpflanzen sowie Gehölze und Blumen im Garten und auf der Terrasse das lebhafte Interesse des Vierbeiners finden können. Auch der Schmutz, der in der Wohnung landet, ist nicht zu unterschätzen. Zu einer haarigen Sache kann sich der Fellwechsel entpuppen. Und auch nasses Fell will geschüttelt werden.

Feierlichkeiten wie Partys und Silvesterknallerei gefallen Hunden weit weniger als uns. Darauf heißt es Rücksicht nehmen. Selbst so alltägliche Vorhaben wie Autofahren mit dem Hund wollen gelernt und geübt sein.

Dies alles sind Dinge, die in jedem menschlichen Zusammenleben auch vorkommen können. Manche Menschen akzeptieren dies – nur nicht beim Hund. Wer also allzu etepetete ist, für den wird der Hund mehr zur Belastung als zur Freude.

Die Lebenssituation des Hundehalters

Aus dem bisher Gesagten lassen sich ganz konkrete Forderungen an den zukünftigen Hundehalter ableiten.

Junge Menschen während der Sturm-und-Drang-Zeit reagieren oft enthusiastisch, wenn es um ein Tier geht. Aber nur selten sind sie den Anforderungen an Zeit und Beständigkeit sowie den finanziellen Belastungen gewachsen. Zu unruhig und zu wenig gefestigt ist häufig der Lebensstil in dieser Zeit.

Wer zwar volljährig ist, aber noch bei den Eltern wohnt, sollte sich in jedem Fall absichern, daß im Falle eines Auszugs oder Umzugs die Eltern willens und auch in der Lage sind, den Vierbeiner für die nächsten zehn bis 15 Jahre zu übernehmen. Wer weiß, daß er demnächst umziehen muß (im neuen Domizil könnte Hundehaltung nicht möglich oder verboten sein), seinen Zivil- oder Wehrdienst abzuleisten hat, studieren wird oder aus beruflichen Gründen mobil sein muß, sollte in dieser Lebensphase auf einen eigenen Hund verzichten.

Gleiches gilt für Singles, die noch ein relativ unstetes Leben führen, am Anfang ihrer beruflichen Laufbahn stehen und sich erst noch etablieren und einrichten müssen, gerne aushäusig sind, auch sonst wenig Zeit haben – für sie ist ein Hund nicht der ideale Partner.

Auch mit neuen oder wechselnden Lebenspartnern kann es, wenn ein Hund schon vorher da war, Probleme geben (siehe Seite 157).

Für andere Singles, deren Wohnverhältnisse klar und deren Lebensumstände sowie Zeit und Geld kein Problem sind, für die kann eine Beziehung zwischen Hund und Mensch eine wertvolle Bereicherung des täglichen Lebens sein und beide Teile auch beglücken.

Hervorragende Voraussetzungen finden Hunde in Familien, in denen das Umfeld stimmt. Je größer die »Meute«, um so wohler kann sich ein Hund dort fühlen. In Familien mit einem oder mehreren Kindern leben 80% unserer Hunde. Ein möglichst großes Familienrudel scheint wirklich gut für alle Beteiligten zu sein.

Bei der Entscheidung für den Hund sind meistens alle Familienmitglieder hellauf begeistert. Besonders die Eltern, die im Umgang der Kinder mit einem Hund zu Recht auch Vorteile sehen (siehe Seite 149). Außerdem – so wird gesagt – liegen doch schon genügend Erfahrungen von der »Aufzucht« der eigenen Kinder vor. Nur läuft die Entwicklung eines Welpen viel schneller ab als die des Menschen!

Wo also viel Licht ist, kann auch Schatten sein. Vor allem, wenn die Betreuung des Familienhundes zur lästigen Pflicht wird. Die täglich anfallenden Arbeiten wie das Füttern, Gesundheitsfürsorge, das frühe Aufstehen und späte Zubettgehen, um dem Tier die Notdurft zu ermöglichen, bleiben erfahrungsgemäß an der Mutter hängen – sieht man von löblichen Ausnahmen einmal ab.

Am besten für alle Beteiligten ist es, wenn jedes Familienmitglied seinen festen Part bei der Hundebetreuung übernimmt. Um hier Einigung zu erreichen, sollten all die genannten Dinge vom Familienrat erörtert und die Verantwortlichkeiten verteilt werden.

Zu allen Familienmitgliedern – z. B. auch zu den Großeltern – sollte der Hund in Hinblick auf seine Größe, sein Temperament usw. passen. Dies gilt nicht nur im Moment, sondern für die ganze Lebenszeit des Hundes. Wie wichtig dies ist, zeigt das Beispiel eines kleinen Jack Russell Terriers, der von einem Großhund übel zugerichtet wurde, als der sich mitsamt dem (zum Glück leeren) Kinderwagen von der begleitenden Oma losgerissen hatte.

Ältere Menschen können beim besten Willen keinen großen Hund mehr bändigen. Gehbehinderte oder gebrechliche Menschen können durch einen ungestümen Hund zu Schaden kommen, wenn dieser zwischen die Beine gerät, aus Übermut rempelt, an ihnen hochspringt oder mit seinen 40 bis 55 kg aus Sympathie nur einmal die Pfoten auf die Schulter legt.

Genauso problematisch dürfte es werden, wenn sich Kinder einfach einen Hund »suchen«. Da kann es dann passieren, daß einem der dreijährige Sprößling des Nachbarn im Schlepptau eines »fremden« Bernhardiners auf einem Waldweg entgegenkommt, bei dem er sich am Halsband festhält. Nicht auszudenken, was passiert wäre, wenn der Hund seinen Spaziergang auf eine vielbefahrene Straße ausgedehnt oder eine schnellere Gangart vorgelegt hätte.

Ein passender (nicht zu großer und eher ruhiger) Hund könnte aber gerade für ältere Menschen zu einer absoluten Bereicherung werden. Für eine neue Hund-Mensch-Beziehung ist es selten zu spät. Dies gilt vor allem für diejenigen, die in den verdienten Ruhestand gehen und dann viel Zeit, Muße und Ruhe haben, um das Zusammensein mit dem Tier zu genießen.

Durch ihre Anhänglichkeit und ihr zärtliches Fordern geben Hunde mehr, als sie nehmen. Auch für die Gesundheit sind sie gut, weil sie viel und bei jedem Wetter in die frische Luft müssen. Beim täglichen Spaziergang entstehen wiederum Kontakte zu anderen Menschen, die ohne Hund nie zustande kämen. Hunde lieben ihre Menschen vorbehaltlos, sie stört weder graues Haar noch faltige Haut oder gebückter Gang. Ihnen sind gesellschaftliche Ideale ganz egal.

Wichtig ist nur, daß Senioren sich einen Hund aussuchen, der ihrem Gesundheitszustand und ihrem Lebensstil entspricht. Wer das eigene Alter und die Lebenserwartung seines Hundes bedenkt, kann erfolgreich vorsorgen, indem er sich rechtzeitig um Menschen kümmert, die ihn im Krankheitsfall bei der Versorgung des Hundes unterstützen können, und vor allem ein sogenanntes Hundetestament macht (siehe Seite 305). Für den Fall des Falles ist es gut, wenn der Hund den oder die Menschen, die sich dann um ihn kümmern werden, bereits kennt. Solche Dinge können übrigens auch für jüngere Singles wichtig und sinnvoll sein (siehe Seite 305).

Am wenigsten ist einem Tier in einer kriselnden Beziehung gedient. Allzu leicht wird der Hund zum Spielball persönlicher Zerwürfnisse, auf seinen schmalen Schultern werden oft Zwistigkeiten und Machtkämpfe ausgetragen. Hunde sind sehr sensibel. Sie können Auseinandersetzungen sowohl innerhalb von Beziehungen als auch mit »Fremden« schlecht ertragen. Für sie macht immer der Ton die Musik. Wenn es laut wird, zeigen sie Unbehagen und verdrücken sich, soweit es möglich ist. Hunde gehören also in feste Beziehungen, weil sie ausgesprochen harmoniesüchtig sind.

Rechtliche Fragen

Wer zur Miete wohnt, für den stellt sich die Frage, ob die Hundehaltung in seiner Wohnung erlaubt ist. Viele Hausbesitzer verbieten bereits im Mietvertrag die Hundehaltung. Das ist oft schwer verständlich, weil auch die Hundehaltung als Bereicherung des Lebens zu sehen ist und das Grundrecht auf freie Entfaltung der Persönlichkeit beschnitten werden könnte.

Leider sieht dies so mancher Richter noch anders, obwohl der Trend der derzeitigen Rechtsprechung dahin geht, daß Hundehaltung nur noch bei Vorliegen schwerwiegender Gründe untersagt wird, z. B. wenn Hunde, allein gelassen, den ganzen Tag bellen oder jaulen oder wenn vom Hund eine Gefahr für Mitbewohner des Hauses ausgeht oder die Mieter anderweitig beeinträchtigt oder belästigt werden. Gegen einen kleinen, gut erzogenen Hund, der nicht auffällig wird, kann ein Vermieter nichts einzuwenden haben.

Die Chancen, daß pro Hundehaltung entschieden wird, steigen weiter, wenn im selben Haus bereits andere Mietparteien einen Hund haben. Kündigen kann man Ihnen wegen des Hundes nicht, im schlimmsten Fall aber auf Abschaffung des Hundes klagen.

Enthält der Mietvertrag keine Klauseln, die die Tierhaltung betreffen, so brauchen Sie auch keine besondere Genehmigung. Aus diesen Gründen ist es immer das beste, den Mietvertrag gut durchzulesen und im Zweifelsfall einen Rechtsberater zuzuziehen. Die geringen Kosten für eine solche Beratung sind weitaus geringer als juristische Auseinandersetzungen mit zweifelhaftem Erfolg.

Am besten lassen Sie sich eine schriftliche Einwilligung geben.

Eine mündliche Einwilligung oder eine schweigende Duldung ist zwar fürs erste ausreichend, aber sie kann auch zu Irritationen führen, wenn sich die Eigentumsverhältnisse ändern. Wer ein Einfamilienhaus mietet, dem kann die Hundehaltung nicht untersagt werden.

Gehört Ihnen eine Eigentumswohnung, so haben Sie ein grundsätzliches Recht auf die Haltung eines Hundes. Außer die Gesamtheit der Eigentümer würde – Ihre Stimme eingeschlossen – einstimmig anders beschließen. Erkundigen Sie sich schon vor dem Kauf!

Eigenheimbesitzer brauchen, außer sie betreiben eine Zuchtanlage, niemanden zu fragen und keine Genehmigung einzuholen, wenn sie sich einen oder auch mehrere Hunde als Hausgenossen anschaffen wollen. Hat ein Hausbesitzer in einer reinen Wohngegend jedoch vor, mehrere Hunde in einem Zwinger zu halten, so kann dies aus Lärmgründen verboten werden.

Grundsätzlich ist man bei der Entscheidung für einen Hund nicht vom guten Willen der Nachbarn abhängig – vorausgesetzt, der Vierbeiner wird nicht durch Dauerbellen oder anderes störendes Verhalten zum Ärgernis für die Nachbarschaft. Gute Erziehung hilft von vornherein, solche Probleme erst gar nicht entstehen zu lassen.

Als vorteilhaft hat es sich erwiesen, wenn man das tut, was beim eigenen Einzug zum guten Ton gehört: Der neue »Nachbar« Hund wird allen vorgestellt, nachdem er sich einige Tage eingelebt hat, und man trifft nötigenfalls Arrangements (Zaun erhöhen etc.), die ein problemloses Miteinander garantieren. Der Hinweis, daß jeder Nachbar vom Wachtrieb des Hundes mit profitiert, läßt so manche Voreingenommenheit und Skepsis schwinden.

Generell ist von jedem Hundehalter zu fordern, den Hund so zu erziehen und mit ihm so umzugehen, daß er möglichst wenig bellt, niemandem an die Wäsche geht (hochspringt, ihn bedroht oder intensiv schnüffelnd an die Kleidung geht) und sich auch mit anderen Hunden verträgt. Zugegeben, das ist viel verlangt; aber daß es nötig ist, beweisen das oft negative Image der Hunde und die vielen Rechtsstreitigkeiten, die durch Hunde ausgelöst werden.

Gefahrhunde-Verordnung

Zu welchen Folgen Fehlverhalten – vor allem der Hundehalter – führen kann, zeigt die »Gefahrhunde-Verordnung«, die in Nordrhein-Westfalen am 31.12. 1994 in Kraft getreten ist. Um Gerüchten vorzubeugen, sei das Wichtigste hier genannt (zitiert nach einem Artikel in der VDH-Zeitschrift »Unser Rassehund«:

1. Der weitaus überwiegende Teil der Hundehalter in NRW ist von der Verordnung nicht direkt betroffen. Alle Hundehalter, die ihre Hunde artgerecht halten und deren Hunde nicht auffällig geworden sind, brauchen also auch künftig keine Erlaubnis oder sonstige Nachweise zur Haltung ihrer Hunde. Folglich brauchen diese Hundehalter auch keine Anträge bei der Behörde zu stellen.
2. Nicht bestimmte Hunderassen werden in der NRW-Verordnung als gefährlich oder aggressiv abgestempelt, sondern bestimmte Merkmale wie Bissigkeit oder Angriffslust gelten danach als Kriterien für die Gefährlichkeit von Hunden.
3. Solche Hundezüchter, -abrichter und -halter, auf deren Hunde die Gefährlichkeitsmerkmale der Verordnung zutreffen, benötigen künftig eine behördliche Erlaubnis, die vom Ordnungsamt erteilt wird. Sie wird u.a. abhängig gemacht von zwei Voraussetzungen:
   - vom Nachweis einer hundebezogenen Sachkundeprüfung. Diese Prüfung, in der der tierschutzgerechte und sichere Umgang mit dem Tier nachgewiesen werden muß, wird vom VDH und seinen Mitgliedsverbänden sowie vom LTV und örtlichen Tierschutzvereinen durchgeführt. Land und Verbände haben dazu eine entsprechende Kooperationsvereinbarung getroffen;
   - von der persönlichen Zuverlässigkeit des Züchters, Ausbilders, Abrichters oder Hundehalters. Gegebenenfalls kann ein polizeiliches Führungszeugnis verlangt werden.

Unverzichtbar: die Hundehaftpflichtversicherung

Wer Schaden anrichtet, der bezahlt. Nachdem dies der Hund nicht kann, hat der Besitzer für den entstandenen Schaden aufzukommen. Für den Hundehalter kann ein Schaden ohne Hundehaftpflichtversicherung schnell zum wirtschaftlichen Fiasko werden. Denken wir nur an einen Verkehrsunfall, der vom Hund verursacht wurde, oder daran, daß ein Mensch durch den Hund zu Schaden kommt. Dann sind schnell Schadenssummen in sechsstelliger Höhe erreicht. Selbst augenscheinliche Bagatellschäden wie ein Loch im Seidenkleid oder verschmutzte Kleidung können teuer werden, wenn es sich um ein Modellkleid handelt.

Auffällig ist, daß bei Raufereien unter Hunden der Blick der Hundehalter oft sehr getrübt ist und immer der andere Schuld hat oder alles provoziert hat. Wie beim Autocrash wird ein Schuldanerkenntnis ganz schnell wieder vergessen. Deshalb mein Tip: Sich auf keinen Fall auf einen »Kuhhandel« einlassen (»Ich zahle meine Tierarztkosten, du deine«). Es ist besser, sich zu entschuldigen, daß so etwas passiert ist, und nach dem Austausch der Adressen darauf hinzuweisen, daß man alles Weitere seiner Versicherung überläßt. Fazit: Die Hundehaftpflichtversicherung sollte schon am Tag des Kaufes wirksam werden!

Was bewirken Warnschilder?

Alle mir bekannten »Warnschilder« sind als reiner Hinweis auf das Vorhandensein eines Hundes zu verstehen. »Cave canem«, »Warnung vor dem Hunde« oder »Hier wache ich« sind im Schadensfall genauso wirkungslos (wenn auch weniger unsinnig) wie Texte mit der Aufforderung, sich beim Herannahen des Hundes hinzulegen und zu warten, bis Hilfe kommt.

Zwar handelt derjenige auf eigene Gefahr, der ein Warnschild wissentlich nicht beachtet, er muß sich u. U. eine Mitschuld anrechnen lassen. Aber wenn ein gut sichtbar angebrachtes Hinweisschild doch übersehen wird und ein harmloser Besucher, der Ihnen nur etwas verkaufen oder Sie besuchen wollte, doch gebissen wird, dann haften Sie trotz des Schildes. Mit der Hundehaftpflichtversicherung wird auch ein solcher Schaden abgedeckt. Sie entbindet aber nicht von der Sorgfalts- und Aufsichtspflicht bei der Hundehaltung.

Was kostet ein Hund wirklich?

Die Kosten, die während eines durchschnittlichen Hundelebens auf den Halter zukommen, werden häufig unterschätzt. Und mancher Hundefreund ist gezwungen, sich krummzulegen, weil unverhoffte Tierarztbesuche zu honorieren sind.

Es wäre falsch, sich selbst und anderen in die Tasche zu schwindeln und zu verschweigen, daß Hunde im Verlauf ihres Lebens eine Menge Geld kosten. Selbst für einen erfahrenen Hundehalter und den, der vorgibt, daß für seinen Hund nichts zu teuer sei, lohnt es sich, zu wissen, was an Kosten auf ihn zukommt, um nicht die Übersicht zu verlieren – und damit der Hund nicht plötzlich zur untragbaren finanziellen Last wird.

Da ist zuerst der Kaufpreis. Hier kann der Preis für einen Rassehund schon von Züchter zu Züchter schwanken. Am besten, Sie erkundigen sich bei mehreren Züchtern oder beim Zuchtwart des Rassehundvereins nach den üblichen Preisen. Seien Sie aber besonders mißtrauisch, wenn ein Rassehund weit unter dem normalen Preis »verramscht« wird. Häufig ist dann etwas faul, was der Laie aber oft zu spät erkennt.

Allerdings gibt es auch keine Sicherheit, daß der augenscheinlich teuerste Hund auch der beste ist, genausowenig wie ein Tier aus dem Tierheim oder ein preisgünstiger Mischlingshund weniger »wert« ist als ein hochpreisiger. Gerade beim Hundekauf gilt die Devise: Soviel Informationen wie möglich einholen, nicht spontan kaufen und sich vor allem Zeit lassen. Ein »Schnäppchen« kann Sie teuer zu stehen kommen, wenn sich herausstellt, daß der Tierarzt erst einen Hund aus dem Wesen machen muß, das Sie im guten Glauben erstanden haben.

Zum Kaufpreis kommen noch die Fahrtkosten für einen oder mehrere Besuche beim Züchter und die Abholung.

Korrekterweise ist der Erwerb eines Hundes der örtlichen Verwaltung sofort zu melden. Einen erheblichen Posten macht daher die alljährlich fällige Hundesteuer aus. Sie wird oft als Bagatellsteuer abgetan. Das ist sie aber nie und nimmer, besonders wenn der Hundehalter in einer Stadt wohnt. Je größer diese ist, desto höher ist in der Regel auch die Hundesteuer (200,– DM und mehr). In kleineren Orten ist sie noch relativ erschwinglich und kostet oft nur zwischen 50,– und 100,– DM. Die Zweit- oder gar Dritthundhaltung geht schon richtig ins Geld, denn dann erhöht sich die Hundesteuer oft auf den doppelten oder gar dreifachen Satz. Halter von Blinden-, Dienst- oder Wachhunden erhalten genauso wie sozial schwache Menschen mancherorts eine Ermäßigung.

Bei der Hundesteuer sträuben sich einem oft die Haare, zumal dieses Geld nicht etwa zur Entsorgung der Hinterlassenschaften verwendet wird, sondern im üblichen kommunalen Haushaltsloch verschwindet.

Ganz gleich für welchen Hund Sie sich entscheiden – er braucht eine umfangreiche Erstausstattung. Weil die Preise von Ort zu Ort verschieden sein können und Schwankungen unterliegen, ist es am sinvollsten, wenn Sie sich bei Ihrem Zoofachhändler danach erkundigen.

Sie brauchen als Grundausstattung

- Halsband mit Adreßanhänger,
- Leine,

- Futter- und Wassernapf,
- Hundekorb mit Einlage (Kissen etc.),
- Pflegehandschuh,
- Ungezieferkamm,
- Bürste und/oder Spezialkamm (je nach Rasse),
- Zeckenzange,
- Futter nach Empfehlung des Züchters oder Vorbesitzers,
- evtl. Futterzusätze,
- Belohnungshappen,
- Kauknochen aus Büffelhaut,
- Spielzeug,
- fürs Autofahren eine Sicherheitsabtrennung (Gitter oder Netz), Hundedecke, Haltegurt, Scherengitter für das Seitenfenster.

Als nächstes werden die Tierarztkosten für den ersten Routinecheck, Impfungen und Entwurmung erfragt, ebenso die Prämie für die Hundehaftpflichtversicherung und für eine eventuelle Hundekrankenversicherung (siehe Seite 231).

Weitere Kosten für die Pflege fallen bis ins hohe Alter an:
- Hygieneartikel (Ohrrein, Zahnsteinentferner, Zahnpflegemittel, Pfotenbalsam, Ballistol),
- Parasitenhalsband oder Kombimittel,
- Spezial-Hundeshampoo,
- Krallenzange,
- Maulkorb für Tierarztbesuch und Urlaub,
- Charly-Box (Futter- und Wassernapf mit Wasserkanister),
- Tierarztkosten für Auffrischungsimpfungen, Entwurmung, Routinecheck, Wundversorgung nach Verletzungen, Regulieren kleinerer oder größerer Unpäßlichkeiten etc., Kastration oder Sterilisation,
- Erste-Hilfe-Täschchen und Hausapotheke für den Hund (siehe Seite 261).

Für die Erziehung und Ausbildung benötigen Sie:
- Trainingsutensilien (Bringsel etc.),
- Hundepfeife,
- Seilknochen als Spielzeug,
- Apportierhölzer,
- zweites Halsband oder Führgeschirr,
- zwei bis drei unterschiedliche Leinen,
- Transportbox.

Außerdem kommen der Beitrag für den Hundeclub und Kosten für die Ausbildung auf Sie zu, zudem Ausgaben für Literatur, Zaun und Türschild. Um dem Hund möglichst viele und abwechslungsreiche Eindrücke vermitteln zu können, sind die Fahrten zu solchen Plätzen ebenfalls in die Kostenrechnung mit aufzunehmen.

Einige Rassen müssen regelmäßig zum Trimmen oder Scheren zum Hundefrisör. Dies sind erhebliche Kosten. Wer züchten und seinen Hund auf Ausstellungen bewerten lassen will, der muß eine weitere Rechnung aufmachen.

Erfahrungsgemäß kostet der Hund im Laufe seines Lebens so viel wie ein stattliches Mittelklasseauto. Aber was bedeutet das schon, wenn man all das Beglückende dagegenrechnet, das ein Hund zu geben vermag?

Notwendige Hygiene

Fest steht: Es können mehr Krankheiten vom Menschen auf den Hund übertragen werden als umgekehrt. Aber es kann auch Probleme geben, weil man mit seinem Vierbeiner doch recht eng zusammenlebt; vor allem dann, wenn die Gesundheit und Pflege des Hundes auf die leichte Schulter genommen wird.

Wer das absolute Muß (Entwurmung, Auffrischungsimpfungen sowie den alljährlichen Routine-Check) durchführen läßt, für den sind kaum Risiken mit der Hundehaltung verbunden, wenn noch die normalen Hygieneregeln wie Händewaschen vor dem Essen und nach der Hundepflege beachtet werden. Daß man nicht aus demselben Teller/Napf ißt, muß meistens nur kleinen Kindern klargemacht werden.

Der Hund selbst ist ein äußerst sauberes Tier, was sich täglich beobachten läßt: Eine Hundezunge wirkt besser als jede Bürste und jedes Reinigungsmittel. Was natürlich nicht heißen soll, daß unser Pflegling nicht täglich seine »Putzeinheiten« genießt. Ungeziefer fällt bei der täglichen Pflege sofort auf und ist heute kein Problem mehr. Es gibt bald mehr Mittel dagegen als Flöhe (siehe Seite 205).

Auf eine echte Gefahr sei aber hingewiesen: Jeder Hund kann sich mit Würmern, für die auch der Mensch Zwischenwirt oder Endwirt sein kann, infizieren. Dabei sind der Fuchs- und der Hundebandwurm am gefährlichsten. Wie andere Würmer auch, werden sie sicher vom Tierarzt erkannt (Kotuntersuchung).

Gegen gefährliche Infektionskrankheiten wird ohnedies präventiv geimpft. Das gilt auch für die Tollwut. Tollwutsperrgebiete sollten beim Spaziergang gemieden werden.

Es ist sicher nicht jedermanns Sache, mit dem Hund sein Bett zu teilen. Sieht man einmal davon ab, daß es schon vorgekommen sein soll, daß ein dominanter »Wauwau« das Bett für sich beanspruchte und seinen vermeintlichen Rudelführer nicht mehr aufs gemeinsame Lager ließ – krank wird kaum jemand davon. Das gilt auch für das Ablecken – ein von Hunden gerne praktizierter Sympathiebeweis. Dies ist im medizinischen Sinn zwar nicht hygienisch, aber nachdem es täglich millionenfach geschieht, scheint es auch nicht dramatisch zu sein. Zur Hysterie und Panik ist also absolut kein Grund vorhanden, wenn der Hund gesund ist.

Allergien darf man nicht unterschätzen

Richtig ernst könnte es allerdings für Menschen werden, die sich einen Hund zulegen, ohne zu wissen, daß sie gegen Hundehaare allergisch reagieren. Weil Hundehaare schlimme Allergien auslösen können, ist es nicht nur sinnvoll, sondern auch nötig, daß die ganze Familie einen Allergietest macht, bevor ein Hund angeschafft wird.

Sollten Sie jemals nach dem Knuddeln mit Nachbars Hund Hautrötungen oder Jucken bzw. Quaddelbildung auf der Haut festgestellt haben oder mit Hustenanfällen und tränenden Augen reagiert haben, so ist es höchste Zeit, einen Arzt aufzusuchen. Da gibt es keine Wahl, man muß bei aller Tierliebe auf einen Hund verzichten. In solchen Fällen empfiehlt sich ein Aquarium, denn Hunde kauft man nicht auf Probe!

Noch mal darüber schlafen!

Wer das Gelesene ernst nimmt, dem ist sicher klargeworden, daß ein Hundekauf wohl überlegt sein will. Wer aber bereit ist, für viele Jahre zusätzliche Verantwortung zu übernehmen, sein eigenes Leben umzugestalten, und sicher ist, daß der zukünftige Hausgenosse nie zur Last wird, der darf ruhig mit der Suche nach dem »Richtigen« beginnen.

Wahre Hundeliebe kann aber auch heißen, daß man bei den geringsten Zweifeln auf einen eigenen Hund verzichtet und seinen Wunsch auf andere Weise auslebt, indem man z. B. anderen Hunden Gutes tut (siehe Seite 307).

Welcher Hund fühlt sich bei uns wohl?

Diese offen gestanden schwierige Frage läßt sich nur beantworten, wenn man sich im klaren ist, daß von der richtigen Antwort das Befinden des zukünftigen Hundes genauso abhängt wie das eigene.

Aus der ungeheueren Vielfalt der Rassen und mischrassigen Hunde gilt es den auszuwählen, der in Hinblick auf Größe, Kraft, Temperament, Alter und Geschlecht, Wesen, Charakter und Aussehen und seine spezifischen Eigenschaften zum eigenen Lebensstil und Umfeld am besten paßt.

Man sollte sich im klaren sein, was man von einem Vierbeiner erwartet, damit der Traum vom eigenen Hund für keinen der Beteiligten zum Alptraum wird. Wie ernst dieses Problem ist, wird jedem deutlich, der Tierheime besucht, in denen die vielen ausgesetzten und sich selbst überlassenen Hunde auf eine bessere Zukunft hoffen.

Die folgende Aufzählung von Hunde-Merkmalen soll dabei helfen, sich ein konkretes Bild über die erwünschten Eigenschaften seines Vierbeiners zu machen:

- Schulterhöhe (gut 20 bis über 70 cm)
- Gewicht (5 kg bis über einen Zentner)
- Fell (kurz, mittel, lang)
- Fellpflege (mit oder ohne Hundefrisör)
- Fellfarbe
- Ohrenform (Stehohren, halb stehende Ohren, Hängeohren usw.)
- Temperament (temperamentvoll, lauffreudig, quirlig, phlegmatisch, ruhig, gelassen, wenig lauffreudig usw.)
- Reizschwelle (hoch/niedrig)
- Erziehbarkeit (leicht, mittel, schwer)
- Schutztrieb (gering, mittel, groß)
- Wachsamkeit (gering, mittel, hoch)
- Kinderfreundlichkeit, Aufgeschlossenheit
- Sabbern (soll nicht/darf ruhig)
- Menschenbezogenheit (anhänglich/eher reserviert)
- Hundesport (geeignet/weniger geeignet)
- Sportbegleiter (Jogging, Radfahren, Reiten usw. soll möglich sein/normaler Spaziergang reicht)
- Veranlagungen und Neigungen (z. B. zum Behindertenbegleithund, Wach- oder Schutzhund, Jagdhund, Hüte- oder Treibhund, Schlittenhund oder Windhund).

Als Ziel ist anzustreben, daß der zukünftige Hund stets am Leben seiner zweibeinigen Meute teilnehmen kann und von keinen Aktivitäten ausgeschlossen zu werden braucht.

Größe

Vermutlich haben Sie schon eine vage Vorstellung, welcher Hund Ihnen zusagen könnte. Dabei spielt die Größe natürlich eine wichtige Rolle. Sie wird üblicherweise in Zentimeter Schulterhöhe angegeben. Das heißt, es wird am Übergang vom Hals zum Rücken gemessen, und zwar entlang des Vorderlaufs in gerader Linie nach unten.

In Rassestandards und -beschreibungen werden meist diese Schulterhöhen angegeben. Wer noch nie ein Exemplar der ins Auge gefaßten Rasse gesehen hat, kann sich die tatsächliche Größe nur schwer vorstellen. Daher sind hier die Größen einiger bekannter Rassen zum Vergleich aufgelistet:

West Highland White Terrier 28 cm
Zwergpinscher 30 cm
Dackel 35 cm
Zwergschnauzer 35 cm
Foxterrier 39 cm
Cocker Spaniel 40 cm
Beagle 43 cm
Kleinpudel 45 cm
Entlebucher Sennenhund 48 cm
Schnauzer 50 cm
Bullterrier 55 cm
Großpudel 58 cm
Wolfsspitz 60 cm
Airedale Terrier 61 cm
Golden Retriever 61 cm
Collie 61 cm
Deutscher Schäferhund 62,5 cm
Boxer 63 cm
Rhodesian Ridgeback 67 cm
Berner Sennenhund 68 cm
Rottweiler 68 cm
Bernhardiner 70 cm
Hovawart 70 cm
Neufundländer 75 cm
Deutsche Dogge 80 cm
Leonberger 80 cm
Irish Wolfhound 86 cm

Damit man eine noch genauere Vorstellung von den Abmessungen seines zukünftigen Vierbeiners bekommt, kann man auf eine Pappe die Silhouette in Originalgröße aufzeichnen und ausschneiden. Geht man damit durch die Wohnung, so kann man das ganze »Ausmaß«, das auf einen zukommen wird, ermessen. Denken Sie daran, daß die Rute noch ihren eigenen Aktionsradius hat. Kaffeetassen, Kuchenstücke oder Nippesfiguren werden bei ausgeprägter Freude und Begeisterung gleich mit abgestaubt.

Sehr große Hunde (über 70 cm)

Große Hunde sind überwiegend imposante und beeindruckende Erscheinungen. Sie verfügen meist über ein ruhiges, manchmal auch phlegmatisches Wesen und sind alles, nur keine Hochleistungssportler – schon aus Gewichtsgründen. Sie stellen an den Besitzer höhere Ansprüche in puncto Kraft und Pflege, und die Futterkosten sind auch nicht zu verachten. Wer viel frißt, verdaut auch entsprechend. Der Schmutz, der von solchen Riesen von draußen mit hereingebracht wird, ist ebenfalls beachtlich.

Auf keinen Fall passen große Hunde in eine Stadt- oder Etagenwohnung; im Garten müssen sie zumindest so viel Platz haben, daß sie mehr als zehn Meter durchstarten können, ohne gleich wieder am Gartenzaun abbremsen zu müssen.

Sie brauchen in jeder Beziehung eine starke Hand. Ihr Mensch darf nicht zu ängstlich sein, damit der Hund nicht selbst die Führung übernimmt, wenn er dies erkennt, und nur mehr schlecht zu bändigen ist. Auch das eigene Standvermögen ist gefordert, um ein Tier dieser Größe auch ohne sein Einverständnis halten und beeinflussen zu können.

Man sollte auch berücksichtigen, daß auch große Hunde bei einer Verletzung, nach einer Operation oder im Alter eventuell hochgehoben und getragen werden müssen.

In seiner ganzen Tragweite ist mir das selbst klargeworden, als sich einer meiner Ridgebacks beim Spaziergang an einer zertrümmerten Flasche beide Vorderläufe aufgeschnitten hatte und das Tier, das nur 40 kg wog, 400 Meter bis zum Auto zurückgetragen werden mußte.

Auf den Armen vor dem Körper ist das kaum zu schaffen. Am besten geht es noch, wenn man sich den Hund über Schultern und Nacken legt und die Läufe mit den Armen festhält (»Schäfergriff«). Schon beim heranwachsenden Hund kann man dieses Tragen spielerisch üben, damit der Hund es im Notfall schon kennt und sich nicht zusätzlich bedroht fühlt.

Weil die Tiere nicht nur groß, sondern auch schwer sind, können Kinder oder auch ältere Menschen zu Fall kommen, wenn sie freundlich begrüßt oder im Spiel angerempelt werden. Beim Spazierengehen erlebt man immer wieder, daß es viele Menschen gibt, die vor einem großen Hund Angst haben, weil sie nicht wissen, daß gerade solche Hunde meistens überaus liebe und gutmütige sowie geduldige Tiere sind. Als Hundebesitzer ist man trotzdem immer in der Verantwortung, denn wenn ein solcher Riese sich wider Erwarten losreißt, drohend dasteht und, einmal gereizt, wütend bellt, kann bei Mitmenschen Panik entstehen. Einem Kleinhund wird so etwas meist nicht übelgenommen.

Leider haben Großhunde auch nur eine geringe Lebenserwartung von weniger als zehn Jahren und neigen häufiger als kleinere zu Hüftgelenksdysplasie und anderen Gelenkserkrankungen.

Wenn man selbst krank wird oder den Hund einmal nicht versorgen kann, ist es bei großen Hunden viel schwieriger, jemanden zu finden, der bereit ist, sich um das Tier zu kümmern. Am besten bemüht man sich schon vor dem »Ernstfall« darum, einige Hundesitter zu finden. So können sich Hund und Pfleger schon kennenlernen.

Wenn es ums Autofahren geht, ist auch daran zu denken, daß der Hund im Heck genügend Platz haben muß.

Große Hunde (60 bis 70 cm)

Unter ihnen sind so imponierende Tiere wie Hovawart, Deutscher Schäferhund, Boxer, Rottweiler und die Retriever. Was den Lebens-, besser Erlebensraum betrifft, so gilt vieles, was bereits über die sehr großen Hunde gesagt wurde. Das Image von Hunden dieser Größe ist leider etwas angeschlagen, weil die Menschen dies verschuldet haben. Neben einem genügend großen Auslauf und vielen Spaziergängen mit unterschiedlichen Reizen ist die Beschäftigung für solche Hunde ganz wichtig. Nicht ausgelastete Tiere können zum wirklichen Problem werden.

In dieser Gruppe lassen sich für den sportlich orientierten Menschen, der z. B. gerne joggt oder Rad fährt, richtige Partner finden. Aber auch als Wächter und Beschützer ihres Rudels sowie als Arbeitshunde (Schutz- und Rettungsdienst, Blindenführhund) tun sie sich hervor. Sie brauchen allesamt eine gute Erziehung mit klarer Rangordnung, die im täglichen Umgang vorgelebt werden muß.

Auch der richtige Familien- und Begleithund findet sich unter ihnen. Mit einem erfüllten Tagesablauf fühlen sich die großen Hunde wohl. Unter ihnen befinden sich auch viele sehr lauffreudige Rassen. Können die sich nicht austoben, so werden sie unruhig bis zur Unerträglichkeit – was auch zu verstehen ist. Wer will schon sein

Leben lang freiwillig unterfordert sein? Wie die ganz großen, neigen auch einige der großen Rassen zu HD und anderen Gelenkserkrankungen. Da heißt es bei der Auswahl gut aufpassen und in den Papieren eines Rassehundes nachsehen, wie gesund die Eltern und Vorfahren waren!

Die Lebenserwartung liegt in dieser Gruppe zwischen zehn und 15 Jahren. Die Futterkosten sind bei großen Hunden natürlich etwas geringer als bei ganz großen.

Mittelgroße Hunde (45 bis 60 cm)

Diese Hunde sind zahlenmäßig am meisten vertreten. Auch in normal großen Wohnungen fühlen sie sich wohl. Sie freuen sich über einen Garten und lieben ihre Auslaufmöglichkeiten. Ich kenne keinen Hund dieser Größe, der nur hinter dem Ofen liegen will.

Wenn es um den Schutz ihres Rudels geht, stehen sie durchaus ihren Hund. Viele davon sind überaus bewegungsfreudig. Sieht man von Kindern ab, so lassen sich diese Größen vom durchschnittlich gewichtigen Menschen noch halten.

Für den Hundesport taugen einige Rassen dieser Größe – natürlich nicht als »Sportgerät«, sondern als aktive Begleiter. Andere tun sich durch Höchstleistungen, z. B. als Hütehund, Wächter und Jagdbegleiter, hervor. Grundsätzlich brauchen auch diese Hunde eine ihrer Veranlagung und Körperlichkeit entsprechende Aufgabe, mit der sie sich völlig ausleben können. Ohne Ausbildung und stetiges Training verkommen bei manchen ihre Anlagen.

Als Familien- und Begleithund werden sie besonders geschätzt. Die Lebenserwartung beträgt ca. zwölf bis 16 Jahre.

Kleinhunde (30 bis 45 cm)

Sie sind für die Stadtwohnung geeignet, denn sie können zur Not auch getragen werden. Für Hunde dieser Größenordnung spricht, daß sich unter ihnen nahezu jedes Hundetemperament finden läßt. Sie brauchen natürlich weniger Futter als die vorher genannten, und ihre kleineren Hinterlassenschaften lassen sich auch in der Stadt problemlos entsorgen. Die Wachsamkeit der meisten Rassen ist nicht geringer als die der Großen. Beim Gassigehen dagegen fühlt sich kaum jemand wirklich bedroht, und trotzdem sind die Kleinhunde respektable Begleiter.

Wie unter all den anderen, finden sich unter ihnen liebenswürdige, verschmuste, anpassungsfähige Vierbeiner. Besonders für Kinder und ältere Menschen eignen sie sich als Kumpel, weil man ihnen körperlich leicht gewachsen ist.

Bezüglich des Lagers in der Wohnung findet sich eher ein Platz als für Große. Wie schon erwähnt, ist die Größe eines Hundes aber nicht das einzige Kriterium dafür, daß sich der Hund in den gegebenen Wohnverhältnissen wohl fühlt.

Hier liegt die Lebenserwartung zwischen zwölf und 18 Jahren.

Kleinsthunde (unter 30 cm)

Auch Kleinsthunde sind ganze Hunde, soweit sie dies beim Besitzer auch sein dürfen und nicht zu verhätschelten Dekorationsstükken bzw. Schoßhunden verkommen. Sie wollen durchaus ernst genommen werden. Zu ihnen zählen kleine Terrierarten, Pekingesen, Toypudel, Zwergspitz, Tibetische Kleinhunde und natürlich, als allerkleinste, die Chihuahuas. Ihrem Wesen und ihren Ansprüchen gemäß sind sie genauso zu beschäftigen und zu pflegen wie größere Hunde.

Gerade für ältere Menschen und Leute, die in beengten Wohnverhältnissen leben, sind sie genau richtig. Ein weiterer Vorteil ist, daß die Zwerge sich in ausgesprochenen Notfällen auch auf dem Balkon in einer Katzentoilette lösen könnten. Für die Rüden wird ein Baumabschnitt fürs kleine Geschäft hineingestellt. Notfälle dürfen natürlich nicht zur Regel werden, denn auch die Kleinsten brauchen ihre Spaziergänge und den Freilauf mit vielerlei Eindrükken.

Entgegen der üblichen Meinung ist auch für die kleinsten Hunde eine gute Erziehung zu ihrem eigenen Schutz nötig. Darüber hinaus sind auch hundliche Kontakte wichtig. Unerfahrene Kleinhundbesitzer halten grundsätzlich nur größere Hunde für gefährlich und ihren eigenen kleinen für einen absoluten Unschuldsengel. Dabei kann sich so ein Zwerg durchaus als rasender Derwisch zeigen. Wenn der Kleine im eigenen Rudel oder von anderen Hunden keine hündischen Manieren gelernt hat, bekommt er von den größeren schnell die schmerzliche Quittung für seine Ungezogenheiten. Das kann gefährlich werden, weil z.B. manche Chihuahuas bleibende Fontanellen aufweisen. Das sind nur durch papierdünne Haut verschlossene Lücken zwischen den Schädelknochen (bei größeren Hunden verknöchern sie in den ersten Lebenswochen). Demzufolge können diese Tiere schnell zu Schaden kommen. Je kleiner die Hunde, desto feiner und zerbrechlicher sind auch ihre Knochen. Häufig werden deshalb bei Begegnungen mit großen Hunden die Kleinen aus mehr oder weniger berechtigter Angst auf den Arm genommen, was diesen natürlich wiederum mehr Sicherheit gibt, so daß sie aus dieser sicheren Position heraus drohen.

Sieht man davon ab, daß solche Hundehalter (im wahrsten Sinne des Wortes) sich selbst gefährden, lernt der Kleine auf diese Weise nie richtige Umgangsformen, z. B. Unterwerfungsgesten, die jeder Welpe beherrscht (sich auf den Rücken werfen und harnen). Bekanntermaßen stoppt solches Verhalten beim normal geprägten Hund die Aggression.

Wenn ein Hund das richtige Verhalten nie gelernt hat, wieder verlernt hat oder nicht anwendet, so ist er immer in Gefahr, von anderen ernsthaft angegriffen zu werden. Fürwahr ein Teufelskreis, den der Kleinhundbesitzer erkennen muß, um ihn zu durchbrechen. Am besten ist es, wenn sich der Hund regelmäßig mit Wurfgeschwistern oder anderen Kleinhunden zum Spiel treffen kann.

Obwohl Kleinsthunde als kinderlieb bekannt sind, passen Kinder und Kleinhunde m. E. nicht zusammen. Zu leicht kommen die zarten Tierchen beim kindlichen Spiel zu Schaden. So ist mir ein Fall bekannt, wo ein durchaus wehrhafter Chihuahua unter den Trümmern eines Lego-Hauses verschüttet wurde und die Kinder angesichts des Jaulens vor Schreck das Weite suchten. Das arme Tier mußte sich aus seiner mißlichen Lage mühsam selbst befreien. Zum Glück hat es sich nicht verletzt.

Natürlich gibt es auch das andere Extrem: Ein Jack Russell Terrier wird von Kindern auf ein Skateboard gesetzt und findet ganz offensichtlich Vergnügen daran, einige Runden zu drehen. Sie sehen – dem kindlichen Einfallsreichtum sind keine Grenzen gesetzt.

Die Futtermengen sowie die Ausscheidungen fallen bei Kleinsthunden entsprechend der Größe kaum ins Gewicht. Unter den Zwergen gibt es kurz- und langlebige Rassen.

Selbst im »Handtuchgarten« können sie sich – am besten zu zweit – austoben und vergnügen. Man muß nur darauf achten, daß die Umfriedung absolut dicht ist.

Unter ihnen sind zärtliche, charmante Begleithunde, manchmal auch echte Schoßhunde für eher ruhige Menschen, die selbst ein beschauliches, aber auch auf den Hund abgestimmtes Leben führen und vor allem viel Zeit haben.

Bei besonders kleinwüchsigen Rassen sind die Welpen überproportional groß, so daß es zu Geburtsschwierigkeiten kommen kann.

Die Züchter verwenden daher zur Zucht recht kleinwüchsige Rüden, die die »Kleinheit« vererben, und paaren sie mit großen Hündinnen, so daß bei der Geburt weniger Probleme auftreten. Das hat zur Folge, daß die Züchter aus einem Wurf eher die großwüchsigen Rüdenwelpen zum Verkauf anbieten – für den Käufer ohne Zuchtabsichten ist dies durchaus ein Vorteil, weil er ein kräftiges Tier erhält. Auch die kleinen weiblichen Welpen »braucht« der Züchter nicht unbedingt – sie sind aber recht empfindlich und besonders zart.

Temperament

Genau wie bei uns Menschen, gleicht kein Hund dem anderen. Selbst wenn Tiere sich ähnlich sehen, gibt es doch innerhalb der Rasse und sogar innerhalb eines Wurfes viele Unterschiede, so auch im Temperament.

Von Vorteil ist es, wenn Mensch und Hund vom Temperament her zusammenpassen, sich also gleichen oder zumindest ähnlich sind. So fallen die nimmermüden, lebhaften, stets quirligen Rassen, wie es zum Beispiel Boxer sind, auf Schritt und Tritt auf. Die ruhigen und bedächtigen, ja phlegmatischen Typen nimmt man weniger wahr. Dazwischen findet man, wie immer, alle Nuancierungen, die lebendige Wesen hervorbringen können.

So fühlt sich ein Schlittenhund nie in einer Etagenwohnung wohl, selbst wenn er zehnmal am Tag ausgeführt wird. Er will rennen und nicht trotten. Ganz abgesehen davon, daß sein Fell auch nicht für warme Stuben geschaffen ist, sondern für den Aufenthalt draußen. Dagegen fühlt sich ein Mops in einer Familie in der Wohnung wohl, wanderfreudige Langstreckengeher sind ihm aber ein Greuel. Seine Spaziergänge sind von anderen Interessen geprägt: Er will es langsam und gemütlich angehen lassen, obwohl er auch wieselflink sein kann. Kleineren Rassen wird nachgesagt, daß sie temperamentvoller seien als größere. Dies läßt sich natürlich nicht generalisieren, zumal auch fast alle Welpen lebhafter und temperamentvoller sind als erwachsene oder gar ältere Hunde. Damit ein Ersthundbesitzer aber nicht völlig daneben liegt, sollte er sich über die Rasse informieren (Kosmos-Hundeführer, Rassehundebücher, Hundezeitschriften lesen, bei Hundevereinen anfragen, Hundeausstellungen besuchen usw.).

Als zusätzliche Hilfe gibt es die Möglichkeit, bei Züchtern oder auf Hundeausstellungen Erkundigungen einzuziehen. Beurteilen Sie aber nie das Verhalten eines Ausstellungshundes, sondern versuchen Sie, Kontakte mit Hundehaltern zu knüpfen, die Sie auf einen Spaziergang mitnehmen, oder suchen Sie Freilaufflächen auf, damit Sie die Hunde vor Ort in Ruhe beobachten können.

Wichtig scheint mir, daß man Einschätzungen, Moralvorstellungen und gesellschaftliche Normen, Vorlieben und Wertvorstellungen, die man auf sich selbst und seine Mitmenschen anwendet, nicht auf die Hundehaltung überträgt: Wer draufgängerische, selbstbewußte Typen schätzt, kann Probleme mit einem sensiblen, zurückhaltenden oder eher vorsichtigen Hund haben. Wer selbst jeden Zwang haßt und Machtproben so weit wie möglich aus dem Weg geht, wird bei selbstbewußten Rassen Probleme bekommen, weil diese richtig erzogen werden müssen.

Für starke Hunde braucht man Kraft

Je größer und schwerer ein Hund ist, desto kräftiger muß auch der Hundeführer sein, um ihn in jeder Situation gut im Griff zu haben. Lebt ein solcher Hund in einer Familie, so sollten mehrere Personen imstande sein, das Tier auch in extremen Situationen zu halten.

Wie soll eine Person von 45 bis 50 kg gegen die geballte Kraft eines ebenso schweren Rottweilers bestehen können? Obwohl man den großen Rassen nachsagt, daß sie besonders ruhig, gelassen und folgsam seien, kann eine läufige Hündin einen triebstarken Großrüden doch jeden Gehorsam vergessen lassen.

Selbst wenn ein leichterer Hund erschrickt oder wenn plötzlich ein Hase vor der Nase eines nur 40 kg schweren Ridgebacks aus der Sasse hochgeht, dann wird einem schnell bewußt, was es heißt, wirklich standfest zu sein. Ein stabiles Verkehrsschild oder ein Laternenpfahl als Halt ist nur in den seltensten Fällen vorhanden.

Ganz abgesehen davon zeigen Hunde auch im Spiel ihr ganzes Temperament und wissen nicht, daß ein Zweibeiner weniger Standfestigkeit als ein Vierbeiner besitzt.

Weit besser ist es, wenn der Mensch doppelt so schwer ist wie sein Hund. (Kinder können deshalb nur kleine Hunde unter Aufsicht ausführen.) Bei manchen Menschen bauen sich unterschwellige Ängste vor dem eigenen Hund auf, weil sie spüren, daß sie ihm körperlich unterlegen sind. Ein sensibler Hund spürt das und wird versuchen, seine Rangposition innerhalb des menschlichen Rudels zu verbessern. Deshalb ist bei der Wahl des Hundes auch das richtige Kräfteverhältnis wichtig.

Eine haarige Angelegenheit

Das ist das Fell eines Hundes. Es schützt die Haut vor chemischen und physikalischen Schäden, z.B. dem Austrocknen, und dient der Temperaturregulation. So kann sich das Fell durchaus heiß anfühlen, von der Hitze gelangt aber nur wenig auf die Haut. Wenn es den Hunden heiß wird, schwitzen sie an den Pfotenballen. Das kann so weit gehen, daß auf manchen Böden die feuchten Fußtrapsen zu sehen sind. Die abgegebene Feuchtigkeit verhindert auch, daß der Ballen austrocknet.

Zusätzlich regulieren Hunde ihre Körpertemperatur durch Hecheln: es fördert die Verdunstung von Feuchtigkeit im Mund- und Rachenraum, was wiederum Kühle erzeugt.

Das Haarkleid bestimmt logischerweise den Pflegeaufwand, weil das Fell ständig wächst und Haare ausfallen. Vermehrt geschieht dies beim Fellwechsel, der im Frühjahr und Herbst stattfindet. Dieser hängt zudem noch vom Klima (Wohnungshunde haaren mehr), von der Pflege, vor allem aber auch von der Ernährung ab. Nach einer Trächtigkeit haaren Hündinnen ebenfalls ab.

Bei aller Sauberkeit werden beim intensiven Zusammenleben mit einem Hund immer irgendwo Hundehaare zu finden sein. Damit muß man leben. Gelockte Hunde, wie z.B. Pudel, werfen kaum Haar ab, sie müssen aber regelmäßig geschoren werden. Langhaarige Hunde mit dichter Unterwolle müssen täglich gekämmt und gebürstet werden, kurzhaarige nur zweimal wöchentlich. Die Fellpflege mindert zwar nicht die Menge der täglich ausgehenden Haare, aber sie bewirkt, daß ein Großteil davon gar nicht erst auf Teppich und Sofa landet.

Wer glaubt, daß lange Hundehaare aus der Wohnung schwerer zu entfernen sind als kurze, der irrt. Das Gegenteil ist der Fall: lange Haare sieht man besser, und sie lassen sich gut abbürsten oder absaugen. Die kurzen verschwinden oft im »Untergrund« und bleiben dort auch stecken.

Kurzhaarige Hunde haben den Vorteil, daß Ungeziefer und Verletzungen besser zu sehen sind. Zudem trocknet ihr Fell schneller. Das langhaarige Fell verschmutzt viel mehr, und insbesondere kleine Hunde sammeln in Bodennähe viel Dreck auf.

Das Fell des Hundes besteht aus der kurzen, feinen, dichten Unterwolle, die isoliert, und den anliegenden Deckhaaren, die z.B. Wasser ableiten. Bei Nackthunden fehlt beides.

Je mehr Unterwolle vorhanden ist und je länger das Haar, desto mehr ist auf die Fellpflege zu achten. Auf keinen Fall darf langes Haar verfilzen. Bobtailfreunde und Besitzer von Bearded Collies, die ihre Hunde vorbildlich pflegen, wissen, wovon ich spreche. Mit solchen Tieren wird die Hundehaltung zur echten Passion. Ungepflegt sind langhaarige Hunde arme Hunde. Bei schlechtem Wetter oder gestörter Verdauung verschmutzt ihr Fell besonders leicht.

Außerdem fehlt ihnen oft genug der Durchblick durchs Fell, und sie müssen, um überhaupt etwas sehen zu können, eine Haarspange tragen. Sehr langes Fell kann zu einem weiteren Problem führen, beim Umgang der Hunde untereinander treten Mißverständnisse auf, weil weder Mimik noch Ohren- oder Rutenspiel unter dem dichten Fell erkennbar sind. Verschwiegen soll auch nicht werden, daß langhaarige Hunde, besonders wenn das Fell feucht ist, einen intensiveren, hundetypischen Geruch verströmen.

Besonders schwer haben es zotthaarige Hunde wie Puli oder Komondor, deren Fell in langen Schnüren oder dichten Platten vom Körper hängt. Ihr Haar schützt diese Hirtenhunde vor Wind, Hitze und Kälte; sie gehören daher nicht in eine warme Stadtwohnung.

Je kürzer das Deckhaar und je weniger Unterwolle, um so pflegeleichter ist der Hund, aber um so temperaturempfindlicher ist er auch.

Auch ein niedlicher, wuscheliger Welpe kann sich zu einem langhaarigen, dickfelligen Exemplar entwickeln. Wer sich dann der Fellpflege, dem Schmutz und den Überschwemmungen im Badezimmer nicht gewachsen fühlt, kann den Hund von Zeit zu Zeit (wenn die Witterung dies zuläßt) fachmännisch scheren lassen.

Fellfarbe

Die Farbe entscheidet erfahrungsgemäß mit, wenn ein Hund mehr nach optischen Kriterien ausgewählt wird. Wer mit offenen Augen durch die Lande geht, dem fällt die Farbvielfalt sowohl der Rassehunde als auch mischrassiger auf. Wer einen Welpen nur nach der

Farbe kauft, kann allerdings Überraschungen erleben, weil diese sich beim Heranwachsen ändern kann. Rassehundezüchter wissen dies und werden darauf hinweisen. So kommen Dalmatiner ohne schwarze Flecken auf die Welt, Silberpudel werden meist schwarz geboren. Schwarze Pudel werden früh grau. Das Stahlblau des Yorkshire Terriers ist zunächst schwarz. Auch bei Mischlingen muß man mit solchen Veränderungen rechnen.

Dunkle bis schwarze Hunde gibt es viele. Sie haben alle eines gemeinsam: in der Dämmerung oder nachts sind sie nur schwer auszumachen. Deshalb empfiehlt sich bei Spaziergängen im Dunkeln ein reflektierendes Halsband.

Es fällt auf, daß die Haut um so empfindlicher sein kann, je heller der Hund ist. Helle Hunde haben den Vorteil, daß sie als freundlich aussehend empfunden werden. Besonders die Welpen wirken wie kleine Eisbären. Unschuldiger als Schwarze und Braune sind sie aber nicht, und schmutzig werden alle. Bei den hellen fällt es nur mehr auf.

Vor blaufarbigen Tieren möchte ich warnen. Sie sind zwar genauso liebenswert wie all die anderen, neigen aber aufgrund des Merlefaktors zu mehr erblich bedingten Defekten.

Hündin oder Rüde?

Sowohl Rüden als auch Hündinnen sind gleichermaßen beliebt. Warum sollte man sich dann überhaupt Gedanken über das Geschlecht machen? Ich denke, weil die Konsequenzen, die aus dem kleinen Unterschied resultieren, eine große Wirkung haben können und oft unterschiedlich ein- und unterschätzt werden!

Liest man in der einschlägigen Literatur nach oder hört sich bei Hundehaltern um, werden ganz unterschiedliche Empfehlungen gegeben. Eine entscheidende Rolle spielen die biologischen Fakten, z. B. der Geschlechtstrieb oder die Läufigkeit, und die anatomische Tatsache, daß Rüden in der Regel größer und schwerer sind.

Weil aber für die Hundehalter in ihrer jeweiligen Lebenssituation diese Fakten von unterschiedlicher Bedeutung sein können, werden sie auch verschieden bewertet: Der eine findet es ganz natürlich, daß eine Hündin während ihrer Läufigkeit in die Wohnung tröpfelt oder daß der langhaarige Rüde sein Fell benäßt. Für andere stellt dies eine arge Belastung dar. Es kommen auch unterschiedliche Empfehlungen zustande, weil ganz individuelle Erfahrungen oder Erlebnisse mit verschiedensten Hundepersönlichkeiten und Rassen einfließen.

Daraus resultiert, daß es kein Patentrezept geben kann, wenn es um die Wahl des richtigen Geschlechts geht. Vielmehr muß jeder für sich und seine Lebenssituation herausfinden, mit wem er lieber zusammenleben will. Die folgende Auflistung über Gemeinsamkeiten und Unterschiede soll dabei behilflich sein.

Entgegen anderslautenden Aussagen sind meines Erachtens beide Geschlechter gleichermaßen anhänglich und »schmusig«. Vielleicht sucht ein Hundehalter, ohne daß ihm dies bewußt ist, von sich aus weniger Körperkontakt zu seinem Rüden, weil er gehört oder gelesen hat, daß ein Rüde weniger schmusig sei?! Und so bestätigt sich diese falsche Annahme wieder. Meiner Erfahrung nach sind beide gleichermaßen Zärtlichkeiten zugetan.

Wenn ein Hund sich nicht so gerne streicheln lassen möchte, sollte man auch immer überlegen, ob ihm etwas weh tut oder er sich nicht wohl fühlt. Das gilt natürlich für Rüden und Hündinnen gleichermaßen.

In ihrer Körperlichkeit sind Rüden, wie schon erwähnt, meist größer, vor allem kräftiger und schwerer als Hündinnen der gleichen Rasse. Deshalb könnte man bei einer leichteren Hündin das Gefühl haben, sie ließe sich auch leichter erziehen. Dickköpfe habe ich aber unter beiden Geschlechtern gefunden.

Wo Frauen oder Kinder den Hund ausführen, kann der Umstand, daß Hündinnen in der Regel kleiner und leichter, also auch weniger »heftig« sind, den Ausschlag bei der Wahl geben. Hündinnen sind im großen und ganzen leichtführiger.

Die Konzentration und der Arbeitseifer der Hunde sind situationsbedingt. Wie sich die Hunde z. B. auf Ausstellungen zeigen sowie ihre Umgänglichkeit bei der Arbeit hängt sicher auch mit ihrem Biorhythmus zusammen. In bezug auf Wachsamkeit und Bellen oder den Grad der Reizschwelle sind Unterschiede, wenn sie überhaupt vorkommen, recht fließend.

Daß Frauen mehr zu Rüden und Männer mehr zu Hündinnen tendieren, ist kaum beweisbar, wenn man von den berühmten Ausnahmen einmal absieht.

Wenn Hunde nicht spüren, wer der Rudelführer ist, werden beide Geschlechter versuchen, in der Rangordnung Schritt für Schritt nach oben zu klettern, und die Rudelführung anstreben. Rüden gehen mit ihrem Dominanzverhalten hier oft den von uns spürbareren Weg. Wie der Name schon sagt, sie können durchaus »rüder« und dabei auch recht hartnäckig und einfallsreich sein.

Beide Geschlechter kennen innerartliche Auseinandersetzungen. Erwachsene, selbstbewußte Rüden sind oft imposante Gestalten und Persönlichkeiten, die ihr Dominanzverhalten gerne in Form von Rangordnungs- und Revierkämpfen austragen. Meistens sind es Schaukämpfe, die da ablaufen – mit viel Radau, Drohen und Getue. Der dabei Unterlegene kennt die Drohgebärden, zeigt bei normaler Prägung mit Demutsgesten an, wann er genug hat, und verläßt den »Kampfplatz«. Hündinnen können dagegen echte Beschädigungskämpfe austragen, wenn ihnen dies geraten erscheint oder wenn sie gereizt werden. Dies ist natürlich, denn sie müssen ja dafür sorgen, daß ihr Revier bei der Jungenaufzucht von Nahrungskonkurrenten frei bleibt. Einmal aufgetretene Feindschaften werden von den Hündinnen nur selten vergessen.

Mit Hunden des anderen Geschlechts vertragen sich aber Rüde und Hündin gleichermaßen gut. Rüden können Hündinnen gegenüber sogar sehr galant sein und lassen sich manches gefallen, was sie Rüden nie durchgehen ließen. Leben zwei gleichgeschlechtliche Tiere unter einem Dach zusammen, dann wird nach Eintritt der Geschlechtsreife einmal die Rangordnung festgelegt, und man muß darauf achten, daß aus Respekt nicht Haß wird. Vor allem muß man beide Vierbeiner gleich behandeln, z. B. beim Füttern oder bei der Fellpflege streicheln. Man bräuchte dafür eigentlich vier Hände.

Das Geschlechtsleben

Die größten Unterschiede zwischen Rüden und Hündinnen bestehen natürlich beim Geschlechtsleben. Erwachsene Rüden sind – wenn auch unterschiedlich triebig – allzeit bereit, wenn eine läufige Hündin vor ihnen »steht«. Wenn sie die Spur einer »duften« Hündin in die Nase bekommen, sind sie kaum mehr zu halten; besonders, wenn sie schon einmal decken durften. Sie leiden regelrecht, wenn ihnen der Umgang mit der hitzigen Hündin verwehrt bleibt. Das kann geradezu groteske Formen annehmen, wenn sich vor einem Haus, in dem sich eine läufige Hündin befindet, eine ganze Gruppe von vor Sehnsucht winselnden oder jaulenden Rüden zur Anbetung einfindet. Ein verliebter Rüde ist ein wirklich bemitleidenswerter Geselle.

Für Rüden ist es eine absolute Qual, in einer Gegend zu wohnen, in der viele Hündinnen leben, die ihnen zweimal im Jahr ihre Duftmarken vor die Nase setzen. Manche können geradezu liebeskrank werden und sogar das Futter verweigern, unlustig werden und ausreißen. Bei anderen führt der unbefriedigte Sexualtrieb gar zum Vorhautkatarrh mit Ausfluß am Penis. Als »Ersatz« dienen allerlei Gegenstände, die beritten werden – was zu peinlichen Situationen führen kann, wenn z. B. ein Besucher »bestiegen« wird. Diese Qualen, die durch den Triebstau gefördert werden, können u. a. bis zum Prostataleiden führen.

Selbst ausgebildete Schutz- und Wachhunde, soweit sie noch »ganze« Kerle sind, lassen sich durch den Duft einer läufigen Hündin von ihren Pflichten ablenken. Kastraten leiden kaum mehr unter diesen Qualen (siehe Seite 233).

Es gibt aber auch noch die andere Form des Aufreitens, das von beiden Geschlechtern, ja selbst schon von Welpen betrieben wird. Dieses Aufreiten hat weniger mit dem Sexualtrieb zu tun, sondern ist mehr als Dominanzgeste zu verstehen. Dem ranghöheren Menschen gegenüber ist dies eine glatte Ungezogenheit, die es zu vermeiden gilt, indem man sie durch Abwenden des Körpers unmöglich macht.

Rüden sind – noch ganz Wolf – in der Lage, Harn zurückzuhalten, um überall dort das Bein heben und ihr Revier markieren zu können, wo sich eine Gelegenheit dazu ergibt oder es eine fremde Marke zu überdecken gilt. Dabei wird das Bein möglichst hochgerissen. Ich habe schon Rüden gesehen, die beim Markieren auf den Vorderpfoten standen und versuchten, eine besonders hoch angebrachte Konkurrenzmarke zu überdecken. Beim Spazierengehen muß man darauf Rücksicht nehmen, eben anhalten und vor allem nicht stören, wenn der Rüde beim Duftmarkenlesen und Markieren ist.

Weil Rüden möglichst ihr ganzes Revier markieren wollen, dauern die Spaziergänge oft recht lang. Die Vierbeiner können nicht verstehen, daß sie sich gefälligst auf einmal zu entleeren haben, weil der menschliche Rudelführer friert oder nach Hause will, wenn eine Fernsehsendung beginnt.

Im Garten müssen manche Bäume mit einer Manschette vor dem ständigen Benässen mit Urin geschützt werden, damit sie nicht eingehen. Demselben Zweck wie das Markieren dient auch das Scharren mit den Hinterläufen nach dem Kotabsatz, bei dem über die Analdrüse ebenfalls Duftstoffe abgesetzt werden. Das Scharren nach hinten läßt sich bei beiden Geschlechtern beobachten. Hündinnen markieren ebenfalls, nur tun sie dies im Sitzen. Darunter kann natürlich der gepflegte Rasen leiden, weil der Urin das Gras buchstäblich »verbrennt« und kreisrunde Flecken zurückbleiben.

Weit wichtiger ist die Tatsache, daß eine Hündin im Abstand von sechs bis sieben Monaten zweimal im Jahr läufig wird. Die erste Läufigkeit tritt zwischen dem siebten und zehnten Lebensmonat ein.

Der Tip: Schreiben Sie sich den Tag des Läufigkeitsbeginns auf; dann können Sie sich ausrechnen, wann die nächste Hitze zu erwarten ist. Planen Sie dann nicht gerade den Urlaub oder eine Hundeausstellung ein.

Die Läufigkeit, auch Hitze genannt, verläuft in folgenden Phasen: Die Vagina schwillt bereits einige Tage vor dem Beginn der Vorbrunst (Proöstrus) an. Von da an wird öfter Harn abgesetzt. Ab dem Einsetzen der Vorbrunst (in den Eierstöcken reifen nun die Eier heran) verliert die Hündin aus der Scheide blutiges Sekret. Diese Phase dauert neun bis elf Tage. Darauf folgt die fünf bis zehn Tage dauernde Brunst (Östrus). Der Ausfluß ist nun klar und wird weniger.

Von nun an wird der Rüde angenommen, die Hündin ist deckbereit. Während dieser Zeit kann sich ihr Wesen verändern. Jetzt wird auch jedem Hundefreund klar, warum dieser Zustand »Läufigkeit« heißt: Die Hündin tut alles, um Rüden auf sich aufmerksam zu machen. Ihre Duftmarken weisen jedem Rüden den Weg. Durch diesen Trieb ist sie nicht mehr so gehorsam wie gewohnt und sogar bereit, jede Gelegenheit zu nutzen, um auszurücken und sich dekken zu lassen. Dabei ist sie nicht sehr wählerisch und »steht« bei jedem Rüden. Von denen warten ja genug auf die Erhörung. Eine Hündin kann sogar von mehreren Rüden nacheinander gedeckt werden, was beim Nachwuchs dann hübsche Überraschungen mit sich bringt.

Leider ist dort, wo ein Wille ist, für Rüden auch ein Weg zu finden, und es kann für eine kleine Hündin große Probleme aufwerfen, wenn der Freier merklich größer war als sie (Abhilfe siehe Seite 58). Während dieser Tage heißt es höllisch aufpassen, wenn kein Nachwuchs gewünscht wird. Es läßt sich genau erkennen, wann die Hündin aufnahmebereit ist: Wenn man am Schwanzansatz über die Kruppe streichelt, reckt sie das Hinterteil etwas nach oben und legt die Rute zur Seite.

Der Tip: Die Hündin darf an den Tagen, an denen sie »steht«, nie unangeleint nach draußen. Damit Rüden nicht zuviel davon mitbekommen, hat es sich als Vorteil erwiesen, wenn man zum Gassigehen eine Gegend aussucht, in der nicht mit allzu vielen Hundebegegnungen zu rechnen ist. Wenn möglich, läßt man die Hündin bereits in der Garage ins Auto steigen oder hebt sie hinein und achtet darauf, daß im Umkreis von einem Kilometer um die Wohnung keine Duftmarken gesetzt werden können. Unterstützen läßt sich die »Tarnung« durch die Gabe von chlorophyllhaltigen Tabletten, welche die Wirkung der lockenden Duftstoffe mindern.

Was die Sekretion angeht, so sind manche Hündinnen äußerst sauber und lecken jeden Tropfen von der Scheide. Bei anderen, die sich um ihre Ausscheidungen weniger kümmern, kann es nötig werden, ein Schutzhöschen (gibt es im Zoofachhandel) mit einer saugfähigen Slipeinlage überzuziehen. Vor jedem Kot- oder Harnabsatz darf man aber nicht vergessen, dieses Höschen auszuziehen. Verschwiegen werden soll auch nicht, daß es auch Hündinnen gibt, die sich das Schutzhöschen trotz des patenten Verschlusses immer wieder ausziehen. Das ist ja verständlich, weil für sie das Höschen stört, ungewöhnlich und unnatürlich ist.

Nach dem 18. Tag fängt die Hündin wieder an, Rüden wegzubeißen. Nach einem unerwünschten Deckakt kann der Tierarzt mit einer »Spritze danach« helfen.

Außerhalb der Läufigkeit sind Hündinnen häuslicher, sie leben näher beim Menschen, streben weniger oft weg und entleeren sich schneller als Rüden, obwohl sie bei langen Spaziergängen auch viele Marken setzen können.

Scheinträchtigkeit

Leider kann es vorkommen, daß eine Hündin, die nicht gedeckt wurde, nach vier bis acht Wochen scheinträchtig wird, was sich durch eine Veränderung des Wesens bemerkbar macht. Das Gesäuge kann anschwellen, und es kann sogar Milch einschießen. Sie will kaum noch spazierengehen und wenn ja, dann versucht sie, unter jedem Baum oder in Mulden ein Nest zu graben. Genauso tut sie dies auch zu Hause an unterschiedlichen Plätzen und benutzt dazu Decken und anderes Polstermaterial. Als Welpenersatz dienen dem geplagten Tier allerlei Gegenstände, meistens Spielzeug.

Die Scheinträchtigkeit ist die Folge einer Hormonstörung (Abhilfe siehe Seite 233). Wer mit der ausgeprägten Geschlechtlichkeit seines Hundes schlecht leben kann, der findet auf Seite 233 ebenfalls Hilfsmöglichkeiten. Oft wird die Frage gestellt, ob es nicht gesünder für die Hündin sei, wenigstens einmal in ihrem Leben Junge zu haben. Natürlich wäre dies schon. Aber es gibt genügend Gründe, die dagegen sprechen. Tatsache ist auch, daß Hündinnen, die nie Mutter wurden, genauso gesund und lange leben.

Wenn Sie bis jetzt keinen triftigen Grund gefunden haben, der für Sie ausschlaggebend für eine Hündin oder einen Rüden ist, dann können Sie frei nach Gutdünken auswählen. Oder Sie lassen den Hund wählen. Gegenseitige Zuneigung hat bei einer Partnerwahl noch nie geschadet. Ich kenne einige glückliche Hundebesitzer, die Stein und Bein schwören, daß sie von ihrem Tier ganz gezielt ausgesucht wurden und der Hund deutlich seine Sympathie gezeigt hat. Es gibt sie also noch, die Liebe auf den ersten Blick.

Wer die Wahl hat

Unterschwellig hat jeder Hundeinteressierte schon eine vage Vorstellung, wie sein Wunschhund »sein« soll. Absichtlich steht hier »sein« und nicht »aussehen«. Das Aussehen ist eher zweitrangig, wenn man bedenkt, daß sich über Schönheit ohnedies streiten läßt und ein schöner Hund genau das Gegenteil von dem sein kann, was er »sein« soll.

Ganz wichtig ist, daß der Hund zu seinen Menschen paßt. Das heißt, daß er neben den gewünschten Eigenschaften das mitbringt, was die Voraussetzung für ein problemloses Miteinander ist. Dazu zählen eine gute Veranlagung, Gesundheit, eine gute Prägung und eine dem Welpenalter entsprechende Sozialisierung.

Rassehunde

Unter der Vielzahl von über 350 Rassen findet sich die ganze Palette von Anlagen – vom ursprünglichen Verwendungszweck bis hin zum heute geforderten Familienbegleithund, der sich auch in unserer hochtechnisierten Welt zurechtfinden kann. Bei Rassehunden findet sich auch das ganze Spektrum hundlichen Verhaltens ebenso wie unterschiedliche Wesensmerkmale.

Was sind eigentlich Rassen? Sie sind Untergruppen innerhalb der Tierart Hund *(Canis lupus familiaris)* mit bestimmten Merkmalen und Eigenschaften, die an die Nachkommen vererbt werden. Seit Menschen mit Hunden zusammenleben, wird auch gezüchtet. Jeglicher Rassezucht liegt der Wunsch des Menschen zugrunde, Hundenachwuchs mit bestimmten Eigenschaften zu erhalten (Selektion).

Rassehunde sind im Grunde genommen »genormte Mischlinge«. Die Rassehundezucht existiert in der heutigen Form erst seit Ende des 19. Jahrhunderts. Hunde wurden aber von jeher schon für bestimmte Nutzanwendungen (Jagd, Hüten, Wachen, Treiben) gezüchtet. Wie die Gesellschaft, so haben sich auch die Ansprüche an die Hunderassen im Laufe der Zeit spürbar geändert (neue Arbeitsfelder sind hinzugekommen, z. B. für Rauschgiftsuchhunde oder Behindertenbegleithunde).

Im Laufe der Zeit wurden die typischen Merkmale einer Rasse gefestigt und ihr Aussehen vereinheitlicht. Wer über die Entstehung seiner bevorzugten Rasse mehr erfahren möchte, dem sei die »Enzyklopädie der Rassehunde« empfohlen (siehe Seite 316). Dort findet man Interessantes und auch Spannendes darüber.

»Rasserein« oder »reinrassig« bedeutet nichts anderes, als daß typische Merkmale, die im Rassestandard festgehalten wurden, vorhanden sind und vererbt werden. Rassehunde haben den Vorteil, daß man weiß, wer ihre Ahnen waren, und daraus schließen kann, wie die Welpen einmal werden. In Hinblick auf Anatomie, Wesen und Neigungen sind Hunde einer Rasse in gewissen Grenzen »einheitlich«. Jedes rassetypische Merkmal kann sich beim Welpen aber nur dann optimal entwickeln, wenn der Hund gesund heranwachsen kann, richtig geprägt und sozialisiert wird.

Lassen Sie sich beim Hundekauf nicht dazu verleiten, eine Rasse zu nehmen, die gerade in Mode ist oder die Sie aus dem Fernsehen kennen – ein Collie (Lassie) oder Deutscher Schäferhund (Kommissar Rex), eine Bordeaux-Dogge (Starsky und Hutch) oder ein Hund namens Beethoven (Bernhardiner) müssen nicht unbedingt zu Ihnen passen. Wenn Fernsehserien mit Hunden laufen, wittern Massenzüchter ein Geschäft und produzieren solche Welpen im großen Stil – leider ohne die nötige Sorgfalt.

Leider treten bei einigen Rassen durch Übertypisierung gesundheitlich bedingte Beeinträchtigungen, Schmerzen und lebenslange Qualen auf. Dies können anatomische Veränderungen wie Gebäudeanomalien, verkrüppelte Ruten (die deshalb kupiert werden müssen, z. B. bei manchen Boxern), Apfelköpfigkeit, ungünstige Veränderungen des Fangs, offene Fontanellen (Lückenschädel), Augenprobleme wie Glotzäugigkeit, Lidschwächen, Ektropium, Entropium sowie Gebißanomalie und Hautfaltenekzeme sein. Auch treten vermehrt Atembeschwerden aller Art auf, und bei manchen Rassen gibt es massive Geburtsprobleme: die Welpen können nur noch durch Kaiserschnitt zur Welt kommen. Sicherlich ist es auch für manche Rassen nicht mehr gut, wenn sie immer noch kleiner oder noch größer gezüchtet werden.

Geht man davon aus, daß es nach § 11 des Tierschutzgesetzes ohnedies verboten ist, Tiere zuchtbedingten Qualen auszusetzen, wäre es an der Zeit, daß die Zuchtverbände ihre Rassestandards dahingehend ändern, daß die Zucht mit »kranken« Tieren oder auf der Basis offensichtlich krankmachender Standards unterbleibt. Diejenigen Verbände (VDH) sind auf dem richtigen Weg, die sich bemühen, solche Auswüchse zu vermeiden.

Man sollte auf den Kauf solcher Rassehunde verzichten, die durch die Hochzucht kein normales Leben mehr führen können oder denen gar Messer oder Zange zu einem rassespezifischen Aussehen verhelfen. Gottlob ist das Zurechtschneiden der Ohren seit 1987 bei uns verboten. Auch wer dies im Ausland vornehmen läßt, macht sich strafbar!

Hunde, denen als Welpen die Ruten kupiert werden, weil manche Menschen dies aus zweifelhaften Gründen für nötig halten, sind ganz arme, verstümmelte Hunde! Sie sind eines ihrer wichtigsten Ausdrucksmittel beraubt. Dieser Umstand kann bei der Kommunikation mit anderen Hunden zu Mißverständnissen führen und sich z. B. beim Steuern und Balancieren zu Land und im Wasser erschwerend auswirken. Die Rute dient auch zum Schutz des Hinterteils; verstümmelte Hunde können nicht einmal mehr den Schwanz einziehen.

Es werden ca. 40 Rassen kupiert, darunter sind Pudel, verschiedene Terrierrassen, Bobtail, Rottweiler, Dobermann, Schnauzer etc. Die Argumente, die für das Kupieren sprechen sollen, sind vielfältig. Für mich zählt aber nur *ein* Argument: wenn wirklich eine medizinische Notwendigkeit vorliegt (z. B. wenn die Rute überlang und/oder verletzt ist), dann kann und soll nur der Tierarzt entscheiden dürfen, ob eine Operation notwendig ist.

Folgende Rassen haben besonders viele Probleme:

- Basset: Die Ohren sind oft zu lang, so daß die Hunde beim Laufen oder Spielen drauftreten. Bindegewebsschwäche (stark gerötete, weil entzündete Lidbindehaut) ist oft zu sehen. Gebäudeprobleme gibt es auch. Hautekzeme wegen der vielen Falten kommen ebenfalls vor.
- Bernhardiner (und manche anderen großen Rassen) haben nur noch eine kurze Lebenserwartung, weil ihre Organe nicht mehr der Körpergröße entsprechen. Wer schon Bilder vom berühmten Barry vom St. Bernhard-Hospiz gesehen hat, der kann ermessen, wie sehr sich die Größe dieser wunderbaren Rasse nach oben hin verschoben hat.
- Chihuahua: Bleibende Fontanellen, zu dünne Knochen, Zahn-

probleme, Geburtsprobleme (Kaiserschnittgeburten), Kniegelenksdefekte.

- Englische Bulldogge: Zu kurze und breite Köpfe; Vorbiß führt zu Zahnproblemen, Atemprobleme (sie röcheln ständig). Gebäudeprobleme zeitigen Folgeschäden. Geburtsprobleme wie Kaiserschnitt und Schwierigkeiten beim Aufbeißen der Fruchtblase sind häufig, so daß der Züchter helfen muß.
- Mops: Die Schnauze ist sehr verkürzt. Die vorstehenden Augen können so locker in ihren Höhlen liegen, daß sie bei Druck sogar herausfallen können. Atemnot (sie können nur mehr durch den offenen Mund hörbar röchelnd atmen; weil die Nasengänge stark verengt sind, schnappen sie wie ein Fisch auf dem Trockenen nach Luft). Geburtsschwierigkeiten kommen relativ häufig vor. Gebäudeschäden sind ebenfalls nicht selten.
- Pekingesen: Zu kurzer Kopf, verkürzte Nase und dadurch bedingte Atemprobleme. Die Augen liegen zu locker in den Augenhöhlen und stehen zu weit vor. Haare scheuern auf dem Auge, was zu Entzündungen führt. Kaiserschnittgeburten sind sehr häufig, und wegen des kurzen Fanges können die Fruchthüllen nicht mehr aufgebissen werden.
- Sharpei: Durch die extremen Falten neigen sie zu Ekzembildung. Den Welpen müssen oft die Hautwülste über den Augen hochgenäht werden, damit sie überhaupt etwas sehen können.
- Yorkshire Terrier: Bleibende Fontanellen, Zahnfehler, Verengung der Luftröhre (oft auch bei anderen Zwergrassen feststellbar).

Haarlosigkeit ist meines Erachtens immer ein Problem, weil nichts und niemand die empfindliche Haut schützt.

Rassen wie der Deutsche Schäferhund leiden unter dem Hyänenrücken und vererbbarer Hüftgelenksdysplasie, auch HD genannt. Dies ist aber nicht auf Schäferhunde beschränkt. Kaufen Sie deshalb nur Tiere, deren Eltern auf den VDH-Papieren HD-Freiheit bescheinigt wird.

Tierfreunde meiden Züchtungen, die nicht mehr der Natur eines Caniden entsprechen, denn man kann und darf doch das Leid der Hunde nicht auch noch schön finden, wenn es ein gemachter »Standard« erfordert. Lieber auf Ausstellungspreise verzichten, als dem Elend auch noch Vorschub zu leisten, muß die Devise lauten.

Nähere Informationen über Rassehunde mit Problemen erhalten Sie von der »Arbeitsgemeinschaft kritische Tiermedizin«, Silke Schönthaler, Halskestr. 12, 12167 Berlin, Telefon: (030) 7969598.

Damit Sie besser wählen können, empfiehlt sich beim Rassehundekauf folgende Vorgehensweise:

- Lesen Sie alles über die Rassen, die Sie interessieren (Hundeführer, Rassebücher, Hundezeitschriften usw.).
- Nehmen Sie Kontakt mit den Welpenvermittlungsstellen auf (Adressen in der VDH-Zeitschrift »Unser Rassehund«).
- Suchen Sie Begegnungen mit Hundebesitzern, und sprechen Sie diese auf ihr Tier an.
- Auch Tierärzte wissen über die Eigenheiten von bestimmten Rassen ganz gut Bescheid.
- Veranstaltungen wie Hundeausstellungen und Zuchtschauen bieten ebenfalls viel Interessantes.
- Auch der Zoofachhändler Ihres Vertrauens weiß über viele Hunderassen Bescheid.
- Streben Sie einen gemeinsamen Spaziergang mit der Ortsgruppe des Hundevereines an. Denn unter den vielen Hunden derselben Rasse läßt sich ein generelles Verhalten feststellen.
- Sprechen Sie auch Rassehundezüchter an, die nicht gerade einen Wurf verkaufen wollen.
- Ideal wäre es, wenn Sie an sog. Welpenspieltagen teilnehmen könnten und dabei erleben, wie sich die Tiere untereinander verhalten.
- Schauen Sie auch im Tierheim vorbei, denn dort hat man die meisten Erfahrungen mit reinrassigen und mischrassigen Hunden.

Mischrassige Hunde

Hierzulande ist fast jeder zweite Hund ein »mischrassiger«. Ich bevorzuge diesen Ausdruck, weil andere wie Bastard, Mischling, Promenadenmischung oft so abwertend und ungenau klingen. Und weniger wert sind diese Hunde fürwahr nicht! Lediglich ihr Anschaffungspreis ist niedriger, weil sie ihr Dasein oft einem ungeplanten (meist auch unerwünschten) Deckakt verdanken.

Trotzdem muß man zu mischrassigen Hunden stehen, weil sie um ihrer selbst willen und nicht wegen ihres Stammbaumes geliebt werden. Oft läßt das Aussehen vermuten, daß unter den Ahnen auch ein Rassehund war. Diesem gegenüber haben sie aber den großen Vorteil, daß sie nicht zum Hundefrisör oder unters Messer brauchen, um als Schönheitschampion aufs beliebte Treppchen zu steigen. Auf solche Ehren muß das Frauchen oder Herrchen einer mischrassigen Schönheit verzichten.

Mischrassige Hunde gelten meist als unproblematisch und gesünder als Rassehunde. Dies ist aber ein Irrtum, sie füllen die Tierarztpraxen genauso wie die Tierheime, weil sie logischerweise alle positiven und negativen Erbanlagen ihrer Eltern in sich tragen können.

Weil es oft vorkommt, daß die Vergangenheit völlig im Dunkeln bleibt, wird ein mischrassiger Hund oft wie die sprichwörtliche Katze im Sack gekauft – das heißt, ohne Information über das Vorleben und die Eltern. Ein solcher Kauf ist wie eine Wundertüte, es kann jede Überraschung zutage kommen. Selbst innerhalb eines Wurfes kann es ganz schön durcheinanderwuseln, wenn die Hundekinder verschiedene Väter haben (siehe Seite 57).

Es macht aber Mut, daß bei uns Hunderttausende solcher Hunde wunderbare Freunde und Partner des Menschen sind und ihre Aufgaben bestens erfüllen. Andererseits stimmt es traurig, wenn man sieht, daß so viele Mischlinge in Tierheimen leben müssen.

Die Lebenserwartung mischrassiger Hunde ist recht unterschiedlich – je nachdem, welche Ahnen sie haben. Ebenso kann man über die Pflege und die Unterhaltskosten nichts Allgemeines sagen.

An deren »Züchter« sind allerdings dieselben Anforderungen zu stellen wie an Rassehundezüchter: Je besser und gesünder die Welpen heranwachsen, je besser sie geprägt wurden und je vielfältigeren Reizen sie ausgesetzt waren, um so problemloser wird sich ihr weiteres Leben gestalten. Vor allem müssen sie viel Zuwendung von Menschen jeden Alters erfahren haben.

Ein Problem kann darin liegen, daß bei der Aufzucht der Welpen am falschen Fleck gespart wird, weil mit ihnen ja nicht das große Geld zu machen ist. Die Kosten der Aufzucht werden bei Mischlingen oft nicht einmal vom Abgabepreis gedeckt. Die Kleinen dürfen ja auch nicht vor der achten Woche abgegeben werden, damit sie durch den Kontakt mit der Mutterhündin und den Wurfgeschwistern eine hundliche Prägung erhalten und von ihnen lernen können.

Sollten Zweifel bestehen, wie alt ein Junghund ist, so bringt ein Blick auf die Zähne einen Hinweis: Der Zahnwechsel ist mit ca. sieben Monaten abgeschlossen. Die oft nadelspitzen, scharfen Milchzähne sind ausgefallen und haben den zweiten Zähnen Platz gemacht. Diese sind größer, reinweiß und mehr abgerundet.

Aus der Größe der Welpen läßt sich, wenn das Alter bekannt ist, ungefähr schließen, wie groß die Tiere einmal werden. Mit acht Wochen haben sie 25 % ihrer endgültigen Größe erreicht, mit zwölf Wochen ein Drittel, mit sechs Monaten ca. zwei Drittel, und mit einem Jahr sind viele Hunde bereits ausgewachsen. Zumindest wachsen sie nicht mehr wesentlich weiter.

Wenn der unfreiwillige Züchter aus Unwissenheit Fehler gemacht hat, so können diese beim Welpen noch korrigiert werden. Bei älteren Hunden ist dies viel schwieriger, und es erfordert viel Zeit und Geduld, vor allem aber Wissen und Einfühlungsvermögen, damit kein Problemhund zur Belastung wird. Diese wichtigen Überlegungen fallen bei Spontankäufen leider oft unter den Tisch, zumal guter Wille und viel Mitleid den Blick trüben können und der günstige Preis lockt.

Tips für den Kauf von mischrassigen Hunden:

- Mit dem Kosmos-Hundeführer unter dem Arm beim Verkäufer nachfragen, wohin die Hündin tendiert und ob auch der Vater bekannt ist.
- Das Buch »Unser Mischlingshund« lesen (siehe Seite 316).
- Soviel wie möglich über die Ahnen erfragen.
- Evtl. bei den Nachbarn oder in der näheren Umgebung fragen, wie die Mutterhündin so ist und wie sie gehalten wird.
- Besuchen Sie die »Züchter«, prüfen Sie, wie die Welpen und die Hündin gehalten werden und mit wem sie alles Kontakt haben.
- In welchem Gesundheitszustand ist die Mutterhündin? War sie vor der Geburt der Welpen bereits entwurmt? Sind die Welpen geimpft und entwurmt?
- Beim Mischling aus dem Tierheim haben Sie gute Ansprechpartner, die nichts dagegen haben, wenn sie ein Loch in den Bauch gefragt bekommen.
- Nie einen Hund schicken lassen!
- Nicht dort kaufen, wo viele Hündinnen leben und ein deutlich vergrößertes Gesäuge haben. Es könnte sich um einen Hundeproduzenten handeln.

Noch ein abschließendes Wort zu den Mischrassigen: Zu ihrem Aussehen muß man einfach stehen, auch wenn menschliche Unwissenheit und Unvernunft dies manchmal schwerfallen lassen. Das Gefühl, mitleidig belächelt zu werden und dümmliche Fragen zu hören, kenne ich aus eigenem Erleben. Auch manchen Rassehundebesitzern werden solche Fragen gestellt. Darauf gibt es nur eine Antwort – Klasse statt Rasse demonstrieren.

Eine Försterin wollte an einem Jagdhund-Ausbildungskurs teilnehmen und sollte auf dem Anmeldebogen die Rasse ihres Hundes eintragen. Genau da lag nun das Problem – ihr Vierbeiner war zwar ein ganz tolles Exemplar seiner Art, aber eben kein Rassehund. Sie trug einfach »Polnischer Jagdterrier« ein und nannte diese Rassebezeichnung auch im Gespräch mit den anderen Kursteilnehmern. Niemand fragte nach – offensichtlich wollte sich keiner anmerken lassen, daß er diese Rasse nicht kennt.

Diese Geschichte wird zur Nachahmung empfohlen, denn je mehr Sie hinter Ihrem Vierbeiner stehen, um so selbstsicherer werden Sie und Ihr Hund sich auch geben.

Welpe oder älterer Hund?

An dieser Frage scheiden sich am wenigsten die Geister, weil es eindeutige Kriterien gibt, die die Entscheidung erleichtern.

Fast jeder findet Welpen ausgesprochen süß und hätte einen solchen lustigen Gesellen gerne zu Hause. Tatsache ist auch, daß gut aufgezogene Welpen, wenn man sie im Alter von acht bis zwölf Wochen erhält, so wunderbar formbar sind wie später nie mehr. In diesem Alter lassen sie sich gut erziehen und sozialisieren. Sie sind sehr neugierig und lernen in dieser Zeit spielend und willig all das, was wir ihnen beibringen wollen und was sie später bei uns alles tun und lassen sollen. Auch die Anpassung an die neue Umwelt mit all den anderen menschlichen und tierischen Rudelmitgliedern erfolgt dann problemlos – vor allem, wenn der Welpe schon beim Züchter viel mit Menschen, besonders mit Kindern, und Haustieren aller Art zu tun hatte. Ein älterer Hund kann möglicherweise schon schlechte Erfahrungen gemacht haben.

Oft werden von Landwirten Welpen angeboten, die meistens aus unerwünschten Deckakten stammen. Solche Welpen haben den Vorteil, daß sie mit allerlei Getier vertraut sind, wurden aber häufig mit zuwenig menschlichen Kontakten und Umweltreizen (Stadtlärm etc.) konfrontiert.

Allerdings wiegen auch Fehler, die vom Ersthundebesitzer während der Sozialisierungsphase und Welpenerziehung oder bei der Fütterung gemacht wurden, sehr schwer. Darüber hinaus sind Welpen recht anhänglich, sie verfolgen ihre Ersatzeltern auf Schritt und Tritt, haben allerlei Unsinn im Kopf, machen manches kaputt und erwarten viel Zeit von ihrer menschlichen Meute. Vor allem wollen sie nicht, daß man sie allein läßt. Dies kann man sich natürlich bei der Erziehung, wie wir noch sehen werden, zunutze machen.

Erbliche Schäden zeigen sich meistens erst, wenn der Hund mit etwa einem Jahr fast ausgewachsen ist. Manchmal auch noch später, wenn das äußere Erscheinungsbild ausgeprägt ist. Vor Überraschungen ist man besonders dann nicht sicher, wenn bei einem mischrassigen Welpen nicht klar ist, wer die Eltern waren. Unangenehm kann es werden, wenn man wenig Platz hat und aus dem ehemals kleinen Wuschel ein mächtiger Brocken wird.

Ein älterer Hund ist meistens eine fertige Persönlichkeit mit spezieller Prägung und einem großen Erfahrungsschatz. Sein Vorteil: Er hat seine Flegelzeit schon hinter sich. Solche Tiere eignen sich mehr für Leute, die sich der Arbeit und Mühe, die ein Welpe macht, nicht mehr unterziehen wollen oder können, sich sonst aber in der Lage sehen und willens sind, voll auf den Hund einzugehen.

Ein weiterer Vorteil kann es sein, daß der vierbeinige Hausgenosse schon stubenrein ist. Die Gefahr, daß er wie ein Welpe noch viel kaputtmacht, ist auch geringer. Holen Sie also so viele Informationen wie nur möglich über das »Vorleben« des Hundes ein (siehe Seite 69).

Wenn überhaupt, so läßt sich ein Zwingerhund, der nichts anderes als sein Verlies kannte, nur mehr schlecht an ein Leben in einer Wohnung gewöhnen. Für Leute ohne Hundeerfahrung ist ein Zwingerhund jeglichen Alters meines Erachtens überhaupt nicht geeignet.

Die beste Zeit für den Hundekauf

Haben Sie auch schon einmal erlebt, wie jemand am frühen Morgen bei stürmischem Eisregen – noch im Morgenmantel und mit einem Schirm bewaffnet – zitternd und frierend darauf wartet, daß der Welpe (der anscheinend weniger friert) sich endlich gelöst hat?

Oder daß der Hund sich den Magen verdorben hat und sich regelrecht zum »Kotzen« fühlt, weil Gäste glaubten, dem niedlichen Kerlchen allerlei Ungenießbares zustecken zu müssen? Besonders kleine Gäste beim Kindergeburtstag haben für die Bedürfnisse des Hundes oft wenig Verständnis, sie wollen spielen.

Dem Hund »stinkt« die Party auch ohne solche Belästigungen fürchterlich, weil jeder der Gäste seinen bevorzugten Duft (Parfum, Rasierwasser etc.) an sich hat und einer noch dicke Zigarren raucht. Da bleibt dem Armen nur ein Ausweg: Verunsichert verkriecht er sich unter einem Bett. Übrigens: in den Keller abgeschoben, bekommen Hunde ohne ihre Menschen noch mehr Angst.

Am schlimmsten ist es, wenn Feiertage wie Ostern, Weihnachten, Silvester oder eine Karnevalsparty anstehen. Der ungewohnte Krach schlägt voll auf die Ohren. Nicht dran zu denken, wenn ein Witzbold einen Kracher unter den Bauch des Hundes schmeißt. Nur so zum Spaß – kaum zu glauben, aber schon passiert! Selbst anregende Getränke wie Kaffee, Bier oder Schnaps werden Hunden aus Lust und Laune vorgesetzt, wenn man nicht aufpaßt.

Deshalb stimmen Sie sicher mit mir überein, wenn ich empfehle, den Hund auf keinen Fall vor Festtagen oder Feiern aller Art einziehen zu lassen, wenn im Haus Jubel, Trubel, Heiterkeit angesagt sind. Ebenso ungeeignet sind die Wochen vor einem Umzug oder einer Urlaubsreise und die kalte Jahreszeit. Besonders für kleine Welpen können Schneematsch und Eis zum Problem werden, weil ihr Bäuchlein meistens noch nackt und recht empfindlich ist und deshalb die Gefahr besteht, daß der Vierbeiner sich den Darm oder die Blase erkältet.

Der Hund braucht Ruhe, um sich einleben zu können, und der Mensch braucht viel Zeit für ihn. Urlaub zu Hause, zusammen mit dem Hund, ist prima. Einen Welpen, der erst einige Tage im neuen Heim ist, darf man aber auf keinen Fall in eine Tierpension geben oder zur Pflege anderen Personen anvertrauen. Das wäre grausam und könnte der Psyche des Hundes schaden.

Als vorteilhaft hat es sich erwiesen, wenn ein Hund in der hellen und warmen Jahreszeit seinen Einzug hält, weil die Erziehung zur Stubenreinheit und das spielerische Lernen am besten draußen ablaufen können. Bei ausgesprochenem Sauwetter im Winter, wenn man keinen Hund vor die Tür jagt, fällt es nicht nur schwer, mit dem Hund rauszugehen. Auch das Anziehen dauert oft zu lange, wenn der Hund noch nicht stubenrein ist. Kurzum: Es ist einfach schöner und macht mehr Freude, bei gutem Wetter draußen einen ungetrübten Tag zu beginnen und miteinander zu genießen.

Hunde mit Vergangenheit

Solche Hunde haben alle eines gemeinsam: Sie haben ihre Erfahrungen mit uns Menschen gemacht – leider nicht nur gute. Deshalb sollte jeder, der einem solchen Tier ein besserer Mensch sein will, auch wissen, was auf ihn zukommen und wie er damit umgehen kann.

Am einfachsten hat man es mit Hunden, von denen sich ihre Besitzer aus einer wirklichen Not heraus trennen mußten. Sie können zwar auch ihre Eigenarten haben, aber damit läßt es sich bei einigem guten Willen und Gespür für die richtigen Reaktionen gut leben. Mit etwas Glück sind sie schon ordentlich erzogen und auch stubenrein.

Schwieriger könnte der Umgang mit einem Hund aus zweiter Hand werden, der schon schlechte Erfahrungen mit Menschen gemacht hat und als »Problemhund« abgegeben wurde. Zu viele negative Erlebnisse und Verknüpfungen sind in seinem Gehirn gespeichert. Hunde können als urgehirngesteuerte Wesen nicht anders reagieren, als sie es eben tun. 80% dieser Tiere lassen sich aber mit viel Geduld, Liebe und Einfühlungsvermögen wieder zu akzeptablen Partnern formen: Die positiven Erfahrungen und die Beständigkeit, die sie bei ihren neuen Besitzern erleben, können nach und nach in ihrer Summe die negativen Verknüpfungen in den Hintergrund treten lassen.

Da gibt es mehrere Gruppen von Hunden mit Vergangenheit: einmal den Hund aus einer Notübernahme, dann das große Heer der Hunde, die aus anderen Gründen zum Verkauf angeboten werden, zugelaufene Hunde und schließlich die Vierbeiner, die im Tierheim auf einen Menschen warten, der ihnen ein neues Zuhause gibt.

Die Notübernahme

Am besten lassen sich Hunde integrieren, deren Lebensgeschichte man kennt. Ausgesprochen günstig ist es, wenn man die Vorbesitzer persönlich kannte und schon mit dem Hund Kontakt hatte. Erfahrungsgemäß gibt es weniger Probleme mit Hunden, die einen neuen Menschen suchen, wenn der Abgabegrund ein Todesfall oder

Krankheit ist oder wenn der Vorbesitzer, beruflich bedingt, keine Zeit mehr für sein Tier hatte oder wenn bei einem Wohnungswechsel der neue Mietvertrag die Hundehaltung generell verbietet. Mißtrauen ist dann angesagt, wenn angeblich der Hausbesitzer die Hundehaltung von einem Tag auf den anderen nicht mehr zuläßt, was nicht statthaft ist.

Auch sog. Beziehungs- oder Scheidungsopfer sind relativ problemlos zu vermitteln. Schlimm ist es für Menschen, die unter Allergien leiden und sich auf ärztliches Anraten hin von ihrem Tier trennen müssen, weil vor der Anschaffung kein Allergietest gemacht wurde!

Es werden aber auch ganz prima Hunde abgegeben, weil ein Baby unterwegs ist und bei den Eltern die Angst herrscht, daß man sich voll dem Nachwuchs widmen muß und dann mit dem Tier nicht mehr zurechtkommt und Kind und Hund zusammen die finanziellen Möglichkeiten übersteigen.

Wenn die Vorbesitzer nicht persönlich bekannt sind, sollte man möglichst durch Nachfragen in der Nachbarschaft erkunden, ob die angegebenen Gründe nicht vorgeschoben wurden, um einen Problemhund auf leichte Art und Weise loszuwerden.

Am besten machen Sie einen Spaziergang zusammen mit dem Besitzer und achten darauf, wie der Hund sich im Straßenverkehr, zu Menschen – vor allem Kindern –, anderen Hunden etc. verhält. Achten Sie auch darauf, wie er sich dem Besitzer gegenüber benimmt. Wenn er mit eingeklemmter Rute verschreckt innehält, wenn der Eigentümer nur mit der Hand zuckt, oder wenn das Tier einen ungepflegten Eindruck macht, dann hat er es dort nicht sehr gut gehabt.

Versuchen Sie den Hund, ohne daß sein Herr dies bemerkt, mit leiser Stimme und freundlichen Worten zu sich zu locken, um ihn evtl. zu streicheln. Dabei darf er nicht knurren oder gar versuchen, Sie zu beißen.

Ein gutes Zeichen ist es natürlich, wenn der Hund gut gepflegt aussieht, schwanzwedelnd auf seinen Herrn zurennt und sich auch sonst aufgeschlossen und freundlich zeigt. Achten Sie darauf, ob er normal reagiert, also fremde Personen nicht anknurrt, selbstsicher und ruhig ist. Wenn er aber ängstlich durch die Gegend kriecht, könnte es ein Problemhund sein. Hunde voller Angst, Aggressivität und sonstigen Mucken sind oft verdorben. Ihrer sollten sich nur erfahrene Hundekenner annehmen. In die Hände von hundeunerfahrenen Menschen gehört kein solcher Hund.

Die bange Frage: »Was hat der Hund schon alles erlebt?« ist mehr als berechtigt, denn davon hängt seine Integrationsfähigkeit und seine weitere Zukunft mit Ihnen oder auch ohne Sie ab. Mit einem schon »fertigen« Hund kann man einen richtigen Glücksgriff tun, aber auch ausgesprochenes Pech haben.

Lassen Sie sich den Impfpaß zeigen und fragen Sie, ob der Hund regelmäßig geimpft und entwurmt wurde. Notieren Sie sich die Adresse des Tierarztes und fragen Sie bei diesem an, was er über den Hund und sein Umfeld weiß.

Besonders riskant ist es, wenn man einen älteren Hund kauft, von dem man kaum etwas weiß. Solche Tiere werden oft sozusagen unter der Hand angeboten – oft sogar aufgedrängt. So schwer es auch fällt: Manchmal darf man sich nicht vom Mitleid überwältigen lassen, auch wenn es sich um eine noch so arme Kreatur handelt. Das Schlimmste, was einem solchen Tier passieren kann, ist, wenn es von Hand zu Hand wandert.

Denken Sie daran: Das Tier muß vom Alter, von seinem Temperament und Wesen her zu Ihnen passen. Da heißt es rational abzuwägen. Kleinere Mängel des Allgemeinzustandes sollen jedoch nicht von der Übernahme abhalten. Sie lassen sich mit liebevoller Pflege schnell sanieren.

Abgabe aus anderen Gründen

Viele Hunde wechseln ihre Besitzer, ohne daß sie jemand statistisch erfaßt. Über Verwandte, Freunde und Bekannte erfährt man, daß hier und da ein Hund abzugeben ist. Zufällige Angebote oder Anzeigen, die häufig mit dem Satz beginnen: »Umständehalber dringend in gute Hände abzugeben ...« sind mit der nötigen Vorsicht zu sehen. Versuchen Sie auch in diesem Fall, möglichst viel über den Hund, seine Lebensumstände und seinen Besitzer in Erfahrung zu bringen. Achten Sie darauf, wie das Tier gehalten wird.

In Hinblick auf das Alter des Hundes brauchen Sie sich nicht nur auf die Angaben des bisherigen Besitzers zu verlassen. Es gibt einige Merkmale, anhand derer Sie sich selbst ein Bild machen können: Achten Sie auf die Zähne. Welpen verlieren mit sechs bis sieben Monaten ihre oft nadelspitzen Milchzähne. Das zweite Gebiß ist anfangs reinweiß, die Zähne sind größer und runder. Je makelloser die zweiten sind, um so jünger ist der Hund. Zahnstein und abgenutzte Zähne mit Plaque sprechen für einen schon älteren, eventuell auch für einen ungepflegten Hund, der kaum etwas Geeignetes zum Kauen zur Verfügung hatte.

Die Krallen geben darüber Auskunft, ob das Tier sich viel bewegt hat (dann sind sie deutlich abgelaufen) oder ob es wenig Bewegung hatte oder wollte.

Erfragen Sie soviel wie möglich über die Lebensweise des Hundes: Das heißt, wo und auf was er schlafen durfte, womit er ernährt wurde und welche Gewohnheiten ihm liebgeworden sind. Auch nach Unarten wie Wildern, Bellen, Jogger und Autos jagen sowie seiner Einstellung zu Kindern, Tieren und Artgenossen sollten Sie fragen. Ob Sie darauf ehrliche Antworten bekommen, könnten Sie ebenfalls bei einem gemeinsamen Spaziergang mit dem Vorbesitzer herausfinden. Ansonsten kann das Fell eine Menge darüber aussagen, wie ein Tier gepflegt wurde. Achten Sie auf seinen Zustand, ob Narben oder Ungeziefer feststellbar sind. Dies würde auf schlechte Haltung hindeuten.

Findelkinder

Findelkinder sind Hunde, die Ihnen zum Beispiel zugelaufen sind oder behördlich untergebracht sind, weil kein Tierheim vor Ort vorhanden ist, und die ein neues Zuhause brauchen.

Ganz gleich, ob Sie einen solchen Hund finden, er Ihnen nachläuft oder vor Ihrer Tür sitzt – Sie müssen den Fund melden, sonst machen Sie sich der Fundunterschlagung schuldig. Für die Meldung bei der Polizei oder dem zuständigen Ordnungsamt sollten Sie notieren, ob der Hund eine Tätowierung hat (im Ohr oder auf der Innenseite des Schenkels), eine Steuermarke trägt oder über Angaben auf dem Halsband (auch auf der Innenseite nachsehen), auf einer Plakette oder Adressenplombe die Besitzer zu ermitteln sind.

Darüber hinaus empfiehlt es sich, das nächste Tierheim und den oder die Tierärzte der Umgebung über den Fund zu informieren. Sie dürfen den Hund vorläufig treuhänderisch übernehmen. Erst nach einem halben Jahr, wenn niemand Ansprüche auf den Hund angemeldet hat, geht er in Ihr Eigentum über.

Wer einen Hund auf einer Autobahnraststätte oder auf einem Parkplatz angebunden vorfindet, darf das Tier zwar mit Wasser versorgen, aber nicht mitnehmen. Der Besitzer könnte ja nur kurz zum Austreten gegangen sein. Nach ein bis zwei Stunden sollten Sie die Autobahnmeisterei verständigen, die dann das Weitere veranlaßt.

Anders liegt der Fall, wenn jemand beobachtet hat, daß der

Hund aus einem Auto geschubst wurde. Dann dürfen Sie ihn gleich behalten. Bitten Sie denjenigen, der den Vorfall beobachtet hat, dies ggf. zu bezeugen (Adressen austauschen). Wer übrigens einen Hund aussetzt, begeht nach § 3 des Tierschutzgesetzes eine Ordnungswidrigkeit. Ihm droht eine Geldstrafe bis zu 50000,– DM.

Wer einen Findling treuhänderisch übernimmt, der sollte ihn in jedem Fall dem Tierarzt vorstellen, der einen Gesundheits-Check durchführt. Wenn sich ein Besitzer meldet, können Sie diese Auslagen von ihm zurückverlangen.

Während eines Auslandsurlaubes kann es passieren, daß sich einer der vielen herrenlosen Hunde an Ihre Fersen heftet und offensichtlich darauf wartet, mitgenommen zu werden. Dies kann Probleme mit sich bringen, weil auch ein solcher Hund einem Einheimischen gehören könnte. Da auch der Transport für den Hund zur Belastung werden kann, ist ein solcher Entschluß reiflich zu überlegen. Außerdem gilt es, gesetzliche Bestimmungen und die veterinärmedizinischen Vorschriften zu beachten. Überlegen Sie sich vorher gut, ob Sie dem Hund eine wirkliche Heimat bieten können.

Es ist völlig widersinnig – wenn auch moralisch verständlich –, einen solchen Hund hierher zu bringen, um ihn im Tierheim abzugeben. Das wäre nur eine Problemverlagerung. Erkundigen Sie sich, denn oft gibt es auch vor Ort Möglichkeiten, für einen solchen Hund etwas Gutes zu tun.

Manchmal sind solche Hunde von einem geradezu unstillbaren Freiheitsdrang beseelt, weil sie es gewohnt sind, völlig ohne menschliche Zwänge leben zu können – wenn auch schlecht. Ein Findling, der keinerlei Prägung auf den Menschen erfahren hat, ist nur schwer in der Lage, sich wirklich einem Menschen anzuschließen, obwohl er sicher mit anderen Hunden bestens auskommen wird.

Wer von sich behaupten kann, daß er die nötige Erfahrung hat, mit einem solchen verwaisten Hund umzugehen, dem bleibt es unbenommen, die Verantwortung für seine Zukunft zu übernehmen.

Hunde aus dem Tierheim

Wie sehr unsere Mitgeschöpfe dem Menschen auf Gedeih und Verderb ausgeliefert sind, erlebt man, wenn man ein Tierheim aufsucht. Ein Glück, daß es diese Einrichtungen der Tierschutzvereine über 300mal in der Bundesrepublik gibt. Nicht auszudenken, was sonst mit all den Hunden geschehen würde. Obwohl sie dort gut versorgt und betreut werden, leiden sie unter dem Schicksal der Trennung von ihren Menschen. Einer Trennung, die sie selbst nie vollzogen hätten.

Wer vorhat, einem Hund eine neue Heimat zu geben, für den sollte der Besuch im Tierheim obligatorisch sein. Wo sonst findet man so eine große Auswahl von Hunden unterschiedlichster Herkunft? Vom Welpen bis zum alten Hund ist meist jeder Jahrgang mehrfach vertreten.

Wenn man vor den Boxen steht und die fragenden, erwartungsvollen, oft auch verzweifelten Blicke sieht, so wird man sich fragen, woher sie alle kommen und welches Schicksal ihnen beschieden ist. Man ist gerührt und verzweifelt zugleich, denn jeder von ihnen wäre es weiß Gott wert, mitgenommen zu werden – vor allem die alten und großen, die sich schlecht vermitteln lassen.

Gehen Sie bitte nicht an den »Alten« vorbei. Auch sie können noch viel Freude bereiten. Man muß ihnen nur zeigen, daß man sie mag, und liebevoll auf sie eingehen.

Mißhandelte und verwahrloste Hunde sowie nach den Feiertagen abgegebene »Geschenkhunde« werden nach Aussagen von Tierheimmitarbeitern weniger. Hauptsächlich landen dort Findlinge, die aus allerlei Gründen von ihren Besitzern getrennt wurden oder weggelaufen sind, sowie wirkliche, aber auch vorgegebene Notfälle. Hinzu kommen noch die verstoßenen und ausgesetzten, die oft wahre Odysseen hinter sich haben, bevor sie im Tierheim landen.

Diejenigen, bei denen die Vita bekannt ist, sind natürlich leichter zu vermitteln. Bei den anderen darf man sich als Interessent auf die Aussagen der Betreuer verlassen, die anhand des Verhaltens ein Charakterbild von diesen Tieren erstellt haben. Ausgesprochene Problemhunde werden von Tierheimen wissentlich nicht an Ersthundebesitzer abgegeben.

Es fällt auf, daß die mischrassigen Hunde überwiegen, dicht gefolgt von Schäferhunden und Schäferhundähnlichen. Hin und wieder finden sich auch Rassehunde, die unüberlegt angeschafft, unbequem oder unberechenbar geworden sind, weil ihre Menschen versagt haben. Manchmal halten angebliche Charakterdefekte keiner Überprüfung stand. Bei der Abgabe wird einfach zu viel gelogen.

Dabei hätten es Hundehalter, denen ein Tier über den Kopf zu wachsen droht, gar nicht einmal so schwer, ihren Hund zu ändern, wenn sie dies nur wollten. Das rechtzeitige Gespräch mit Tierheimmitarbeitern oder Fachleuten aus Hundevereinen würde ihnen Wege aufzeigen, die eine Abgabe unnötig machen.

Wenn Sie sich im Tierheim umsehen wollen, ist es wichtig, daß Sie vor allem viel Zeit mitbringen. Hektik und Eile waren noch nie gute Ratgeber. Notizen wie z.B. der Anforderungskatalog auf S. 85 dienen zur Entscheidungsfindung, wenn mehrere Tiere zur Auswahl stehen, die Sie interessieren.

Beim Gang an den Boxen vorbei fällt es sicher schwer, einen klaren Kopf zu bewahren und rationale Fragen zu stellen. Aber tun Sie es, es hilft. Wichtig ist vor allem, daß Sie von den Tieren, die Ihnen gefallen, möglichst viel über Vorleben, Eigenarten usw. erfahren. Haben Sie keine Bange vor dem Personal. Es gibt gerne Auskunft über seine Erfahrungen und Beobachtungen und kennt die Hunde ja auch recht gut. Vor allen Dingen wollen sie, daß der Kandidat ein neues, gutes Zuhause findet.

Werden Sie angebellt, so ist das normal, weil Sie fremd sind. Wenn Sie Wert auf einen wachsamen Hund legen, könnte dies der richtige sein. Wenn man es Ihnen nicht ohnehin vorschlagen sollte, so bitten Sie doch um die Möglichkeit, während eines Spaziergangs den Hund näher kennenzulernen. Dabei lassen sich vielerlei Beobachtungen machen, Verhaltensweisen und Eigenschaften erkennen. Oft springt dabei schon der Funke gegenseitiger Sympathie über. Wenn nicht, so hatte das Tier eine willkommene Abwechslung und einen netten Spaziergang. Wecken Sie bei ihm aber keine unerfüllbare Hoffnung.

Ist man sich darüber im klaren, daß jedes Tier eine prägende Vorgeschichte hat, so wird man die Meßlatte ohnedies nicht zu hoch legen. Am besten läßt man den Hund beim Spaziergang gewähren und unterläßt möglichst alles, was ihn in Spannung oder unter Druck setzen könnte. Seien Sie nicht böse, wenn das Personal Sie bitten sollte, für die Zeit des Spaziergangs Ihren Personalausweis zu hinterlegen. Es dient der Sicherheit des Tieres.

Alles andere ergibt sich von selbst. Nur sollten Sie sicherstellen, daß, bevor Sie den neuen Hausgenossen mit nach Hause nehmen, dort alles vorbereitet und auch die Transportfrage geklärt ist. Eventuell ist es besser, noch einen Tag zuzuwarten.

Seien Sie nicht überrascht, wenn das Tierheimpersonal auch an Sie Fragen stellt, die wiederum die Zukunft des Hundes beeinflussen. Und wundern Sie sich nicht, wenn Mitarbeiter des Tierheims bei Ihnen Zuhause nach dem Rechten sehen, nachdem Sie den Hund einige Zeit bei sich hatten.

Mit dem vorgelegten »Schutzvertrag« unterschreiben Sie eine Verpflichtungserklärung, die neben dem Selbstverständlichen auch den Passus enthält, daß der Hund nicht ohne Zustimmung des Tierheims wieder abgegeben werden darf bzw. dann an das Tierheim zurückgegeben werden muß. Auch Veränderungen, z. B. Wohnortwechsel usw., sind dorthin zu melden.

Sollten Sie an einen Rassehund geraten sein, so kann es vorkommen, daß Ihnen seine Papiere – soweit sie vorliegen – nicht ausgehändigt werden. Dies soll sicherstellen, daß Hündinnen nicht an Hundevermehrer geraten, die sie als Zuchtmaschinen benutzen wollen.

Selbstverständlich kosten auch Tierheimhunde Geld, und gegen eine Spende, die den Zurückbleibenden hilft, hat sicher niemand etwas einzuwenden.

Zu Hause angekommen gilt für Tierheimhunde das gleiche wie für Hunde, die aus anderen »Quellen« stammen. Rechnen Sie aber damit, daß der Tierheimhund vorsichtig oder auch mißtrauisch sein neues Terrain erkunden wird. Halten Sie anfangs die Fenster geschlossen, damit das Tier, wenn es sich plötzlich erschrecken sollte, nicht in Panik hinausspringen kann.

Haben Sie vor allen Dingen Geduld, zeigen Sie Ihre Sympathie, ohne das Tier dabei zu überfordern. Es kann bei solchen Hunden von einer Woche bis zu einem Jahr dauern, bis alles verdrängt ist, was sie vordem erlebt haben. Rechnen Sie nicht damit, daß von der ersten Minute an alles problemlos abläuft. Behandeln Sie einen Tierheimhund wie einen Welpen. Wenn wirklich etwas passiert, so ist eine kleine Lache in der Wohnung oder eine Ungezogenheit nicht so gravierend, daß der Hund sofort wieder zurückgegeben werden müßte.

Wenn Sie Probleme bekommen, suchen Sie Hilfe bei tiererfahrenen Leuten, vor allem per Telefon im Tierheim. Untugenden wie Kauen an irgend etwas, Ziehen an der Leine, gestörte Stubenreinheit, Bellen, Jaulen oder Aufreiten lassen sich beheben – wenn es nicht anders geht, dann mit fremder Hilfe. Manche Tierheime, z. B. das in Bochum, bieten sogar Kurse an, die das Zusammenleben mit einem solchen Hund zur glücklichen Sache werden lassen.

Bei Tierheimhunden scheint es, daß sie ihre unschönen Erfahrungen mit besonderer Zuwendung und Anhänglichkeit an den neuen Besitzer vergessen wollen. Sicher braucht man viel Zeit, Geduld, Konsequenz, Sensibilität und vor allem Tierliebe. Aber man hat einen Partner, auf den man zählen kann und der hoffentlich nie mehr enttäuscht wird.

Es ist auch schon vorgekommen, daß z. B. in kleineren Orten der Hund plötzlich wieder dorthin zurückgestrebt ist, wo er hergekommen ist. Deshalb führen Sie den Hund so lange an der Leine aus, bis sicher ist, daß er bei Ihnen bleibt und auch gehorcht.

Vor allen Dingen sollten Sie beobachten, was das Tier liebt und wovor es Angst hat. Lassen Sie ihm Zeit und muntern Sie es auf. Auch Ängste lassen sich kurieren. Ein Hund begreift schnell, von wem keine Gefahr droht, und kritische Situationen kann er zusammen mit Ihnen gut meistern. Selbst wenn Ihr Hund sich vor Gegenständen oder Menschen fürchtet, sich verkriecht oder davonlaufen will oder gar anfängt zu bellen oder zu drohen, ist es gut, wenn Sie gelassen reagieren, nicht schimpfen oder strafen und den Hund langsam mit den ungewohnten Dingen vertraut machen.

Viele Hundebesitzer machen den Fehler, daß sie dann völlig überzogen reagieren und allen möglichen Problemsituationen aus dem Weg gehen, anstatt Begegnungen und Situationen zu suchen, in denen sie dem Hund einfühlsam zeigen können, daß er in ihrer Anwesenheit keine Angst haben muß – und wenn dies zunächst nur für wenige Augenblicke ist. Je öfter er sich solchen angstbesetzten Situationen stellen muß und je mehr positive Erfahrungen er dabei macht, um so schneller wird er die unangenehmen Verknüpfungen lösen können.

Wenn vom Tierheim nicht ausdrücklich angeraten, so ist auch die Körperpflege zwei bis drei Tage oder wenn nötig sogar länger auszusetzen. Vor allen Dingen sollte der Hund bei Ihnen nicht sofort dem Streß des Badens ausgesetzt sein. Je vertrauter das Tier wird, um so besser läßt es sich dann auch pflegen. Seien Sie dabei vor allen Dingen behutsam, Sie kennen die Reaktionen Ihres neuen Freundes ja noch nicht. Pflegemaßnahmen an Augen und Ohren könnten bei einem anstehenden Tierarztbesuch auch von diesem erledigt werden.

Eingewöhnung des Hundes aus zweiter Hand

Sorgen Sie für Sicherheit drinnen und draußen: geschlossene Fenster und Türen für die ersten Tage, dichte Zäune.

Gewöhnen Sie den Hund an einen Rhythmus, der während des Tages bestimmte Fütterungszeiten usw. hat, denn Hunde sind Gewohnheitstiere. Lassen Sie die Fütterung immer in der gleichen Weise ablaufen. Wenn mehrere Personen den Hund versorgen, ist es besonders wichtig, daß sich alle gleich verhalten, die gleichen Dinge erlauben bzw. verbieten und die »Rituale« einhalten. Vor allen Dingen muß man mit dem Hund die Rangordnung konsequent leben, das heißt, der Hund gewöhnt sich daran, daß er die unterste Rangposition innehat.

Beobachtet man den neuen Hausgenossen, was er so alles an Verhaltensweisen und von seinem Wesen zeigt, so wird man oft überrascht sein, was alles in diesem wunderbaren Wesen Hund stecken kann. Interessant ist es auch, zu beobachten, wie er sich langsam, aber sicher in seine Meute einfügt und ganz von selbst seinen hundlichen Teil zum Zusammenleben beiträgt. Es ist schön zu sehen, wie der Hund anfängt, von sich aus Körperkontakt und die menschliche Hand zu suchen, immer aktiver wird, mehr spielt und die entgegengebrachte Sympathie mehr und mehr zu erwidern beginnt – wie er also wieder ein normaler Hund wird. Gerade bei Hunden, die schon viel durchgemacht haben, ist es wichtig, daß man ihnen zeigt, daß sie wirklich angenommen werden. Als besonders hilfreich hat sich dabei die Anwendung des sog. Tellington TTouches bewährt. Diese Methode wirkt durch die Berührung des Fells bzw. der Haut mit der Hand und den Fingern in meist kreisenden Bewegungen, die über den ganzen Körper verteilt eingesetzt werden.

Die einfühlsamen Berührungen können bemerkenswerte Veränderungen im Befinden und Verhalten bewirken. Darüber hinaus werden ungenutzte Gehirnzellen aktiviert. Mit dem TTouch fällt die Eingewöhnung daher wesentlich leichter. Ängste und auch Aggressionen werden verringert, und es wird Vertrauen aufgebaut.

Darüber hinaus empfindet unser neuer Vierbeiner die ihm bisher unbekannte Art von »Streicheleinheiten« als Wohlbehagen auf seinem (verspannten) Körper, er faßt dadurch viel schneller Vertrauen zu seinem neuen Rudel und erlebt die ihm unbekannte Umwelt wesentlich angstfreier.

Nutzen und fördern Sie die Dinge, die er kann, und lehren Sie ihn, was Sie sich von ihm noch wünschen. Hunde sind ein Leben lang lernfähig, und wer es richtig macht, wird selten enttäuscht.

Welpenkauf beim Rassehundezüchter

Hundekauf ist Vertrauenssache. Wer sich einen Welpen wünscht, der sollte nur beim seriösen, guten Züchter kaufen. Denn Hundezüchter kann sich jeder nennen, der Hunde miteinander verpaart. Der Unterschied ist für den Laien, der über kein Insiderwissen verfügt, oft schwer auszumachen.

Ein guter Züchter ist der, der nur wenige Hunde mit Familienanschluß hält, der nicht auf Teufel komm raus züchtet, sondern ausgewählte Verpaarungen vornimmt, der sich an die Vorschriften und Regeln seines VDH-Rassehundevereines hält (z.B. Ankörung der Hündin, Zuchtzulassungsprüfung und Welpenabnahme) und Kontrollen seitens des Zuchtwartes zuläßt, Verantwortung für das Wohl der Rasse trägt und über Vererbungslehre Bescheid weiß. Neben den äußeren Möglichkeiten verfügt ein solcher Züchter meistens über das Wissen über welpengerechte Ernährung und Prägung und beachtet das Zuchtziel der Rasse. Er stellt also das Rüstzeug bereit, damit der Hundekäufer einen körperlich und psychisch gesunden Welpen erhält, der sich zum Prachtexemplar seiner Rasse auswachsen kann. Bei einem solchen Züchter weiß man beim Kauf, was auf einen zukommt, und man hat viele Vorteile, wenn die Welpen eine derart gute Kinderstube erfahren haben.

VDH-Züchtern ist es verboten, Hunde an Händler aller Art abzugeben. Darüber hinaus werden Zuchtalter und Zuchtpausen für die Hündinnen vorgeschrieben. Es ist nicht auszuschließen, daß sich auch in einem VDH-Verein einmal ein schwarzes Schaf befindet, aber man kann sicher sein, daß, wenn bei den regelmäßigen Zwinger- und Wurfkontrollen Mißstände aufgedeckt werden, der Verursacher mit einem Zuchtverbot belegt oder sogar ausgeschlossen wird.

Gute Züchter können durch die gezielte Verpaarung in etwa garantieren, daß der zukünftige Hund Ihrem Wunschbild, das Sie sich von der Rasse gemacht haben (also dem Standard) entspricht.

Bei manchen Rassen muß man auf einen Welpen warten, weil sogar Wartelisten bestehen. Aber Geduld lohnt sich, wenn man dadurch nicht an den Unrechten gerät. Auch hier gilt: Falsch gefreit – lang gereut.

Gute Züchteradressen erfährt man über den VDH bzw. aus dessen Verbandsorgan »Unser Rassehund« oder über die Rassehundevereine vor Ort.

Rassehunde kosten natürlich mehr als Hunde aus Zuchten, bei denen wenig auf Gesundheit und richtige Aufzucht geachtet wird. Aber man sollte vor Augen haben, daß bei der Welpenauswahl längst die Weichen für die Entwicklung des Hundes bei Ihnen gestellt sind und eine Welpenaufzucht alles andere als ein Kinderspiel ist.

Das wird verständlich, wenn man sich einmal die Entwicklung eines gesunden Welpen vor Augen hält. Sie umfaßt verschiedene Phasen, die von der Geburt bis zum ausgewachsenen Hund über ein Jahr dauern:

Die richtige Hundeentwicklung

1. bis 2. Woche: Vegetative Phase

Die Welpen sind völlig instinktgelenkt, hören und sehen noch nicht. Sie spüren: Es ist die Mutter, die sie nährt, wärmt und ihr Bäuchlein leckt. Saugen und Schlafen sowie Geborgenheit fördern das Wachstum und die Gewichtszunahme.

3. Woche: Übergangsphase

Je nach Rasse zwischen dem 14. und 22. Lebenstag sehen und hören die Welpen; Augen und Ohren sind nun geöffnet. Die Milchzähne stoßen jetzt durch. Die Welpen bewegen sich im Wurflager immer noch stark mutterorientiert, kennen dabei aber kaum Angst und nehmen wahr, daß es außer der Hündin noch Wurfgeschwister und Menschen gibt, die sich hoffentlich viel mit ihnen beschäftigen. Sie nehmen Stimmen, Gerüche und Geräusche sowie die Eindrücke, die Besucher hinterlassen, wahr.

4. bis 8. Woche: Prägungsphase

Diese »sensible Phase« ist in einem Welpenleben mit die wichtigste Zeit. Die Kleinen wenden sich nun der Außenwelt und der Umgebung zu. Gravierende Fehler, die in dieser Phase vom Züchter gemacht werden, prägen sich in das Gedächtnis der Tiere ein und bleiben oft lebenslang darin haften.

Ab der vierten bis sechsten Woche fressen die Welpen selbständig und entwickeln ein ausgeprägtes Eigenleben. Gesunde Welpen finden problemlos zum Welpenlager zurück. Sensibel verarbeiten sie Umwelteinflüsse, registrieren Sinnesreize wie neue Gerüche, Geräusche usw., ihre Sinne sind jetzt voll entfaltet. In dieser Phase ist es vor allen Dingen wichtig, daß die Kleinen viele positive Kontakte und Erfahrungen mit verschiedenen Menschen haben, die ruhig mit ihnen sprechen, sie streicheln, liebkosen und füttern. So können die Welpen Vertrauen zu Menschen fassen, und der Mensch kann so zum wichtigsten Partner des Hundes werden. Der Umgang des Züchters mit den Welpen ist genauso nötig wie die tägliche Nahrung.

Angenehme Kontakte mit Menschen, den Hundeeltern, Wurfgeschwistern und anderen Tieren ermöglichen in dieser sensiblen Phase eine gute Prägung. Wichtig ist auch, daß die Welpen bereits mit Kindern innigen Kontakt pflegen können. Sie sollen lernen, daß es Katzen und andere Tiere gibt, mit denen es sich gut leben läßt, und außerdem mit verschiedenen Umwelteindrücken, Gerüchen und Geräuschen, also geistigen und körperlichen Reizen konfrontiert werden – was nicht heißen soll, daß sie mit Hektik und Unruhe verwirrt werden dürfen.

Der Spielbereich der Welpen sollte sowohl drinnen als auch draußen einem Abenteuerspielplatz gleichen – mit vielerlei Möglichkeiten zum Kennenlernen von Dingen, die ihnen in ihrem zukünftigen Leben immer wieder begegnen werden. Selbst so einfache Dinge wie unterschiedlicher Bodengrund (Sand, Kies, Holz, Rasen usw.) haben Einfluß darauf, wie wohl sich der Welpe beim zukünftigen Besitzer fühlen wird.

Vor allen Dingen ist es für die Stubenreinheit wichtig, daß die Welpen weichen, erdigen Boden, wie er in der Natur draußen zu finden ist, kennenlernen, um sich darauf zu lösen, und es sich nicht erst angewöhnen, sich nur auf Teppichböden oder Parkett zu lösen.

Es versteht sich von selbst, daß sich die innerartlichen Erfahrungen mit der Hündin und den Wurfgeschwistern in dieser Zeit fest in das kindliche Gehirn der Welpen einprägen. Jetzt zeigen sie mit Bellen, Knurren und durch eindeutige Gesten, was sie wollen, und lernen sich auch unterzuordnen. Ihr Signalrepertoire wird von Tag zu Tag größer. Wenn die Welpen es mit der Hündin zu toll treiben, dann zeigt sie ihren Unmut, indem sie die Kleinen am Kragen (Nakkenfell) packt und beutelt. Hier werden die Weichen für den Umgang mit anderen Hunden gestellt.

Langsam werden die Welpen auch mit den Dingen konfrontiert, die sie bei ihren zukünftigen Besitzern antreffen werden. Ab der siebten oder achten Woche können sie zum Beispiel schon vermittelt bekommen, daß Autofahren nichts Schlimmes ist. Ein mir gut bekannter Züchter fährt z. B. mit seinen Welpen einige hundert Meter und wieder zurück, um sie dann anschließend mit munterem Spiel zu belohnen. Die Entfernungen werden von Tag zu Tag gesteigert, so daß die Welpen bei der Abholung bereits mit dem Autofahren vertraut sind. Die Hundemutter unterstützt den Züchter dabei, weil sie als erste in den Wagen springt und die Kleinen ihr folgen wollen. Weil die Hündin Autofahren toll findet, haben die Welpen auch keinen Grund zur Angst.

Als positiv hat sich erwiesen, wenn auch Kontakt mit einem gut geprägten Rüden (es muß nicht immer der Vater sein) möglich ist. Wie im Wolfsrudel bringt der Rüde den Welpen bei, wie sie sich zu verhalten haben.

9. bis 12. Woche: Sozialisierungsphase

Darunter versteht man die Wesensanpassung an Artgenossen und Menschen. Während dieser Zeit werden die Hunde an ihre neuen Besitzer abgegeben, und sie lernen dort von Tag zu Tag mehr von dem, was sie als erwachsene Hunde können sollen oder zu unterlassen haben. Sie lernen in dieser Zeit auch schon zu verstehen, was ein »Nein« oder »Pfui« bedeutet. Je besser sie in den ersten acht Wochen geprägt wurden, um so leichter fällt jetzt der Übergang vom Welpenverband zum menschlichen Rudel.

In dieser Zeit beginnt auch das Lernen durch menschliche Anleitung, die Anpassung an die menschliche Gemeinschaft und Ordnung, z. B. Stubenreinheit, Leinenführigkeit, Herkommen. Die Welpen lernen am besten spielend von ihren Menscheneltern. Genauso wichtig ist es aber auch, daß sie weiterhin viele positive Kontakte mit anderen Tieren erleben, und unbedingt nötig sind die Kontakte mit anderen Hunden. Rüden würden in dieser Zeit die innerartliche Erziehung übernehmen und auch disziplinieren.

Wer irgendwie die Möglichkeit hat, sollte an sogenannten Welpenspieltagen teilnehmen, die von Züchtern, aber auch von Vereinen organisiert werden, damit die Vierbeiner nicht nur ihre Umwelt erfassen und einzuordnen lernen, sondern auch den Umgang mit ihresgleichen üben. Schrittweise sollen sie mit ihrer näheren und weiteren Umgebung vertraut gemacht werden, damit sie keine Angst vor ungewöhnlichen Gegenständen, Lärm und den Gegebenheiten des täglichen Lebens haben.

13. bis 16. Woche: Rangordnungsphase

Wie der Name schon sagt, findet jetzt der heranwachsende Hund im Rudel seinen Platz. In dieser Zeit wird er erzogen, er ist jetzt besonders lernbereit und neugierig. Sein Wesen ist noch formbar. Er lernt weitere Kommandos: »Sitz«, »Platz«, »Aus«. Erzieherische Einflüsse sind sehr wichtig, vor allen Dingen muß der Junghund in dieser Phase erkennen, daß er geführt wird und nicht führen muß und darf. Hier werden die Grundlagen für sein späteres Handeln gelegt: Denn der Hund wird, wenn er nicht geführt wird, selbst die Führung übernehmen.

17. bis 24. Woche: Rudelordnungsphase

Während dieser Zeit wächst das Bewußtsein für die gesamte Umwelt. Der Junghund wird selbständig, auch etwas flegelig, eben ein Halbstarker. Während dieser Zeit ist es gut, ihn täglich zu fordern, damit sich sein Charakter nicht verselbständigt. Je älter er wird, desto rüpelhafter kann sein Verhalten sein. Jetzt lassen es Hunde schon auf Machtproben ankommen. Sie loten ganz genau aus, wie weit sie beim Rudelführer und den anderen Rudelmitgliedern gehen können. Während dieser Zeit erlebt man mit ihnen aber auch viel Freude bei der täglichen Arbeit.

7. und 8. Monat: Pubertätsphase

Mit dem 7. oder 8. Monat, der Zahnwechsel ist jetzt abgeschlossen, fängt der Rüde an, sein Bein zu heben. Er zeigt damit an, daß er in der Lage ist, selbst ein Revier abzustecken und es nötigenfalls auch schon einmal zu verteidigen, und daß er vom Rudel ernst genommen werden will.

Die Hündin wird etwa um diese Zeit das erstemal läufig und ist somit geschlechtsreif. Bei beiden Geschlechtern wächst der Schutz- und Wachtrieb. Jetzt zeigt sich, wie gut das Gelernte schon sitzt. Es ist nun einiges an Geduld erforderlich, um zu korrigieren und die Erziehung weiter auszubauen.

Natürlich gibt es individuelle und rassebedingte Unterschiede beim Heranwachsen. Deshalb sind die genannten Phasen nur als Anhaltspunkt zu sehen.

Anforderungsprofil an seriöse Züchter

- Sie sind in VDH-Vereinen organisiert,
- züchten nur eine Rasse, auf die sie sich voll konzentrieren können,
- investieren in ihre Hunde, die oft hervorragende Ausstellungsbewertungen haben,
- geben ihre Hunde nie an Händler ab,
- nehmen sich viel Zeit für Gespräche mit den Kaufinteressierten, fragen nach deren Lebensgewohnheiten und dem Umfeld,
- kennen von jeder Verpaarung die Abstammung und Vorgeschichte der Hunde, d.h., sie wissen über die Zuchtlinien bestens Bescheid,
- suchen für ihre Hündin den besten Deckrüden aus und scheuen dabei weder Kosten noch weite Entfernungen,
- sind einverstanden, ja freuen sich, wenn sich der Welpeninteressierte schon vor dem Abgabetermin vorstellt und sich informiert,
- haben mehrere Generationen Hündinnen (auch alte) bei sich wohnen (das zeigt, daß sie ihre Hündinnen nicht als Zuchtmaschinen benutzen),
- züchten nur mit Tieren, die über exzellente Wesenseigenschaften und guten Charakter verfügen,
- haben ihre Hunde Wesens- bzw. Zuchtzulassungsprüfungen unterzogen,
- sorgen für beste Ernährung und Pflege der Welpen,
- sorgen für Aufenthalt im Freien,
- wissen um die Verantwortung, die sie bei der Prägung der Welpen übernehmen,
- geben nur geimpfte und entwurmte Hunde nicht vor der 8. Woche ab, also erst, wenn der Impfschutz gewährleistet ist (zehn bis 15 Tage nach der Impfung),
- lassen Hündin und Welpen tierärztlich betreuen,
- scheuen nicht die Kosten für bestes Futter,
- werden von den Welpen freundlich und ohne Angst begrüßt,
- nehmen sich Zeit, um umfassend zu beraten, und geben über alle Fragen, die den Gesundheitszustand der Welpen betreffen, erschöpfend Auskunft,
- verfügen über saubere, genügend große Räumlichkeiten, die Hunde leben trocken und warm, haben einen Auslauf im Freien, der auch Mutterboden hat,
- beschäftigen sich mindestens zwei- bis dreimal am Tag intensiv mit den Welpen (möglichst mit jedem einzeln, so daß kein Welpe zu kurz kommt),

- machen einen ehrlichen Eindruck,
- machen ggf. auf eventuelle Fehler des Welpen aufmerksam,
- helfen den Welpenbesitzern auch nach dem Kauf mit Tips und Informationen weiter.

Gesundheits-Check beim Hundekauf

- Klare, glänzende Augen ohne Ausfluß und Verklebungen, ohne übermäßiges Tränen oder gar eitrigen Ausfluß. Gerötete Augen deuten auf Bindehautentzündung hin (Ektropium, Entropium).
- Die Nase soll ohne Ausfluß und Verkrustungen sein.
- Das Fell ist ein Spiegel von Pflege und Ernährungszustand. Es soll dicht sein, gesund glänzen und ohne Parasiten sein.
- Welpen dürfen nicht zu mager, aber auch nicht übermäßig fett sein. Sie sollen sich fest und kernig anfühlen. Aufgeblähte Bäuche sind kein gutes Zeichen.
- Die Beckenknochen dürfen nicht hervorstehen, der Brustkorb nicht nach innen gezogen sein. Gut gewölbt ist richtig.
- Die Ohren sollen sauber, ohne wäßrige Absonderungen und strengen Geruch sein. Kraulen Sie etwas an der Ohrmuschel. Wenn der Hund dabei jault, kann ein Infekt vorliegen.
- Die Zähne sollten in gutem Zustand sein.
- Der Kot ist wohlgeformt, auf keinen Fall darf er wäßrig sein.
- Ein Blick auf den Bauch zeigt, ob ein Nabelbruch vorliegt. Der Nabel ist dabei deutlich nach außen gestülpt und kugelförmig (von Haselnuß- bis Walnußgröße).
- Bei Rüden ab dem 3. Monat nachsehen, ob beide Hoden vorhanden sind. Sonst kann der Tierarzt sagen, ob der Hund ein Kastrat ist oder die Hoden noch im Körper liegen.
- Lassen Sie den Hund wiegen und schreiben Sie sich das Gewicht auf.
- Machen Sie mit dem Hund einen kurzen Lauftest, beobachten Sie seinen Schritt, ob er locker und leicht läuft (Schnelligkeit ist nicht entscheidend) oder schwerfällig oder gar humpelnd. Anschließend betrachten Sie die Farbe des Zahnfleischs und der Zunge. Sie soll möglichst rosa sein. Bei Verfärbungen (sehr hell oder bläulich) den Tierarzt fragen.
- Gegen Erstattung seiner Unkosten ist Ihr Tierarzt sicher bereit, mit Ihnen einen gesunden Hund auszusuchen.

Ein Welpe kommt ins Haus

Für die Auswahl eines Welpen wurde früher oft die Empfehlung gegeben, den stärksten und lebhaftesten Hund oder den Kopfhund (Alphatier) zu nehmen. Oder man wählte nach dem Motto aus: der Welpe, der als erster zu mir kommt und mir gefällt, der wird genommen. Viel besser ist es aber, diese Entscheidung nach den genannten Kriterien so überlegt wie möglich zu treffen.

Am besten kaufen Sie Ihren Welpen dort, wo Sie den Eindruck haben, daß sowohl die äußeren Bedingungen stimmen (siehe Seite 84), vor allem Sauberkeit und Hygiene groß geschrieben werden (saubere Näpfe, kein Gestank, keine Häufchen usw.) und auch optimale Aufzucht gewährleistet ist. Sie sollten bei diesem Züchter trotz Ihrer Ansprüche wohlgelitten sein. Gute Leute haben nichts zu verbergen.

Der Welpentest

Eventuell hat der Züchter mit seinen sechs oder sieben Wochen alten Hunden bereits einen sog. Welpentest durchgeführt. Dieser Test wurde von Verhaltensforschern, Züchtern und Hundeausbildern ent- und weiterentwickelt. Er soll Anhaltspunkte für die Auswahl der Hunde durch die Welpenkäufer geben, vor allem über die Entwicklung der Welpen in bezug auf angeborene und bis dahin erlernte Verhaltensweisen.

Als vorteilhaft hat es sich erwiesen, wenn der Züchter das Ergebnis dieses Tests in die Auswahlkriterien, die er an den Welpenkäufer stellt, mit einbezieht. Er kann dann wertvolle Tips geben, wie der Käufer in etwa weiter mit dem Heranwachsenden umzugehen hat, damit's ein wirklicher Prachtkerl wird. Beobachten Sie aber auch den Züchter, wie er mit seinen Tieren umgeht, wie sie z. B. reagieren, wenn er ruft, mit ihnen spielt, sie streichelt und hochhebt.

Geprüft wird beim Welpentest das Kommen (Annäherungsverhalten), das Nachlaufen (Folgeverhalten), körperliche Kontaktaufnahme (Annäherung) und Vereinnahmen (Duldung). Diese Tests geben erste Auskunft über die bis zu diesem Zeitpunkt erfolgte Prägung. Je positiver ein Welpe reagiert, desto besser ist es; deutliche Angst oder gar Aggression sind unerwünscht.

Die Reaktionen auf zwanghaftes Festhalten mit einer oder beiden Händen (fest zugreifendes Streicheln, Knuddeln usw.) und körperlichen Umgang (Hochheben mit beiden Händen, auf die Seite legen etc.) geben wichtige Hinweise auf die Reizschwelle des Tieres. Mit leichtem, wohldosiertem Zwacken (wichtig für den allgemeinen Umgang und die Erziehung), Apportierverhalten und Spielfreude wird getestet, welche angeborenen Anlagen der Welpe hat.

Sprechen Sie den Züchter in jedem Fall auf einen solchen Welpentest an. Bedenken Sie aber auch, daß ein solcher Test nur *ein* Kriterium sein soll und kann, um Ihnen die Auswahl etwas zu erleichtern.

Für den Fall, daß der Züchter diesen Test nicht kennt oder noch nicht von einer neutralen Person durchführen ließ und Sie sich selbst ein Bild machen wollen, verfahren Sie folgendermaßen:

Sprechen Sie mit dem Züchter einen günstigen Zeitpunkt ab, wenn die Welpen nicht gerade gefüttert werden oder schlafen. Bitten Sie ihn, Ihnen die zur Auswahl stehenden Welpen einzeln nacheinander zu überlassen – abseits von Mutterhündin und Wurfgeschwistern, auch ohne Beisein des Züchters und anderer Menschen, also ohne jegliche »Rückendeckung« durch vertraute Personen oder Hunde. Ideal wäre es, wenn ein beliebiger Raum ohne viel Mobiliar zur Verfügung stände, wo man mit dem Welpen allein sein kann.

Die Testphasen sollten nicht weniger als eine halbe, aber auch nicht länger als zwei bis drei Minuten dauern. Zwischen den einzelnen Sequenzen braucht der kleine Hund Pausen, um sich wieder zu fangen.

Als erstes setzen Sie den Kleinen in die Mitte des Raumes, gehen selbst in die Hocke und locken mit sanfter Stimme und Händeklatschen. Wenn das kleine Kerlchen sofort oder nach geringem Zögern neugierig und freudig wedelnd auf Sie zukommt, an Ihnen hochhüpft, Sie beleckt – also alle Anzeichen der Angstfreiheit zeigt –, ist es gut.

Gehen Sie dann in die entfernteste Ecke und beobachten Sie, ob der Welpe Ihnen sofort wieder nachläuft. Wenn ja, wird er das wichtige Kommen bei Ihnen zu Hause auch auf Kommando gut erlernen können.

Anschließend drehen Sie ihn spielerisch, aber doch bestimmt, mit beiden Händen auf die Seite oder den Rücken und halten ihn ca. 30 Sekunden fest. Gut ist es, wenn der Kleine sich dies entspannt, ohne großen Widerstand und Murren, gefallen läßt.

Nach dem Aufstehen und einer kurzen Pause tätscheln Sie das Tierchen leicht klopfend auf Kopf, Rücken, Hals und Brust. Wenn es angstfrei und gelassen reagiert, dies sogar als Spielaufforderung empfindet, so läßt es sich auch später recht problemlos erziehen. Je dominanter, unwilliger oder gar aggressiver der Welpe dabei ist, desto mühsamer wird die Erziehung, und um so mehr sind Sie – oft auch kräftemäßig – gefordert.

Die beiden zuletzt genannten Übungen geben noch mehr Auskunft über Wesen, Charakter und Temperament des Welpen, wenn Sie sie in einer Ecke sitzend durchführen, so daß dem Kleinen jegliche Fluchtmöglichkeiten genommen sind.

Testen Sie dann noch Neugierde, Selbstsicherheit und Spieltrieb: Stellen Sie nach einer kleinen Pause einen vorbereiteten Pappkarton in den Raum, der an den Seiten größere Löcher hat, und beobachten Sie, wie der Welpe sich verhält. Wenn er ohne Angst darauf zugeht oder -läuft und neugierig das Ding beschnüffelt, dann ist er wirklich recht angstfrei geprägt, und es läßt sich vermuten, daß ihn auch in seinem neuen Heim nichts so leicht aus der Ruhe bringen wird.

Wenn Sie anschließend (kleine Pause nicht vergessen!) einen nicht zu großen Ball vor dem Welpen wegrollen, so können Sie seinen Beutetrieb bzw. seine Apportierfreudigkeit testen.

Prüfen Sie dann noch, wie der Welpe auf Geräusche reagiert, indem Sie z.B. einen Schlüsselbund fallen lassen, überraschend in die Hände klatschen, oder bitten Sie den Züchter, einen Staubsauger in Gang zu setzen, ohne daß der Welpe dies sehen kann. Auf solche Geräusche und auf unbekannte Gegenstände (flatternde Vorhänge etc.) sollte der Kleine ohne große Panik, also nervenstark und selbstbewußt reagieren, sonst kommt auf Sie noch viel Arbeit zu. Derjenige Welpe, der sich sogar gelassen und neugierig nach der Geräuschquelle umsieht, könnte evtl. für Sie der richtige sein.

Da die Prägungsphase noch nicht abgeschlossen ist, kann das kleine Wesen noch mit allerlei Umweltreizen bekanntgemacht werden. Aber die angstfreie Gewöhnung an solche Reize erfordert viel Einfühlungsvermögen und Geduld. Und sie ist unbedingt nötig, wenn Sie nicht ein Leben lang unter den Ängsten Ihres Hundes leiden wollen.

Darüber hinaus wird z.B. ein lebhafter »Treibauf« eher zu Menschen passen, die sein Temperament und seine Quirligkeit mögen. Der ruhige, eher gelassene oder phlegmatische Welpe paßt zu Menschen, die solche Eigenschaften schätzen und sich darauf einstellen, daß sie mit einem solchen Tier unter Umständen mehr Geduld bei der Erziehung haben müssen.

Wenn kein geeigneter Raum für den Welpentest zur Verfügung steht, kann man auch am ganzen Rudel wichtige Beobachtungen machen. Wenn möglich, sollte man sich nicht nur die Hündin, sondern auch den Rüden zeigen lassen. Wie geht dieser mit den Welpen um? Je intensiver und freudiger, um so besser! Weder der Rüde noch die Hündin dürfen scheu oder bissig reagieren.

Anfängliches Mißtrauen gegen Sie ist durchaus kein Nachteil. Aber nach ca. fünf bis zehn Minuten, die Sie im Gespräch mit dem Züchter verbringen, müssen sich die erwachsenen Tiere beruhigt haben und gelassen auf Ihre Anwesenheit reagieren. Dem Züchter gegenüber sollten sie grundsätzlich freundlich gestimmt sein, sonst ist Vorsicht am Platze.

Gehen Sie in den Auslaufraum und bitten Sie den Züchter, den Hunden ebenfalls die Möglichkeit zu geben, dorthin zu kommen. Wie wird der Züchter von den Welpen empfangen? Freudig erregt, wie man eben einen guten Freund begrüßt? Wie reagiert die Hündin? Vorsichtig darf sie in Ihrer Anwesenheit sein, nur nicht aggressiv.

Wenn die Welpen neugierig, unbefangen, selbstsicher und ohne Anzeichen von Angst, heftig mit den Schwänzchen wedelnd, auf Sie zugelaufen kommen und sich schnüffelnd oder auf andere Weise mit Ihnen beschäftigen (gehen Sie in die Hocke und nehmen Sie Blickkontakt auf), dann zeugt dies von Vertrauen und guten Erfahrungen. Dann ist alles in Ordnung.

Bitten Sie den Züchter, etwas Futter in eine Schüssel zu geben, und beobachten Sie, wie sich die Hunde untereinander verhalten. Das absolute Alphatier, das die anderen wegschubst und knurrend den Napf wegzuschleppen versucht, wird auch bei Ihnen versuchen, Alphatier zu bleiben.

Lassen Sie die Hündin von den Kleinen weglocken oder wegführen und achten Sie darauf, ob und wie diese sofort hinter ihrer Mutter herrennen (Folgetest). Wer hinterherrennt, wird dies bei Ihnen auch so halten. Das Festhalten und Hochheben der Welpen ist auch in der Gruppe möglich.

Der Karton und ein Ball lassen sich ebenfalls einsetzen, um interessante Beobachtungen zu machen. Auch die Reaktionen auf einen fallengelassenen Schlüsselbund oder einen plötzlich aufgespannten Schirm zeigen viel von den Eigenschaften des zukünftigen Hausgenossen.

Ganz wichtig ist, daß die Kleinen noch nicht lange bei einem Test verharren können. Wenn es nicht auf Anhieb klappt, macht man nach einer Pause mit einer anderen Sequenz weiter. Alle diese Übungen zeigen, was an Angeborenem, Erlebtem und Erlerntem bereits in den Kleinen steckt und womit Sie rechnen können.

Wenn Ihnen ein Tier besonders sympathisch ist, aber von seinem Verhalten her nicht so Ihren Idealvorstellungen entspricht, so sollten Sie das mit dem Züchter in Ruhe besprechen. Reifliche Überlegung bewahrt Sie vor einem Problemhund und das Tier vor einem schlimmen Schicksal. Fragen Sie außerdem ausdrücklich nach Kontakten mit anderen Tieren und dem Autofahren.

Günstiges Abgabealter

Das günstigste Abgabealter liegt meines Erachtens zwischen der neunten und elften Woche, wenn bis dahin die Wurfgeschwister mit der Hündin und am besten auch noch dem Rüden zusammensein können. Dann wachsen die Welpen mit einer engen sozialen Bindung zu ihren Artgenossen heran. Vom Rüden haben sie auch schon einiges an hundlichem Benimm beigebracht bekommen. Solche Hunde werden auch in Zukunft, wenn Sie für weitere Kontakte mit Hunden sorgen (Welpenspieltage etc.), keinerlei Probleme im Umgang mit Artgenossen haben.

Wichtig ist, daß der Züchter und seine Familie während dieser Zeit ebenfalls viel Umgang mit den Welpen pflegen. Denn wenn die Welpen zu lange fast nur Umgang mit ihresgleichen hätten, wäre eine Bindung an den Menschen – wenn überhaupt – nur noch äußerst schwer möglich.

Darüber hinaus hat in diesem Alter bei rechtzeitiger Impfung der Immunschutz eingesetzt. Ab dem Tag der Impfung dauert dies ca. zehn Tage.

Auf keinen Fall Welpen kaufen, die weniger als acht Wochen alt sind! Bei ihnen fehlen noch zu viele der wichtigen prägenden Erfahrungen, und sie würden zu früh aus ihrer kleinen Gemeinschaft herausgerissen. Durch den Abgabestreß kann es zu einer Wachstumsstockung kommen. Häufig reagieren zu jung abgegebene Welpen auch mit intensiven Durchfällen, und es kann zu ernährungsbedingten Problemen kommen. Sie sind vorprogrammierte Sorgenkinder.

Wer zu junge Welpen anbietet, der scheut ganz offensichtlich die Kosten für die Fütterung und meidet die Mehrarbeit, die ein heranwachsender Welpe von Tag zu Tag macht.

Hundeverkäufer unter die Lupe nehmen

Neben den Möglichkeiten, seinen Welpen im Tierheim oder beim Rassehundezüchter zu erstehen, gibt es noch die Angebote der sog. »Gelegenheitszüchter«. Das sind Menschen, die zum «Züchter» werden, weil ein unerwünschter Deckakt sie dazu macht. Dann gibt es Hundebesitzer, die einfach nur mal einen Wurf von ihrer Hündin haben wollen, weil sie der irrigen Annahme sind, daß dies besonders gut für ihre Hündin sei, oder weil sie unbedingt einen Welpen haben wollen, der von ihrer eigenen Hündin stammt und den sie selbst aufgezogen haben.

Diese Gelegenheitszüchter geben ihre Welpen meistens an Verwandte, Freunde oder sonstige Personen ab, die sie kennen oder von denen sie erfahren haben, daß sie sich einen Hund anschaffen wollen. Solche Hunde werden auch häufig über die Schwarzen Bretter der Supermärkte oder lokale Anzeigenblätter angeboten. Tierärzte wissen ebenfalls oft von solchen Würfen, versuchen Schlimmes abzuwenden und empfehlen, soweit ihnen die Züchter wirklich gut bekannt sind, diese Welpen an Leute, die sich für einen Hund interessieren.

Gelegenheitszüchter laufen aber immer Gefahr, daß ihre so liebevoll aufgezogenen Welpen bei Hundehändlern landen, die sie dann häufig als eigene oder zur Vermittlung übergebene Welpen feilbieten. Manche Tiere werden von Hundehändlern sogar an Laboratorien verkauft.

Wem der Preis für einen Rassehund zu hoch und ein guter Ahnennachweis nicht wichtig ist, für den ist es aber trotzdem bedeutsam, bei einem Züchter zu kaufen, der kaum einen Vergleich mit guten Rassehundezüchtern zu scheuen braucht. Beim geringsten Zweifel ist es besser, von einem Kauf Abstand zu nehmen, weiterzusuchen oder lieber nochmals im Tierheim nachzufragen.

Auch wenn die Gelegenheitszüchter nicht immer über das kynologische Wissen verfügen, das einem guten Rassehundezüchter eigen ist, oder wenn die räumlichen Verhältnisse nicht so großzügig bemessen sind, werden ihre Welpen meistens gut und liebevoll aufgezogen und abgegeben. Solche in einer Familie aufgezogenen Hunde wachsen automatisch mit vielerlei Kontakten auf.

Der Tip: Zum Welpenkauf beim Gelegenheitszüchter müssen dieselben Kriterien zur Entscheidung herangezogen werden, wie sie für Rassehunde gelten (siehe Seite 84). Schrauben Sie auf keinen Fall ihre Ansprüche zurück, nur weil ein Hund preisgünstiger zu bekommen ist.

Ausdrücklich warnen möchte ich vor all den anderen »Quellen«, vor allem vor Massenzüchtern und dubiosen Händlern, die Hunde anbieten und dabei außer acht lassen, daß das wunderbare Mitgeschöpf Hund mehr als eine Sache oder Ware ist, die man ohne Rücksicht auf Verluste zu Geld machen kann. Dieser »Markt« wird von allein verschwinden, wenn niemand mehr bei solchen Händlern kauft! Jeder Mitleidskauf unterstützt solche Machenschaften und führt dazu, daß neue Welpen »produziert« werden. Nur durch Kaufverweigerung kann dieses Übel abgestellt werden!

Werden Welpen in Kuhställen oder total verdreckten Verschlägen gehalten, sollte man sie auf keinen Fall kaufen – auch nicht, weil sie einem leid tun. Selbst wenn man durch einen solchen Mitleidskauf (oft eine beliebte Masche der Händler) das Schicksal eines einzelnen armen Hundes wenden könnte, hinterläßt dieser Kauf nur eine weitere Lücke, die von unseriösen Massenzüchtern und Hundehändlern aller Art sofort wieder geschlossen wird.

Offensichtlich verwahrloste Hunde sind meistens chronisch krank und werden trotz bester Betreuung nicht alt. In solchen Fällen sollte man dem Tierquäler sagen, warum man nicht kauft, und den Tierschutzverein verständigen.

Um seriöse Züchter von unseriösen Hundevermehrern und Händlern zu unterscheiden, helfen die folgenden Ratschläge. Meiden Sie:

- Privatpersonen, die auf Märkten, vor Hundeausstellungen etc. versuchen, die schnelle Mark zu machen,
- Hundehändler aller Art,
- Massenzüchter, die stets Welpen mehrerer Rassen anbieten,
- Züchter von mehreren »Modehunderassen«,
- Personen, welche Hunde für die »Szene« züchten.

Marktanbieter sind schnell erkannt. Sie verkaufen aus dem Auto und erzählen oft unglaubliche Storys, die auf Zwang oder Mitleid hinauslaufen. »Wenn Sie den Hund nicht nehmen, dann ...« Dies ist zwar entlarvend, bringt die Interessenten aber trotzdem oft dazu, einen Hund zu nehmen.

Auf sogenannten »Ostmärkten« in Grenznähe, aber auch in deutschen Großstädten oder sogar vor den Hallen der Hundeausstellungen sind besonders »billig« Hunde zu haben. Solche Tiere werden meistens zu früh abgegeben (unter acht Wochen), sind oft nicht geimpft oder mit gefälschten Impfbescheinigungen ausgestattet und voller Ekto- und Endoparasiten. Das Elend ist bei diesen bemitleidenswerten Geschöpfen vorprogrammiert. Das Schnäppchen wird zum finanziellen Risiko, soweit es überhaupt gelingt, den Hund am Leben zu erhalten.

Viele Hundehändler betreiben einen schwunghaften Handel. Es verwundert manchmal, mit welcher Ahnungslosigkeit, aber auch Ignoranz manche Menschen einen Hund per Telefon bestellen und bedingungslos alles glauben, was im Inserat steht. Es wird überhaupt nicht bedacht, daß ein Hund kein Produkt ist, das wie im Versandhandel nach dem Katalog bestellt und – oft auch noch mit Umtauschrecht – hin- und hergeschickt werden kann. Die Gefahr, auf diese Weise einen psychisch oder physisch kranken Hund zu bekommen, der zudem auch äußerlich nicht unbedingt den Vorstellungen entspricht, scheint niemand zu sehen, oder sie wird einfach verdrängt.

In diesem Zusammenhang muß nochmals darauf hingewiesen werden, daß Zucht-, Aufzucht- und Prägungsfehler oft irreparabel sind. Im Kaufvertrag steht dann: »Spätere Reklamationen sind ausgeschlossen.«

Angeboten werden oft auch Rassehunde zu Spottpreisen. Nur die Ahnentafel fehlt noch. Werden die Papiere dann wirklich geliefert, stellt der Käufer fest, daß dies keine »echten« vom VDH sind, sondern Phantasiepapiere von dubiosen Vereinen oder ausländischen Organisationen, die unter Umständen gar nicht existieren.

Papier ist geduldig, und diese »Ahnenpapiere« können völlig wertlos sein, auch wenn sie auf Büttenpapier mit Goldrand gedruckt und von Vereinen mit wohlklingenden Namen ausgestellt wurden. Diese Tatsache sollte sich eigentlich herumgesprochen haben. Wie wir noch sehen werden, sind die Inserate solcher Anbieter aber leicht zu durchschauen.

Leider sind unseriöse Hundehändler und Massenzüchter von der Insertion in Zeitungen, Magazinen und sogar Fachzeitschriften nicht so ohne weiteres auszuschließen. Es gibt nur eine Möglichkeit: wenn der Verlag feststellt, daß die Anzeige einer strafbaren Handlung Vorschub leistet, dazu verleitet oder dazu aufruft. Selbst bei bestem Willen ist es den Anzeigenredaktionen aber nicht immer möglich, jedes unseriöse Inserat als solches zu erkennen, und deshalb erscheinen solche Anzeigen immer wieder.

Vorsicht vor Anbietern, die so oder ähnlich inserieren:

- Direkt vom Züchter! Ganzjährig vorhanden: Pudel, Dt. Schäferhunde, West Highland-Terrier, Schnauzer, Boxer, Bassets, Pekingesen, Dackel, Möpse, Hovawart, Retriever und andere Rassen. Mit Stammbaum und Impfungen.

- Suche Züchter, die mich ganzjährig mit gesunden Hunden wie … beliefern können. (Dieselbe Adresse ist dann dreisterweise und entlarvend noch unter der Spalte «Anbieter» zu finden.)
- Aus modernster Zwingeranlage laufend aus absolut gesunden, tierärztlich überwachten Zuchten stammend, Junghunde großer und kl. Rassen mit Stammbaum und Impfpapieren abzugeben.
- Tolle Welpen. Yorkshire, West Highland Terrier, Golden Retriever abzugeben. Papiere vorhanden.
- Aus erstklassiger Zwingerzucht laufend: Zwergpudel, Chihuahuas, Pekingesen, Boxer, Cocker-Spaniel, Schäferhunde und Dackel sowie andere Rassen (ohne Adresse, aber mit Telefonnummer).
- Aus liebevoller Zucht: laufend Dackel-Welpen (Rauhhaar, Langhaar und Zwergdackel) nur an seriöse Käufer abzugeben.
- Allerliebste Hundekinder suchen ein Zuhause. Rassehunde und auch süße Mischlinge, bestens betreut und tierärztlich versorgt. Fragen Sie bei uns nach liebenswerten Hunden.

Diese Beispiele ließen sich beliebig fortsetzen. Die Zeitungen und Gazetten sind voll davon.

Der Tip: Nie bei solchen Anbietern kaufen, weil ganz klar ist, daß es sich um Händler oder sogar um Massenzüchter handelt – auch wenn das Inserat etwas anderes vorgaukelt.

Anzeigen wie diese sind ebenfalls gut zu deuten:
- Aus erstklassiger Zwingerzucht: Golden Retriever, West Highland, Yorkshire-Welpen. Mit Stammbaum, geimpft und entwurmt. Nur in liebevolle Hände.
- Ganz süße Hundekinder. Direkt vom Züchter … (es folgen fünf bis sieben beliebte Rassen).
- Bei uns gibt es nur »Kleinhunde-Rassen« wie … (es folgen fünf Rassen). Nur an äußerst liebe Menschen, die solche Hunde auch schätzen, abzugeben. Aus besonders gut geführtem Zwinger mit erstklassigen Papieren und Impfbescheinigung.
- Golden-Retriever-Welpen wie aus der Fernsehwerbung und süße kleine Westis (Hundefutterwerbung) nur in allerbeste Hände zu verkaufen.
- Allerliebste Bordeaux-Doggen-Welpen (aus Starsky und Hutch) mit Papieren und Impfpaß in Kürze abzugeben.

Es handelt sich hier um Züchter, die das große Geld mit sog. Modehunden machen wollen. Sie bieten häufig mehrere Rassen gleichzeitig an, die gerade »in« sind. Wenn die Hunde wieder aus der Mode sind, dann steigen solche Leute sofort auf die »neue« Mode um. Altgewordene Mutterhündinnen werden Sie dort vergeblich suchen. Wo sind die armen Zuchtmaschinen wohl geblieben?

Damit sie nicht sogleich zu erkennen sind, schalten manche »Modezüchter« in einer Zeitschrift mehrere kleine Anzeigen, in denen jeweils nur eine Rasse angeboten wird. Man merkt das Täuschungsmanöver erst, wenn man alle Adressen oder Telefonnummern miteinander vergleicht.

Aber auch Einzelanzeigen, die sehr schlicht und einfach gehalten sind, können es in sich haben. Vorsicht ist dann geboten, wenn sie verschlüsselte Botschaften enthalten:

- Umständehalber von Privat dringend abzugeben: Rassehundrüde, 3 Jahre, keine Kinder, nur gegen Schutzgebühr!
- Bestens ausgebildeter ... (Schutzhund), 4 Jahre, wunderschönes Tier, nur in erfahrene Hände abzugeben.
- Dringend! ...rüde, ausgebildet, wegen Krankheit an liebevolle Menschen – ohne Kinder – abzugeben.

Dahinter verbergen sich Hunde, die scharf sind, Problemhunde, die von den Besitzern abgegeben werden müssen, weil sie bissig sind, evtl. sogar schon Kinder bedroht haben und auf keinen Fall in Familien passen. Hunde mit Schutzhundausbildung gehören nur in die Hände von Menschen, die den Hund weiterhin angemessen beschäftigen können!

Wenn auf einen ängstlichen Hund, der besonders liebevolle Hände braucht, hingewiesen wird (z. B. »Liebevolles Sensibelchen sucht neue Beschützer«), kann es ebenfalls Probleme geben. Er könnte ein Angstbeißer sein oder dazu werden. Seine Reaktionen können einen Ersthundebesitzer vor unlösbare Probleme stellen (oft harnen solche Hunde bei jeder Gelegenheit vor Angst).

Solche Anzeigen sind für die »Szene« bestimmt und bedürfen keiner Erörterung. Ein Fall mehr für die Behörden:

- Nur für Kenner. Sauscharfe ... Welpen mit erstklassigen Papieren. Hervorragend veranlagt, unverdorben, wie sie sein sollen, und triebstark. (Hamburger Hundeagentur)

Ebenso eindeutig wie dreist:

- Wir besorgen Ihnen jeden Welpen, den Sie sich wünschen. Zu traumhaften Preisen. Mit Papieren und Impfpaß. Aus erstklassigen Zwingern.

- Welpenvermittlungsstelle von besten Hundezüchtern, alle Hunderassen vermittelt seriös: Fax ... oder Autotelefon 01 71/...
- Lassen Sie sich auch nicht auf Leute ein, die anbieten, den Welpen auf einem Autobahnrastplatz zu übergeben, weil sie angeblich gerade in der Nähe zu tun haben.

Wenn in einer Anzeige steht: »Dem Rassebild entsprechend aussehender ...«, dann kann das heißen, daß der Hund voll kupiert ist – obwohl das einen Verstoß gegen das Tierschutzgesetz darstellt.

Setzt man sich mit einem Inserenten, der seriös klingt, in Verbindung, so heißt es ebenfalls aufpassen. Wenn er nur über Autotelefon zu erreichen ist, wo sind dann während seiner Abwesenheit die Hunde untergebracht? Werden sie während dieser Zeit auch betreut? Wer ganzjährig Welpen abzugeben hat, ist entweder Massenzüchter oder Händler. Wer erzählt oder damit wirbt, daß er nur per Versand liefert, hat möglicherweise etwas zu verbergen. Wer bereits beim Anruf erwähnt, daß jeder Hund vorhanden sei oder besorgt werden könne und daß es bei Hunden ohne Papiere nochmals Rabatt auf den Preis gebe, der ist ebenfalls als Händler entlarvt.

Oft steht im Inserat »aus Bauernhofzucht«. Da könnte es sein, daß die Hunde zwar auf Tiere geprägt sind, aber wenig menschliche Kontakte erfahren haben. Sie werden ihr Leben lang scheu und introvertiert bleiben.

Testet man Inserenten aller Art, so hat ein überraschender Besuch schon oft das wahre Gesicht des Händlers oder Züchters erkennen lassen.

Hundevermehrer erkennt man daran, daß sie meistens mehr als zwei Hündinnen und viele Welpen haben. Die Zuchthündinnen zeigen häufig ein ausgeprägtes Hohlkreuz und überlanges, tief hängendes Gesäuge. Alte Hündinnen sind nicht zu sehen. Die vorhandenen sind nur Zuchtmaschinen, die bei jeder Hitze belegt werden und derer sich der Züchter, wenn sie zur Zucht untauglich geworden sind, gewissenlos entledigt.

Oft entstammen solchen Zuchten Welpen mit ungünstigen Charaktereigenschaften und geringer Reizschwelle, die mit Menschen, wie Sie und ich es sind, nicht mehr viel anfangen können. Solche Züchter sind oft die Lieferanten der Hundehändler. Für sie zählt nur das Geld. Sie verschwenden auch keinen Gedanken daran, Zuchtfehler zu vermeiden. Hauptsache, ein starker Wurf liegt im Koben.

Wenn aus solchen Zuchten Junghunde angeboten werden, so ist dreifache Vorsicht geboten. Ein bis zwei Jahre im Zwinger, nur mit unzureichendem Futter versorgt (es muß ja billig sein) – das verträgt kein Lebewesen ohne bleibende Schäden. Selbst wenn die äußeren Bedingungen augenscheinlich in Ordnung sind, sollten Sie mißtrauisch bleiben und die Antworten auf Ihre Fragen kritisch werten.

Beliebte Behauptungen und Ausreden sind:

- Die Hundemutter ist nicht da, weil sie gerade beim Impfen ist. Oder sie ist beim Kollegen als Amme.
- Wenn die Welpen sehr ängstlich sind, sind angeblich Handwerker oder ein Bautrupp mit ihrem Lärm schuld daran.
- Wenn viele verschiedene Welpenrassen vorhanden sind, kommt prompt der Hinweis: Wir sind eine seriöse »Züchtergemeinschaft« engagierter Hobbyzüchter, und ich betreibe die Welpenvermittlung, weil die anderen auch noch Berufe ausüben.
- Die Papiere sind noch beim Verein. (Das kann stimmen. Deshalb unbedingt die Papiere der Elterntiere zeigen lassen und auf HD-Eintragungen achten.)

Achten Sie auch auf folgende Dinge:

- Hat das Tier eine Zuchtzulassungsprüfung abgelegt?
- Auch die Impfbescheinigung der Hündin kann über deren Betreuung etwas aussagen. Die letzte Impfung und Entwurmung sollte nicht länger als fünf bis sechs Monate zurückliegen.
- Die Impfbescheinigungen der Welpen müssen immer vollständig ausgefüllt sein, auch die Seite 2 mit Name, Geburtsdatum, Rasse etc.
- Lassen Sie sich die Welpenabnahmebescheinigung zeigen.

Vorsicht auch vor Welpenvermittlern, die Sie zum Züchter bringen. Vor allem nichts unterschreiben, was Sie zur Abnahme eines Hundes beim Züchter zwingen könnte. Oft ist auch nicht ersichtlich, wer eigentlich der Besitzer der Hunde ist.

Grundsätzlich sollte man auch auf verbale Unseriositäten achten: Die Hinweise des Verkäufers, der Hund sei absolut pflegeleicht und darüber hinaus komme er auch nicht teuer, weil er ruhig das fressen könne, was vom Tisch abfällt, und die Hundefutterhersteller ohnedies nur am armen Hundehalter verdienen wollen, zeigen Ihnen: Da will jemand nur seine Tiere loswerden.

Bei festgestellten Mängeln oder Schönheitsfehlern kommt oft der Hinweis: »Das gibt sich schon noch, das wächst sich noch aus. Warten Sie nur ein dreiviertel Jahr …« Dann sind allerdings nur die Fristen für eine Wandlung des Kaufvertrages verstrichen. Und Sie müssen z. B. die Nabelbruchoperation selbst bezahlen.

Kaufen Sie deshalb nie unter dem Zwang, unbedingt diese oder jene Rasse oder einen bestimmten mischrassigen Hund sofort haben zu müssen. Sonst kann es Ihnen passieren, daß Sie dort kaufen, wo man Sie regelrecht zu überrumpeln versucht. Z. B. so: »Gut, daß Sie kommen. Einer ist noch da, es ist der letzte. Der ist zwar auch schon reserviert, aber nachdem Sie schon da sind und ohnedies besser zu dem Hund passen, gebe ich Ihnen den Hund, wenn Sie ihn gleich mitnehmen.« Weil der andere Kaufinteressent jeden Moment kommen kann, ist auch nicht viel Zeit für Ihre Fragen. Das Ergebnis ist oft ernüchternd, wenn man dann zu Hause angekommen ist. Unter solchem emotionalen Druck zu kaufen, ist immer verkehrt. Das Verhalten eines solchen Verkäufers ist höchst unseriös.

Sollte auf Grund dieser Ausführungen ein seriöser Züchter unter Ihrem Mißtrauen zu leiden haben, so ist dies allemal besser, als wenn noch mehr Problemhunde zum Verkauf »produziert« werden.

Was Sie beim Kauf noch beachten sollten

Wenn Hunde auch überwiegend mit viel Herz und Emotionen gekauft werden, so ist der Erwerb doch wie jeder andere Kauf zu betrachten – vor allem, wenn es zu Unklarheiten oder Rechtsstreitigkeiten mit dem Verkäufer kommt. Das heißt: Ganz gleich, bei wem Sie kaufen, Sie sollten dies mit einem schriftlichen Kaufvertrag tun. Ohne schriftlichen Kaufvertrag können Sie unter ungünstigen Umständen nicht einmal beweisen, daß Sie den Hund überhaupt rechtmäßig erworben haben.

Von Vorteil ist es auch, wenn Ihnen der Züchter den bereits ausgefüllten Vertrag bereits vor dem Abholtermin aushändigt. Dann bleibt genügend Zeit, sich mit den Einzelheiten des Vertrages auseinanderzusetzen und bei Unklarheiten nachzufragen. Vor allem dauern die Übergabeformalitäten am Abholtag dann nicht so lange.

Als Orientierungshilfe kann Ihnen der auf S. 317 abgedruckte Mustervertrag des VDH dienen. Dieser Vertrag wird in etwa von den meisten Rassehundezüchtern benutzt. Wird ein anderer als der VDH-Mustervertrag verwendet, dann auf eventuelle Fußangeln beim Kleingedruckten und auf Haftungsausschlüsse achten!

Mündliche Absprachen können zwar auch als Kaufvertrag gelten, in der Praxis verwirren sie aber, wenn es zu Rechtsstreitigkeiten kommt. Dann läßt so manchen unseriösen Verkäufer sein Gedächtnis im Stich. Das gilt auch für mündliche Zusagen, besonders wenn es um Gewährleistung bei Gesundheitsfragen etc. geht. Jede Zusage sollten Sie schriftlich im Kaufvertrag festhalten lassen. Ebenso Absprachen, z. B. wenn es darum geht, daß Sie den Hund wieder abgeben wollen oder müssen. Manche Rassehundezüchter verlangen, daß sie vor dem Verkauf von dieser Absicht in Kenntnis gesetzt werden. Manchmal wird ein sog. Rückgaberecht oder auch eine Rücknahmepflicht im Kaufvertrag festgehalten.

Auf andere Vertragsklauseln, die Sie in irgendeiner Form knebeln (wie Forderungen, nur ein bestimmtes Futter zu füttern oder den Hund kastrieren zu lassen usw.), sollten Sie mit Skepsis reagieren und sie im Zweifelsfall von einem Rechtsanwalt prüfen lassen.

Krankheiten und fehlende Ahnentafeln sind der Grund für die meisten Probleme beim Welpenkauf. Deshalb sollten Sie sich in jedem Fall im Kaufvertrag schriftlich bestätigen lassen, daß der Hund gesund ist und die Papiere folgen.

Wenn Ihnen bei einer Züchteraussage nicht wohl ist und Sie den Hund trotzdem gerne hätten, können Sie einen Tierarzt eigener Wahl zuziehen, der eine Ankaufsuntersuchung durchführt. Über die Kosten müssen Sie sich mit dem Verkäufer einigen und dies in den Kaufvertrag mit aufnehmen. Beim Pferdekauf ist so etwas übrigens gang und gäbe.

Über Mängel, die dem Züchter bekannt sind und die meistens zu einem Preisnachlaß führen, gibt der seriöse Züchter Auskunft bzw. vermerkt sie im Kaufvertrag. Der Verkäufer haftet aber nur für Mängel, die bei der Übergabe des Welpen bereits bekannt waren. Wenn ein Mangel bewußt verschwiegen wird, liegt eine arglistige Täuschung vor. In einem solchen Fall kann man auf Wandlung (Rückgängigmachen des Kaufvertrages) oder auf einer Herabsetzung des Kaufpreises (Minderung) pochen.

Ist klar, daß ein später bemerkter Mangel bereits beim Verkauf bestanden hat, so haben Sie die Möglichkeit, innerhalb von sechs Monaten (ab Abgabetag gerechnet) die sog. Rügefrist in Anspruch zu nehmen und nötigenfalls gegen den Verkäufer zu klagen. Im Kaufvertrag kann die Rügefrist schriftlich verlängert, verkürzt oder sogar ausgeschlossen sein.

Wenn Sie einmal züchten wollen, so sollten Sie sich nach Möglichkeit diese Rügefrist bis zur Zuchtzulassungsprüfung verlängern lassen. Es wäre sonst allein Ihr Risiko, wenn sich erst nach einem halben Jahr herausstellt, daß der Hund HD hat oder eine Zahnfehlstellung nach dem Zahnwechsel (mit ca. sechs Monaten) auftritt, für die der Verkäufer im Normalfall nicht haftet.

Taucht im Kaufvertrag der Passus »Umtausch ist möglich« auf, so ist dieser Vermerk mit Vorsicht zu bewerten. Für den Hund kann das äußerst mißlich sein, wenn ihm bei Umtausch eine ungewisse Zukunft droht! Sie wären verpflichtet – auch wenn Sie längst bereuen, dort gekauft zu haben –, von dem Verkäufer bei Mängeln einen Ersatzhund anzunehmen. Außer, Sie haben sich ein vertragliches Rücktrittsrecht zusichern lassen.

Darüber hinaus sind evtl. Absprachen über einen Ratenkauf ebenfalls schriftlich zu vereinbaren. Dafür gelten die üblichen gesetzlichen Bestimmungen. Der Hund und die Ahnentafel bleiben bis zur vollständigen Bezahlung das Eigentum des Verkäufers. Als Käufer gelten Sie aber sofort ab Übernahme als Hundehalter mit allen Rechten und Pflichten, die aus der Hundehaltung entstehen.

Wer sich den Hund trotz aller Warnungen schicken läßt, der muß wissen, daß mit der Übergabe an den Transporteur (Bahn etc.) das Risiko auf den Käufer übergeht – genauso wie alle anderen Rechte und Pflichten.

Der Gerichtsstand ist ebenfalls zu regeln und auf dem Kaufvertrag zu vermerken.

Beim Kauf eines Rassehundes haben Sie das Recht auf eine korrekte Ahnentafel, die Ihnen der Züchter aushändigt. Manchmal kann die Ahnentafel erst nach der Übergabe zugestellt werden, weil sie noch bei der Zuchtbuchstelle ist. In diesem Fall lassen Sie dies im Kaufvertrag festhalten.

Lassen Sie sich, wie es bei einigen Vereinen üblich ist, die Wurfabnahmebescheinigung in Kopie übergeben, die alle wichtigen Daten über den gesamten Wurf und Ihren Welpen enthält. Lesen Sie die Beurteilung gut durch! Neben allen positiven Erkenntnissen werden auch Mängel wie Knickrute, Nabelbruch, Zahn- oder Kieferfehlstellungen aufgeführt.

Lassen Sie sich auch die Ahnentafel der Mutter zeigen, und achten Sie vor allem auf Eintragungen, die über den HD-Befund Auskunft geben. Die Eltern sollten HD-frei sein. Die Buchstaben bzw. Ziffern haben folgende Bedeutung:

HD 0	A1, A2	HD-frei
HD I	B1, B2	Übergangsform
HD II	C1, C2	Leichte HD
HD III	D1, D2	Mittlere HD
HD IV	E1, E2	Schwere HD

Außerdem erhalten Sie noch den Impfpaß, der vollständig ausgefüllt sein muß (auch die Seite 2). Vergessen Sie auch nicht, sich eine Quittung aushändigen zu lassen (Kaufpreis in Ziffern und ausgeschrieben eintragen).

Vorbereitungen

Damit es der Welpe möglichst leicht hat, sich in seinem neuen Heim wohl zu fühlen und sich dort problemlos einzuleben, wird alles für den großen Tag vorbereitet.

Zu einem vorherigen Besuch beim Züchter wird entweder der Überzug der zukünftigen Korbeinlage oder eine Hundedecke mitgenommen, damit der Züchter sie schon als Schlafunterlage für die Welpen benutzt. Der zwar manchmal recht intensive, aber dem Hund vertraute »Lagergeruch« wird die Trennung erleichtern, weil es dann im neuen Heim gleich vertraut riecht.

Der richtige Schlafplatz

Zu Hause einigt sich der Familienrat, wo das neue Familienmitglied seinen Schlaf- und Rückzugsplatz haben soll. Wohl kann sich der Welpe überall dort fühlen, wo er sich zum Ausruhen und Schlafen zurückziehen kann, ohne vom häuslichen Alltag gestört zu werden (also nicht am Weg zur Toilette), aber trotzdem möglichst nahe am Menschenrudel sein darf. Hunde und ganz besonders Welpen schlafen gerne und viel, und dieses Schlafbedürfnis ist von allen Familienmitgliedern zu respektieren. Also nie stören, denn es heißt nicht umsonst: »Wecke keinen schlafenden Hund.« Wird der Hund dauernd gestört, kann er recht schreckhaft, ja übelgelaunt reagieren und sogar anfangen zu kränkeln. Am besten liegt der Schlafplatz so zentral, daß der Hund später, wenn er erwachsen ist, auch alles ungehindert hören und riechen kann, was seinen Schutz- und Wachtrieb wecken soll. Ein Hund im geschlossenen Zimmer kann diese Aufgaben nicht erfüllen.

Weil Hunde passiv mitrauchen und davon Atemwegserkrankungen bis zum Lungenkrebs bekommen können, sollte der Ruheplatz in einer nikotinfreien Zone der Wohnung sein. Rauch schadet dem Hund natürlich auch im Auto.

Der Schlafplatz selbst soll dem Welpen die Sicherheit einer »Höhle« vermitteln. Das heißt, er sollte von zwei Seiten abgeschlossen (z. B. in einer Ecke), zugluftfrei, trocken und nicht bodenkalt sein. Weniger günstig ist ein Platz in Türnähe, an einem Fenster oder direkt neben einer Heizung, weil dort die Temperatur zu sehr schwankt.

Ist der richtige Platz gefunden, wird dorthin auf eine Isomatte (wie man sie vom Camping her kennt) der Korb gestellt. Ausgesprochen praktisch sind meines Erachtens sog. Weidenkorbhöhlen mit abnehmbarem Türgitter, die sowohl als Schlafstätte als auch als Transportbehälter für kurze Strecken geeignet sind. Transportboxen (sog. Jet-Boxen), die sich gut auseinandernehmen und bei Bedarf wieder zusammenmontieren lassen, sind zwar gut zu reinigen, aber als Dauerlager zu wenig luftig.

Der Eßplatz

Herrscht über den zukünftigen Schlafplatz Einigkeit, dann ist als nächstes der »Eßplatz« des neuen Familienmitgliedes festzulegen. In Frage kommt natürlich ein Platz, der einem selbst nicht im Wege ist und dessen Umgebung sich leicht reinigen läßt. Denn Hunde sind oft sehr temperamentvoll und haben Eßmanieren wie kleine Kinder – sie bekleckern sich und alles mögliche dabei. So mancher Brocken wird aus dem Napf geholt und daneben mit Genuß zerkleinert und verzehrt. Darum gehören unter die Näpfe rutschfeste Matten (»Sets«). Die Wand hinter den Näpfen läßt sich gut mit abwaschbarer Klebefolie schützen.

Allerdings wollen Hunde beim Essen möglichst ungestört bleiben und lieben es überhaupt nicht, wenn ihnen jemand dabei aufs Maul schaut. Schon bei so manchem schlechtem Fresser hat der Rat, den Futterplatz anstatt des Futters zu wechseln, wahre Wunder gewirkt.

Der Tip: Je ruhiger der Platz, desto gelassener und langsamer kann der Vierbeiner seine Mahlzeiten einnehmen. Das ist wesentlich gesünder als hektisches Schlingen.

Die welpensichere Wohnung

Auf allzu glatten Fliesen und Parkettböden können auch Hunde leicht ausgleiten und sich dabei verletzen – vor allem, wenn sie solche Böden beim Züchter nie kennengelernt haben. Auf Hochflorteppichen kann ein Welpe mit seinen spitzen Krallen hängenbleiben und sich Verletzungen zuziehen. Solche Flächen lassen sich gut mit Reisstrohmatten belegen, auf denen der Welpe Halt findet und die auch eine Pfütze nicht verübeln.

Für die ersten Wochen oder auch Monate empfiehlt es sich, wertvolle Teppiche einzurollen und vorläufig zu verwahren. Denn Teppichecken und -fransen sind kolossal interessant und inspirieren den spielfreudigen Wicht zum Knabbern und Zerren. Aus seinem bisherigen Hundeleben ist ihm weder der Sinn eines Teppichs noch dessen Wert bekannt.

Treppen rauf- oder runtersteigen soll das kleine Kerlchen noch nicht, weil es den Gelenken und dem Körperbau schaden kann. Jeder Sturz ist für so ein kleines Wesen gefährlich. Also werden Treppen mit einem Gitter oder Netz (manchmal reicht dazu auch ein zusammengeklappter Wäscheständer) so gesichert, daß der Welpe sie nicht betreten kann. Speziell vor freischwebenden Treppen mit offenen Stufen ist zu warnen. Sie müssen besonders gut gesichert werden (z.B. mit einem Obstbaumnetz).

Ein Problem könnte es geben, wenn die Familie auf mehreren Ebenen wohnt. Dann muß der Welpe, wenn er oben seine Nächte verbringen soll, hochgetragen werden.

Wenn dem Welpen das Schlafen nahe bei seinem Rudel (was für ihn völlig normal ist) erst einmal gestattet wird, so ist es für ihn absolut unverständlich, wenn er dies eines Tages nicht mehr tun darf. Oder man bleibt standhaft und überhört das klägliche Winseln, wenn sich der Welpe alleingelassen fühlt, denn das war er vor dem »Umzug« noch nie.

Viele Menschen sagen, Welpen seien wie kleine Kinder: sie haben nur Unsinn im Kopf, und man darf sie keinen Augenblick allein lassen. Richtiger ist aber, daß Kind und Hund nur neugierig sind, erpicht darauf, Erfahrungen zu sammeln, um aus dem Erlebten Schlüsse für das weitere Leben zu ziehen – nicht ahnend, daß sie dabei vielerlei Gefahren ausgesetzt sind, vor denen wir sie nach Möglichkeit bewahren müssen.

Hunde erkunden ihre neue Welt überwiegend mit ihrer überaus leistungsfähigen Nase, mit dem Fang und, besonders geschickte, auch mit den Vorderpfoten. Verkostet wird alles, was in der Wohnung so rumliegt, und leider auch schon mal geschluckt, was weniger gut verdaulich ist. Aus diesem Grund werden in den Wohnbereichen, die vom Hund betreten werden können, sämtliche Kabel so hoch gelegt, daß sie außerhalb seiner Reichweite sind oder unerreichbar innerhalb einer Kunststoffhülle verlegt. Blumentöpfe haben eine magische Anziehungskraft, und das Buddeln darin kennt der kleine »Spürhund« möglicherweise schon recht gut. Große Blumenschalen oder -töpfe also hochstellen oder in ein anderes Zimmer bringen.

Weil viele Zimmerpflanzen und Gestecke giftig sind (siehe S. 223), muß man sie ebenfalls unerreichbar aufstellen. Blumenvasen stellen für den neugierigen Welpen in mehrfacher Hinsicht eine Gefahr dar: zum einen können die Blumen giftig sein, zum anderen ist Blumenwasser ungesund; darüber hinaus haben Vasen ein gehöriges Gewicht, und ihre Scherben sind auch unangenehm – vom Wert mancher Vasen ganz zu schweigen.

Manche Junghunde sind bestrebt, auf ihre Art mitzulesen. Dies läßt es dringend geraten erscheinen, wertvolle Bücher zumindest für die nächsten Monate ein bis zwei Regaletagen höher zu plazieren, damit aus kostbaren Folianten nicht die berühmten »fliegenden Blätter« werden.

Bei Kinderspielzeug wie den heißgeliebten Teddybären und anderen Plüschtieren können der berühmte Knopf im Ohr sowie eingesteckte Glasaugen oder eine »Knopfnase« zum Problem werden. Verschluckte Plastikmaterialien sind für jeden Hund äußerst gefährlich, und vom möglicherweise ererbten Teddy bleiben nur noch ein paar klägliche Reste übrig. Deshalb Kinder vorwarnen, daß Kinderspielzeug nicht für Welpen taugt.

Für viele Hunde ist die Küche ein steter Ort der Versuchung. Dort herrschen genau die Gerüche, die sie lieben. Vor allem aber gibt es dort auch immer wieder etwas Interessantes auszupacken, wenn man sie läßt. Neugier in der Küche ist aber nicht ungefährlich, denn der Welpe könnte etwas Ungenießbares ergattern oder sich am Ofen oder am heißen Geschirr das Schnäuzchen verbrennen. Wird die Küche für den Hund von Anfang an zur Tabuzone erklärt, erspart man sich und dem lieben Tier viel Ärger.

Daß Medikamentenschachteln nebst Inhalt ebenfalls nicht ungefährlich sind, leuchtet ein. Oft werden Medikamente irgendwo liegengelassen, vom Hund aufgespürt und, weil bei manchen Medikamenten der Überzug auch noch gut schmeckt, geschluckt.

Große Glastüren werden für kurze Zeit, bis der Welpe alles kennt, im unteren Bereich zugehängt, so daß der Kleine nicht versehentlich dagegenrennt. Geschlossene Türen sind für viele große Hunde kein Hindernis: Sie lernen oft sehr schnell, sie mit den Pfoten zu öffnen. Nur vom Wiederzumachen halten sie wenig. Obwohl ein Welpe es noch nicht schafft, sollten schon jetzt die Türklinken senkrecht gestellt oder durch einen runden Knauf ersetzt werden. Das hat allerdings den Nachteil, daß, wenn man sich selbst einmal aussperrt, der Hund von innen auch nicht mehr öffnen kann (meine Hunde haben mir so schon aus der Patsche geholfen).

Auch Putzmittel aller Art müssen so aufbewahrt werden, daß der Welpe sie nicht erreichen kann.

Der welpensichere Garten

Als erstes ist die Umfriedung dran. Sie wird auf ihre Ausbruchsicherheit und Höhe hin überprüft.

Dann kommt um einen Gartenteich mit steilen Ufern oder einen Swimmingpool ein Maschendrahtzaun (zumindest für die ersten Tage oder Wochen). Empfindliche Bäume kann man gut mit Drahtmanschetten vor dem »Zugriff« des Welpen und dem späteren Bepinkeln schützen.

Auch giftige Gewächse sind ebenso hundesicher zu machen. Vor allem müssen giftige Beeren außer Reichweite des Welpenmaules bleiben. Denn kleine Hunde testen, wie Kinder, alles auf Eßbarkeit hin. Vom erwachsenen Hund werden die Beeren dann unter Umständen keines Blickes mehr gewürdigt.

Daß man auf jeglichen Biozideinsatz verzichten muß, dürfte wohl jedem klar sein. An speichelnassen Bällen können giftiger Dünger oder Ameisen-, Schnecken- und Blattlausmittel haften bleiben und beim Spiel über die Zunge aufgenommen werden. Auf diese Art und Weise haben schon viele Hunde Vergiftungen erlitten, die für den Hundehalter völlig unerklärlich waren und als solche auch unerkannt blieben. Das gleiche gilt für ausgebrachte Schädlingsbekämpfungsmittel (Rattengift, Mäusegift usw.), die für Hunde äußerst gefährlich sind.

Es empfiehlt sich ferner darauf zu achten, daß der kleine Wicht sich nicht unbemerkt in einen Schuppen verkrümeln kann und dort versehentlich eingesperrt wird. Ein genügend hohes Brett vor dem Eingang verhindert dies.

Damit der Kleine schneller stubenrein wird, kann man ihm im

Garten eine Kiste von zwei auf zwei Metern basteln, die eine Aufschüttung aus trockenem Feinsand erhält. Oder man legt die Kiste mit Rollrasen aus, der dann regelmäßig ausgewechselt wird. Weil Hunde sich gerne ungestört lösen, wird die Kiste z. B. unter einem Baum plaziert. Das Reinigen darf man natürlich nicht vergessen, damit dem Welpen der Platz nicht zu schnell stinkt.

Wer keinen geeigneten Garten hat, der kann für Notfälle solch einen Kasten auch auf Balkon oder Terrasse plazieren. Je kleiner die Hunde, desto eher und desto länger gehen sie auf die Kiste.

Die Erstausstattung ist wichtig

Damit man nichts Unnützes kauft oder Wichtiges vergißt, ist es gut, vor dem Besuch im Zoofachgeschäft einen Einkaufszettel zu schreiben. Es empfiehlt sich, dort zu kaufen, wo man gut beraten wird, denn bei der Vielzahl der Produkte und den oft großen Qualitäts- und Preisunterschieden verliert man schnell die Übersicht, und Unsicherheit war noch nie ein guter Ratgeber.

Spätestens jetzt zahlt es sich aus, wenn Sie mit dem Züchter bereits ausführlich gesprochen haben. Denn wenn er Ihnen bereits einen Futterplan ausgehändigt hat, können Sie auch gleich das nötige Futter besorgen. So vermeiden Sie, daß der Welpe sich schon am ersten Tag eine massive Darmverstimmung holt, weil Sie vielleicht gezwungen sind, ihn mit Essensresten zu füttern, weil schon Ladenschluß ist oder das Wochenende angefangen hat.

Vorsichtshalber sollte man sich immer so viel Futter vom Züchter mitgeben lassen, daß es reicht, bis die Geschäfte wieder geöffnet haben. So kommt zum Übersiedlungs- und Trennungsstreß nicht auch noch eine Futterumstellung auf den kleinen Organismus zu. Aus dem gleichen Grund sollte man zu Anfang auch keine Leckereien kaufen. Wenn nichts im Hause ist, kommt man erst gar nicht in Versuchung, aus Mitgefühl etwas »Leckeres«, das für den Welpen aber völlig ungewohnt ist, als Trostpflaster zu geben.

Für Wasser und Futter braucht man zwei Näpfe. Es gibt diese in unterschiedlichsten Formen und Ausführungen. Fragen Sie nach lebensmittelechten, d.h. unbedenklichen Materialien. Die Gefäße müssen vor allen Dingen leicht zu reinigen, stand- und rutschfest sowie unzerbrechlich sein. Keine Teller oder sonstige möglicherweise splitternde Gefäße verwenden. Scherben mögen manchen Menschen Glück bringen – beim Hund können sie schwerste Ballenverletzungen hervorrufen.

Wenn Sie mehrere Hunde haben, braucht jeder einen eigenen Futternapf. Aus demselben Wassernapf können sie jedoch trinken, Wasserneid kennen Hunde kaum.

Bei der Auswahl der Näpfe ist auch darauf zu achten, daß es für langohrige Hunderassen (Bassets, Bloodhounds, Spaniels, Setter) hohe »Langohrnäpfe« gibt, die konisch zulaufen, damit während des Futterns die Behänge nicht im Futterbrei schwimmen und verschmutzen.

Manche Großhunderassen sind Luftschlucker und neigen zu Schluckauf. Sie haben Probleme mit dem Gaumensegel, fressen zu hastig, oft auch noch in »Giraffenstellung« (Vorderbeine gespreizt und Hals nach unten gereckt), was insgesamt schadet. Für sie empfiehlt es sich, höhenverstellbare Näpfe anzuschaffen, damit sie bei geradem Hals in Brusthöhe fressen können. Neben Modellen mit Ständer gibt es auch höhenverstellbare Systeme, die sich an der Wand befestigen lassen.

Ein absolutes Muß sind Halsband und Leine. Wird der Welpe mit neun oder zehn Wochen nach Hause geholt, so kann er bereits ab der achten Woche das Halsband tragen, das Sie beim Züchter abgegeben haben. Der Vorteil liegt auf der Hand: Der Welpe vergißt beim Spiel mit seinen Kumpanen sein anfängliches Unbehagen wesentlich schneller und bringt diesen gewöhnungsbedürftigen Vorgang nicht auch noch mit dem Ortswechsel in Verbindung. Außerdem läßt er sich bei den evtl. notwendigen Pausen auf dem Nachhauseweg problemloser an die Leine nehmen.

Es heißt zwar immer, daß sich ein Welpe nie von seinem Menschen entfernen wird, auch wenn er ihn vielleicht erst seit wenigen Stunden kennt. Daß dies nicht immer zutrifft, habe ich selbst erlebt, als mir auf einem Autobahnrastplatz wild jaulend und Schutz suchend ein Welpe entgegenkam, der durch einen platzenden Reifen so erschreckt worden war, daß er nur noch Reißaus nehmen konnte. Also beim Nachhauseweg nie ohne Halsband und Leine!

Das weich unterfütterte Halsband sollte möglichst geschmeidig und breit sein. Man legt es so an, daß noch gut ein Finger zwischen Fell und Halsband paßt, der Hund soll es sich aber nicht beim »Rückwärtsgang« über die Ohren abstreifen können.

Als erste Leine ist eine möglichst leichte zu empfehlen. Das heißt aber nicht, daß auf Reißfestigkeit kein Wert zu legen sei. Im Gegenteil: je höher die Lederqualität und die Reißfestigkeit, desto besser. Wichtig ist auch ein sicherer Karabiner, der sich nicht von alleine öffnen kann. Darüber hinaus sollte sich die Leine nicht zu schnell mit Nässe vollsaugen oder abfärben können. Die Länge wird so bemessen, daß die Leine zwischen dem sitzenden Hund und der führenden Hand leicht durchhängt.

Zusätzlich empfiehlt sich noch eine sog. aufrollbare Leine (mit Rückspulautomatik), die es dem Welpen besonders in den ersten Tagen möglich macht, sich relativ unbeschwert zu bewegen. Der Hund folgt ja noch nicht richtig, und frei laufen darf er in den meisten Städten und Gemeinden ohnedies nicht überall, weder als Welpe noch als erwachsener Hund. Verkehrsstatistiken beweisen leider, daß junge wie alte Hunde überproportional häufig an Verkehrsunfällen beteiligt sind.

Den Gebrauch der Automatikleine sollte der Hundeführer vor dem ersten Anlegen üben, damit der Hund nicht durch falschen oder ungeschickten Gebrauch irritiert wird. Zum korrekten Bei-Fuß-Üben ist eine Automatikleine natürlich nicht geeignet.

Für den Fall der Fälle, daß der Welpe einmal Pfadfinder spielt und abhanden kommt, ist es wichtig, daß er für den Finder leicht zu identifizieren ist. Dabei helfen sogenannte Adreßanhänger, die am Halsband befestigt werden. Es gibt sie als Lederbehälter oder aus Metall. Darin ist ein kleiner Zettel, auf den Sie Ihre genaue Anschrift mit Telefonnummer schreiben. Wenn die unterfütterte Innenseite des Halsbandes dies zuläßt, kann die Adresse zusätzlich dort hineingeschrieben werden.

Als Schlafstatt sollte der Welpe einen welpengerechten Hundekorb erhalten. Das heißt, der Korb hat hochgezogene Ränder als umlaufende Wandung sowie vorne einen niedrigen Ein- und Ausstieg, der sich bequem benutzen läßt. Hundekörbe gibt es aus den unterschiedlichsten Materialien. Das Angebot an praktischen Einlagen, die allesamt weich und kuschelig wirken, ist ebenso groß wie das der Körbe. Ganz gleich, für welches Modell Sie sich entscheiden – wichtig ist vor allem, daß es der rauhen Behandlung durch den Welpen möglichst lange standhalten kann, aus gesundheitlich unbedenklichen Materialien besteht, luftig ist und daß die Einlage Wärme reflektiert und Nässe absorbiert. Vor allem muß das Material pflegeleicht und waschbar sein.

Wie bereits erwähnt, gibt es für kleine Hunde auch Weidenkorbhöhlen, die sehr gerne angenommen werden. Weil der Welpe ja noch gehörig wächst, wählt man das Hundebett so groß, daß auch der Junghund darin bequem ausgestreckt oder auf dem Rücken liegend schlafen kann. Der erste Korb braucht nicht fürs ganze Hundeleben halten, zumal Welpen gerne am Korbrand knabbern.

Hundekörbe geben dem kleinen Kerlchen viel besser das Gefühl der Geborgenheit, als flache Matratzen dies können. Trotzdem sieht so ein kleiner Wicht in seinem ersten eigenen Bett noch recht verloren aus, wenn er da so zusammengeringelt liegt und träumt.

Zur Pflege braucht er je nach Fellstruktur eine Bürste und einen sog. Pflegehandschuh mit gerieften Gumminoppen. Mit diesem läßt sich der Welpe gleichzeitig streichelnd pflegen und massieren. Dabei wird das Fell von Schmutz und alten Haaren gesäubert. Um Ungeziefer aller Art sofort zu entdecken, sollte man vom ersten Tag an auch einen sog. »Ungezieferkamm« verwenden (er hat ganz enge Zinken, in denen die Parasiten hängenbleiben).

Einige langhaarige Rassen oder solche, die man regelmäßig trimmen muß, brauchen noch zusätzliche Spezialkämme, Rupfmesser und dergleichen. Der Züchter weist sicherlich darauf hin, welche Utensilien nötig sind, um das Fell richtig zu pflegen.

Welpen wollen kauen und sich mit Beutemachen und -schütteln beschäftigen. Damit von vornherein ausgeschlossen ist, daß Schuhe, Kleidungsstücke oder Einrichtungsgegenstände dafür herhalten müssen, wird entsprechend eingekauft. Ganz besonders ausgeprägt ist das Kaubedürfnis, wenn der Hund in den Zahnwechsel kommt. Dann steigt der Verbrauch an Kauspielzeug spürbar an.

Um Kauknochen kommt man also nicht herum, obwohl oft geglaubt wird, daß es in einem Haushalt ohnedies vielerlei Dinge gibt, die der Hund ruhig auseinandernehmen und bespielen kann – z. B. ein alter Schuh, der auch begeistert angenommen wird. Aber wie soll der Kleine dann erkennen, daß er den einen benagen darf, die Sonntagsschuhe aber absolut tabu sind? Den Unterschied zwischen ausrangiert und neu, billig und wertvoll kann der Vierbeiner nie und nimmer erkennen.

Weit besser ist ohnehin sog. Kauspielzeug aus Büffelhaut geeignet. Die Haut stammt überwiegend von thailändischen Wasserbüffeln. Markenware ist ungiftig, voll verdaulich und auch zäh genug, um einem Hundegebiß relativ lange standzuhalten. Je angematschter die gepreßte Haut wird, um so beliebter scheint sie zu sein. Beim Kauen und Spielen werden als Nebeneffekt auch noch die Zähne gereinigt und das Zahnfleisch massiert.

Auch Hartgebackenes wie z. B. Hundekuchen wird zum Benagen und Beißen mit Begeisterung angenommen. Allerdings muß, da es sich um ein Nahrungsmittel handelt, der Nährwert von der täglichen Futterration abgezogen werden.

Das Angebot an Produkten, die den absoluten »Kauspaß« versprechen, ist im Fachhandel enorm. Bleiben Sie wenigstens am Anfang standhaft bei den oben genannten Büffelhautprodukten. Sonst ergeht es Ihnen wie meinen Freunden, deren weißer Flokati-Teppich plötzlich rot und grün von gefärbten Kaustangen war.

Hundespielzeug

Allerlei Spiele übten die Welpen bereits mit ihren Wurfgeschwistern, hauptsächlich jagen, fangen, Beute greifen und verteidigen. Natürlich erwartet der Kleine nun, daß auch Sie solche Spiele mit ihm machen. Er will und muß spielerisch weiterlernen.

Als Hilfsmittel dient dazu allerlei Hundespielzeug. »Hausgemachtes« Spielzeug wie Pappkartons usw. müssen erst auf ihre Unbedenklichkeit hin überprüft werden. So kann z. B. Pappe unverträgliche, ja giftige Substanzen enthalten (besonders im Aufdruck). Das gleiche gilt für Holz aller Art. Vor allem vor Kinderspielzeug, aber auch vor den überall beliebten Tennisbällen sei ausdrücklich gewarnt. Zerkaut und verschluckt stellen sie eine erhebliche Gefahr für den Hund dar. Dies gilt auch für den Fall, daß Ihr Welpe leidenschaftlich hinter Steinen her ist: Steine schaden den Zähnen und können, einmal abgeschluckt, schlimme Folgen haben und eine Operation mit unsicherem Ausgang nötig machen.

Greift man zu echtem Hundespielzeug, z. B. zu den sogenannten »Seilknoten« aus reiner Baumwolle, die auch waschfest sind (nicht in der Waschmaschine wegen der Waschmittel!), so liegt man richtig. Zum Werfen, Apportieren, Beutezerren und -schütteln sind sie hervorragend geeignet, außerdem wirken ihre Fransen im Hundegebiß wie die Zahnseide, die wir selbst benutzen. Diese stabilen Seilknoten gibt es in allen Größen im Fachhandel. Schlenkerpuppen aus umweltfreundlichem Stoff sind ebenfalls sehr beliebt, halten aber dem Temperament vieler Hunde nicht lange stand.

Zur Abwechslung im Spiel dienen ein harter Ball aus Latex (kein Gummi!) oder sog. Quietscher aus Latex, die es in vielerlei Ausführungen gibt. Sie sind oft heiß begehrt, so kitschig sie auf uns auch wirken mögen. Den Hunden ist das egal – Hauptsache es kommt Bewegung in den Hundealltag.

Es ist erstaunlich, wie gerne Hunde spielen, und überraschend, wie lange sie spielen. Meine acht Jahre alte Hündin holt plötzlich ihren Seilknoten und bringt ihn als deutliche Spielaufforderung herbei, wie sie dies als Welpe schon getan hat. Ein zwölf Jahre alter Schäferhund-Rüde läßt keine Gelegenheit aus, um mit allerlei Geäst sein wildes Spiel zu treiben.

Weil Hunde auch bei Spaziergängen durstig werden und nicht aus Pfützen trinken sollen, empfiehlt sich die Anschaffung einer sog. Charly-Box. Dies ist ein zweiteiliger Kunststoffbehälter mit Griff, der aus einem kleinen Wasserkanister und einem Napf besteht. Das Set ist bruchsicher, lebensmittelecht und wiegt weniger als 1 kg, so daß es sich leicht mitnehmen läßt.

Der Abholtag

Mit der Übergabe wechselt nun auch die ganze Verantwortung und Sorgfaltspflicht auf den Welpenhalter über.

Der Tip: Streß und Rhythmuswechsel können beim Welpen auf den Darm und auf das Allgemeinbefinden schlagen. Deshalb sollten Sie, noch bevor der Welpe im Haus ist, den zukünftigen Tierarzt kontaktieren, um eine kleine Not-Apotheke zusammenstellen zu lassen. So können Unpäßlichkeiten nicht gleich zum ernsten Problem werden.

Der Abholtag ist beliebig, wenn nur sichergestellt ist, daß an den darauffolgenden Tagen die Bezugsperson Zeit haben wird und nicht wechselt. Verwenden Sie Ihren Jahresurlaub als Hundeurlaub! Das sind Sie dem Welpen eigentlich schuldig. Es erleichtert das Zusammenfinden und gibt die Gelegenheit, jeden Tag aufs Neue herrliche Entdeckungen am Hund und mit dem Hund zu machen.

Bevor es soweit ist, wäre noch die Transportfrage zu klären. Je nach Entfernung vom Wohnort kann der Heimweg mehr oder weniger Streß für den Welpen bedeuten. Obwohl ich im Prinzip gegen jeglichen Transport durch ein Frachtunternehmen bin, weil ein falscher Transportbehälter oder eine Laufzeitverzögerung beim Welpen ein lebenslanges Trauma hervorrufen können, muß ich eingestehen, daß es doch Situationen geben kann, die einen Versand unumgänglich machen. Wenn schon, dann muß solch ein Versand ebensogut durchorganisiert werden wie die persönliche Abholung auch. Der Versandtag darf nur am Wochenanfang liegen, damit bei einer Unregelmäßigkeit im Transportablauf das Tier nicht etwa am Wochenende stundenlang ohne Wasser, Nahrung und Zuwendung herumsteht. Als Transportbehälter eignen sich sog. Jet-Boxen, die es in vielerlei Größen gibt. Sie lassen sich unterwegs auch als Schlafplatz oder Autobox verwenden. Sie bestehen aus Kunststoff, sind mit Lüftungsschlitzen versehen und innen völlig glatt, damit sich kein Tier darin verletzen kann. Darüber hinaus bleibt auch noch genügend Platz für einen Wassernapf.

Wird ein solcher Behälter schon einige Tage vorher beim Züchter aufgestellt, so können sich die Welpen bereits daran gewöhnen. Sie steigen aus Neugierde hinein, und wenn darin noch eine kuschlige Decke liegt, wird auch die bereits benützt (wenn der Züchter nicht aufpaßt, auch zerfleddert).

Sämtliche Abgangs- und Ankunftszeiten werden vor dem Transport genau erfragt, und der Welpe muß bei der Ankunft am Zielort schon von seinen zukünftigen Besitzern erwartet werden. Jede Minute ohne Betreuung könnte zur Qual werden und sich dem Welpen unauslöschlich einprägen. Derjenige, der den Kleinen dann aus seinem unfreiwilligen Verlies entläßt, wird mit besonderer Freude begrüßt und sofort als besonders geschätzter Freund ins Herz geschlossen.

Bei kurzen Strecken läßt sich der Heimweg auch noch per Bahn durchführen. Der Welpe darf mit ins Abteil und braucht nicht in den Frachtwaggon. Aussteigen zum Lösen lassen usw. ist natürlich nicht möglich, aber die menschliche Nähe und vor allem der verbale Zuspruch lassen die Zeit für den Welpen schnell verrinnen.

Transport im Auto

Am besten ist es natürlich, wenn der Transport im eigenen Wagen erfolgen kann. Hier wird der Welpe am wenigsten unter dem Trennungs- und Transportstreß leiden. Wenn man zu zweit fährt und diejenige Person, die den Welpen auch zu Hause überwiegend versorgen wird, ihn auf dem Rücksitz zusammen mit seiner »duften« Decke auf dem Schoß hält, ist das besonders günstig.

Fährt eine Person allein, so kann der Kleine mit seiner Decke in der oben erwähnten Jet-Box im Auto transportiert werden. Sie wird so auf dem Beifahrersitz plaziert, daß der Welpe den Fahrer sehen kann. Mit dem Sicherheitsgurt wird die Box dann fixiert.

Auf keinen Fall darf ein Hund zu Füßen des Beifahrersitzes oder ungesichert auf der Rückbank transportiert werden – auch wenn dies hin und wieder empfohlen wird. Die Unfallgefahr ist einfach zu groß, wenn das Tier sich selbständig macht, auf Entdeckungstour geht und zwischen die Füße des Fahrers gerät.

Um möglichst zu vermeiden, daß dem Welpen unterwegs schlecht wird, bekommt er sechs Stunden vorher kein Futter mehr. Wenn er dann noch Auslauf im Freien erhält, ist die Wahrscheinlichkeit groß, daß er sich noch vor Fahrtantritt löst. Nach dem Toben hat er auch die richtige »Bettschwere« und verschläft wahrscheinlich die Fahrtzeit auf dem Schoß der Begleitperson. Zum Abwischen von Speichel etc. wird für die Fahrt Haushaltskrepp oder ein Handtuch mitgenommen.

Nun zahlt es sich wieder aus, wenn der Züchter seine Welpen bereits mit dem Autofahren bekanntgemacht hat. Eine befreundete Züchterin läßt schon in der sechsten Lebenswoche die Hundemutter ins Auto springen. Die Welpen wollen natürlich mit, was sie dann auch dürfen (sie werden natürlich ins Auto hineingehoben). Und da die Hündin begeistert Auto fährt, haben auch ihre Babys nichts dagegen. Wird dies öfters wiederholt, so wird den Welpen das Autofahren zur angenehmen Gewohnheit.

Leider vergessen Hunde, denen es beim ersten Autofahren richtig schlecht wurde, dies kaum mehr, und es kostet dann viel Einfühlungsvermögen und Geduld, um das Vertrauen zum Autofahren wiederherzustellen.

Man fährt besonders diszipliniert und sanft, denn unvermitteltes Anfahren und Bremsen vergrößert die Gefahr, daß dem Welpen schlecht wird. Die Fahrt wird alle eineinhalb Stunden unterbrochen, um den Kleinen an der Leine zum Lösen herumzuführen. Bitte die Pausen nicht auf einem von Hunden vielbenutzten Rastplatz machen, denn hier könnte der Welpe, dessen Impfschutz unter Umständen noch nicht voll wirksam ist, sich infizieren.

Wenn es sich irgendwie einrichten läßt, sollte die Abholung am frühen Vormittag erfolgen, damit dem Welpen am ersten Tag noch genügend Zeit bleibt, sich im neuen Zuhause umzusehen und einzugewöhnen. Bei der Übergabe sollte möglichst keine Hektik herrschen, damit das sensible Wesen nicht unnötig in Panik gerät.

Die Ankunft

Denken Sie daran, daß dieser Tag für den Welpen wahrscheinlich der bisher schwerste seines Lebens ist. Wird er doch aus seinem bisherigen Sozialverband, dem Rudel, herausgerissen und von Mutter und Geschwistern, aber auch von seinen bisherigen Bezugspersonen und seiner bekannten Umgebung getrennt.

Es ist für den Menschen eine besondere Verpflichtung, dem kleinen Kerlchen die Integration in sein Menschenrudel und sein neues Heim so leicht wie möglich zu machen. Der Welpe soll ja möglichst schnell Sicherheit, Geborgenheit und vor allem Vertrauen gewinnen. Dazu braucht er besonders direkt nach der Ankunft viel Ruhe und Einfühlungsvermögen von seiten seiner Menschen, die er ja auch noch gar nicht richtig kennt. Er muß mit so vielen Dingen in der neuen Umgebung, den unterschiedlichsten Geräuschen, Düften, die ihm nicht alle sympathisch sind, und all den Wesen und Gegenständen, die er vielleicht noch nie gesehen hat, fertig werden.

Da wäre es mit Sicherheit hinderlich, wenn eine ganze Familie mit Kindern nebst Freunden und Nachbarn sogleich über ihn herfallen würde und ihn streicheln, an ihm herumtätscheln, ihn hochheben oder gar umherschleppen wollte. Das verträgt keine noch so gesunde Hundepsyche – auch wenn alles in bester Absicht geschieht. Das heißt: keinen Staatsempfang, sondern sowenig Menschen, Lärm und Unruhe wie möglich. Der Welpe soll in eine freundliche, entspannte und unverkrampfte Atmosphäre kommen.

Daheim angekommen, wird der Kleine an der Leine an seinen zukünftigen Löseplatz geführt, damit er sein Geschäft verrichten kann. Anschließend soll er den Wohnbereich kennenlernen. Lassen Sie ihn alles entdecken. Sollte er sein Lager nicht von alleine finden, so gehen Sie daneben in die Hocke und locken ihn heran. Das reicht. Er entdeckt, daß es im Hundekorb ganz toll nach ihm und den Seinen riecht (weil Sie die Decke mit dem Zwingergeruch zwischenzeitlich hineingelegt haben).

Beim Zeigen des Wassernapfes verfährt man genauso. Dort angekommen, wird er erst einmal auftanken und so gestärkt auf Erkundungstour durch die Räume gehen, die er auch später betreten darf. Alle anderen bleiben für ihn geschlossen.

Der Tip: Überlegen Sie vor Ankunft des Welpen, was er darf und was nicht, so daß sich alle Familienmitglieder daran halten können. Es wäre falsch und in der Erziehung auch sehr mühsam, zunächst etwas zu erlauben, was dem Hund später verboten wird.

Es kann auch sein, daß der Welpe erst einmal zwischen den Beinen seiner Begleitperson Platz nimmt und alles Neue in Ruhe auf sich wirken lassen will. Oder er bleibt im Körbchen und erholt sich schlafend von den Strapazen. Wichtig ist dann, daß in der ersten Zeit beim Aufwachen jemand in seiner Nähe ist. Denn das Alleinsein kennt er noch nicht, und das Gefühl des Verlassenseins macht ihm sicher Angst. Immer nach dem Aufwachen wird es Zeit, daß er zum Lösen nach draußen kommt.

Manchmal sieht man aber nur noch, wie er sich drinnen schnüffelnd und auffällig trippelnd einen »Lokus« sucht, sich hinsetzt und in aller Ruhe Erleichterung verschafft, wie er es bisher auch gewöhnt war. Es sollte sich von selbst verstehen, daß der Welpe dann weder ausgeschimpft noch gezüchtigt oder gar mit der Nase in seine Hinterlassenschaft getunkt wird. Es hilft in diesem Moment auch nichts mehr, wenn er hektisch nach draußen befördert wird.

Man muß bedenken, daß für ihn alles noch fremd ist und er weder wissen kann, wo er sein Geschäft machen kann, noch daß er »stubenrein« werden soll. Ein Menschenkind lernt es auch nur nach und nach, sauber zu werden.

Der »Segen« wird also mit einem saugfähigen Haushaltstuch aufgenommen bzw. aufgewischt und das duftbeladene Stück Papier nach draußen gebracht, wo er sich beim nächstenmal absetzen soll. Das kann auch die Zeitung sein, die mehrlagig um sein Bettchen herum angeordnet liegt.

Es ist von Vorteil, wenn man sich immer wieder ins Gedächtnis ruft, daß der Welpe in der Zeit seiner Übernahme mitten in der Sozialisierungsphase steckt. Das ist einerseits günstig für seine weitere »Formung«, aber diese Zeit birgt auch Gefahren, weil sich Negatives bei ihm tief einprägt. Alles, was er bisher erfahren und erlernt hat, wird er täglich ausleben und unter seiner neuen »Führung« bestrebt sein, Neues hinzuzulernen. Das Erlernte wird so vertieft und weiter ausgebaut.

Jetzt ist der Junghund auch sehr sensibel, vorsichtig und mißtrauisch gegenüber allem, was er noch nicht kennt. Positive Stimulanz und ebensolche Erlebnisse sind nun für ihn wichtig. Am besten läßt man ihn möglichst frei und ungestört seine ersten Orientierungsmärsche machen, ohne ihn dabei aber völlig aus den Augen zu verlieren. Es soll ihm ja möglichst nicht gleich etwas Böses widerfahren, was sein Vertrauen in die neue Lebenssituation nachhaltig stören könnte.

Ein bis zwei Stunden nach der Ankunft, wenn er schon ein wenig ruhiger geworden ist, kann man ihm etwas zu essen anbieten. Als erste Mahlzeit bekommt er die Hälfte der gewohnten (empfohlenen) Futtermenge lauwarm und gut eingeweicht, so daß der noch nervöse Verdauungstrakt nicht überfordert ist. Grundsätzlich wird nach dem Essen nie getobt, sondern geruht! Wenn es dann zeitlich paßt, folgt die letzte Mahlzeit vor dem Schlafengehen. Sie sollte etwas fester sein, das sättigt, beruhigt und macht müde.

Die erste Nacht

Bleiben Sie am ersten Tag etwas länger wach, zumindest so lange, bis dem kleinen Kerlchen von alleine die Augen zufallen. Dann gibt es weniger Probleme mit der Nachtruhe. Manche Ersthundebesitzer haben einen regelrechten Bammel vor der ersten Nacht.

Als frischgebackener Hundebesitzer stellt man sich natürlich die Frage, wo das Nachtlager des kleinen Freundes stehen soll. Nur eines ist gewiß: auf keinen Fall in irgendeinem geschlossenen, völlig unbekannten Raum (Bad, Küche, Keller). Das könnte ihm einen großen Schreck und Angst einjagen und würde ihn fürs Leben zeichnen.

Den Welpen wird mit Sicherheit irgendwann das Heimweh überfallen, wenn er feststellen muß, daß jetzt von seinem früheren Rudel keiner mehr da ist, an den er sich beim Schlafen anschmiegen kann. Er wird vor sich hin winseln oder sogar (wieder ganz Wolf) losheulen, um seine Kumpane herbeizurufen. Das ist völlig normal.

Hetzen Sie dann nur nicht wie von der Tarantel gestochen zu ihm hin, um ihn zu trösten. Das prägt sich bei ihm natürlich ein, und es könnte zur lieben Gewohnheit werden, wenn er merkt, daß der Mensch sofort spurt, wenn er es nur will. Es reicht aus, wenn Sie erkennen lassen, daß Sie anwesend sind. Ein beruhigendes Wort, eine hörbare Bewegung oder auch nur ein vernehmliches Räuspern zeigen ihm dies. Instinktiv sucht das Hundekind die sichere Geborgenheit und Wärme eines Rudelbettes. Wenn möglich, auch jetzt bei Ihnen!

Sollten Sie, wie schon viele vor Ihnen, das jammernde Geschöpf mit in Ihr Bett nehmen, dann ist das für den Kleinen natürlich sehr angenehm, und er wird wahrscheinlich sofort wohlig grunzend einschlafen. Aber was wird dann, wenn Sie es sich später anders überlegen, weil aus dem Welpen ein gewichtiger Brocken geworden ist, der beinahe das ganze Bett beansprucht? Oder wenn der liebe Bettgenosse, vom letzten »Hosenlüften« naß, schmutzig oder voller Flöhe, die er sich bei einem gefundenen Igel geholt hat, zurück ins warme Nest will? Es gibt auch noch andere Gelegenheiten, wo ein Hund im Bett stört.

Bedenken Sie: Kein Hund wird es je verstehen können, daß er irgendwann, so mir nichts dir nichts, ausquartiert wird und woanders schlafen soll! Von Vorteil für alle Beteiligten ist es, wenn sich sein kuscheliges Nachtlager in unmittelbarer Geruchs-, Hör- oder Sichtweite seines menschlichen Rudels befindet. Je näher am Rudellager, desto lieber hat er es.

Während der ersten Nächte kann es vorkommen, daß das Welpchen versucht, die Distanz zwischen Ihrem und seinem Lager zu verringern. In solchen Fällen muß man dann konsequent reagieren und ihm freundlich, aber bestimmt zeigen, wo er schlafen soll. Über kurz oder lang wird er verstehen, wo sein Platz ist, und damit ist das Problem auch ausgestanden, wenn alle Familienmitglieder konsequent bleiben.

Weil ein Hund sein Lager nie beschmutzt, sucht er nachts unruhig umher, wenn er sich erleichtern muß. Dann wird er ruhig aufgenommen, nach draußen gebracht und dort abgesetzt, wo er sich lösen soll. Legen Sie sich entsprechende Kleidung zurecht, und bedenken Sie, daß das Anziehen schnell gehen muß. Anschließend will das muntere Kerlchen natürlich spielen. Aber wenn er merkt, daß er zu nachtschlafender Zeit keine Mitspieler findet, wird er von selbst wieder ins Bett gehen und gierig darauf warten, daß Sie endlich wach geworden sind, um sich ihm zu widmen. Von Nacht zu Nacht wird sich der Schlafrhythmus des Welpen dem Ihren besser anpassen.

Vorteilhaft ist es auch, wenn man den Welpen von Anfang an an einen festen Rhythmus im Tagesablauf gewöhnt. Das heißt, man füttert zu festen Zeiten, läßt ihn zu bestimmten Zeiten raus und spielt erst mit ihm, wenn er sein Verdauungsschläfchen gehalten hat. Mit vollem Magen geht man auch nicht spazieren oder zum Spielen. Der Organismus und vor allem die Verdauung gewöhnen sich daran, und die Stubenreinheit läßt dann nicht lange auf sich warten. Das Ganze muß nicht in militärischen Drill ausarten, aber Hunde sind wirklich »Gewohnheitstiere«. Sie erinnern uns unmißverständlich daran, wenn es Zeit ist, sie zu füttern oder auszuführen.

Der Hund als soziales Wesen orientiert sich ab dem ersten Tag an der im Familienrudel bestehenden Rangordnung. Er anerkennt zunächst seinen Platz in der Hierarchie. Und es ist für ihn wichtig, daß er schnell erkennen kann, wer sein neuer Rudelführer ist, wenn dieser auch anders aussieht als sein bisheriger. Denn Hunde wollen geführt werden. Deshalb ist er den anderen Rudelmitgliedern aber mit derselben Liebe und Sympathie zugetan.

Auch Welpen lernen schnell, wer etwas zu sagen hat und wie weit sie bei jedem einzelnen gehen können. Sie loten dies beinahe täglich aus – oft ohne daß wir es merken. Wichtig ist deshalb, daß alle Familienmitglieder am gleichen Strang ziehen, mit den gleichen Methoden (Worten und Gesten) und auch mit derselben Konsequenz das gemeinsame Ziel verfolgen: einen richtigen Familienhund zu formen. Schon die nächsten Tage und Wochen werden zeigen, daß ein Welpe schnell versteht, sich anzupassen und von allen zu lernen.

Dort, wo eine solche Einigkeit nicht zu erzielen ist, wird es über kurz oder lang, spätestens wenn der Hund erwachsen ist, Ärger und Probleme geben.

Hunde brauchen einen Namen

Daß Hundenamen nicht Schall und Rauch sind, werden Sie spätestens dann feststellen, wenn Sie Ihren Familienzuwachs mit dem Namen, der auf der Ahnentafel steht, rufen wollen. Die Namen beginnen mit dem Anfangsbuchstaben des Zwingerwurfes (beim ersten Wurf »A« usw.), dann folgt der Zwingername, also z. B. »Jenny tom Etthewide« oder »Kisumbahari von Jacarandoni«.

»Jenny« läßt sich durchaus weiterverwenden, aber beim Rufen des anderen Hundes werden die meisten Leute Schwierigkeiten haben. Dann wird ein neuer Name ausgesucht – so, wie es bei Mischrassigen ohnehin nötig ist. Weil dieser Name dem Hund sein Leben lang anhängt und ständig benutzt wird, sollte er sich im Interesse des Hundes klar aussprechen und gut rufen lassen und über die Modulation Nuancierungen ermöglichen. Zweisilbige Hundenamen lassen sich am besten rufen und hören sich gut an.

Von der Benutzung menschlicher Namen ist abzuraten, weil sie zu Verwirrungen und Mißverständnissen führen können. Stellen Sie sich vor, Sie rufen inmitten vieler Leute Ihren Hund mit »Lisa«, »Anton«, »Paul« oder »Anna« – da könnte sich jemand angesprochen fühlen und veräppelt vorkommen. Der Name sollte auch zum Hund passen. Oder wie finden Sie es, wenn jemand seinen Rottweiler »Püppi« ruft, weil er als Welpe so niedlich war und ihm der Name geblieben ist?

Im Grunde genommen ist es dem Vierbeiner egal, *wie* er heißt. Er lernt ganz schnell, daß er gemeint ist, wenn »sein« Name erklingt, und aus dem Tonfall kann er gut heraushören, wo es langgeht bzw. was sein Mensch ausdrücken will (Lob, Tadel, Warnung usw.). Trotzdem, so denke ich, sollte der Name zur »Persönlichkeit« des Hundes passen.

Der Welpe soll aber von Anfang an erkennen können, daß nach dem Ruf seines Namens etwas folgt, was für ihn wichtig ist. Sonst wird er eines Tages den Ruf überhören oder ihn lediglich als Standortmeldung Ihrerseits betrachten und womöglich nicht mehr darauf reagieren.

Ein erfüllter Welpentag

Nach der ersten, hoffentlich nicht zu kurzen Nacht beginnt der Alltag Ihres neuen Hausgenossen in seiner neuen Umgebung. Damit alles nach Ihrer beider Wünsche läuft, ist es gut, wenn Sie die nächsten zwei bis drei Wochen zu Hause sind und sich der Eingliederung bzw. Erziehung Ihres neuen Gefährten intensiv widmen können. Das zahlt sich dann später aus, denn, wie schon erwähnt, haben Sie es jetzt in der Hand, den Welpen so zu prägen, daß er sein Leben lang ein idealer Partner seiner Menschen sein kann.

Nach der Befriedigung seiner Vitalbedürfnisse wie Schlafen, Essen, den ersten Streicheleinheiten und dem Lösen wird der Welpe, von seiner Neugierde getrieben, seine Erkundungen vom Vortag ausweiten und vertiefen – am liebsten an Ihrer Seite. Er wird seine neue Welt erkunden und sich dabei schnell heimisch fühlen. Weil er alles dran setzt, in der Nähe seiner neuen Rudelmitglieder zu bleiben und sich lieb Kind machen will, kann man von nun an jede Minute dazu nutzen, ihn spielend zu erziehen, seinen Horizont zu erweitern und Tabus aufzustellen, ohne ihn dabei zu überfordern.

Sinngemäß lernt er auch die häufig gebrauchten Worte wie »Fein« oder »Brav« und auch »Pfui«, »Neiiin« oder »Naaah« schnell unterscheiden. Ich bevorzuge das »Naaah«, weil man es von leise mahnend bis laut knurrend nuancieren kann. Bei Erregung klingt das »Neiiin« oft recht schrill, ja hysterisch. Außerdem wird das Wort »nein« im täglichen Sprachgebrauch mit anderen Familienmitgliedern öfters angewandt, und der Hund weiß dann nicht, wer oder was jetzt gemeint ist. »Naaah« gilt als Signal für sofortiges Unterbrechen oder Unterlassen einer unerwünschten Handlung. Wir müssen alles vermeiden, was so einen »Erstkläßler« verwirren könnte.

Alles, was er nicht aufnehmen oder bekauen darf, wird mit einem klaren »Pfui« bewertet, das Mißachten von Tabuzonen wie Zimmern oder Betten etc. mit dem »Naaah«. Schäden durch Benagen treten insbesondere zur Zeit des Zahnwechsels, also zwischen dem vierten und sechsten Lebensmonat auf. Bis dahin muß auch das »Pfui« bedingungslos sitzen.

Nicht nur das Erbgut bestimmt also, was aus dem Hund wird, sondern vor allem das richtige Heranführen des Welpen an artgerechte Entwicklungs- und Lebensbedingungen während der »sensiblen« Präge- und Sozialisierungsphase.

So ist es jetzt besonders wichtig, daß der Welpe vom ersten Tag an möglichst viele positive Kontakte mit Erwachsenen beiderlei Geschlechts aufnehmen kann. So wird er auch später zu Menschen stets freundlich sein und Fremden gelassen gegenüberstehen. Beim Spiel mit seinen Menschen wird der Welpe die Erziehung (Lernen) als angenehmes Spiel empfinden. Dazu kommt das Spiel mit Kindern (siehe Seite 149). Wenn keine Kinder in der Familie sind, ist es wirklich wichtig, daß der Welpe Kinder kennenlernen und mit ihnen unter Aufsicht spielen kann. Damit wird sichergestellt, daß er kindliche Spiele und deren Verhalten kennenlernt und zum Kinderfreund wird.

Hundekontakte sind wichtig

Ebenso wichtig ist es, daß er viel Umgang mit anderen Hunden pflegen kann, die ihm nun sein bisheriges hundliches Rudel ersetzen sollen, denn er muß den Umgang mit Hunden weiter verfeinern und anwenden können. Nur regelmäßige Begegnungen mit anderen Hunden bringen ihm diese unverzichtbaren Erfahrungen. Er lernt im Spiel, Mimik, Gestik und hundliche Lautäußerungen wie Bellen, Knurren, Jaulen oder Winseln sowie Körpersignale vom Kopf bis zur Rute richtig zu deuten und entsprechend zu reagieren. Er freut sich, wenn er sich im Raufspiel durchsetzt und gewinnt, erkennt aber auch, daß man verlieren kann und sich dabei rechtzeitig unterwerfen muß. Die grundsätzlichen Regeln des richtigen Sozialverhaltens unter Hunden kann er nur von Artgenossen lernen.

Beim möglichst täglich stattfindenden Spiel mit anderen Hunden wird auch soziale Bindungsfähigkeit erlernt, und es werden Hundefreundschaften geschlossen, die oft lebenslang halten. Hier kann sich der kleine Hund gut abreagieren, es entsteht kein Triebstau. Die Bewegungsaktivität fördert auch die Gesundheit des Welpen: die Muskulatur wird gestärkt, die Organe werden besser ausgebildet. Der Kleine gelangt zu einer guten Kondition und lernt durch das Spiel von Tag zu Tag mehr, seinen Körper zu beherrschen. Letztendlich wird dabei auch noch der Stoffwechsel angeregt.

Auch die Sinne sind beim Welpenspiel gefordert. Er lernt, sich zu orientieren, Fähigkeiten und Fertigkeiten einzusetzen, und je intensiver gespielt wird, um so mehr Lehren wird er aus dem Spiel ziehen. Die tägliche Freude und die Lust am Spiel machen aus dem Welpen das, was wir uns wünschen: einen selbstbewußten, stets spielfreudigen und lebenslustigen Partner, der lernt, richtige Schlüsse aus den Spielsituationen zu ziehen und so zu handeln, daß er sich so richtig wohl fühlt. Er wird »gesellschaftsfähig« in jeder Hinsicht.

Dies alles fördern sog. Welpenspieltage. Sie werden von manchen Züchtern organisiert, aber auch von örtlichen Hundevereinen unter fachlicher Anleitung durchgeführt. Es profitiert dabei nicht nur der Welpe, der eine gute Sozialisierung erfährt, sondern auch der Mensch, der im Gespräch mit anderen Hundebesitzern wertvollen Gedankenaustausch pflegen und dabei sein Wissen in Theorie und Praxis erweitern kann.

Wenn solche Möglichkeiten nicht vorhanden sind, können Sie sich ersatzweise mit anderen Welpenbesitzern auf sog. Hundefreilaufflächen treffen. Ein Grundsatz gilt dabei: Lassen Sie es zu, daß die Welpen sich so richtig austoben und entfalten können. Greifen Sie auch dann nicht ein, wenn Ihr vierbeiniger Liebling irgendwann einmal unten liegt und dabei auch noch gottserbärmlich jault. Das gehört zum Raufspiel dazu. Dabei wird aber nur der »Ernstfall« geprobt, und bei nächster Gelegenheit wird der Spieß umgedreht, und Ihrer behält die Oberhand.

Im Idealfall lassen sich Hundebesitzer finden, deren Welpen kaum größer sind als der Ihre. Größere können zwar auch gut spielen, aber zu große Unterschiede können ungünstig sein, weil eine Bernhardinerpranke einem Kleinhund doch ganz schön zu schaffen machen kann. Jede körperliche oder psychische Überforderung muß bei den Spieltreffen unterbleiben. Achten Sie vor allem darauf, daß der Impfschutz voll wirksam ist, wenn Ihr Welpe mit anderen Hunden zusammentrifft.

Gehen Sie grundsätzlich keiner Hundebegegnung aus dem Weg. Jeder normale Hundebesitzer weiß, wie »seiner« auf andere Hunde reagiert, und wird entsprechend handeln. Im Zweifelsfalle sollten Sie versuchen, sich durch Zuruf mit dem anderen Hundeführer zu verständigen, um richtig reagieren zu können. Auf keinen Fall sollte man seinen Welpen bei Hundebegegnungen, die einem nicht geheuer vorkommen, auf den Arm nehmen und ängstlich weglaufen, weil Welpen alles genau beobachten und sich einprägen. Ihr Verhalten würde Ihren Welpen aufs äußerste verunsichern und ihm bei späteren Begegnungen mit anderen Hunden schaden.

Wichtig ist die einfühlsame Gewöhnung an beängstigende Situationen und Gegenstände. Wenn es das Gelände erlaubt, sollten Sie den Hund von der Leine lassen. Wenn es brenzlig wird, kann der Welpe hundliches Verhalten anwenden und sich unterwerfen, sich also blitzschnell auf den Rücken schmeißen, harnen und dabei noch winseln. Er hat das ja schon so gelernt. Meistens nutzen unangeleinte Hunde aber ihre Freiheit, um sich gegenseitig kennenzulernen und zu spielen.

Verlassen Sie sich aber nicht auf den häufig zitierten »Welpenschutz« – besonders wenn Sie auf einen verhaltensgestörten Hund treffen, der Ihnen schon als unfreundlich bekannt und nicht richtig sozialisiert ist. Der Welpenschutz ist nur innerhalb des eigenen Rudels sicher gewährleistet. Es ist völlig falsch und unrealistisch, zu glauben, daß jeder Hund zu einem Welpen freundlich ist!

Aggressive Hunde sind häufig schon von weitem zu erkennen, weil sie nicht von der Leine dürfen, buchstäblich im »Geschirr« hängen, sich wie wild gebärden und ihre Halter einem häufig aus dem Weg gehen. Es fällt immer wieder auf, daß Hunde, die an der Leine sind, aggressiver reagieren, weil sie sich mit ihrem Führer sicherer fühlen und oft glauben, diesen auch noch verteidigen zu müssen.

Zur Not muß man dann wirklich auf die andere Straßenseite wechseln, damit dem Welpen schlechte Erfahrungen erspart bleiben – besonders dann, wenn der andere Hundehalter offensichtlich Mühe hat, seinen Hund zu bändigen.

Als Besucher sollte man ebenfalls besser vorsichtig sein, wenn man mit seinem Welpen in ein »fremdes Revier« (Garten oder Wohnung) eindringt, das von einer erwachsenen Hündin bewohnt wird. Auch eine normal geprägte Hündin kann in solchen Fällen auf Welpen, die sie nicht kennt, recht unwirsch reagieren (bis zum Beißen), selbst wenn sie außerhalb ihres Revieres keinem anderen Hund ein Haar krümmt. Gut geprägte Rüden reagieren auf einen Welpen weniger aggressiv. Womöglich wollen sie dem Kleinen nur auf Rüdenart so einiges zeigen.

Machen Sie dem Welpen beim Spaziergang klar, daß er nicht mit jedem Hund, der irgendwo auftaucht, voller Begeisterung Kontakt aufnehmen kann, sondern sich auch nach Ihnen richten muß. Außer Hunden sollte der Welpe noch möglichst viele andere Mitgeschöpfe (Katzen, Pferde, Geflügel) kennenlernen und positive Erfahrungen mit ihnen machen können. Während der gemeinsamen Ausflüge ist es günstig, wenn er zudem Wild (Rehe, Kaninchen) und Wassergeflügel kennenlernen kann und früh die Erfahrung macht, daß es da für ihn nichts zu jagen gibt.

Im Zoo kann der Welpe solche einprägsamen Erfahrungen besonders leicht machen, weil es dort vielerlei Getier gibt, das er zwar sehen und riechen kann, das aber für ihn unerreichbar untergebracht ist.

Der Alltag

Darüber hinaus muß der Welpe langsam an all das gewöhnt werden, womit er in Berührung kommen wird. Das ist manchmal eine Gratwanderung, weil man ihm einerseits nichts zumuten soll, was seine geistigen und körperlichen Fähigkeiten übersteigt. Andererseits soll er mit allem möglichen vertraut gemacht werden. Deshalb geht man wohldosiert und mit viel Einfühlungsvermögen und Geduld vor und absolviert ein tägliches Aufbautraining, das nichts ausläßt und Tag für Tag Bekanntes vertieft und Neues bietet.

Das Gehen auf Straßen und Anhalten an Kreuzungen wird von Anfang an geübt. Halten Sie den Welpen so kurz an der Leine, daß er später nicht auf den Gedanken kommt, den Gehweg zu verlassen oder eine Straße ohne Ihr Einverständnis zu überqueren (siehe Seite 143).

Drinnen lernt das kleine Kerlchen ganz nebenbei Geräusche (Topfscheppern, Türenklappen) kennen. Er lernt, auf unterschiedlichsten Böden zu laufen und mit fremden Gerüchen (Küche, Garage) zu leben. Dann können wir ihn später z. B. auch in Hotels oder Gaststätten mitnehmen.

Für draußen gilt das gleiche. Wohnt man in der Stadt oder in Stadtnähe, muß man den Welpen ebenfalls mit ungewohnten Geräuschen (Motoren, Hupen, Fahrradklingeln, Preßlufthämmer, Motorsägen) und Düften bekannt machen. Tiefgaragen, Baustellen, Rolltreppen und öffentliche Verkehrsmittel können einen Hund gehörig erschrecken, wenn er nicht ganz langsam mit diesen Dingen Bekanntschaft schließen kann.

Damit Spaziergänge nicht zum Horrortrip werden, heißt es, den Welpen auch mit Reitern, Radfahrern, Joggern und allerlei eigenartig anmutenden Spaziergängern bekannt zu machen und ihm die Angst davor zu nehmen (denn die Angst vor Unbekanntem löst bei vielen Hunden Aggressionen aus). Er lernt also, daß er keine Angst zu haben braucht, aber respektvoll reagieren soll.

So ein Welpenleben kann jeden Tag neue Eindrücke bringen, Selbstvertrauen geben, ihn bestens prägen und ihm ermöglichen, sich in unserer Umwelt zurechtzufinden und wohl zu fühlen. Von Tag zu Tag will der Welpe sein Revier in der unmittelbaren Umgebung mehr und mehr erkunden, um – mit wachsendem Erfahrungsschatz und Selbstvertrauen ausgestattet – seine Kreise immer weiter zu ziehen, sein Revier auszudehnen und mit Duftmarken zu kennzeichnen.

Das Tempo richtet sich in den ersten Wochen nach dem Leistungsvermögen des Hundekindes. Wenn es anfängt, die Rute und den Kopf zu senken oder merklich langsamer wird, treten wir den Heimweg an – noch bevor es ermüdet aufs Hinterteil sinkt und getragen werden muß. Der Welpentag soll von Erlebnistouren, Schlafen, Spielen und vielen Streicheleinheiten erfüllt sein. Nach dem Essen heißt es aber ruhen. Erst wenn der Kleine geschlafen hat, geht es wieder rund. So kommt nie Langweile auf, und am späten Abend schläft er hundemüde, aber glücklich ein.

Stubenreinheit schnell erreichen

Jeder Ersthundebesitzer wünscht sich natürlich, daß sein Welpe möglichst schnell sauber wird. Es geht um so schneller, je mehr man sich um das Hundekind kümmern kann. Das heißt, man sollte während der wichtigen ersten Wochen möglichst zu Hause sein, um genügend Zeit zu haben. Denn die Erziehung zur Stubenreinheit besteht überwiegend darin, den Welpen intensiv zu beobachten und ihn regelmäßig und rechtzeitig nach draußen zu führen.

Außerdem hilft es, wenn der Welpe an regelmäßige Essens- und Schlafenszeiten gewöhnt wird – dann wird man schnell erkennen, daß der Kleine danach meistens raus muß. Wer ihn im Auge behält und gut beobachtet, dem fällt auf, daß der Welpe, bevor er sich löst, anfängt umherzutrippeln, mit dem Näschen schnuppernd einen Platz aussucht, um sich dann nach einem letzten Kreiselgang abzusetzen. Es empfiehlt sich also, den Welpen ruhig und ohne Hektik nach draußen zu tragen, wenn die ersten Anzeichen des »Müssens« auftreten.

Dabei darf man das kleine Wesen nicht etwa am Nackenfell hochziehen, weil er dies mit Sicherheit als Bestrafung mißverstehen würde. Weil der Körperbau, die Sehnen und Bänder noch nicht fest genug sind, könnte jedes falsche Zupacken böse Folgen haben. Den richtigen Griff setzt man so an, daß die eine Hand das Hinterteil stützt und die andere Hand ihn an der Brust hochhebt. Am vertrauten Löseplatz angelangt, wird er abgesetzt, damit das Geschäft dort getätigt wird, wo es bereits nach dem Welpen riecht.

Eine andere Methode besteht darin, ihn alle eineinhalb bis zwei Stunden automatisch zum Lösen rauszulassen und dies auch nach dem Aufwachen nicht zu vergessen.

Am besten bleibt man dabei stehen, um nach dem erfolgten Geschäft heftig loben zu können. Das ruft beim Welpen eine positive Verknüpfung hervor: er fühlt sich erleichtert und verbindet damit Ihr Lob. Außerdem sollten Sie die »Losung« begutachten, um z.B. Durchfall oder Wurmbefall sofort festzustellen (siehe Seite 216).

Hunde lernen und verstehen schnell, was sie sollen – vor allem, wenn sie damit etwas Angenehmes verbinden können. Sie schlafen länger durch, wenn sie spätabends nochmal ins Freie können, und wenn man die letzte Mahlzeit in fester Form gibt, verlängern sich die Schlafphasen während der Nacht, weil es sich ohne »Druck« besser schläft. Der Welpe wird sich nach dem Aufwachen durch unruhiges Umherlaufen, Winseln oder Fiepen bemerkbar machen, denn er wird instinktiv seinen Schlafplatz nicht beschmutzen wollen. Damit nichts danebengeht, muß man den Hund dann sofort aufnehmen und schleunigst nach draußen bringen.

Der erste Ausgang am Morgen sollte möglichst früh erfolgen, damit der kleine Kerl nicht gezwungen ist, sich in der Wohnung zu erleichtern. Sollten Sie trotz aller Vorsichtsmaßnahmen drinnen auf eine Hinterlassenschaft stoßen, so dürfen Sie ihn auf keinen Fall ausschimpfen oder bestrafen, weil Sie es ja waren, die ihn nicht rechtzeitig rausgelassen haben. Er konnte ja nicht anders handeln. Außerdem kann er nicht verstehen, weshalb Sie ihn ausschimpfen. Mißfallensäußerungen kann der Hund nur dann einordnen, wenn er direkt bei etwas Unerwünschtem ertappt wird.

Wenn wir den Kleinen drinnen bei seinem Geschäft erwischen, wird er schnell hochgehoben, getadelt und nach draußen gesetzt, um ihm zu zeigen, daß er sich stets draußen lösen soll. Nach Beendigung des Geschäftes wird natürlich heftig gelobt. Obwohl er Worte nicht kennt, wird er sich über den jetzt angenehmeren Tonfall freuen.

Aus Hygienegründen, aber auch, damit sich das Malheur nicht an derselben Stelle wiederholt, weil es dort so angenehm duftet, wird die beschmutzte Stelle mit heißem Spülmittelwasser oder Gallseife oder einem Fleckentfernungsmittel aus dem Zoofachhandel gesäubert. Der unangenehme Geruch des Putzmittels verleidet dem Welpen diesen Platz gründlich. Auf keinen Fall ammoniak- oder salmiakhaltige Reinigungsmittel verwenden, weil diese fast wie Hundeurin riechen und zum Drübermarkieren animieren!

Das früher empfohlene Eintunken der Nase in die Hinterlassenschaft ist nichts anderes als eine Tierquälerei und bleibt völlig ohne Nutzen. Das Gegenteil kann eintreten: Aus Angst löst sich der Welpe in der Wohnung gut versteckt und ganz geheim.

Spätestens mit dem Erreichen der zwölften Woche, wenn der

Welpe den Schließmuskel besser unter Kontrolle hat, wird er von selbst zur Tür gehen, um nach draußen gelassen zu werden. Wenn kein Garten zur Verfügung steht, kann er durchaus daran gewöhnt werden, sich auf einem Grünstreifen oder im Rinnstein zu lösen. Der Gehsteig sollte von Anfang an für Geschäfte jeglicher Art tabu sein.

Sollte sich ein Hund, nachdem er bereits stubenrein war, wieder in der Wohnung lösen, so ist er möglicherweise krank, was der Tierarzt abklären kann. Halbstarke Hunde (hauptsächlich Rüden) können plötzlich ein aus den Fugen geratenes Markierverhalten zeigen. Auch wenn ein fremder Hund drinnen eine Duftmarke gesetzt hat, kann es sein, daß der eigene Hund, der durchaus stubenrein ist, einfach drübermarkiert.

Darüber hinaus gibt es noch das sog. Unterwürfigkeitsharnen, und Hunde harnen manchmal auch vor Freude, wenn ein vielgeliebtes Familienmitglied nach Hause kommt. Dann wird der Hund sofort nach dem Öffnen der Tür abgelenkt und nach draußen genommen, und die Begrüßung hat draußen zu erfolgen. Dieses Verhalten dauert, wenn ein Hund gesund ist, so lange, bis er erwachsen ist. Dann gibt es sich meistens von alleine – außer, ihm wurde das Lösen draußen vergällt. Die Ursache dafür ist oft schwer herauszufinden. Dann heißt es, mit der Erziehung zur Stubenreinheit von vorne zu beginnen und den Hund dabei an einen neuen Löseplatz zu gewöhnen.

Ein Hund muß gut erzogen werden

Um in der menschlichen Gemeinschaft ein unbeschwertes, glückliches Leben führen zu können, muß ein Hund bestens erzogen werden. Für Hunde soll und darf die Erziehung keine Unannehmlichkeit darstellen. Sie muß vielmehr dem Bedürfnis des Hundes nach Förderung seiner angeborenen Eigenschaften und Instinkte dienen. Der Mensch übernimmt dabei die Rolle eines Rüden im Canidenrudel.

Unerzogene Hunde, die in einer falsch verstandenen Freiheit ohne jede Erziehung aufwachsen (was ja für den Menschen zunächst bequem sein mag), stellen eine große Belastung für ihre Besitzer, aber auch für ihre Umgebung dar und werden oft, wenn sie zu Problemhunden geworden sind, abgeschoben oder gar eingeschläfert. Dies gilt für alle Hunde. Auch für solche, von denen gesagt wird, daß sie sich kaum erziehen ließen, oder bei deren Kleinheit man es nicht für nötig hält.

Dabei ist eine richtige Erziehung der Grundstein für ein erquickliches Miteinander. Selbstverständlich fordert die Erziehung des Welpen viel Mühe, Arbeit, Geduld, Selbstbeherrschung und auch Zeit. Aber die Entschädigung folgt auf dem Fuß – in Form von wunderbaren Erlebnissen, Beobachtungen und vor allem durch die Freude am wachsenden Fortschritt und einem beglückenden Zusammenwachsen von Hund und Mensch. Darüber hinaus wird der Hund den, der ihn erzieht und sich dabei ihm gegenüber durchsetzt, in der Regel auch als Rudelführer anerkennen und ihm sein Leben lang besonders zugetan sein.

Aber auch alle anderen Familienmitglieder müssen an einem Strang ziehen und mit denselben Worten und Zeichen in derselben Abfolge (z.B. verbales Kommando in Verbindung mit Sichtzeichen, dann erst, wenn nötig, ein kurzer Leinenruck) auf den Hund so einwirken, daß sie der Hund verstehen kann und jedem gehorcht. Sie haben allesamt mehr zu sagen als der Hund. Es muß nur stets gleich klingen.

Das Menschenrudel bestimmt ohnedies den Takt. Der Mensch füttert, hegt, pflegt, lobt, tadelt, aber er zeigt seinem Hund vor allem, daß er ihn liebhat und mit vielen Streicheleinheiten versorgt. Deshalb wollen Hunde als Rudeltiere gerne geführt und erzogen werden. Wenn sie unsere Führungsposition spüren, ordnen sie sich auch unter. Ist keine Führung da, müssen sie diese im Rudelinteresse übernehmen.

Vor allem Kinder sollten, soweit sie in der Lage sind, dies zu begreifen, das gleiche tun wie ihre Eltern. Kleinkinder laufen sonst besonders schnell Gefahr, daß der Hund sich dazu aufschwingt, ranghöher zu sein als sie (siehe Seite 155) – besonders, wenn er ihnen auch noch körperlich überlegen ist. Da heißt es aufpassen, wie sich der Welpe entwickelt, und sofort korrigierend eingreifen, wenn sich der Hund zuviel beim Kind herausnimmt. Hund und Kind darf man in den ersten Jahren nie unbeaufsichtigt zusammensein lassen.

Einen Hund würde es maßlos verwirren, wenn jeder, der mit ihm umgeht, eine andere Forderung an ihn stellt, dabei noch andere Worte gebraucht und konträre Zeichen in unterschiedlicher Abfolge benutzt. Hunde lernen auch schnell, wer etwas durchgehen läßt und wer nicht. Wer etwas durchgehen läßt, was ein anderer verbietet, braucht sich nicht zu wundern, wenn der erwachsene Hund plötzlich bei ihm auf sein gewohntes Recht pocht und sein Privileg vielleicht mit Knurren oder gar Beißen verteidigt.

Es muß also klar sein, daß alle das gleiche erlauben und das gleiche verbieten. Erzieherisch kann man nur das durchsetzen, was ernst gemeint ist. Sonst spürt der Hund die Inkonsequenz und wird falsch oder gar nicht reagieren.

Damit der Hund immer weiß, daß sein Rudel über ihm steht, nutzt man die hündische Unterwerfungsgeste (sich auf den Rücken werfen und das Bäuchlein darbieten), um ihn in dieser Position zu kraulen und zu liebkosen. Dabei werden Hunde ganz entspannt. (Wer den Tellington-TTouch kennt und ihn hier kreativ einsetzt, erlebt eine neue Qualität der Mensch-Hund-Beziehung.) Halten Sie den Hund in dieser Position auch immer mal wieder gegen seinen Willen fest.

Beim Spielen, zur Körperpflege und beim Genuß der Streicheleinheiten ordnet sich der Hund uns eher unbemerkt unter.

Leider ist oft die Erwartungshaltung des Hundehalters an seinen Welpen maßlos überzogen. Man hört Aussagen wie: »Mein Hund schafft das nie, ich habe aufgegeben. Jetzt bleibt er eben in Gewahrsam.« Oder der Vierbeiner wird mit Marterinstrumenten wie Stachelhalsbändern und elektrischen Geräten traktiert. Auf alle zweifelhaften Erziehungshalsbänder und dergleichen kann jeder verzichten, der sich Mühe gibt, seinem Freund mit Geduld, Lob, viel Liebe und Konsequenz etwas beizubringen. Selbstverständlich kann es, wie bei jedem Schüler, auch einmal Rückschläge geben, aber die für beide beglückenden Erfolge stellen sich bei einfühlsamer Ausbildung immer ein.

Denn es liegt fast immer am Menschen, was er aus seinem Hund macht. Dem Fehlverhalten von Hunden geht fast immer ein Fehlverhalten des Menschen voraus. Dabei ist auch zu bedenken, daß kein Hund dem anderen gleicht und es rassebedingte Unterschiede gibt, die bei der Förderung der Fähigkeiten und Fertigkeiten berücksichtigt werden müssen.

Geübt wird täglich, wenn möglich an unterschiedlichen Orten, mit stets wechselnden Unterrichtszielen, so daß für den Hund keine Gewohnheiten im Trainingsablauf zu erkennen sind; dann würde vieles nur zur Routine werden. Wie später auch beim Junghund sollen die Einzelübungen ca. zehn bis 15 Minuten dauern, und es soll nicht öfter als zwei- bis dreimal am Tag geübt werden.

Man beginnt mit den Übungen aus dem Spiel heraus, wenn der Welpe erwünschte Reaktionen zeigt, und wiederholt dies im Erfolgsfall so oft wie möglich, um das Gelernte zu festigen. Hunde sind durchaus in der Lage, mehrere Verhaltensweisen an einem Tag zu lernen, wenn sie ihnen verständlich sind. Die Welpenerziehung ist aber auf keinen Fall mit der Hundeausbildung (siehe Seite 271) gleichzusetzen.

Zu bedenken gilt es auch, daß die Erziehung ein Leben lang dauert und täglich aufs neue praktiziert werden muß, weil der Alltag dies erfordert und Hunde dazu neigen, sich der jeweiligen Stimmungslage ihrer Menschen anzupassen. Gleichzeitig lernen Hunde ihr Leben lang gerne, und es macht wirklich Freude, wenn man sieht, daß es auch ältere Hunde genießen, wenn sie etwas Neues erlernen können, das ihnen Lob einbringt und somit guttut. Es bleibt dabei immer noch genügend Freiraum für die sich ständig weiterentwickelnde Hundepersönlichkeit.

Neben der Erziehung zur Stubenreinheit und dem Einhalten der Tabus (Verbote) gibt es weitere Dinge, die zur Grunderziehung eines jeden Hundes gehören, z. B. das Gehen an der Leine sowie die wichtigen Kommandos »Komm«, »Sitz«, »Platz«, »Bleib«, »Fuß« und »Aus«. Ebenso sind von Anfang an Übungen durchzuführen, die Unarten (Protest beim Alleinbleiben, Betteln, unnötiges Bellen, Hochspringen) gar nicht erst aufkommen lassen.

Alles was man in dieser »sensiblen« Phase eines kleinen Hundelebens versäumt, läßt sich später nur mehr schwer oder, wenn überhaupt, nur noch mit der qualifizierten Hilfe von Fachleuten zurechtrücken.

Der Erfolg einer Hundeerziehung basiert auf mehreren Dingen. Zum einen muß man sich im klaren sein, was man selbst will, und sein Ziel ganz klar definieren. Zum anderen muß man erkennen, was man dem Hundekind situationsbedingt, körperlich und psychisch pro Trainingseinheit zumuten kann, um angst- und streßfrei lernen zu können. Vor allem beruht der Erfolg auf der richtigen und konsequenten Anwendung von Lob und Korrektur.

Hunde lernen aus Erfahrung: Sie erstreben und wiederholen alles gerne, was ihnen guttut, und meiden wo möglich alles, was ihnen weh tut und was sie nicht leiden können. Vor allem lernen sie auch im Spiel und über ihre angeborenen Instinkte und konditionierten Reaktionen auf gegebene Signale. Ständiges Wiederholen des Erlernten festigen das Hundeverhalten, aber auch seine Reaktionen.

Wo und wie lernt der Welpe?

Was der Welpe lernen soll, kann er praktisch überall erlernen, wenn genügend Platz vorhanden ist. Wichtig ist, daß man an unterschiedlichen Plätzen übt, damit der Hund das Erlernte überall und nicht nur am Übungsplatz ausführt. Nur ruhig und ungestört sollte es dabei zugehen, so daß der Kleine durch nichts, auch nicht durch verlockende Küchendüfte etc., abgelenkt wird. Weil Ihre Aufmerksamkeit dem Üben oder Spielen gilt und nicht dem Straßenverkehr, sollte die Lokalität auch »sicher« sein. Bei schlechtem Wetter läßt sich zur Not auch in einer Wohnung üben (auch hier die Räume wechseln!).

Man sollte sich selbst gut fühlen, ruhig und bester Laune sein, weil sich dies auf den Welpen, der nur gut ausgeschlafen sein muß, überträgt. Nie etwas üben, was körperlich anstrengt, wenn der Welpe gerade gefressen hat!

Damit die ersten Erziehungsschritte spielerisch ablaufen können, legt man sich einige Hilfsmittel zurecht, z.B. einen Latexball, einen Seilknoten, eine Schlenkerpuppe oder das Lieblingsspielzeug. Ein Beutel mit »Leckerlis«, der raschelt und knistert, vervollständigt die Trainingsausstattung. Halsband und Leine sollten immer dabeisein.

Gebärden und Laute gehören zur Hundesprache, deshalb bedienen wir uns bei der Erziehung auch dieser Kommunikationsmittel. Festgelegte Hörzeichen (Worte oder Pfiffe) und Sichtzeichen (Gesten, die auch ein gehörloser alter Hund erkennen kann), die immer zusammen angewandt werden, vermitteln dem Hund unseren Willen. Die Bedeutung der Worte und Gesten ist für den Hund anfangs nur »chinesisch«, er muß sie erst verstehen lernen und über das Lob mit seiner Handlung verknüpfen.

Das beste Ergebnis erzielt man, wenn der Welpe schon das verbale Kommando verstehen lernt und sich wohl fühlen kann, weil er fürs Gehorchen gelobt wird.

Anfangs dauern die Übungen nur wenige Minuten, weil der Welpe noch nicht weiß, was man von ihm will. Mit zunehmenden Verstehen werden die Einheiten dann länger. Nach einigen Ruhe- und auch Spielpausen kann mehrmals am Tage geübt werden. Machen Sie aber rechtzeitig Schluß, bevor der Hund dies tut! Am besten beginnt und endet man mit einer Übung, die der Welpe schon beherrscht. So kann man zum Abschluß loben, der positive Eindruck ist für ihn nachhaltig, und er wird bei der nächsten Lektion freudig und mit ganzem Eifer mitmachen wollen. Ein kleiner Erfolg ist besser als ein unbefriedigendes Ergebnis nach zu langer Übung.

Manches lernt der Welpe recht schnell, anderes braucht Wochen oder sogar Monate. Erst wenn die begonnene Übung sitzt, darf Neues begonnen werden. Dazwischen gilt es, erfolgreich Gelerntes immer wieder zu wiederholen, denn Erfolge beflügeln. (Mißerfolge hemmen.) Stets soll man konsequent bleiben und auf exakte Durchführung achten.

Funktioniert eine Übung nicht auf Anhieb, so ist das völlig normal. Dann dürfen Sie auf keinen Fall die Selbstbeherrschung verlieren, Ihren Unmut zeigen oder das kleine Kerlchen gar strafen. Hundeerziehung erfordert viel Geduld und echte Liebe zum Tier. Ein Hund kann nicht denken und handeln wie ein Mensch, und er würde nie etwas aus Bosheit oder Trotz tun. Menschliche Moralbegriffe wie gut/böse kennt er ebensowenig wie unsere gesellschaftlichen Normen und Werte.

Deshalb darf es auch »Strafe« in unserem Sinne nicht geben – schon gar nicht mit der Hand oder einer Zeitung etc. Das würde mit Sicherheit zu Handscheue und Verletzungen an Leib und Seele führen, was grundsätzlich vermieden werden muß. Die menschliche Hand darf vom Hund nie mit etwas Schmerzhaftem in Verbindung gebracht werden. Alles, was ihn schmerzt, würde sein Vertrauen in seinen Menschen zutiefst und nachhaltig stören – zumal er sich nicht einmal wehren kann. Hunde vergessen nicht, von wem sie gezüchtigt worden sind. Das haben schon viele Menschen schmerzhaft erfahren müssen.

Ebenso falsch wäre es, einen Hund mit »Liebesentzug« oder Maßnahmen wie Einsperren zu bestrafen. Solches Tun könnte er nie verstehen, weil er nur in der Gegenwart lebt und den Bezug zu Missetaten in der Vergangenheit nicht herstellen kann.

Eine korrigierende verbale Einwirkung mit dem richtigen, tadelnden Tonfall reicht meistens aus, den Welpen von einer unerwünschten Handlung abzubringen, wenn sie grundsätzlich und immer im Moment der »Tat« oder wenn er gerade dazu ansetzt ausgesprochen wird. Man darf also nur in dem Moment, in dem die unerwünschte Handlung geschieht, angemessen korrigierend eingreifen. Es darf zwischen der Hundeaktion und Ihrer Reaktion keine Zeit vergehen oder eine andere Handlung dazwischenliegen. Wenn Sie entdecken, daß der Welpe gerade dabei ist, ganz diskret auf ein verbotenes Polstermöbel zu steigen, können Sie ihm noch mit einem scharfen, knurrenden »Naaah« stoppen. Wenn er aber schon oben sitzt, ist es zu spät. Er könnte Sie nicht begreifen, weil er ja gar nichts mehr tut.

Im schlimmsten Fall, wenn der Junghund sich total danebenbenimmt und z.B. knurrt oder zu beißen versucht, können Sie ihm nach einem scharf und knurrend ausgesprochenen »Naaah« von hinten in das Nackenfell greifen und schütteln, so wie es die Hundemutter auch tut, wenn der Welpe aufmüpfig wird. Währenddessen darf man aber nicht noch zusätzlich schimpfen, damit der Hund die unangenehme Erfahrung mit der Tat, aber nicht mit seinem Menschen verknüpft. Das gleiche gilt, wenn man ihn nach dem scharfen Hörzeichen unvermittelt auf die Seite bzw. auf den Rücken wirft. Ein scharfes Wort in Verbindung mit einem plötzlichen Krach (Klopfen auf Möbel, Klappern mit einer Dose) verfehlt ebenfalls selten die erhoffte Wirkung.

Ein wirklicher Hundefreund ist nicht nachtragend und kein rachsüchtiger Tyrann. Er ist nicht bestrebt, seinem Hund das »Kreuz« zu brechen und den Kadavergehorsam zu genießen, wenn der Hund schon längst Unterlegenheitsgesten zeigt.

Als brauchbare Erziehungshilfen haben sich eine sog. Wurfkette oder eine Getränkedose, mit kleinen Steinchen oder Münzen gefüllt und mit Klebeband verschlossen, erwiesen (nicht in den ersten Wochen benutzen). Bei Unaufmerksamkeit wird sie in Richtung Hund geschüttelt oder geworfen (nicht auf ihn!) und signalisiert ihm, daß er jederzeit aufmerksam sein soll und erreichbar ist. Darüber hinaus dient auch ein gezielter Wasserstrahl aus der Sprühflasche dazu, ihm zu signalisieren, daß er gerade dabei ist, etwas Unerlaubtes zu tun.

Richtig loben

Wie bereits erwähnt, lernt der Hund durch die Anwendung von Lob und Belohnung, Konsequenz und viel Feingefühl. Richtig loben will gelernt sein. Man lobt immer in dem Moment, in dem der Hund auf Kommando etwas richtig gemacht hat und ihm dies noch voll bewußt ist.

Macht ein Hund etwas Selbstverständliches, z.B. ohne Befehl neben einem herlaufen oder fressen, braucht man ihn nicht zu loben. Loben aus nichtigem Anlaß würde zur Routineangelegenheit, zu einer selbstverständlichen Nebensächlichkeit, und die Wirkung des Lobens würde sich abnutzen. Das Lob darf auch nicht »gezwungen« wirken, es muß immer von ganzem Herzen kommen und echt sein. Hunde spüren, hören und riechen es geradezu (z.B. an unserer Ausdünstung bei Streß), wenn geheuchelt wird.

Man beendet die Übungen immer erst nach einem positiven Ergebnis, wenn es nicht anders geht, mit einer bereits hundertprozentig sitzenden Übung. Dann wird heftig gelobt, damit die gute Erinnerung bleibt.

Anzumerken wäre noch, daß jedes Kommando auch wieder aufgehoben werden muß, z.B. das »Sitz« an einer Straßenkreuzung durch einen Befehl wie »Hopp« oder »Los«. Das »Bleib« wird durch »Komm« aufgehoben.

Der Tip: Bevor man überhaupt mit dem Üben anfängt, sollte man den Welpen längere Zeit beobachten und aufschreiben, was er wann und zu welchen Anlässen von alleine tut. Dies braucht man dann nur noch mit den entsprechenden Kommandos zu verknüpfen. So wird sich schneller der erste Lernerfolg einstellen.

Hundeschulen

Oft sind Ersthundebesitzer recht verunsichert und haben Angst, daß sie mit der Erziehung ihres Hundes nicht zurechtkommen. Oder sie sehen sich mit einem Hund aus zweiter Hand vor unlösbare Probleme gestellt. Dann empfiehlt es sich wirklich, fremde Hilfe in Form einer sog. Hundeschule in Anspruch zu nehmen. Man sollte aber niemals den Hund zum Erziehen außer Haus geben, ohne selbst dabeizusein. Manche Hundeschulen bieten guten Unterricht an einem attraktiven Urlaubsort an. So lassen sich Hundeerziehung und »Abenteuerurlaub« verquicken.

Gute Hundeschulen unterrichten Hund und Mensch nur zusammen. Denn im Alltag muß derjenige mit dem Hund zurechtkommen, in dessen Obhut er ist. Hundelehrer und Hundeführer (Besitzer) sind für den Vierbeiner zwei völlig unterschiedliche Leittiere. Deshalb gibt der Lehrer die Anleitung, und die Durchführung der Übung mit dem Hund übernimmt der Besitzer. So lernen Hunde wirklich, wer das Sagen hat und was der Rudelführer von ihm will.

Zur Sicherheit nur mit Leine

Sieht man sich in der Öffentlichkeit um, so fällt sofort auf, wie viele Hunde ihre vor Anstrengung schwitzenden Menschen mit überdehntem Arm an der Leine durch die Gegend ziehen. Schenkt man Statistiken Glauben, so sollen es 85% aller Hunde so mit ihren Besitzern machen – vor allem deshalb, weil diese Hundebesitzer es versäumt haben, ihren Vierbeinern rechtzeitig das richtige Gehen an der Leine beizubringen. Nach dem Motto: »An der Leine kann der Hund ja nicht weglaufen, da braucht man nichts extra zu üben.« Wenn der Hund dann nicht spurt, wird eben mit einem Dressurhalsband oder einem elektrischen Schocker nachgeholfen, was mehr quält als erzieht.

Diesen Hundehaltern ist auch nicht bekannt, daß es im Fachhandel Spezialgeschirre als wichtige Erziehungshilfe gibt. Sie engen den Hund in seinem Vorwärtsdrang unter dem Brustkorb über die Vorderläufe ein oder drehen seinen Kopf zur Seite, wenn er zu ziehen anfängt. Das wirkt, weil niemand geradeaus laufen kann, wenn er zur Seite schaut.

Natürlich fühlt sich ein Hund ohne jede Führung in völliger Freiheit am wohlsten. Da er aber mit Menschen eng zusammenleben muß, bleibt ihm nichts anderes übrig, als sich den Normen unserer Gesellschaft zu fügen, was für einen Hund natürlich auch bedauerlich ist. Kein Hundehalter kommt heutzutage mehr ohne Leine aus. Zum einen besteht in unserem Land fast überall ein absoluter Leinenzwang – sowohl in der freien Natur als auch innerhalb der Großstädte. Selbst in Parks und öffentlichen Anlagen sowie in Zoos müssen Hunde an der Leine gehen. Viele unbedachte Hundebesitzer haben diese Einschränkungen mit heraufbeschworen, weil immer mehr Menschen vor unangeleinten aggressiven oder unerzogenen Hunden Angst haben und sogar in Panik geraten.

Zuwiderhandlungen gegen den Leinenzwang können jederzeit mit einer Ordnungsstrafe geahndet werden, und im Wiederholungsfall drohen dem Hundehalter massive Haltungsbeschränkungen bis hin zum Hundehaltungsverbot.

Zum anderen hat eine Leine aber auch eine nicht zu unterschätzende Schutzfunktion. Mit ihr läßt sich der Hund von vielerlei Gefahren des täglichen Lebens fernhalten – z. B. dem Straßenverkehr, hundefeindlichen Jägern oder gar ausgelegten Giftködern.

Eine Leine schafft aber auch eine enge Verbindung zwischen Mensch und Hund, weil sie vom Hund wirklich wie der verlängerte Arm des Hundeführers empfunden wird, und in vielen Situationen wird der Teamgeist dadurch besonders gefördert. Das richtige Gehen an der Leine neben seinem Menschen läßt den Hund auch zwanglos spüren, wer in der Rangordnung über ihm steht.

Beim ersten Üben mit Halsband und Leine beginnt man dort, wo der Hund am wenigsten abgelenkt wird. Von Vorteil ist es, wenn der Kleine Halsband und Leine bereits vom Züchter kennt. Sonst läßt man ihn erst einmal mit angelegtem Halsband und hinterherschleifender Leine in der Wohnung umherlaufen und geht, wenn er z. B. im Spiel die Leine vergessen hat, mit ihm in eine bestimmte Richtung, in der ein Leckerli deponiert ist, oder nach draußen. Ab der Tür marschiert der Kleine meistens zielstrebig los und vergißt auch, daß er angeleint ist.

Hat das Hundekind erst einmal erkannt, daß die Leine nichts Gefährliches ist, sondern ganz was Tolles, weil damit »Gassigehen« verbunden ist, so läßt der Widerstand merklich nach. Ganz im Gegenteil: wenn nur das geringste Leinengeräusch zu hören ist, wird er sich freudig erregt auf den Weg zu Ihnen machen und sich beim Kommando »Sitz« auch gerne anleinen lassen.

Wie weit solches verknüpftes Lernen gehen kann, zeigen meine beiden Hunde Aira und Jenny. Wenn sie das Wort »Halsband« oder »Leine« nur hören – auch völlig aus jeglichem Zusammenhang gerissen –, kommen sie sofort angesaust. Ganz egal, womit sie sich gerade beschäftigt haben.

Reagiert das Hundekind auf die Leine aber, indem es sich hinsetzt, auf den Rücken wirft oder versucht, aus dem Halsband zu schlüpfen, heißt es für uns, sacht an der Leine zu rucken, sie dann wieder auf ganz leichten Zug zu halten und in Richtung Tür zu gehen. Dem jetzt noch stark vorhandenen Folgetrieb gehorchend, wird der Kleine schnellstens aufstehen und hinterherrennen. Tut er das, dann geht man zügig zur Tür und nach draußen. Auf keinen Fall sollte man mit Rucken oder Ziehen an der Leine dagegenhalten und den Hund durch die Gegend zerren. Druck erzeugt nur Gegendruck, und viel Vertrauen geht verloren.

Nützt auch das Weggehen des Menschen nichts, wird mit der Leckerlitüte geraschelt und gelockt. Solchen Versuchungen kann der Welpe kaum widerstehen, und er wird Ihnen auch an der Leine folgen. Mit Geduld und Einfühlungsvermögen stellt sich dann der ersehnte Erfolg ein.

Bleibt der Kleine unterwegs stehen und setzt sich hin, ertönt sofort das Kommando »Sitz«. Kauern Sie sich am Leinenende hin, und wenn der Kleine dann wieder weiterwill, locken Sie ihn mit »Komm« und loben ihn überschwenglich, wenn er kommt.

Leider bringt das Gehen an der Leine neben dem eingeschränkten Bewegungsraum auch einige Nachteile mit sich. Hunde müssen sich erst daran gewöhnen, sich unserem Gang anzupassen, damit sie mit- und schritthalten können. Normalerweise bewegen sich Hunde rund dreimal so schnell wie wir, so daß jegliches Gehen bei Fuß, mit oder ohne Leine, ihnen wirklich viel abverlangt. Außerdem brauchen Hunde auch genügend Gelegenheit zum Schnüffeln und für hundliches Tun. Sie dürfen zwar spüren, daß sie an der Leine sind, aber man muß sie auch ihre Bedürfnisse ausleben lassen.

Bekanntermaßen sind Hunde, die an der Leine geführt werden und die Rückendeckung ihres Menschen spüren, auch aggressiver. Manche (unerzogene) Hunde rasten geradezu aus, bellen und zerren wie wild an der Leine, wenn sie anderen Hunden begegnen – vor allem, wenn sie erst an die Leine müssen, wenn ein anderer Hund in Sicht kommt. Ein Teufelskreis von Frust, Aggression und menschlichem Ärger baut sich auf.

Der Tip: Es hilft, wenn man nach dem Anleinen (wenn dies wirklich nötig ist) eine Übung wie »Sitz« oder »Platz« machen läßt und bei Befolgen sofort lobt. Sobald das andere »Gespann« vorbei ist, wird das Kommando aufgehoben und abgeleint, und wenn das Gelände und die Situation es zulassen, darf der Vierbeiner sich austoben. So verknüpft er: Wenn ein angeleinter Artgenosse kommt, erhalte ich eine Aufgabe, für die es Lob und Belohnung gibt, und wenn der andere weg ist, folgt nochmal was Schönes. Also brauche ich in Zukunft suspekte Hunde keines Blickes mehr zu würdigen. Wau! Der Blick gilt nur noch dem Rudelführer. Bis es soweit ist, muß mit dem Welpen allerdings noch fleißig geübt werden.

Die Leine muß besonders bei solchen Begegnungen richtig in der Hand liegen, nicht etwa nur locker in den Fingern. Da reicht ein kleiner Ruck, und weg ist der Hund (große Hunde haben viel Kraft!). Man legt die Schlaufe ums Handgelenk und hält die Leine fest in der Faust, die Handfläche zeigt nach oben, weil man so die meiste Kraft aufbringen kann. Oder man führt beidhändig, d. h., die Rechte hält die Schlaufe und die Linke führt den Hund kurz bei Fuß. Das gibt doppelte Sicherheit in kniffligen Situationen.

Wird der Hund trotz aller Achtsamkeit in eine Rauferei verwikkelt oder stürmt ein unangeleinter Hund auf ihn los, so läßt man ihn sofort von der Leine. Angeleinte Hunde raufen verschärft, und man läuft Gefahr, selbst gebissen zu werden, wenn man die Hunde trennen will. Der eigene Hund könnte durch die Leine auch in eine für ihn nachteilige Unterlegenheit geraten. Zur Not muß man die Leine loslassen, wenn keine Zeit mehr ist, den Karabiner zu lösen. Unangeleint regeln die Hunde meistens alles auf ihre Art.

Bei einer schlimmen Rauferei sprechen Sie sich mit dem anderen Hundeführer ab. Auf ein Zeichen hin packt jeder die Hinterläufe seines eigenen Hundes und zieht die Tiere voneinander weg. Je weniger man dann selbst ausrastet, um so schneller beruhigt sich auch der Hund wieder. Solche schwerwiegenden Raufereien kommen überwiegend bei schlecht sozialisierten erwachsenen (meist gleichgeschlechtlichen) Hunden vor.

Hunde müssen kommen wollen

Das Ziel muß sein, daß der Vierbeiner augenblicklich aus jeder Situation heraus zu uns kommt. Gleichzeitig mit dem Gehen an der Leine kann man beim Spaziergang oder auch drinnen das Kommando »Komm« üben. Dieses Herankommen auf Ruf und/oder Pfiff ist eine besonders wichtige Voraussetzung für ein gedeihliches Miteinander. So werden der Alltag und die Spaziergänge nicht zum Streß, und der Hund ist nicht andauernd gefährdet.

Der Welpe ist jetzt (noch) bestrebt, uns auf Schritt und Tritt zu folgen. Wenn er ohnedies zu uns unterwegs ist, gibt man das Kommando »Komm« und klatscht gegen die Schenkel. So verknüpft er das Kommando mit seinem Tun und lernt, daß er für sein Kommen auch noch heftiges Lob ernten wird. Als Hörzeichen für weite Entfernungen kann man auch noch mit einer Hundepfeife arbeiten.

Es gibt außerdem einige Kniffe, die einen Hund dazu bringen, auf das Kommando hin sofort zu kommen. In der Wohnung locken Sie mit einem Leckerbissen oder geben das Signal »Komm«, wenn das Essen für ihn bereitsteht. Geht man dabei in die Hocke, so verbindet der Welpe diese Stellung mit etwas Ungewöhnlichem, weil Sie sonst stehen oder gehen, und er kommt auch schon angesaust, um seine Neugierde zu stillen. Wenn er losläuft, wird er mit seinem Namen und »Komm« gerufen. Und wenn er da ist, wird heftig gelobt. Mit der bekannten Leckerlitüte läßt es sich auch gut locken.

Rufen Sie weder draußen noch drinnen mehrmals. Hunde hören hervorragend; er wird Sie niemals überhören, solange Sie in Reichweite sind. Es gibt also einen anderen Grund, z. B. daß er das Kommando noch nicht versteht oder gerade an einem Maulwurfshügel schnüffelt und dies einfach interessanter findet. Machen Sie in solchen Situationen nie den Fehler, ihn nach dem Zurückkommen auszuschimpfen. Das wurde für ihn dann bedeuten: »Kommen heißt ausgeschimpft werden.« Also immer loben, wenn er kommt.

Eine weitere Methode besteht darin, daß Sie in der Wohnung oder draußen mit einer langen Feldleine arbeiten und ihn nach dem Kommando an der Leine langsam und vorsichtig zu sich heranziehen, wenn er nicht von selbst kommt. Dies empfiehlt sich besonders, wenn irgendwelche Gefahren oder Ablenkungen drohen. Nach einer Befehlsverweigerung läßt es sich mit einer langen Leine besser nacharbeiten.

Man kann auch die Anhänglichkeit des Welpen nutzen: Draußen hält ihn eine relativ fremde Person fest, während Sie sich ca. 20 bis 30 Meter entfernen. Der Welpe, der Sie ja um keinen Preis der Welt verlieren will, wird sofort das Bestreben haben, zu ihnen zu eilen. Man läßt ihn ca. 20 Sekunden lang vor Sehnsucht zappeln. Nach dem Kommando »Komm« wird er losgelassen, und er wird wie der Blitz auf Sie zustürzen. Das funktioniert immer.

Versuchen Sie von Anfang an, den herankommenden Hund auf Ihre linke Seite zu dirigieren, dann fallen spätere Erziehungsschritte bei der Ausbildung zum Begleithund usw. nicht mehr so schwer.

Rufen Sie ihn am Anfang nicht ab, wenn er gerade mit einem Hund spielt oder sonst etwas Wichtiges zu tun hat. Besser ist es dann, wenn man sich entfernt, ihn dabei beobachtet und in dem Moment, in dem er sich zu einem in Bewegung setzt, das Sicht- und Hörzeichen gibt. Niemals dem Welpen entgegengehen oder ihm aus falsch verstandener Sorge hinterherlaufen. Er würde dies als willkommenes Fangspiel ansehen, und die Erziehung bekäme einen Knacks. Geht man in die Hocke, so erscheint ihm die Distanz zwischen Ihnen beiden noch größer, was ihn nach dem gehörten Befehl noch mehr anspornen wird, lobheischend zu folgen.

Nach dem Kommando den Körper etwas abwenden, so daß der Welpe immer glaubt, Sie gingen jetzt weg! Um so größer ist die Freude, wenn er dann bei Ihnen angekommen ist und gelobt wird.

Der Tip: Auch wenn es den Anschein hat, daß der Welpe folgt, sollte man sich in Gefahrensituationen nie drauf verlassen, sondern den Hund rechtzeitig rufen und an die Leine nehmen.

»Geh Platz!«

Zu Hause angekommen, ist der Welpe sicher müde und strebt, nachdem er getrunken hat, seiner Liegestatt zu. Das nutzen wir für die nächste Übung mit dem Kommando »Geh Platz«. Es wird mit fester Stimme und im Befehlston ausgesprochen. Ein Hund muß wissen, wohin er gehört, denn es ist praktisch, wenn er sich, aus welchen Gründen auch immer, »widerstandslos« auf sein Lager schicken läßt.

Wir warten ab, bis er ohne Befehl ins Körbchen geht, um sich auszuruhen oder sich zur Nacht hinzulegen, um ihn mit diesem Kommando bekannt zu machen. Das Prinzip ist auch hier so, daß der Welpe nach einigen Tagen sein Tun mit dem Kommando verbindet. Dann können wir ihn mit dem Kommando auffordern, auf seinen Platz zu gehen. Zunächst tun wir es dann, wenn wir aus Erfahrung wissen, daß er jetzt sein Körbchen aufsuchen wird.

Funktioniert das »Geh Platz!« im Haus sicher, so wird der Hund das Kommando auch dann befolgen, wenn Sie ihn zum Beispiel aus dem Garten auf seinen Platz schicken.

»Sitz!«

Bei unseren Beobachtungen haben wir festgestellt, daß sich ein Welpe aus unterschiedlichsten Gründen setzt. Wir gehen wieder nach dem gleichen Prinzip vor und verknüpfen sein spontanes Hinsetzen mit unserem Kommando »Sitz«. Es wird in festem Tonfall und gedehnt ausgesprochen: »Siiiitz«. Gleichzeitig geben wir das Sichtzeichen (erhobener Zeigefinger der rechten Hand), wenn der Welpe beim Hinsetzen in unsere Richtung schaut. Die andere Hand hält ein Leckerli so, daß er den Kopf nach hinten legen muß, um es nicht aus den Augen zu verlieren. Dabei setzen sich die meisten Welpen automatisch hin.

Eine weitere Methode, die man auch im Wechsel mit den anderen üben kann, geht wie folgt: Beim an der linken Seite stehenden Hund werden die Finger von vorne oben am Nacken unter das Halsband geschoben. Beim Kommando »Sitz« drückt die andere Hand sanft auf das Hinterteil. Sollte dies noch keine Wirkung zeigen, drückt man beim Kommando Mittelfinger und Daumen sacht, aber merklich in Höhe der Lenden von oben rechts und links neben die Wirbelsäule. Der Rest der Handfläche drückt dabei das Hinterteil nach unten. Wenn es klappt, wartet man noch einen Moment ab. Dann wird heftig gelobt und eine Belohnung gereicht.

Es darf nicht vergessen werden, nach dem »Sitz« das Kommando mit »Los« oder »Komm« wieder aufzuheben – je nach Situation. Damit die aus dem »Sitz« entstehende Übung »Sitz und bleib« besser funktioniert, soll der Welpe nicht unmittelbar nach dem Absitzen sofort wieder abgerufen werden. Die Zeitspanne, die er sitzt, sollte man langsam verlängern und dabei den Hund beobachten, denn Welpen sind noch sehr ungeduldig und voller Bewegungsdrang. Man sollte es nicht darauf ankommen lassen, daß er von sich aus die Übung abbricht.

Wenn »Sitz« sitzt, kann man drinnen oder draußen weiterüben, indem man nach dem »Sitz« aus ca. einem Meter Entfernung das Hörzeichen »Sitz und bleib« gibt, das mit dem gleichzeitig gegebenen Sichtzeichen (rechter Arm in Richtung Hund ausgestreckt, Handfläche erhoben) verbunden wird. Abgerufen wird der Hund wieder mit »Komm« oder »Los«. Wenn mit der Leine gearbeitet wird, so ist darauf zu achten, daß daran weder gezerrt noch geruckt wird. Sie soll locker durchhängen und dient nur der Sicherheit. Diese Übung braucht aber viel Geduld, vor allem weil der Abstand von Tag zu Tag etwas vergrößert wird. Nach dem Beenden der Übung soll sich der Hund möglichst an unsere linke Seite begeben.

Der Tip: Um den Hund vor den Gefahren des Straßenverkehrs zu schützen, läßt man ihn grundsätzlich vor jedem Überqueren der Straße absitzen. Es gibt für mich nur eine einzige Ausnahme: Wenn es die Bodenverhältnisse nicht zulassen, z.B. wenn Schneematsch, Schlamm oder Abfall herumliegen. Dann läßt man den Hund nicht sitzen, sondern stehen. Auch das Kommando »Steh« ist nach der Grunderziehung beizubringen. Das Warten erfolgt aber immer so weit vom Straßenrand entfernt, daß er weder durch einen unbedachten Schritt vor ein Fahrzeug geraten kann noch die Abgase der Autos einatmen muß. Dem Umstand, daß die Hundenase oft in Auspuffhöhe ist, wird viel zuwenig Beachtung geschenkt. Darüber hinaus ist es auch besser, wenn unser Hund auf das Kommando »Los« nicht gezwungen ist, inmitten einer hastenden und quirligen Menschenmenge die Straße zu überqueren, sondern mit etwas Abstand an unserer Seite folgen kann. Das Absitzen vor der Straßenüberquerung muß so lange geübt werden, bis es dem Hund in Fleisch und Blut übergegangen ist.

Ablegen oder »Platz«

Mit dem »Platz« ist nicht etwa die Liegestatt gemeint, sondern das Hinlegen auf Kommando. Wenn ein Hund diesen Befehl perfekt beherrscht, so legt er sich in jeder Situation blitzschnell hin – ganz gleich, wo er läuft, geht oder steht. Der Befehl dient der absoluten Sicherheit des Vierbeiners. Situationsbedingt kann er sogar lebensrettend sein.

Bei der Ausbildung von Jagdhunden wird anstelle von »Platz« das englische Wort »Down« verwendet, was meines Erachtens die Sachlage besser ausdrückt und für den Hund weniger verwirrend wirkt, weil das »Platz« unter Umständen mit dem »Geh Platz« verwechselt werden kann.

Als Sichtzeichen wird der ausgestreckte Arm mit nach unten gerichteter Handfläche von oben nach unten geführt. Wir erleichtern das Training, das mit vier bis fünf Monaten beginnt, indem wir dem Junghund das Kommando »Down« zurufen, wenn er sich gerade hinlegt, und ihn dann gebührend loben.

Aus dem »Sitz« heraus läßt sich das Kommando »Down« gut üben: Man legt ein Leckerli so vor den sitzenden Hund, daß er es nur erreichen kann, wenn er sich hinlegt. Unterstützt wird dieser Vorgang, indem man in dem Moment, in dem er mit der Nase schnuppernd nach vorne geht, mit der einen Hand zwischen die Schulterblätter drückt und mit der anderen von hinten nach vorne seine Vorderfüße in die richtige Stellung bringt. Man kann auch die Leine mit der Hand sachte nach unten führen, so daß der Hals sich sachte senkt und der Hund sich hinlegt. Auf keinen Fall an der Leine reißen oder gar drauftrampeln – es geht auch ohne Gewalt! Anschließend halten wir den Hund kurz in dieser Lage fest, legen dabei die Leine auf seine Beine und belohnen ihn nach der Auflösung der Übung mit dem vorgelegten Leckerli.

Wie bei der »Sitz und bleib«-Übung kann jetzt auch die Übung »Down und bleib« folgen, indem man versucht, die Liegezeit schrittweise immer weiter auszudehnen. Der Hund darf sich grundsätzlich nur von seinem Platz erheben, wenn er das entsprechende Kommando dafür erhält (»Los« oder »Komm«).

Draußen übt man dies am besten mit einer zehn Meter langen Leine. So bleibt der Hund jederzeit in unserem Einwirkungsbereich. Nachdem wir den liegenden Hund mit dem Befehl »Bleib« gebunden haben, entfernen wir uns von Übung zu Übung und von Tag zu Tag weiter. Springt er ohne unser Kommando auf und rennt los, so wird er mit der Leine auf »Komm« in die Ausgangsstellung zurückgebracht und mit einem Übungsteil von vorne begonnen, den er schon sicher beherrscht.

Wenn man drinnen das »Down!« übt, dann am besten in einem Zimmer, wo nicht die Liegestatt des Hundes ist. So besteht kaum die Gefahr, daß der Vierbeiner »Down« mit »Geh Platz« verwechselt.

Diese Übung braucht natürlich sehr lange Zeit, bis der Hund sich z.B. aus vollem Lauf in die »Down und bleib«-Position dirigieren läßt. Oft wird dies erst nach einem Jahr intensiven Übens erreicht.

Wenn Sie im Freien üben, sollten Sie den Hund nur an einer Stelle »Sitz« oder »Down« machen lassen, an der der Boden nicht naß, kalt oder schlammig ist und wo sich keine Glasscherben oder ein Ameisenhaufen befinden.

Die und »Down und bleib«-Übung ist vor allem dann wichtig, wenn der Hund z.B. im Heck des Autos bleiben soll, während Sie etwas ein- oder ausladen. Grundsätzlich sollte der Hund vor jedem Einsteigen und Aussteigen absitzen, bis z.B. die Leine angelegt oder die Autotür geöffnet ist. So besteht nicht die Gefahr, daß er den vorbeifahrenden Autos zu nahe kommt.

Diese Übung dient auch dazu, daß der Hund vor Geschäften, in die er nicht mitdarf, kurzfristig abgelegt wird, ohne daß er sich entfernt, wenn keine Anbindemöglichkeit besteht.

Bei Fuß gehen

Das Bei-Fuß-Gehen an der Leine wird beim Gassigehen etwa ab der zwölften Lebenswoche, wenn der Junghund also schon die Grundbegriffe der Leinenführigkeit kennengelernt hat, begonnen. Wenn man ca. 50 Meter gegangen ist, wird der Hund, für ihn kaum merklich, in die gewünschte Position gebracht (links vom Hundeführer, Hundeschulter etwa neben dem Bein). In diesem Moment erfolgt das Kommando »Fuß«, und die Leine wird mit leichtem Zug so kurz gehalten, daß der Hund gezwungen ist, sich jetzt unserem Schritt anzupassen. Bei jedem Vorauseilen oder Zurückbleiben wird kurz an der Leine in die gewünschte Richtung gezupft (gerade so, daß der Hund dies merkt, aber nicht brutal).

Am Anfang reichen zehn bis 20 Meter exaktes Gehen, denn man darf trotz heftigen Lobes den Hund dabei nicht überfordern. Länger als fünf Minuten sollte es zu Anfang nicht dauern, denn es ist schon ganz toll, wenn er Ihnen zuliebe exakt nebenherläuft, anstatt nach vorne zu rennen oder hinterherzuschleichen. Für den normalerweise trabenden Hund ist dies eine gewaltige Leistung, weil er sich ja, wie schon erwähnt, unserem langsameren Tempo anpassen muß.

Wenn der Junghund fünf bis sechs Monate alt ist und das Gehen an der Leine klappt, folgt das Bei-Fuß-Gehen ohne Leine. Dies kann man am besten auf einem Hundeplatz üben, der gut eingezäunt ist.

An dieser Stelle sei eine ketzerische Frage gestattet: Warum soll ein Hund eigentlich grundsätzlich *links* vom Hundeführer gehen? Nur, weil dies so in den Prüfungsbestimmungen der Vereine verlangt wird? Es ist meines Erachtens schon nachdenkenswert, daß beim Radfahren der Hund rechts geführt werden soll, damit er nicht mit dem Straßenverkehr kollidieren kann.

Beim Spaziergang in der Stadt sind für den Hund die interessanten Marken meistens rechts von uns an Hauswänden, Zäunen usw., weil wir ja meist auf der rechten Straßenseite gehen. Darüber hinaus kommen uns links Menschen entgegen, die vielleicht vor Hunden Angst haben, wenn diese (auch an der Leine) direkt auf sie zueilen. Auch andere Hund-Mensch-Gespanne laufen so, daß, wenn wir den Hund links führen, die Vierbeiner oft auf engstem Raum aneinander vorbeilaufen müssen, was für die Hunde mit Sicherheit Streß bedeutet.

Deshalb bevorzuge ich, den Hund je nach Situation auf der rechten oder der linken Seite zu führen und nach Möglichkeit an der

Wand entlanggehen zu lassen.-Damit kann ich ihn auch vor den Abgasen des Straßenverkehrs besser schützen und setze ihn keiner Gefahr durch Autos oder Radfahrer aus. Ich denke, in diesem Fall sollte die Vernunft vor Satzungen gehen, was für den Hund und die Mitmenschen von Vorteil ist.

Mit »Aus« und »Pfui« den Hund schützen

Beide Kommandos helfen, die Gesundheit des Hundes zu schützen und ihn vor oft tödlichen Gefahren zu bewahren. Im täglichen Leben heißt dies, von Anfang an dem Hund zu verstehen zu geben, was er unterlassen muß.

Das Kommando »Pfui« heißt, daß er etwas nicht aufnehmen oder aufsammeln darf. Schon beim Herangehen und Schnuppern an dem Gegenstand seines Begehrens ertönt das scharfe »Pfui«. Wenn Sie z. B. beobachten, daß sich seine Nase dem Kuchenteller nähert, erfolgt schon das Kommando; oder wenn während des Spaziergangs ein saftiger Pferdeapfel lockt und die Nase in diese Richtung geht. Denn es könnte auch einmal ein Giftköder sein, bei dem es schon reicht, daß er in den Fang genommen wird. Giftköder können wohl verpackt in einer Wurst oder einem Stück Fleisch liegen. Zu warnen ist besonders vor ausgelegtem Rattengift.

Essen soll der Hund nur aus seinem Napf oder aus Ihrer Hand. Er soll auch nichts von Fremden nehmen; das wird ebenfalls mit einem »Pfui« verhindert. Erklären Sie Ihren Freunden und Bekannten, warum Ihr Hund nur von Ihnen Nahrung annehmen soll und daß sie ihm bitte nichts geben sollen. In der Natur ist alles Eßbare außer Gras »Pfui«, und selbst dieses muß verboten werden, wenn womöglich gerade gespritzt worden ist.

Hat der Welpe schon etwas Undefinierbares, womöglich Schädliches oder verbotene Gegenstände im Fang, so muß er diese auf unseren Befehl hin wieder hergeben. Er muß also auf das Kommando »Aus« den Fang öffnen und sich das Corpus delicti ohne Murren, Knurren oder gar Beißen abnehmen lassen. Dies ist zugegebenermaßen gegen seine Natur. Hunde lassen sich ungern etwas Freßbares aus dem Fang nehmen – außer die Hündin auf die Bettelgeste der Welpen hin. Mit sanftem Zwang gelingt es nach einigen Übungseinheiten aber besser, als man denkt. Mit dem Kommando »Aus« greift man mit einer Hand über den Fang und drückt mit

»Naaah«

»Naaah« setzen wir bei **unerlaubtem Tun** ein (möglichst schon vor oder zu Beginn der Handlung), z. B.:
- sich in Unaussprechlichem wälzen,
- fremde Menschen beschnüffeln,
- Menschen anspringen,
- aufreiten,
- bei unpassenden Gelegenheiten bellen,
- ohne Kommando über die Straße laufen,
- von sich aus, ohne Kommando, eine Übung beenden,
- ohne Kommando ins Auto ein- oder aussteigen,
- sich drinnen lösen,
- Kommandos falsch ausführen.

»Pfui«

»Pfui« ist alles, was der Hund **nicht in den Fang nehmen** oder aufnehmen soll, um darauf herumzukauen:
- Möbel, Bücher, Schuhe,
- Blumen,
- Kot und Aas,
- Stehlen (weil dies mit Essen aufnehmen verbunden ist),
- die Leine anknabbern.

»Aus«

»Aus« ist das Hörzeichen für **Loslassen:** der Hund soll sich etwas aus dem Fang nehmen lassen:
- Gegenstände abgeben,
- Futter hergeben,
- loslassen, wenn er im Spiel zu fest zubeißt.

Zeigefinger und Daumen in Höhe der vorderen Backenzähne gegen die Lefzen, bis der Welpe den Fang öffnet. Als Belohnung für entgangene Freuden kann er dann auch ein besonderes Leckerli bekommen.

Dies muß man so oft wie möglich üben, wenn sich die Gelegenheit dazu bietet. Im Welpenalter lassen sich Hunde noch leichter etwas wegnehmen. Erwachsene Hunde könnten, wenn sie dies noch nicht erlebt haben, recht sauer reagieren. Das gilt vor allem, wenn man gezwungen ist, einmal den Futternapf wegzunehmen. Probieren Sie das Wegnehmen also nicht ohne Not mit einem Hund, den Sie nicht kennen!

Versucht der Welpe, sich beim »Aus« mit seiner Beute zu verdrücken oder wegzulaufen, dürfen Sie nicht hinter ihm herrennen, damit er nicht glaubt, daß hier eine neue Variante eines Fangspiels geübt wird. Es ist vielmehr sein Gehorsam gefordert. Er muß auf das Kommando »Komm« folgen.

Ist alles danebengegangen – Befehl mißachtet, »Beute« verschluckt –, geht man sofort ganz ruhig auf den Missetäter zu und tadelt ihn, eventuell mit Nackenschütteln. Fatal wäre nur, wenn er, nachdem er geschluckt hat, wieder bei Ihnen angesaust kommt. Dann darf er ja nicht getadelt werden, weil er das nicht auf das Schlucken, sondern auf das Herkommen beziehen würde.

Bei unserem Hund soll sich diese Erfahrung, daß er den »Aus«-Befehl ignorieren kann, nicht festsetzen. Deshalb nehmen wir ihn an die lange Leine und geben ihm etwas, das sehr attraktiv, aber so groß ist, daß es nicht verschluckt werden kann. Nun können wir das Abgeben durchsetzen, weil er seine »Beute« nicht einfach verschlingen und damit auch nicht weglaufen kann.

Im Kasten auf S. 145 sind die Anwendungsbereiche der Kommandos »Naaah«, »Pfui« und »Aus« zusammengefaßt, damit es bei Hund oder Mensch nicht zu Mißverständnissen kommt.

Auch Alleinbleiben muß man üben

Hunden als geselligen Rudeltieren ist es ein Graus, alleine gelassen zu werden. Besonders für einen Welpen, der erst einige Tage ohne die gewohnte Geschwistermeute lebt, oder für Tierheimhunde, die Schlimmes damit verbinden, allein gelassen zu werden, ist dies eine echte Qual. Bis sie genügend Vertrauen zu ihrem neuen Rudel gewonnen haben, darf man sie nicht ohne menschliche Gesellschaft lassen.

Das Alltagsleben macht es aber immer wieder erforderlich, daß man auch etwas ohne Hund unternehmen muß. Z. B. können ein überraschender Arzttermin oder Besorgungen zum Problem werden, wenn kein geeigneter Hundesitter aufzutreiben ist.

Länger als zwei Stunden sollte man Junghunde nicht allein lassen, selbst wenn sie dies akzeptieren. Und man muß sie auch an diese Zeit langsam gewöhnen. Denn es ist äußerst unangenehm, wenn man bei der Rückkehr feststellen muß, daß das »heulende Elend« aus Frust Teile der Wohnung auf den Kopf gestellt hat.

Selbst wenn der Welpe uns dann mit Demutsgesten begrüßen sollte, hat er kein schlechtes Gewissen. Das ist Hunden unbekannt. Sie leben von ihrem Erfahrungsschatz, und der signalisiert ihnen Unbehagen. Sie spüren instinktiv unseren Ärger. Strafen nützt in so einem Fall nichts, denn die Tat ist schon vorbei, und der kleine Hund würde die Strafe nur mit Ihrem Heimkommen in Verbindung bringen und daher nicht verstehen. Deshalb wird das Alleinbleiben vorher geübt.

Man beginnt damit am besten nach einem Spaziergang, auf dem sich der Kleine auch lösen konnte. Wenn er müde in seinem Körbchen schläft, wird das Radio leise angedreht, ein getragenes Kleidungsstück in seiner Nähe plaziert (aber so hoch, daß er es nicht erreichen kann) und ein Kauspielzeug neben den Korb gelegt. Zuerst geht man in ein anderes Zimmer und verweilt dort. Glauben Sie nur nicht, daß Sie sich jemals aus dem Zimmer stehlen könnten, ohne daß Ihr Hund es merken würde. Er bleibt aber ruhig, wenn Sie sich z.B. in die Küche oder ins Bad begeben.

So gehen Sie zuerst in einen dieser Räume und dann vor die Wohnungstür, um nach wenigen Minuten wiederzukommen, ohne Aufhebens davon zu machen. Das wird ihn beruhigen. Sollte er schon nach so kurzer Zeit an der Tür warten, so wird er nicht etwa getröstet – denn dann hätte er mit seinem Tun (eventuell sogar Heulen oder Winseln) erreicht, was er wollte. Das wäre bestes Signallernen. Sie schicken ihn ganz ruhig mit dem Kommando »Geh Platz« in sein Körbchen.

Leider gibt es für die Abwesenheitsintervalle kein Patentrezept, das richtige Timing muß man einfach ausprobieren. Je mehr er Ihrer Rückkehr vertraut, desto weniger wird er gegen Ihre Abwesenheit protestieren. Wenn dann nach einiger Zeit der Ernstfall geprobt wird, geht man ganz gelassen, ohne herzzerreißende Abschiedsszenen von dannen. Beim Rausgehen sagt man wie immer: »Bin bald wieder da.« Dem Tonfall wird er entnehmen, daß Sie, wie bisher, wiederkommen werden.

Hört man während der Übungen lautes Jaulen oder Bellen, so darf man nicht sofort in die Wohnung zurückkehren, sondern muß eine Pause abwarten, in der er ruhig ist. Dann geht man rein und schickt ihn ruhig auf seinen Platz. Wenn möglich, sollten Sie eine

Person Ihres Vertrauens, z.B. einen Nachbarn, von Ihrem Tun in Kenntnis setzen und ihn bitten, darauf zu achten, ob Radau aus der Wohnung dringt, ohne sich dabei bemerkbar zu machen.

Wenn Ihr Hund in Ihrer Abwesenheit ruhig bleibt, können Sie die Intervalle allmählich steigern. Hat er erst gemerkt, daß seine Rudelmitglieder immer wieder zurückkommen, wird er die Abwesenheit ruhig auf seinem gemütlichen Lager verschlafen. Mit der gewonnenen Sicherheit und einem wachsenden Vertrauen wird er während Ihrer Abwesenheit kaum Unsinn anstellen, so daß die Phasen des Alleinseins schrittweise verlängert werden können. Bei Hunden aus zweiter Hand wird wie beim Welpen verfahren.

Das gemischte Rudel

Eine große Liebe: Kind und Hund

Hunde können einen wahren Segen für Kinder bedeuten. Kinder und Hunde – diese Kumpanei kann die große Liebe auf Gegenseitigkeit werden. Viele Hundebesitzer sind selbst zusammen mit Hunden aufgewachsen und wollen deshalb niemals mehr auf einen Hund verzichten. Ihre positiven Erlebnisse waren der Auslöser dafür, sich selbst einen Hund anzuschaffen.

Der Wunsch nach einem Hund wird von vielen Kindern – nach Meinungsumfragen von etwa 70% – ausgesprochen. Etwa drei Millionen Kinder wachsen bei uns zusammen mit Hunden auf.

Kinder hoffen auf einen nimmermüden Spielkameraden, Freund und Seelentröster und freuen sich besonders auf den Austausch von Streicheleinheiten. Für sie gibt es oft nichts Schöneres als einen Hund. Von einer harmonischen Beziehung profitieren beide gleichermaßen. Das haben wissenschaftliche Studien erwiesen.

Kinder, die bei Eltern aufwachsen, die selbst Angst vor Hunden haben, kommen dagegen mit Hunden weniger gut zurecht. Sie kennen oft auch nicht die Spielregeln, die vor Mißverständnissen mit fremden Hunden schützen (siehe Seite 155).

Kinder profitieren von Hunden

Die Kinder entwickeln und erleben eine starke Bindung zu einem Tier; dadurch werden sie in der Entwicklung ihrer sozialen Fähigkeiten gefördert. Ein Hund ist in unserer lebensfeindlichen Umwelt für Großstadtkinder oft der einzige Bezug zur Natur.

Kinder lernen außerdem Rücksichtnahme und Achtung vor Mitgeschöpfen; dies fördert auch eine intakte seelische Entwicklung. Sie lernen über den Hund, Verantwortung für andere zu übernehmen. Sprößlinge, die ihren Hund lieben, hegen und pflegen, werden kaum zu Tierquälereien neigen.

Ein Vierbeiner ist ein echter, ja der beste Freund für wichtige, prägende Lebensjahre, auch in der Pubertät. Er ist geduldiger Zuhörer, Beschützer und Vertrauter, der nicht petzt und fast jeden Streich mitmacht.

Hunde sind für schüchterne Kinder die besten Therapeuten, weil sie die Kontakte mit anderen Kindern erleichtern und fördern: Über den Hund läßt sich problemlos plaudern. Das Zusammenleben mit Hunden fördert auch die Fähigkeit, mit anderen Kindern in der Gruppe besser umzugehen und durch Kreativität im Spiel anerkannt zu werden. Für Einzelkinder ist ein Hund Balsam für die Seele.

Für die Gefühle eines Kindes sind auch die Körperkontakte wichtig. Liebkosende Kinderfinger werden dann später zu sensiblen, streichelnden Erwachsenenhänden, die besser fühlen und empfinden können. Auch bei der Kindertherapie werden Hunde erfolgreich eingesetzt.

Über nonverbale Kommunikation (Mimik, Gesten und Gebärden) lernen Kind und Hund, einander zu beobachten und Signale des anderen richtig einzuschätzen, zu deuten und zu verstehen.

Kinder fühlen sich gut behütet, weil Hunde auf sie regelrecht aufpassen. Daß ich als Zweijähriger nicht ertrunken bin, habe ich unserem Schäferhund Prinz zu verdanken, der mich am Hosenboden erwischte und herauszog, als ich in einen Teich fiel.

Ein Hund ist für ein Kind ein wahrer Quell für interessante Beobachtungen und unvergeßliche Erlebnisse. Werden diese aufgeschrieben, z.B. in Form eines kleinen Hundetagebuchs, so haben die Kinder auch später eine Erinnerung an den geliebten Begleiter und Hundeerfahrungen schwarz auf weiß, auf die sie zurückgreifen können. Ein Schatz, den man bis ins hohe Alter hüten wird.

Aber auch eine große Liebe will gehegt sein. Auch wenn der Kontakt zwischen Kind und Hund noch so problemlos zu sein scheint, empfiehlt es sich, beide immer mit der elterlichen Sorgfalt und Verantwortung zu begleiten. Kinder, die sich ihrem Hund gegenüber richtig verhalten, werden von ihrem vierbeinigen Liebling stets für voll genommen.

Hunde prägen und fördern Kinder ihr Leben lang. Sie genießen das kindliche Spiel und lernen dabei spielerisch so manche Kunststückchen, was wiederum ein Erfolgserlebnis für beide ist. Ein Hund wird einem Kind auch niemals langweilig. Er fordert seinen kleinen Partner täglich, beide erleben dabei Abwechslung und eine erfüllte Gemeinsamkeit.

Es gibt zwei Möglichkeiten, wie das Zusammenleben von Kind und Hund beginnt: Entweder ist zuerst der Hund da oder zuerst das Kind.

Erst Kind, dann Hund

Von der Anschaffung eines Hundes ist aus mehreren Gründen abzuraten, wenn gerade ein Baby unterwegs ist, weil sowohl das Kleinkind als auch der Welpe viel Zeit, Geduld, Aufsicht und auch Zuwendung brauchen – von den Kosten einmal abgesehen. Diese Umstände werden häufig zuwenig berücksichtigt.

Soll ein Hund in die Familie kommen, so ist es gut, wenn das kleinste Kind bereits zur Schule geht. Denn erst dann lernen Kinder den richtigen Umgang mit dem Vierbeiner, es kommt zu weniger Problemen und einer richtigen Partnerschaft. Besonders günstig ist es, wenn sich das Kind bereits mit den Regeln für den richtigen Umgang mit Hunden vertraut gemacht hat (siehe Seite 155). Für beide Seiten wäre es natürlich nicht gut, wenn ein Hund nur als Zeitvertreib oder Spielzeug angeschafft wird.

Junghunde und erwachsene Hunde sollte man nur in die Familie aufnehmen, wenn man ihre Vorgeschichte genau kennt oder wenn man weiß, daß der Vierbeiner mit Kindern groß geworden ist. Am besten eignet sich natürlich ein Welpe, weil er sich leichter eingewöhnt.

Auf Aussagen, daß einzelne Hunderassen absolut kinderfreundlich seien, sollte man sich nicht verlassen. Es kommt mehr auf die Erfahrungen an, die die Hunde mit Kindern gemacht haben – und dies gilt für Welpen und erwachsene Hunde. Deshalb an dieser Stelle noch einmal der Hinweis auf die Wichtigkeit der Prägung (am besten ist es, wenn die Welpen bereits beim Züchter intensiven, positiven Kontakt mit Kindern hatten).

Hunde verstehen sich gut mit Kindern, weil sie sie als Rudelgeschwister betrachten, wenn Kinder in der Lage sind, sich hundegerecht zu verhalten. Ein Welpe sehnt sich geradezu nach Gesellschaft und Abwechslung, die ihm besonders ein Kind bieten kann.

Erst Hund, dann Kind

Ein gut sozialisierter und erzogener Hund braucht nicht wegen eines sich ankündigenden Babys weggegeben zu werden. Bei einem gut gepflegten, regelmäßig geimpften und entwurmten Hund besteht kaum eine Gefahr für die werdende Mutter und das Baby. Im Zweifelsfall sprechen Sie darüber mit Ihrem Arzt.

Verwunderlich, aber wahr: Je älter der Hund ist, desto besser gelingt das Zusammenleben mit dem Neugeborenen. Und je größer der Hund ist, desto weniger aggressives Verhalten von Seiten des Kindes wird er auf sich ziehen, und um so unauffälliger verhält er sich selbst. Je länger der Hund bereits zum Familienverband gehört, desto enger wird auch seine Bindung an den neuen Rudelgenossen werden. Von Vorteil ist es natürlich auch, wenn er bereits ein oder mehrere andere Babys erlebt hat. Der Hund selbst ist dabei wie ein älteres Geschwisterchen zu sehen: Von ihm wird viel verlangt, er muß viel dazulernen, vor allen Dingen aber lernen, Rücksicht zu nehmen. Dies fällt um so leichter, wenn man keinen Grund zur Eifersucht gibt und dafür sorgt, daß beide zu ihrem Recht kommen. Der Hund darf sich wegen des neuen Familienmitgliedes nicht zurückgesetzt fühlen. Er soll wie bisher weiterleben, seinen gewohnten Rhythmus beibehalten können und sich auch weiterhin der ungeteilten Aufmerksamkeit und Zuwendung erfreuen dürfen.

Hat der Hund sich an das Baby gewöhnt, liebt er es oft mehr, als man vermuten könnte. Es ist zu beobachten, daß selbst die temperamentvollsten »Halbstarken« und auf sich selbst bezogene Alte äußerst manierlich, ja zärtlich mit dem neuen Familienmitglied umgehen. Das kann soweit führen, daß der Vierbeiner das Baby nicht mehr aus den Augen läßt. Es kann auch zu brenzligen Situationen kommen, wenn sich kein »Fremder« dem Kinderwagen nähern darf, ohne den vierbeinigen Beschützer auf den Plan zu rufen. Dies alles entbindet die Eltern natürlich nicht von ihrer Aufsichtspflicht. Babys und Kleinkinder sollte man *nie*, auch nicht für einen Moment, unbeaufsichtigt mit einem Hund zusammensein lassen.

Eine kritische Phase kann entstehen, wenn das Kleinkind anfängt zu laufen und zu sprechen und im kindlichen Unverstand dem Hund seinen Willen in Form von Befehlen und Gesten aufzwingen will. Dann kann es passieren, daß ein Hund verhindern will, daß das »Rudelgeschwister«, dem er u.U. körperlich weit überlegen ist, ranghöher sein will. Die Eltern sollten in dieser Zeit noch aufmerksamer und vorsichtiger sein. Denn ohne daß der Hund dies böse meint, kann ein Anrempeln oder derbes Festhalten mit dem Fang bei einem Kleinkind böse Folgen haben.

Der Hund wird auf das Baby vorbereitet, indem man ihm schon während der Schwangerschaft Kontakte mit anderen Kleinkindern ermöglicht. Bereits mit einer Windel aus der Klinik, die man dem Hund in oder neben das Körbchen legt, macht er über den anhaftenden Körpergeruch die erste Bekanntschaft mit dem Baby.

Zu Hause angekommen, soll der Hund mit dem Kind positive Verknüpfungen aufbauen. Dies geht natürlich, wie immer, über den Weg des Lobes und der Belohnungshappen. Der erste direkte Kontakt ist wichtig: Man geht in die Hocke, lockt den Hund heran und läßt ihn am unbekleideten Baby intensiv schnüffeln. Wenn der Hund das Baby dann ableckt, können Sie sicher sein, daß er es akzeptiert. Ein hygienisches Problem ist das Ablecken kaum.

Bedenken Sie, daß der Hund mit dieser neuen Situation erst fertig werden muß, was ihm sicher leichter gelingt, wenn Sie nicht überreagieren, sondern ruhig und gelassen bleiben, aber beide immer im Auge haben.

Regeln für Eltern

- Nie auf einen spontanen Kinderwunsch hin ohne gründliche Überlegung einen Hund anschaffen (siehe Seite 17).
- Wenn ja, den Welpen nur von einem Züchter kaufen, der selbst Kinder hat oder solche Kontakte pflegt.
- Niemals einen Hund kaufen, der wenig oder kaum mit Kindern Kontakt hatte.
- Lassen Sie Ihr Baby oder Kleinkind nie allein mit einem Hund zusammen, ohne dabeizusein.
- Achten Sie darauf, daß der Hund nicht plötzlich auf den Gedanken kommt, Nahrung aus den Händen oder gar dem Mund des Babys zu entwenden. Schon im Ansatz wird ihm das mit einem energischen »Naaah« verboten. Wenn bereits geschehen, zwingen wir ihn, den Futterbrocken abzugeben. Diese Ungezogenheit darf man ihm nie durchgehen lassen.
- Verhindern Sie, daß das Kleinkind den Hund am Futternapf stört, ihm die Nahrung streitig macht oder sich gar aus dem Napf bedient.
- Den Hund sollte man nie als Erziehungsmittel benutzen (z. B. »Wenn du nicht brav bist, kommt der Hund weg« oder »Wenn Du nicht sofort deine Schularbeiten machst, darfst du heute nicht mit dem Hund spielen«).
- Achten Sie auf das Spiel der beiden: Hunde sind zwar wunderbare Spielgefährten, aber keine Spiel*geräte*. Erklären Sie dem Kind rechtzeitig, daß Hunde mit Drohungen wie Knurren, Zähneblecken und Fellsträuben warnen, wenn es ihnen wehtut, und daß sie diese Drohungen ernst meinen. Lassen Sie aber nie zu, daß der Hund das Kind aus einer Spielsituation heraus bedroht.
- Grobheiten und Necken (z. B. Futter hinhalten und wieder wegziehen) muß man sofort unterbieten. So mancher Hund wurde lebenslang verdorben, weil Kinder ihn falsch behandelt haben.

- Wenn Hund und Kind gemeinsam etwas anstellen, so sollte man das natürlich unterbinden und es dem Kind in Ruhe erklären. Toben Sie dabei nicht, weil der Hund dies als Bedrohung auffassen könnte. Den Hund kann man ohnedies nicht für die Streiche strafen, die er mit Billigung des Kindes angestellt hat; er würde es nicht verstehen. Der Dreijährige von Bekannten hat »seinem« geliebten Boxer einmal den gesamten Wochenendeinkauf der Familie zugeschanzt: zwölf Steaks für die Abendeinladung, 20 Eier und so manches andere. Dem Boxer ist natürlich fürchterlich schlecht geworden ...
- Kinder geben elterliche Erziehungsmaßnahmen oft scheinbar im Spiel weiter. Auch der kinderfreundlichste Hund könnte sich dann wehren!
- Es dient einem harmonischen Miteinander, Kind und Hund gleichermaßen zu loben und zu streicheln, um Eifersüchteleien gar nicht erst aufkommen zu lassen.
- Kinder sollen, wenn möglich, schon frühzeitig in die Hundeerziehung und -beschäftigung mit einbezogen werden. Es ist schön anzusehen, wenn z. B. Heranwachsende mit ihrem Hund Agility (siehe Seite 274) betreiben oder sich auf Ausstellungen mit ihrem Vierbeiner gekonnt präsentieren (Junior Handling).
- Manches, was Erwachsene im Umgang mit Hunden tun, ist für Kinder nicht durchschaubar und erklärungsbedürftig. Deshalb muß man aufpassen, daß sie nicht Ihre Erziehung des Hundes durch »erziehen spielen« durcheinanderbringen und womöglich ad absurdum führen.
- Auch wenn das Zusammenleben mit Kindern bestens funktioniert und alle ein Herz und eine Seele sind, so muß man doch achtgeben, wenn fremde Kinder zu Besuch sind – damit sie sich nicht falsch benehmen, den Hund quälen, ihm falsches Futter zustecken usw. Fremde Kinder macht man mit dem Hund ganz ruhig bekannt und läßt vor allen Dingen den Hund und die Kinder nicht unbeaufsichtigt.
- Gehen Sie lieber mit dem Hund spazieren, wenn es auf Kindergeburtstag oder -party hoch hergeht. Er mag Lärm überhaupt nicht.
- Vorteilhaft ist es, wenn Eltern bereits Erfahrungen mit Hunden haben, bevor ein Kind dazukommt.
- Achten Sie stets darauf, daß der Hund in der Rangordnung immer unter dem Kleinkind stehen muß. Der Hund hat z. B. für das Kind den Platz auf dem Sofa zu räumen.
- Sobald das Kind dazu in der Lage ist, soll es den Hund bereits

mit kleinen Aufgaben beschäftigen (z. B. Apportierspiele), die seine überlegene Rangposition deutlich machen.

- Vermeiden Sie (Spiel-)Situationen zwischen Kind und Hund, die dem Hund das Gefühl geben, im Rang höher als das Kind zu stehen (z. B. Rempeleien, Hund gewinnt immer beim Zerren an einem Lappen usw.).
- Vor allen Dingen ist es wichtig, daß man Heranwachsende in die Pflege des Hundes mit einbezieht.
- Achten Sie darauf, daß Kinder den Hund nicht abküssen oder -lecken, sich vor dem Essen die Hände waschen und ihre Nahrung nicht mit dem Hund teilen. Ansonsten stellen gesunde Hunde kaum eine gesundheitliche Gefahrenquelle für Kinder dar.

Regeln für Kinder (und Erwachsene)

- Hunde sind anders als wir und können noch wie ihre Vorfahren, die Wölfe, reagieren – besonders wenn sie sich in die Enge gedrängt fühlen oder erschrecken. Dann drohen sie (sie knurren, blecken die Zähne, sträuben das Rückenfell, legen die Ohren zurück) und könnten zuschnappen oder beißen. Nicht nur große, auch die kleinsten sind richtige Hunde, die wie die Großen reagieren.
- Hunde könnten es als Bedrohung empfinden, wenn man einen Stock schwenkt oder etwas wirft, weil sie möglicherweise geschlagen worden sind oder schlechte Erfahrungen gemacht haben. Wenn ein fremder Hund auf euch zugelaufen kommt, bleibt ruhig stehen und laßt euren Stock, Federballschläger usw. fallen.
- Schlage nicht aus Angst einen Hund, der an dir schnüffeln will, sondern bleib ruhig.
- Erschrecke Hunde nicht mit Geschrei und wildem Gestikulieren. Bedrohe und beschimpfe sie nicht.
- Starre einem Hund nie direkt in die Augen. Hunde können dies als Drohung empfinden. Am besten schaust du am Hund vorbei oder über ihn hinweg.
- Hunde verfolgen gerne etwas Flüchtendes, weil das dem Verfolgen von Beute ähnelt. Bleib also stehen und laß dich beschnuppern, wenn ein Hund auf dich zugelaufen kommt. Wenn du wegläufst, würde er hinterherlaufen und vielleicht versuchen, dich festzuhalten.
- Das gleiche gilt beim Joggen, Fußballspielen und Fahrradfahren.

Steige so vom Fahrrad ab, daß das Rad zwischen dir und dem Hund ist, und warte ab, bis er sein Interesse an dir verliert.

- Streichle nie einen Hund, ohne seinen Besitzer vorher zu fragen – auch wenn der Hund noch so freundlich oder lustig aussieht. Er könnte schlechte Erfahrungen mit Kindern oder Erwachsenen gemacht haben und deine Annäherung als Drohung empfinden. Es gibt auch Hunde, die sich nicht von Fremden anfassen lassen mögen. Verzichte auf das Streicheln oder Spielen, wenn kein Erwachsener dabei ist.
- Hunde wollen mit ihren spitzen Zähnen etwas festhalten. Beim Spiel mußt du darauf achten: Versuche nie, deine Hand oder den Arm wegzuziehen, wenn der Hund sie spielerisch festhält. Zeige ihm mit »Au!«, »Aus!« oder »Pfui!«, daß er loslassen soll. Eines dieser Kommandos wird er kennen. Komme den Zähnen lieber gar nicht erst zu nahe.
- Wirf dich nicht vor einem Hund auf die Erde, um mit ihm zu rangeln. Wenn er über dir steht, denkt er, daß er dir überlegen ist.
- Hunde muß man gut behandeln. Versuche nicht, sie festzuhalten, schreie sie nicht an, schlage sie nicht, bestrafe sie nicht, nekke oder ärgere sie nicht. Ziehe sie nicht am Schwanz (Rute). Der Hund zeigt mit diesem wichtigen Körperteil an, wie er sich fühlt. Kein Hund liebt es, daran gezogen zu werden. Trittst du darauf, kann er erschrecken und in seiner Not nach dir schnappen.
- Akzeptiere, wenn der Hund sich nicht streicheln lassen oder nicht spielen will. Er kann sich auch mal schlecht fühlen oder müde sein.
- Störe den Hund nicht beim Fressen und versuche nie, ihm seinen Napf oder Kauknochen wegzunehmen. Sein Essen verteidigt jeder!
- Auch das Sprichwort »Wecke keine schlafenden Hunde« hat seine Bedeutung. Sie würden sich auch in diesem Fall zur Wehr setzen.
- Hunde leiden unter Lärm. Du solltest das Radio leise stellen, wenn ein Hund dabei ist. Spielzeugrevolver oder Silvesterraketen, die Krach machen und stinken, tun einem Hund richtig weh, weil seine Ohren und die Nase so empfindliche Organe sind.
- Gehe nur in Begleitung eines Erwachsenen mit einem Hund spazieren. Es kann zu viel passieren.
- Versuche nie, raufende Hunde zu trennen; du könntest schlimm gebissen werden. Hole Erwachsene zu Hilfe.
- Alle Hunde sind verschieden. Je nachdem, welche Erfahrungen sie gemacht haben, freuen sie sich oder sind mißtrauisch oder gar

aggressiv, wenn du mit ihnen spielen willst. Sei deshalb immer vorsichtig, gehe kein Risiko ein und frage den Besitzer, ob du mit seinem Hund spielen kannst.

Du siehst: Es ist wichtig, daß Hunde mit Kindern gute Erfahrungen machen, damit auch Kinder mit Hunden gute Erfahrungen machen können.

Im Wechselspiel der Gefühle

Da lebt ein Single tagein, tagaus innig mit seinem Hund – für den Vierbeiner eine harmonische Ordnung, in der er seinen unbestrittenen Platz hat und sich hundewohl fühlt. Er ist die absolute Nummer eins beim Menschen und hat viele Privilegien, die er auch sehr genießt.

Plötzlich platzt in diese ungetrübte Zweierbeziehung von einer Stunde auf die andere ein Fremder, der auf einmal – noch vor dem Hund – die heißgeliebte Nummer eins beim Menschen sein will, ohne besonders Rücksicht auf den so in der Rangordnung zurückgestuften Partner Hund zu nehmen.

Nichts ist mehr so wie früher. Runter von der Couch, raus aus dem Bett, dann die laute Musik, der Qualm und der fürchterliche Geruch eines fremden Duftwassers – der Hund ist verstört. Je nach Prägung, Erziehung und Charakter sieht er sich plötzlich gezwungen, seine Position zu verteidigen.

Wenn jetzt der Mensch nicht richtig handelt, wehrt sich der Hund – entweder durch Aggression dem »Eindringling« gegenüber oder durch Protesthandlungen, indem er z. B. die Wohnung markiert oder etwas zerstört, um die Aufmerksamkeit wieder auf sich zu richten. Die erhält er zwar, handelt sich aber Schelte ein, was ihn noch mehr verstört und verunsichert. Er wird neurotisch. Kurzum, der Hund leidet, wenn nicht rechtzeitig gegengesteuert wird.

Seit in unserer Gesellschaft manche Menschen ihre Lebenspartner häufiger als ihre Hunde wechseln (Hunde können 15 Jahre und älter werden), häufen sich auch die Klagen verunsicherter Hundebesitzer, die sich das ungewöhnliche Verhalten ihres Vierbeiners überhaupt nicht erklären können. Zumal die oder der Neue doch so nett und auch stets freundlich zum Mitkonkurrenten um die Gunst des oder der Angebeteten ist.

Vorsicht ist aber dann geboten, wenn sich jemand, nur um der Bekanntschaft willen, dem Hund gegenüber verstellt. Unsicherheit und Antipathie erkennen Hunde an Gesten, der Stimmlage, auch an Körpergerüchen (die Angst des Menschen kann der Hund riechen). Und sie werden entsprechend reserviert und mißtrauisch reagieren.

Ist der Hund an Besucher im allgemeinen gewöhnt, wird er, solange es bei Besuchen bleibt, auch nichts Bedrohliches dabei finden. Denn gut erzogene Hunde akzeptieren alle Besucher, die von ihren Rudelführern eingelassen werden.

Soll der Hund aber plötzlich dauerhaft mit einem Fremden teilen, so hat es der »Eindringling« leichter, wenn er selbst mit Hunden umzugehen weiß, sie schätzt und gern hat. Anderenfalls muß der erste Kontakt über das Beschnuppern (am besten auf neutralem Boden, z. B. bei Spaziergängen und gemeinsamem Spiel) erfolgen. Dabei wechseln die Rollen: Der bisherige Rudelführer überläßt die Leine auch mal dem anderen. Man bandelt sozusagen mit dem Hund an. Kleine Übungseinheiten (Unterordnung) werden gemeinsam gemacht, und das Lob und die Belohnung erfolgen durch den »Neuen«. Dies fördert das Kennenlernen und die Akzeptanz, und dem Vierbeiner wird dabei klar, daß das neue Rudelmitglied im Rang über ihm steht. Zu Hause kann der Neue auch Wasser und Futter reichen, was dem gleichen Zweck dient.

Einige Regeln erleichtern das Zusammenwachsen:

- Richtig bekannt machen, so daß der Hund mit der neuen Person etwas Positives verknüpfen kann.
- Der Hund soll nicht in seiner Ordnung gestört werden und keine Privilegien verlieren.
- Der Neue soll dem Hund nichts erlauben und ihn nicht zu etwas auffordern, was sonst nicht gestattet war (z. B. aufs Sofa lassen, vom Tisch füttern usw.).
- Solange die Rangordnung noch nicht feststeht, soll der Neue nicht versuchen, dem Hund Kommandos zu geben, und ihn nicht maßregeln. Dies dient weder dem Hund noch der Beziehung. Der Hund wird erfahrungsgemäß das Kommando ignorieren, der Mensch könnte die Befolgung auch nicht durchsetzen, und somit würde sich der Hund darin bestätigt fühlen, daß er in der Rangfolge über dem neuen Familienmitglied steht.
- Man muß die Rangordnung liebevoll und mit Verstand regeln, nicht etwa mit verbaler oder nonverbaler Gewalt, weil es sonst schiefgeht (also möglichst viel gemeinsam unternehmen, im

Spiel und im täglichen Leben die Rudelordnung praktizieren und im Wechsel mit dem bisherigen Rudelführer Aufgaben ausführen lassen).

Eifersuchtsbedingte Probleme gibt es kaum, wenn das Hundeleben im bisherigen Stil mit der festgefügten Ordnung und Streicheleinheiten weiterläuft. Probleme entstehen nur dann, wenn die Rangordnung nicht geklärt ist. Der Hund darf, wenn die »Dreiecksbeziehung« gutgehen soll, in der Rangordnung nicht zwischen den Menschen stehen!

Wenn auch beim nächsten Partner immer alles anders wird, so sollte auf den Hund besondere Rücksicht genommen werden, vor allen Dingen dürfen Beziehungsprobleme nicht auf seinem Rücken ausgetragen werden. Und der Hund soll keine bleibenden schlechten Erfahrungen mit einem Partner machen, weil er sonst zum Problemhund werden könnte.

Wenn der neue Partner ebenfalls einen Hund oder gar eine Katze mitbringt, muß man die Tiere, wie auf Seite 161 beschrieben, aneinander gewöhnen.

Lieber Besuch und Handwerker

Hundefreunde haben draußen viele Kontakte, aber Freunde und Besucher machen sich manchmal rar, wenn ein mächtiger Hund im Haus ist. Handwerker sind ebenfalls nicht begeistert, wenn ihnen ein Hund nicht geheuer erscheint. Aber auch Hunde haben ihre Probleme mit Gästen aller Art, wenn sie unvorbereitet damit konfrontiert werden und es nicht gewohnt sind, drinnen mit vielen Menschen zusammenzukommen.

Muß der Hund bei jeder Gelegenheit weggesperrt werden, weil er sich wie wild gebärdet, so stellt dies sowohl für den Vierbeiner als auch für seine Besitzer eine Belastung dar. Der Hund wird dann von mal zu mal noch wilder reagieren, weil er ganz schnell lernt, daß er immer weggesperrt wird, wenn Besuch kommt. Dabei handelt der Vierbeiner nur nach einem Urinstinkt, wenn er etwas gegen Eindringlinge in das Territorium seines Rudels hat. Gegebenenfalls wird er es auch mit den Zähnen verteidigen wollen.

Im Menschen entstehen zwiespältige Gefühle: Einerseits soll der Hund wachsam sein und im Notfall auch sein Rudel verteidigen, andererseits soll er ruhig bleiben, wenn Besucher oder Handwerker sich ankündigen. Für den Hund ist zunächst nicht erkennbar, daß es solche und solche Besucher gibt. Da hilft nur eines: der Besitzer muß dem Vierbeiner zeigen, was er im Einzelfall zu tun oder zu lassen hat. Dabei wird das bereits Gelernte angewendet: Wildes Kläffen wird mit dem Kommando »Still« unterbunden, dann muß der Hund »Platz und bleib« machen, denn so kann er nicht herumtoben.

Der Hund lernt dabei, daß er solche »Revier-Eindringlinge« zu akzeptieren hat, die sein Rudelführer freudig begrüßt und die diesem willkommen sind. Hat der Hund gute Manieren erlernt, darf er unter Aufsicht auch die Besucher begrüßen und beschnuppern, aber nicht an ihnen hochspringen (siehe Seite 299).

Sagen Sie Ihrem Besuch aber auch, daß Füttern stets nur durch Sie und über den Napf erfolgt. Ansonsten darf der Hund während der Besuchsdauer auch Hund bleiben, das heißt, daß er seinen Gewohnheiten nachgehen kann und niemand versucht, gegen seinen Willen etwas mit ihm zu tun. Dies können besonders Kinder manchmal schlecht akzeptieren.

Auf eines gilt es trotz aller Freundschaft zu achten: Daß der Hund nicht mit dem Besuch allein ist.

Wenn der Hund einmal im Weg ist, weil z. B. Handwerker im Haus sind, sollte man ihn nicht in den Keller verbannen. Ein Familienmitglied geht besser mit ihm spazieren oder zieht sich in einen ungestörten Raum zurück.

Haben die Besucher selbst einen Hund, den sie mitbringen, so ist es wichtig, daß die Hunde sich bereits von neutralen Plätzen her gut kennen, weil im eigenen Revier besonders Hündinnen anders als gewohnt reagieren und unter Umständen den Gast nicht sehr gastfreundlich begrüßen. Das Entsprechende gilt natürlich, wenn man selbst irgendwo mit seinem Hund eingeladen ist.

Hund und Katz vertragen sich

Vorurteile halten sich lange. Fragt man Menschen, was Hunde am meisten hassen, folgt die Antwort auf dem Fuß: »Katzen.« Auch Sprichwörter haben ihren tiefen Sinn, wenn es da heißt: »Sie sind wie Hund und Katz.«

Das kommt daher, daß Katzen den Jagd- und Beutetrieb eines

n kinderlieber Familienhund soll es sein.

Mit Hunden bleibt man selten allein.

VDH werden nur wesensfeste Hunde zur
cht zugelassen – hier wird die Gelassenheit
Gedränge geprüft (auch bei »Überraschungen«
Scheppern und Schirm aufspannen).

Schon beim Züchter sind viele Kontakte, auch mit Kindern, wichtig.

Beim Ein- und Aussteigen warten Hunde au das Kommando. Das Gitter im Fenster sorgt für Sicherheit und frische Luft.

Gute Züchter gewöhnen ihre Welpen auch ans Autofahren.

Besonders nützlich ist das Welpentraining in der Gruppe.

Richtiges Hundeverhalten lernen Welpen am besten von ihren Artgenossen.

Hunde brauchen ihre Spiele.

Freunde fürs Leben – alles nur Gewöhnung.

Gemeinsam macht das Leben Spaß.

Welpen lernen schnell – auch, andere Tiere zu respektieren.

Je mehr Kontakte der Welpe zu anderen Tieren hat, umso weniger Probleme wird es geben.

ominanzmarkieren – je höher, desto besser.

Gut sozialisierte Hunde haben keine Probleme im Umgang miteinander.

Hunde im Schnee – Tag für Tag braucht der Vierbeiner aufs neue Bewegung und Umweltreize.

Zwei Hündinnen, die sich verstehen.

Grasfressen ist für alle Hunde wichtig.

Leckeres vom Tisch macht dick.

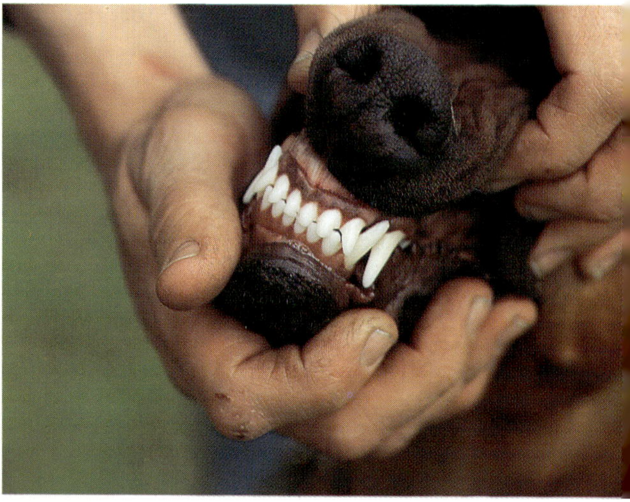

Problemlos Zähne zeigen muß man schon von klein auf üben.

Im Wartezimmer sollten die Patienten nicht so eng beieinander sitzen müssen.

Gemeinsamer Sport ist Erziehung ohne Drill.

Auslauf ist wichtig, aber solche Schilder muß man respektieren.

Abgase sind giftig, deshalb wartet der Hund so weit hinten wie möglich.

Tellington TTouch kann man lernen – am besten direkt von Linda Tellington-Jones.

„Das Beste für meinen Hund" – Tellington TTouch und TTEAM-Arbeit.

Wer als Kind soviel Liebe erfährt, wird immer Tiere lieben.

Trauer darf sein.

Hundes wachrufen, wenn sie vor ihm weglaufen. Läuft ein Hund anfangs noch spielerisch hinterher, so kann dies zum beliebten Sport ausarten (Hunde sehen Katzen leider oft als lebendiges Sportgerät oder Beute), um überschüssige Kraft und aufgestaute Langeweile auszuleben – besonders, wenn Menschen dies noch fördern und Hunde auf Katzen hetzen. Auf Raubzeug scharf gemachte Hunde können Katzen sogar töten.

Diesen üblen Spaß betreiben auch Hunde, die sonst friedlich und liebevoll mit einer Katze unter einem Dach zusammenleben. Besonders auf Bauernhöfen ist ein harmonisches Miteinander gang und gäbe. Manche Hunde allerdings, die schlechte Erfahrungen mit Katzen gemacht haben, werden, wenn man sie nicht daran hindert, jeder Katze den Garaus machen.

Es gibt aber auch Katzen, die aufgrund ihrer Erfahrungen keine Angst mehr vor Hunden haben und auf jeden losfahren, der sich in ihrer Nähe zeigt.

Im Zusammenleben, beim täglichen Miteinander kann es immer einmal zu Mißverständnissen kommen, weil die Tiere aus unterschiedlichen Familien stammen. Sie sprechen daher buchstäblich eine unterschiedliche Sprache.

Schnurrt eine Katze z. B., so kann dies für den Hund wie Knurren klingen oder umgekehrt. Peitscht eine Katze unruhig, aufgeregt oder gar gereizt mit ihrem Schwanz, so glaubt der Hund, sie wäre so gut gestimmt wie er, wenn er mit dem seinen wedelt. Selbst das Abwehrverhalten mit der krallenbewehrten Vorderpfote kann der Hund als Spiel auffassen – zumindest bis er merkt, daß Katzenpfoten durchaus schmerzen können.

Wirft sich eine Katze auf den Rücken, um sich mit Krallen und Zähnen verteidigen zu können, faßt dies der Hund als Signal der Unterwerfung bzw. als Demutsgeste auf und wird u. U. den Krallen zu nahe kommen. Dabei kann er sogar das Augenlicht verlieren.

Nach einiger Gewöhnungszeit sind es meistens die Hunde, die die »Fremdsprache« schnell erlernt haben und richtig zu deuten wissen, um dann ewige Freundschaft mit der Katze zu schließen.

Aneinander gewöhnen

Für den Menschen, oft aber auch für die beteiligten Tiere, ist das Zusammenfinden ein Erziehungs- und Gewöhnungsprozeß. Am problemlosesten und schnellsten funktioniert es, wenn beide im Welpenalter ins Haus kommen. Sie begegnen sich mit aller Naivität und Unschuld von Kleinkindern, die ihre Erfahrungen aus dem Leben heraus machen dürfen.

Auch wenn eine Katze schon lange im Haus ist, läßt sich ein Hundewelpe noch integrieren. Bei einem erwachsenen Hund mit Hausrecht kommt es darauf an, welche Erfahrungen er schon mit Katzen gemacht hat. Die erste Begegnung sollte immer gezielt vorbereitet werden, um bleibende Irritationen auszuschließen.

Ein Katzenbaby akzeptiert der Hund, wenn man ihn über den Geruch und das Miauen sowie Vorzeigen schrittweise damit bekanntmacht. Dabei hält man das Kätzchen so in der Hand, daß es dem Hund sein Hinterteil zukehrt. Das findet der schnuppernde Hund sowieso viel interessanter als die Vorderfront. Drohstarren und spitze Krallen würden das Zueinanderfinden auch nicht fördern.

Dann zeigt man beide einander im Schlaf, so daß für jeden erkennbar ist, daß der andere – zumindest im Schlaf – friedlich ist.

Dann können sich die beiden unter Aufsicht begegnen. Sträubt der angeleinte Hund das Fell, knurrt er oder scheucht und schnappt er sogar nach der Katze, so wird er mit einem deutlichen »Naaah« und einem leichten Leinenruck zur Ordnung gerufen. Hat er sich beruhigt, ist eine Belohnung und ein Lob fällig. Tun Sie alles mit dem Hund wie gewohnt, zeigen Sie ihm aber beharrlich – immer wieder, wenn es sein muß –, daß er den neuen Hausgenossen zu akzeptieren hat, bis er es letztendlich hinnimmt, daß die Meute um ein Mitglied größer geworden ist.

Anfangs muß man immer noch ein wachsames Auge auf die ungleichen Partner haben, wenn man sie miteinander Kontakt aufnehmen läßt, denn ganz kampflos wird kaum ein Hund der Katze das Feld überlassen. Ganz wichtig ist es, sie getrennt zu füttern, denn keiner der Beteiligten läßt es zu, wenn sich der andere an seiner Nahrung bedient. Stellen Sie den Katzennapf so hoch, daß der Hund ihn nicht erreichen kann.

Haben sie erst einmal angefangen, miteinander zu spielen, ist das Eis gebrochen. Unbeaufsichtigt sollte man Hund und Katze aber so lange nicht lassen, bis die Katze, sich ihrer Körperlichkeit bewußt, sich gegen zu ungestümes Vorgehen des Hundes wehren kann.

Ausgesprochen problematisch kann es werden, wenn man um jeden Preis zwei erwachsene Tiere aneinander gewöhnen will und diese schlechte Erfahrungen mit der anderen Art gemacht haben oder weder beim Züchter noch bei ihren Vorbesitzern mit der anderen Tierart zu tun hatten. Um so schwerer fällt es dann, dem anderen kampflos das Feld zu überlassen. Da kann es unter Umständen besser sein, auf ein zweites Tier zu verzichten.

Der Hund und andere Tiere

Für das Vergesellschaften von Haus- und Heimtieren untereinander gilt ein Grundsatz: Man muß sie alle erst aneinander gewöhnen. Häufig stellen die einen Heimtiere die natürliche Beute des anderen dar, z. B. bei Zwergkaninchen und Hund.

Deshalb sind Vorsicht, Sachverstand und Einfühlungsvermögen nötig, wenn man solche Tiere miteinander pflegen möchte. Es gelingt am besten, wenn man versucht, sich in die Lage und das Verhalten der Beteiligten hineinzuversetzen. Patentrezepte gibt es leider nicht.

Natürlich gewöhnen sich die Tiere problemloser aneinander, wenn sie während ihrer Prägungs- und Sozialisierungsphase bereits mit anderen Tieren in Kontakt gekommen sind. Dies gilt natürlich auch für alle Tiere, denen man draußen begegnet. Andere Tiere sollen für den Hund grundsätzlich tabu sein. Auch wenn man sich halb totlacht, wenn ein Hund hinter einem Eichhörnchen her ist und im Eifer vergißt, daß er nicht auf den Baum hinaufkommt – solche Eskapaden untergraben das ganze Erziehungskonzept. Er muß das Eichhörnchen in Ruhe lassen!

Beim Hund läuft das Kennenlernen überwiegend über seinen phantastischen Geruchssinn ab. Seine Nase zeigt ihm, ob er ein Lebewesen schon kennt oder ob er ihm zum erstenmal begegnet. Bevor die Tiere sich sehen, sollten sie sich bereits gut riechen können. Deshalb erfolgt der erste Kontakt über einen Geruchsträger oder Geruchsvermittler. Das kann eine Decke oder etwas Einstreu sein, die man dem Hund neben oder in sein Lager legt.

Als Mittler können auch unsere Hände dienen: Zuerst streichelt man den einen Beteiligten und hält die Hand dem anderen vor, damit dieser Geruchskontakt aufnehmen kann, dann verfährt man umgekehrt. So kann die Vertrautheit mit dem Geruch des anderen wachsen. Der nächste Schritt ist das Zeigen des schlafenden Tieres, um anschließend unter beruhigendem Zureden, das der Hund über den Klang einordnet, die Bekanntschaft zu vertiefen. Keiner der Beteiligten soll sich erschrecken oder gar mit panischer Flucht reagieren müssen.

Beim Welpen ist darauf zu achten, daß er nicht aus Spiellust andere Mitbewohner angeht und dabei Reaktionen heraufbeschwört, die ihn sein ganzes Leben lang negativ beeinflussen könnten.

Beim Hund wird ein mögliches Verbellen mit den üblichen Kommandos unterbunden. Man spricht ruhig auf die Tiere ein und beobachtet, was geschieht. Ist man mit dem Ergebnis zufrieden, das heißt, ist die Neugierde schnell befriedigt, so wird allseits gelobt und belohnt. So entstehen für beide Seiten positive Verknüpfungen.

Auch wenn keinerlei Aggressionssignale mehr zu beobachten sind und man glaubt, daß die Kontakte problemlos ablaufen, darf man sich nicht zu sicher sein, daß nichts mehr passieren kann. Man läßt den Hund mit anderen Tieren nicht allein! Unter Aufsicht kann sich eine dauerhafte ungetrübte Freundschaft entwickeln.

Schon mit dem Welpen wird mehrmals ein Bauernhof besucht, auf dem er mit anderen Tieren (Hühnern, Gänsen, Kühen und Pferden) Bekanntschaft machen kann. Zuerst geht man mit dem angeleinten Hund durch die Ställe und läßt ihn ausgiebig schnüffeln. Dann darf er in Ruhe jedes Tier betrachten. Dabei spricht man ruhig auf ihn ein und unterbindet jegliche aggressionsverdächtige Handlung mit dem entsprechenden Kommando. So lernt der Hund, sich zu benehmen, lernt ohne Angst andere Tiere kennen und weiß, daß diese trotz Fluchtreaktionen keine Beute für ihn sind. Wer die Gelegenheit hat, sollte dies möglichst oft wiederholen, denn mit einmal ist es oft nicht getan.

Dort, wo es viele Schafe gibt, muß man genauso verfahren: mit dem Schäfer sprechen und vor Ort am Pferch einfach ruhig warten und dem Hund gut zureden, bis dieser, nachdem er gemerkt hat, daß da für ihn nichts zu »holen« ist, von alleine wegstrebt – oft mit einem Gesichtsausdruck wie: »Denen wollte ich ja sowieso nichts, die sind ja so langweilig.«

Der Zweithund

Hunde als Rudeltiere orientieren sich notgedrungen am Menschen als Rudelersatz. Sie sind demjenigen, der sie hegt, pflegt und nährt, am meisten zugetan und sehen in ihm häufig ihren Rudelführer.

Auch wenn sich der Mensch voll dem Hund widmen kann, ist er zwar hoch geschätzt, aber trotz alledem nur »Hundeersatz«. Zu viele Dinge, angefangen von der verbalen und nonverbalen Kommunikation bis zum gemeinsamen Tun (schnüffeln, typische Hundespiele machen, buddeln, raufen, rennen oder jagen), unterscheiden ihn von einem richtigen Hund. Wer daran zweifelt, der sollte sich einmal bei einem Hundetreffen umsehen – da steht man wirklich als »Ersatz« im Abseits – soviel Spaß und Freude, wie Hunde zusammen haben können, kann man dem heißgeliebten Vierbeiner nie bieten.

Dadurch taucht automatisch die Frage auf, ob ein zusätzlicher Hund nicht des Pudels Kern wäre. Wenn man sich aber umhört, vor allem dort, wo es so richtig »hundelt«, spürt man sofort: Es gibt zwei Lager. Der Meinungsstreit um den Zweithund reicht von überzeugter Ablehnung bis hin zur hellen Begeisterung. Das resultiert aus den völlig unterschiedlichen Erfahrungen, die die Menschen bei der Haltung von mehreren Hunden gemacht haben. Weil Pro und Kontra sich die Waage halten, gibt es kein Patentrezept für eine solch schwerwiegende Entscheidung.

Ersthundebesitzer sollten sich mit dieser Frage erst dann auseinandersetzen, wenn sie schon so viel Erfahrung mit ihrem Vierbeiner haben, daß sie die folgenden Kriterien einschätzen können.

Gegen einen Zweithund spricht:

- Die Kosten für Ernährung, Steuer und Tierarzt erhöhen sich.
- Es wird noch mehr Platz benötigt, außer bei Kleinstrassen (berücksichtigen Sie auch das zweite Lager und die getrennt stehenden Näpfe).
- Es gibt mehr Schmutz im Wohnbereich, auch mehr Ausscheidungen.
- Erziehungsarbeit an zwei Hunden ist für eine Person manchmal schwierig, wenn nicht gar unmöglich, weil u. U. ein Hund gelobt und der andere zur selben Zeit korrigiert werden muß.
- Zwei Welpen aus einem Wurf benötigen nicht nur viel Erfahrung, sondern auch ständigen Einsatz. Kaum hat sich der eine gelöst, muß der andere raus.
- Ein älterer Hund gibt nur ungern Privilegien an den Neuen ab.
- Es ist schwierig, bei zwei Hunden gleichzeitig konsequenten Gehorsam durchzusetzen.
- Bei gleichgeschlechtlichen Hunden wird nach Erreichen der Geschlechtsreife eine Auseinandersetzung um die Rangordnung stattfinden. Das kann bis zum Beschädigungskampf gehen. Zwingerbesitzer und Züchter können davon ein Lied singen.
- Bei einer paarweisen Haltung stellt die Läufigkeit ein Problem dar. Man muß eines der Tiere räumlich getrennt unterbringen, viele Kilometer weit entfernt. Selbst dann wird der Rüde versuchen auszureißen, um zu seiner heißen Hündin zu gelangen.
- Beim Spaziergang mit einem Pärchen kann es bei jeder Hundebegegnung knistern.
- Manche Menschen sind enttäuscht, wenn *ihr* Hund, nachdem der »neue« im Haus ist, sein Interesse und seine Zuneigung plötzlich aufteilt.

- Beim Spaziergang können selbst gut erzogene Hunde sofort zur Meute werden, wenn bei einem der Jagdtrieb durchbricht. Einer treibt, und der andere schneidet dem Gejagten den Weg ab.

Für einen Zweithund spricht:
- Man steht nicht plötzlich ohne Hund da, wenn der erste Hund altert und womöglich stirbt. Für einen sehr alten Hund, der schon vergreist, ist es aber eine Zumutung, wenn er plötzlich mit einem Welpen zusammenleben soll!
- Für ältere Hunde, die im Herbst ihres Lebens stehen, können Welpen wie ein Jungbrunnen wirken.
- Bei berufsbedingter Abwesenheit des Menschen ist es für zwei Hunde nicht so öd und langweilig. Obwohl Hunde die Wartezeit meistens verdösen, fühlen sie sich wohler und vertreiben sich auch gemeinsam die Zeit, bis ihr Mensch zurückkommt, was Videoaufzeichnungen bewiesen haben.
- Zwei Hunde lernen ständig voneinander, der ältere Hund erzieht den jüngeren.
- Zwei Hunde ergänzen sich, sie dienen einander als Sozialpartner (Spielkumpan).
- Zwei Hunde können sich auch dahingehend ergänzen, daß zu einem kleineren, wachsamen ein imposanter, großer Vierbeiner kommt, der dem Menschen mehr das Gefühl des Schutzes vermittelt.
- Viele Menschen glauben, daß ihrem Hund nach menschlichem Ermessen nichts fehle und er glücklich sei. Sie werden aber feststellen, daß er erst wirklich glücklich ist, wenn er mit einem anderen Hund zusammen ist.

Wer glaubt, zwei Hündinnen oder zwei Rüden würden sich besser miteinander vertragen, der kann schnell eines Besseren belehrt werden, wenn – meist nach Eintritt der Geschlechtsreife – ein erbitterter Rangordnungskampf einsetzt. Diese Auseinandersetzung kann sich nach einiger Zeit wiederholen, wenn der Unterlegene das Ergebnis nicht auf Dauer anerkennen will. Auch Hündinnen demonstrieren dabei ihre ranghöhere Position durch gelegentliches Aufreiten.

Der Tip: Bei einer ernstlichen Auseinandersetzung niemals mit den Händen dazwischengehen. Hunde kennen in solchen Situationen kein Pardon, und sie scheinen so schmerzunempfindlich und blind vor Wut zu sein, daß selbst ein sog. Elektrostab seine Wirkung verfehlt. Ist man zu zweit, dann hilft es, wenn beide Personen zugleich an den Hinterbeinen der Streithähne ziehen. Am besten geht man mit einem Eimer Wasser dazwischen – auch wenn die Wohnung naß wird – und schubst den Eimer gleich hinterher. Das kühlt oft recht erfolgreich die Gemüter. Wenn es im Garten passiert, erzielt man mit einem Wasserschlauch die gleiche Wirkung.

Andererseits können zwei Hündinnen, wenn sie einmal die Rangordnung festgelegt haben, ein Herz und eine Seele werden. Man darf nur dieses Duell nicht übersehen, um rechtzeitig eingreifen zu können, damit sich keine lebenslange Feindschaft entwickelt.

Besser klappt es, wenn man einen Rüden und eine Hündin hält. Soweit man nicht züchten will, steht man aber über kurz oder lang vor der Frage, wen von beiden man kastrieren läßt. Wie schon erwähnt, ist es kaum auszuhalten, wenn bei einer heißen Hündin der ihr vertraute Rüde mit im Haus lebt. Zum anderen kann es für den Rüden ein Problem werden, wenn er seinen aufgestachelten Sexualtrieb nicht ausleben kann. So bleibt ihm oft nur, den Frust über Aggression abzubauen.

Bei der Pärchen-Kombination gibt es kaum harte Rangkämpfe. Meistens regeln beide bei den gemeinsamen Spaziergängen die Hierarchie, weil die unterschiedlichen Fertigkeiten und Fähigkeiten sich so ergänzen, daß Rangordnungskämpfe auch nicht mehr nötig werden. Als Besitzer hat man diese Rangordnung dann zu akzeptieren, auch wenn es schwerfällt, wenn der Liebling sich plötzlich in der unterlegenen Position findet.

Der Tip: Als zweiten Hund sollte man möglichst einen wählen, der sich in bezug auf Rasse, Größe, Geschlecht und Alter vom bereits vorhandenen unterscheidet. Je ähnlicher sich beide in den genannten Punkten sind, desto schwieriger kann sich das Zusammenleben in Hinblick auf die Rangordnung erweisen.

Den Neuling eingliedern

Ist der Neuling ein Welpe, so geht es am einfachsten – vorausgesetzt, er wurde gut geprägt. Wenn möglich, nimmt man den »Ersthund« zum Bekanntmachen mehrmals mit zum Züchter. Eine Decke, auf der der Neuling gelegen hat oder mit der man den Welpen etwas abgerubbelt hat, wird dem Alteingesessenen untergeschoben. Dies ist besonders bei Hündinnen wichtig, die den unbekannten Welpengeruch (der auch noch nach fremder Hündin duften kann) erst langsam akzeptieren müssen.

Unsere Hand spielt als Mittler zwischen den beiden Nasen wieder eine »tragende« Rolle. Wechselweise wird den Tieren damit der Duft des anderen »vorgehalten«. Es heißt nicht umsonst: »Den kann ich gut riechen.« Dann folgt Sicht- und Körperkontakt. Findet das erste Beschnüffeln auf einem neutralen Platz statt, dann sind die Voraussetzungen am besten. Draußen finden sich Hunde schneller miteinander zurecht als zu Hause im »Revier« des bisherigen Alleinherrschers.

Damit Eifersucht gar nicht erst aufkommt, gewöhnt man sich daran, bürsten, streicheln usw. beidhändig, möglichst gleichzeitig zu tun, damit sich keiner der beiden Hunde zurückgesetzt fühlt. Das ist besonders bei den Streicheleinheiten und beim Belohnen wichtig.

Wichtig ist, daß das Futter stets separat, für jeden in seinem eigenen Napf gereicht wird, damit es keinen Futterneid gibt und der Ranghöhere sich nicht über das Futter des anderen hermacht. Vor allem soll keiner das Futter bekommen, das der andere übrigläßt. Da Welpenfutter in der Regel gehaltvoller ist, darf es auch nur der Welpe essen. Sonst wird der andere zu dick.

Weil es äußerst schwierig ist, mit zwei Hunden zugleich zu arbeiten bzw. sie gleichzeitig zu erziehen, ist es gut, wenn eine zweite Person bereit ist, die Übungen mit einem der Hunde durchzuführen, so daß man parallel dieselben Übungen mit den gleichen Kommandos, vor allem mit dem gleichen Ziel, vornehmen kann.

Der Tip: Ist der zweite Hund kein Welpe, sondern ein erwachsener Hund, z. B. von Bekannten oder aus dem Tierheim, so gilt sinngemäß das gleiche. Die beiden sollten sich vor allem auf neutralem Platz kennenlernen und sich dann Schritt für Schritt aneinander gewöhnen. Nehmen Sie den Neuen erst zu sich ins Haus, wenn sich die Hunde draußen schon gut kennengelernt haben und sich offensichtlich mögen. Lassen Sie sie nie aus den Augen, solange noch der geringste Zweifel am Zusammenpassen herrscht.

Wenn Sie mit nur einem der beiden Hunde für einige Stunden oder Tage unterwegs waren, während der andere daheim geblieben ist, sollten sich die beiden bei der Rückkehr zunächst am besten draußen, außerhalb der Wohnung, wiedersehen. Wenn der zurückkommende Hund wie wild in die Wohnung stürmt, kann es beim Daheimgebliebenen zu Irritationen kommen.

Wenn für Sie zu vieles gegen die Anschaffung eines zweiten Hundes spricht, so bieten Sie ihrem Vierbeiner wenigstens so viele Kontakte mit Artgenossen wie nur irgend möglich!

Hundeernährung

Wasser

Zur optimalen Hundeernährung gehört auch bestes Wasser. Dieser lebenswichtige Stoff, der die physiologischen Vorgänge im Hundekörper mit steuert, wird über die Nahrung und beim Trinken aufgenommen. Die Wasserabgabe erfolgt über Harn, Kot, Schweiß (über die Fußballen), beim Hecheln über die Lungen und durch die Hautatmung.

Hunde trinken viel. Je mehr Trockenfutter sie zu sich nehmen, je höher die Umgebungstemperatur ist und je aktiver sie sind, desto mehr frisches Trinkwasser brauchen sie. Bei durchfallbedingtem Wasserverlust ist Trinken lebensnotwendig, genauso wie bei Fieber, Nierenerkrankungen, Zuckerkrankheit und Blutverlusten. Wenn Hunde nur 15% des Körperwassers verlieren, kann dies tödlich sein.

Deswegen muß immer genügend Frischwasser zur Verfügung stehen, das eine Temperatur von über 10°C haben sollte. Während der warmen Jahreszeit sollte der Wassernapf zweimal am Tag mit frischem Wasser gefüllt werden. Er muß aus Hygienegründen täglich mit heißem Wasser ausgespült werden.

Die Wasserqualität

Leider läßt die Trinkwasserqualität mancherorts immer mehr zu wünschen übrig. Besonders problematisch kann Trinkwasser aus hauseigenen artesischen Tiefbrunnen sein: der Nitrat-, Phosphat-, Biozid- und Eisengehalt sind oftmals zu hoch. Krankmachende Schadstoffe, z.B. Chlor, aber auch Kupfer fließen häufig aus den Wasserleitungen (Kupferleitungen, Zinkleitungen, vereinzelt auch noch Bleileitungen). Durch Schwermetallverbindungen kann es zu Stoffwechselstörungen kommen. Zu hohe Kupferkonzentrationen können die Nieren und die Leber schädigen (Kupfer reichert sich dort an).

Um den schädlichen Kupfergehalt und auch den Gehalt an anderen Schwermetallionen so gering wie möglich zu halten, empfiehlt es sich, den Wassernapf erst dann zu füllen, wenn aus der

Standleitung schon viel Wasser abgelaufen ist. Ein hoher Chlorgehalt kann auch durch Erhitzen aus dem Wasser entfernt werden. Anschließend abkühlen lassen!

Wenn bekannt ist, daß die Wasserqualität schlecht ist, z. B. wenn viel Nitrat (über 50 mg pro Liter) und andere Schadstoffe enthalten sind, kann man kohlensäurefreies (»stilles«) Mineralwasser geben, das natriumarm sein muß. Ebenso Wasser, das mit einem schadstoffreduzierenden Haushaltsfilter aufbereitet wurde. Ausdrücklich ist vor destilliertem Wasser zu warnen, weil es schadet.

Ebenso falsch wäre es, wenn man in dem Glauben, etwas besonders Gutes zu tun, Milch anbietet. Sie ist schwer verdaulich und kann durch den enthaltenen Milchzucker zu Verdauungsproblemen (Durchfall) führen.

Gleichermaßen gefährlich ist es, wenn Hunde ihren Durst draußen in der freien Natur aus Pfützen, Gräben oder Teichen (auch aus verschlammten Gartenteichen) löschen. Wasser ist ein hervorragendes Lösungsmittel. Deshalb können sich in diesen Gewässern Schmutz und vielerlei Giftstoffe befinden. Aus Feldern und Gärten landen auch Jauche und Spritzmittel in Lachen und Gräben.

Leider kommt es auch vor, daß Hunde nach dem Trinken aus stehenden Gewässern oder Altwässern großer Flüsse (Elbe, Weser, Rhein, Oder) an Botulismus erkranken. Die Ursache sind faulender Bodengrund und Bakterien, die auch durch Wassergeflügel verbreitet werden. Ernstzunehmende Anzeichen einer solchen Infektion sind Lähmungserscheinungen und ein deutliches Einknicken beim Gehen. In solch einem Fall sollte man sofort einen Tierarzt aufsuchen.

Wenn ein Hund Meerwasser trinkt, kann dies zum Erbrechen, aber auch zu Durchfall führen.

Der Tip: Damit der Hund nicht gezwungen ist, draußen ungenießbares Wasser zu trinken, sollte man immer frisches Trinkwasser in einer Wasserbox (Charly-Box) mitnehmen.

Vieles über Hundefutter

Wölfe sind keine reinen Fleischfresser, sondern als Laufraubtiere im weitesten Sinne Beutetierfresser, die von den erbeuteten Pflanzenfressern als erstes die Innereien (Magen- und Darminhalt samt

Pflanzenbrei) und nicht etwa nur Muskelfleisch aufnehmen. Sie fressen ihre Beute im wahrsten Sinne des Wortes mit Haut und Haar. So versorgen sie sich mit vielen Stoffen, die in reinem Muskelfleisch nicht enthalten sind.

Gleiches gilt auch für unsere Hunde. Sie verfügen über einen einzigen Magen und einen kurzen Darmtrakt. Sie schlingen übrigens, wie ihre Vorfahren, die Nahrung schnell in sich hinein, und manchmal kommt es vor, daß sie sie, wie die Wölfe, irgendwo an einem stillen Platz wieder erbrechen, um sie in aller Ruhe zu zerkleinern und noch einmal aufzunehmen.

Den Überschuß, also das, was nicht sofort gefressen werden kann, graben Wölfe ein, um nichts an Nahrungskonkurrenten zu verlieren – nicht etwa, weil es stinkend und angegammelt besonders gut schmeckt. Unsere Hunde tun es den Wölfen immer noch gleich.

Zugegebenermaßen haben unsere Haushunde nicht mehr die Möglichkeiten des Beuteerwerbes wie ihre Ahnen. Sie sind auf Gedeih und Verderb der Fürsorge ihrer Menschen ausgeliefert. Um so mehr ist man verpflichtet, für eine möglichst artgerechte Nahrungszusammensetzung zu sorgen. Die optimale Hundeernährung ist eine Investition für ein gesundes Hundeleben und eine hohe Lebenserwartung des Vierbeiners.

Es ist deshalb auch sehr wichtig, nicht einfach aus der Tradition heraus zu füttern, was einem gerade so in den Sinn kommt, sondern sich darüber zu informieren, was der Hund wirklich braucht.

Fachgeschäfte haben eine breite Palette von Hundefutter aller Art vorrätig. Manche Futterarten werden lose in einer sog. Futterbar angeboten. Dies hat einen Nachteil: Man weiß nicht, was im Futter steckt, weil die Inhaltsstoffe nicht angegeben sind. Auch fehlen Angaben über die enthaltene Energie und Darreichung. Dabei ist es so wichtig, daß man bei der Hundeernährung nichts dem Zufall überläßt. Darüber hinaus ist man als Verbraucher bei offener Ware nie sicher, ob sie auch sauber und frisch ist und von einem seriösen Hersteller stammt.

Hochwertiges Futter besteht aus der richtigen Mischung von Wasser, Eiweiß, Fett, Kohlenhydraten, Vitaminen, Spurenelementen und Ballaststoffen – in einer Form, die auch den Kauapparat beansprucht (obwohl überwiegend geschlungen wird), vor allem aber im ausgewogenen Verhältnis zusammengestellt und voll verdaulich, also gesund ist. Darauf kommt es ausschließlich an.

Die Nahrung versorgt den Organismus mit Energie und Nährstoffen, die auch Hunde brauchen, um die Körperfunktionen in

Gang zu halten – damit sie sich bewegen und etwas leisten können und um die Körperzellen aufzubauen und zu erneuern. Essen bedeutet also Energieaufnahme, Bewegung bedeutet Energieverbrauch. Energiezufuhr und Energieverbrauch müssen sich stets die Waage halten, damit unser Vierbeiner nicht verfettet.

Nicht alle Hunde haben aber die gleichen Ernährungsbedürfnisse: große und kleine, Welpen und Althunde, hart arbeitende (Hütehunde etc.), trächtige und säugende Hündinnen und Hunde, denen besondere Leistungen abverlangt werden (Jagd- oder Schlittenhunde) unterscheiden sich in ihren Bedürfnissen von dem Gros der erwachsenen Hunde, bei denen es nur den Erhaltungsstoffwechsel abzudecken gilt.

Wie schwierig die richtige Ernährung allem Anschein nach sein muß, zeigen die total fehlernährten Tiere, welche die Praxen der Tierärzte füllen. Dabei fällt auf, daß nicht nur erwachsene und Althunde, sondern bereits Welpen und Junghunde zu den Betroffenen gehören. Dabei gilt für die Hundeernährung der gleiche Merksatz wie für den Menschen: Wer zuviel oder Falsches ißt, wird dick und/oder krank. Solche Hunde sind oft nur noch mit hochpreisigem Medizinalfutter und Medikamenten am Leben zu erhalten.

Leider tragen manche Züchter und Hundebesitzer mit geradezu abenteuerlich anmutenden Rezepten zur allgemeinen Verunsicherung von Ersthundebesitzern bei. Da gibt es die Empfehlungen der Übersparsamen, Bequemen und völlig Unwissenden, die glauben, daß ein Hund nicht viel kosten dürfe, und diese Einstellung auch noch bedenkenlos verbreiten. Ihrer Meinung nach sollen Hunde vom Tisch oder mit Essensresten gefüttert werden. Gefährlich ist auch die Einstellung: »Bevor man übriggebliebene Essensreste wegwirft, soll sie besser der Hund fressen.«

Sie bedenken nicht, daß solches Futter, wenn es zu stark gewürzt ist, zu Allergien führen kann, völlig unausgewogen und auch schwer verdaulich ist. Man verweist dabei auf eigene Hunde, die damit angeblich gesund geblieben und uralt geworden sind. Hunde gewöhnen sich zudem so sehr an das Futter vom Tisch, daß sie zum nimmersatten Bettler werden.

Merke: Hunde sind keine Abfallverwerter, auch keine Küchenschweinchen!

Dann gibt es die »Frischfleischfanatiker« die das wölfische Erbe so verstehen, daß die Hunde als reine Fleischfresser alles roh und möglichst blutig fressen sollen, weil Fleisch und Blut den Hund erst »scharf« machen. Genauso halten diese Leute Knochen für unverzichtbar.

Dabei stellt das Verfüttern von rohem Fleisch und Schlachtabfällen eine erhebliche Gefahr dar. Mit rohem Fleisch (auch Fisch) aller Art können Krankheitserreger, z. B. Viren und Bakterien, aber auch Parasiten (Würmer) übertragen werden. Rohe Schlachtabfälle weisen, weil sie häufig zu lange liegen, einen hohen Keimbesatz auf.

Vor allem vor rohem Schweinefleisch muß gewarnt werden. Die Aujeszkysche Krankheit, die auch als Pseudowut bekannt ist und durch den *Herpesvirus suis* übertragen wird, ist eine tödliche Bedrohung, gegen die es keine Behandlung gibt. Bei der Fleischbeschau bleibt dieser Virus unbeachtet, weil er dem Menschen offensichtlich nicht schadet. Die Übertragung kann auch über rohes Rindfleisch erfolgen, besonders dann, wenn es mit denselben Geräten wie das Schweinefleisch in Berührung gekommen ist.

Die Inkubationszeit beträgt zwei bis neun Tage. Als erste Anzeichen sind vermehrter Speichelfluß, schaumiger Speichel, Schluckbeschwerden, Erbrechen und starker Juckreiz sowie zielloses Umherwandern und unruhiger, schleppender und unkoordinierter Gang zu beobachten. Später kommen noch Krämpfe und Lähmungserscheinungen durch Gehirn- und Rückenmarksentzündung hinzu. Manchmal werden befallene Tiere auch aggressiv. Leider gibt es dagegen noch keine Hilfe, der Hund ist verloren.

Der Tip: Niemals rohes oder halbrohes Fleisch verfüttern; auch dann nicht, wenn es von bester Qualität sein sollte.

Leider kann ein zu hoher Fleischanteil in der Nahrung auch zu Mangelerscheinungen führen, weil Kalzium und Phosphor fehlen. Außerdem kann ein »Fleischsyndrom« mit massiven Ekzemen und Fellschäden auftreten.

Andere Ratschläge kommen von Hundeköchen mit Fürsorgecharakter. Sie kaufen alles, von dem sie der Meinung sind, daß es ihren Vierbeinern bekommen könnte. Sie ekeln sich weder vor Schlachtabfällen wie Pansen (gereinigt oder ungereinigt, er enthält hin und wieder Fremdkörper und bläht stark) noch vor Euter und Innereien. Roh oder gekocht mögen Hunde dies ausgesprochen gerne. Vor dem Verfüttern von blutreinigenden Organen wie Leber (die stark abführen kann) und Nieren ist aber zu warnen, weil sie zu sehr mit Schadstoffen (Cadmium, Blei etc.) belastet sind.

Rinderherz als reines Muskelfleisch wird oft als Diätnahrung verwendet. Leider enthält es keinerlei Kalzium und Magnesium.

Als Ergänzung zum »Fleisch« wird noch die ganze Palette der Kohlenhydrate in Form von Getreide aller Art (leider oft zuwenig aufgeschlüsselt in Form von ungekochten Haferflocken) oder Nudeln (als wahre Kalorienbomben) dazugemischt. Je mehr davon im Trockenfutter enthalten ist, desto größer sind auch die Haufen.

Bedenklich vom Standpunkt der Verwertbarkeit und Verdaulichkeit ist auch rohes Gemüse, von dem insbesondere Kohl stark bläht und einen hohen Nitratgehalt hat. Die Verdauung des Hundes unterscheidet sich um einiges von der des Menschen! Damit nur nichts fehlt, meinen es diese Menschen noch besonders gut und geben zu dieser Mixtur Vitamin- und Mineralstoffpräparate en masse.

Es gab bei uns Zeiten, da wurden Hunde (und Menschen) schlechter ernährt und haben auch überlebt, könnte man jetzt meinen. Wie gesund diese Art der Ernährung wirklich ist, hängt von den Erfahrungswerten der Köche ab und vom Wissen um das Zusammenwirken der einzelnen Nähr- und Vitalstoffe. So kann es leicht zu Gesundheitsstörungen kommen, wenn zuwenig oder auch zuviel an Nährstoffen, Vitaminen und Spurenelementen gegeben wird. Zu bedenken gilt es auch, daß Vitamine durch helle oder zu warme Lagerung zerstört werden und, erst einmal verdorben, erheblich schaden können. Dies gilt vor allem für Lebertran. Auch beim Kochvorgang werden zu viele wertvolle Stoffe völlig denaturiert und zerstört, insbesondere Vitamine.

Zuwenig Kalzium und Phosphor in der Nahrung führen zu Rachitis und anderen Wachstumsstörungen (gestörte Skelettentwicklung). Zuviel Kalzium verhindert die richtige Knorpel- und Knochenreifung, die Knorpel können dann nicht richtig verknöchern. Vitamin- und Spurenelementezusätze sollten daher nicht ohne Absprache mit dem Tierarzt über einen längeren Zeitraum verabreicht werden. Sowohl ein Zuviel als auch ein Zuwenig können mehr schaden als nutzen!

Bei der Aufzucht großer Hunderassen ist die Gefahr der Überfütterung und des damit verbundenen zu schnellen Wachstums sehr groß, wobei es zur Überlastung des noch nicht gefestigten Skelettes kommen kann.

Leider wird von den Selberkochern auch außer acht gelassen, daß z.B. kleine Hunderassen im Verhältnis zu ihrem Körpergewicht mehr Eiweiß und Energie benötigen als große Hunde.

Selbstgekochtes Hundefutter muß also, damit es weder zu einer Fehlernährung noch zu einer Überernährung führt, sorgfältigst austariert und, damit es überhaupt von Wert ist, mit Ergänzungsfuttermitteln (beste Qualitätsfutterflocken) aufgewertet werden.

Weil das Selberkochen sehr viele Risiken birgt, etwas Gravierendes falsch zu machen, sollte man vor allem bei der Welpenernährung besser auf Fertigfutter zurückgreifen – zumal gute Züchter bis zur

Übergabe der Welpen aller Wahrscheinlichkeit nach Fertigfutter gegeben haben.

Bei der Welpen- und Hundeernährung darf man also nichts dem Zufall überlassen. Für alle, die noch unsicher sind, empfehle ich das Buch »Hundekrankheiten« von Dr. Helga Brehm, Seite 16 bis 23 (siehe Seite 316). Leider zeigen sich ernährungsbedingte Aufzuchtfehler oft zu spät, wenn der Hund schon über ein Jahr alt oder gar ausgewachsen ist.

Anforderungsprofil für optimales Hundefutter

Hunde fressen, genau wie wir, vieles gerne, was nicht unbedingt gesund sein muß.

Hundefutter muß daher die individuellen Nährstoffbedürfnisse der Tiere in ihrer jeweiligen Lebensphase und die Lebenssituation sowie den Gesundheitszustand berücksichtigen. Darüber hinaus muß es neben den verwertbaren, verdaulichen Nährstoffen mit tierischen und pflanzlichen Eiweißen im richtigen Verhältnis noch genügend Ballaststoffe enthalten, die eine reibungslose Verdauung ermöglichen. Zudem soll es schmackhaft sein. Die Darreichungsform soll die Zähne fordern, obwohl Hunde meistens schlingen.

Für den Verbraucher sollten auf klare und verständliche Weise der Verwendungszweck, die Darreichungsform und die Inhaltsstoffe auf den Packungen angegeben werden, so daß er die Angaben richtig interpretieren kann. Wer als Hersteller etwas verschleiert, hat etwas zu verbergen!

Das Futter muß aus hygienisch einwandfreien, hochwertigen Rohstoffen ohne jegliche gesundheitsschädigende Kontamination bestehen. Eine stets gleichbleibende, qualitativ hochwertige Zusammensetzung muß überwacht und garantiert sein. Die Zusätze liegen, um der Futtermittelverordnung Genüge zu leisten, stets unter den erlaubten Grenzwerten, was die bisherigen Analysen bestätigen.

Dem kritischen Verbraucher sei gesagt, daß alle zugelassenen EWG-Zusatzstoffe auf den Fertigfutterverpackungen stets deklariert werden müssen und auch werden.

Meines Erachtens überhaupt nicht einzusehen ist allerdings, daß noch immer Futtermittelhersteller glauben, die Farbe des Futters habe in irgendeiner Form einen Einfluß auf eine gesunde Ernährung. Es liegt der Verdacht nahe, daß dabei nur auf die Instinkte der Tierhalter spekuliert wird. Auf künstliche Farb- und Aromastoffe könnte getrost verzichtet werden. Wer sich umsieht, findet auch genügend Produkte ohne diese Zusätze.

Fertigfutter

Als relativ sicher läßt sich Fertigfutter bezeichnen, vor allem, weil es hygienisch einwandfrei eingedost bzw. verpackt ist. Die Futtermittelindustrie hat sich durch langjährige Forschung in großen Labors und einwandfrei geführten Tierpflegeeinrichtungen um die Ernährung unserer Haustiere, also auch der Hunde, große Verdienste erworben. Ohne Eigennutz wäre Forschung auf einem solchen Sektor, wie ihn die Hundeernährung darstellt, auch nicht möglich.

Die Verarbeitung stützt sich auf hochentwickelte Produktionsverfahren, die eine schonende Behandlung der Rohstoffe garantieren. Auch der Gesetzgeber hat mit dem Futtermittelgesetz Rahmenbedingungen geschaffen, die eine artgerechte Fütterung sicherstellen: So ist hier festgelegt, daß ein Alleinfuttermittel bei ausschließlicher Darreichung den Hund entsprechend seinen Bedürfnissen ausreichend ernährt. Dies dient vor allem der Sicherheit des Verbrauchers. Auch Tierärzte empfehlen hochwertiges Fertigfutter.

Noch ein Wort zu den Konservierungsstoffen in der Fertignahrung: Man sollte nicht den Fehler machen, solche Stoffe grundsätzlich zu verdammen. So können z.B. als Antioxidantien Vitamin E oder C oder eine chem. Komponente eingesetzt werden. Es kommt, wie bei vielen Stoffen, mit denen wir täglich zu tun haben, auf die Menge an. Nicht oder kaum konserviertes Futter würde zu schnell verderben (vor allem die Fette), krank machen und sogar zu Vitaminmangelerscheinungen führen. Dies gilt für Hundefutter genauso wie für jedes andere fetthaltige Lebensmittel.

Nach dem Betriebhaftungsgesetz haftet übrigens jeder Hersteller für sein Produkt.

In guten Fachgeschäften liegt sinnvolles Informationsmaterial zur Hundeernährung aus, so daß der Hundehalter über den Wert und die Einsatzmöglichkeiten des Futters urteilen und entscheiden kann, welchem Produkt er den Vorzug gibt.

Fertigfutter hat den Vorteil, daß es alles enthält, was der Hund braucht, hygienisch (keimfrei) zur Verfügung steht und schnell (ohne langes Zubereiten und Kochen) verfüttert werden kann. Das ist auch von Vorteil, wenn man unterwegs ist.

Als Verbraucher sollten Sie aber bei Dosennahrung darauf achten, wie hoch der tatsächliche Fleischgehalt ist. Hier gibt es große Unterschiede. Bei einer Vollnahrung (Alleinfutter) sollte der Fleischanteil mindestens 60% ausmachen.

Für verschiedene Hunde mit unterschiedlichen Lebensbedingungen kann es kein Einheitsfutter geben, sondern die Nahrung ist auf die individuellen Bedürfnisse abgestimmt. Deshalb gibt es

- spezielle Welpennahrung,
- Nahrung für den heranwachsenden Hund,
- Futter für den Erhaltungsbedarf eines erwachsenen Hundes mit durchschnittlichem Aktivitätsniveau,
- Futter für Hunde, die mehr gefordert sind und mehr leisten müssen (z. B. Schlittenhunde, Windhunde, Jagdhunde),
- gewichtsreduzierendes Futter,
- Futter für Hunde mit Allergieproblemen (diätetische Nahrung),
- Futter für rekonvaleszente Hunde,
- spezielles Futter für Senioren.

Für jede Lebensphase und Lebenssituation gibt es also speziell abgestimmte Futtermittel. Sie stellen eine fortschrittliche und optimale Hundeernährung sicher.

Alleinfutter

Alleinfuttermittel sind so zusammengesetzt, daß man Hunde ein Leben lang damit ernähren kann, ohne daß es zu nennenswerten Problemen kommen könnte. Dieses Alleinfutter, oft auch als Vollnahrung bezeichnet, ist sowohl als Trocken-, Halbfeucht- und Feuchtfutter (Dosenfutter) erhältlich. Erfahrungsgemäß wird meistens Feucht- und Trockenfutter gemischt, obwohl dies ernährungsphysiologisch gesehen nicht nötig wäre.

Der Tip: Wenn Sie zwei Alleinfutter mischen möchten, achten Sie bitte darauf, daß die Gesamtmenge und somit die Kalorienzahl stimmt. Denn da Trockenfutter viel weniger Wasser als Dosenfutter enthält, steckt in der gleichen Menge viel mehr Energie. Richten Sie sich nach den auf den Packungen empfohlenen Tagesrationen, und nehmen Sie vom Dosen-Alleinfutter z. B. 2/3 der Tagesration und vom Trocken-Alleinfutter 1/3 der angegebenen Tagesration. Diese

Gesamtmenge kann nun auf die einzelnen Mahlzeiten pro Tag verteilt werden.

»Trockenfutter« bedeutet, daß den Rohstoffen die natürliche Feuchtigkeit oft bis auf 10% entzogen wurde und es deshalb, auf das Gewicht der Nahrung bezogen, besonders kalorienhaltig ist. Bedenken Sie, daß die auf der Packung empfohlene Tagesration deshalb relativ wenig erscheint. Trockenfutter, das als Alleinfutter ausgewiesen ist, ist ein Konzentrat.

Ergänzungsfuttermittel

Ergänzungsfuttermittel sind, wie der Name schon sagt, Futtermittel, die nur in Verbindung mit anderen die bedarfsgerechte Ernährung des Hundes sichern. Zur ausschließlichen Fütterung sind sie ungeeignet. Von Ergänzungsfuttermitteln gibt es im Zoofachhandel zwei Gruppen. Zum einen sind dies Futtermittel wie Flocken und ähnliches sowie Vitamin- und Mineralstoffpräparate, die der Ergänzung und Aufwertung der Nahrung dienen. Zum anderen zählen dazu auch alle »freßbaren« Produkte wie Kauartikel, Hundekuchen, und die große Anzahl der unter dem Begriff »Futterspezialitäten« angebotenen Belohnungshappen und Leckereien.

Vielerlei Ergänzungsfuttermittel (z.B. Flocken) bestehen hauptsächlich aus Getreide und Gemüse, sie enthalten viele Ballaststoffe und Kohlenhydrate. Selbstgekochtes Fleisch wird ebenso damit angereichert wie reines Fleisch in Dosen. Wichtig ist, daß die Rohstoffe, vor allem das Getreide (Haferflocken usw.), gut aufgeschlossen sind.

Der Tip: Achten Sie beim Einkauf auf folgende Punkte:
- Alleinfutter oder Ergänzungsfuttermittel?
- Fütterungshinweise (Menge und Darreichungsform),
- Herstellungs- bzw. Mindesthaltbarkeitsdatum.

Bei manchen Dosen sieht man, was drin ist, wenn man die Gabelprobe macht: Sind es Fleischbrocken mit Sehnen, Fasern und Knorpeln oder ein homogener Futterbrei mit überwiegendem Getreideanteil (Soja), der Fleisch vorgaukelt?

Leider bedeutet Dosenfutter trotz aller Vorteile auch ein Mehr an Müll. Mit sogenannten Dosenpressen läßt sich wenigstens das Müllvolumen um 90% verkleinern, um das Metall dann der Wiederverwertung zuzuführen. Alleinfutter in Trockenform ist in dieser Hinsicht umweltgerechter.

Nahrungsbestandteile

Eiweiße

Proteine (Eiweiße) kann man als Bausteine des Lebens bezeichnen. Sie dienen dem Aufbau der Zellen und der Erhaltung bzw. Erneuerung der Körpersubstanz und sind auch Energielieferanten. Eine ausreichende Eiweißversorgung hält den Hund gesund und munter.

Proteine können sowohl tierischen als auch pflanzlichen Ursprungs sein. Sie bestehen aus 22 verschiedenen Aminosäuren, die Bestandteile aller lebenden Zellen sind. Zehn davon sind essentiell, das heißt, der Hundeorganismus kann sie nicht selbst herstellen. Sie müssen also unbedingt durch die Nahrung aufgenommen werden. Proteinmangel, besonders an essentiellen Aminosäuren, macht die Hunde apathisch und krank, vor allen Dingen läßt er Welpen nicht richtig wachsen.

Eine Deklaration des Proteinanteils in Prozent gibt aber noch keine Antwort auf die Frage nach der Wertigkeit der im Futter enthaltenen Proteine. Ein Rückschluß darauf ist erst möglich, wenn die eiweißhaltigen Futterbestandteile einzeln aufgeführt sind.

Der Tip: Ein Alleinfuttermittel kann um so hochwertiger sein, je mehr tierische Bestandteile – neben den notwendigen pflanzlichen – enthalten sind.

Fette

Sie liefern dem Körper die für sein Funktionieren notwendige Energie und machen die Absorption fettlöslicher Vitamine (A, D, E und K) erst möglich. Fette liefern außerdem lebenswichtige Fettsäuren für die Zellstruktur, sorgen für die Erhaltung gesunden Hautgewebes und des Haarkleides.

Fette sind ein hervorragender Geschmacksverbesserer und werden daher bei der Futterherstellung auch zu diesem Zweck eingesetzt. Sie liefern doppelt soviel Energie wie Proteine und Kohlenhydrate. Aktive Hunde brauchen daher mehr Fett als passive. Ein Zuviel an Fett macht als überschüssige Energie aber wiederum fett.

Sind zuwenig ungesättigte Fettsäuren in der Nahrung enthalten, kann es zu Schuppenbildung, Fellproblemen, aber auch zu erheblichen Wachstumsstörungen kommen. Altes, ranziges Fett in überlagerten Futtermitteln schadet, weil es die Leber belastet.

Kohlenhydrate

Sie stellen eine kurzfristige, schnell verfügbare Energiequelle dar. Wir unterscheiden zwischen löslichen (verdaulichen) und unlöslichen (weniger verdaulichen) Kohlenhydraten. Die ersteren werden im Dünndarm abgebaut und als Zucker resorbiert. Überschüssiger Zucker wird als Glykogen oder Fett im Gewebe gespeichert. Also macht ein Überangebot an löslichen Kohlenhydraten wiederum dick.

Ballaststoffe, die nichts anderes als unlösliche Kohlenhydrate sind, werden häufig auch als Rohfaser bezeichnet. Sie liefern keine Energie. Ihre Funktion besteht darin, die Darmtätigkeit zu regulieren. Sie sind sowohl für die Kotmenge als auch für den reibungslosen Kotabsatz nötig. Zuwenig Rohfaser kann zu Verstopfung führen. Ein hoher Rohfaseranteil auf der Inhaltsdeklaration läßt auf einen hohen Anteil pflanzlicher Futterbestandteile schließen.

Vom Verdauungssystem des Hundes, besonders des Welpen, können rohe pflanzliche Kohlenhydrate sehr schlecht ausgenutzt werden. Deshalb müssen Getreide gut aufgeschlossen sein und Haferflocken, Reis, Kartoffeln und Gemüse gut gekocht werden, was ihre Wertigkeit, wie wir wissen, oft erheblich vermindert.

Vitamine

Sie sind für eine ausgewogene Ernährung des Hundes lebenswichtig, ja sie nehmen sogar innerhalb der Ernährung eine Schlüsselstellung ein, wirken als Katalysator und sind für die chemischen Reaktionen des Stoffwechsels unverzichtbar. Vitamine werden nur in kleinen Mengen benötigt. Es gibt fettlösliche (A, D, E, K) und wasserlösliche Vitamine (B-Komplex und Vitamin C, das vom Hund selbst synthetisiert wird). Bis auf das Vitamin C müssen also alle Vitamine mit der Nahrung aufgenommen werden.

Vitaminmangel führt zu Gesundheitsproblemen wie Rachitis, Wachstums- und Nervenstörungen sowie Blutarmut und macht sich durch stumpfes Fell und Hautprobleme bemerkbar.

Ein Zuviel an wasserlöslichen Vitaminen wird durch die harnableitenden Organe ausgeschieden. Eine Überversorgung mit den fettlöslichen Vitaminen schadet: Zuviel Vitamin A führt zur Knochenentkalkung, zuviel Vitamin D zu Durchfall, Knochenablagerungen, Gefäßverkalkung, Wachstumsproblemen und Gewichtsverlust.

Vitamine sind nur bedingt haltbar. Deshalb sollte Futter nicht in großen Mengen eingekauft werden. Beachten Sie die Mindesthaltbarkeitsdaten und lagern Sie das Futter richtig (siehe Seite 189).

Der Tip: Werden Vitamine und Spurenelement-Präparate zum Selbstgekochten gegeben, muß genau nach Dosierungsanleitung verfahren werden. Am besten holen Sie sich Rat vom Tierarzt oder Ernährungsberater.

Mineralstoffe und Spurenelemente

Die Mengenelemente Kalzium, Phosphor, Natrium, Kalium, Chlor sind wichtig für den Körperhaushalt, den Knochenaufbau und die Steuerung der Stoffwechselvorgänge, den Aufbau und Erhalt der Muskelfunktionen (Kalium, Magnesium). Sie steuern aber auch den Wasser-, Säure- und Basenhaushalt des Körpers.

Die Spurenelemente wie Fluor, Jod, Kupfer, Mangan, Selen, Zink, Eisen sind ebenfalls wichtig. Sie dienen z.B. der Blut- und Pigmentbildung. Sie sorgen dafür, daß ein gesundes Skelettsystem und gesunde Zähne entwickelt bzw. erhalten werden, und zeichnen für den Zellstoffwechsel mit verantwortlich.

Mineralstoffe und Spurenelemente gelangen über die unterschiedlichen Rohstoffe sowie Futterzusätze in die Hundenahrung. Weil es sowohl bei einer Unterversorgung als auch bei zu hohen Dosen (beim Selbermixen) zu gesundheitlichen Beeinträchtigungen bis hin zu schwersten Erkrankungen kommen kann, müssen sie in der richtigen Menge und vor allem in richtigen Mischungsverhältnissen vorliegen.

Merksatz: Werden Mineralstoffe und Spurenelemente als Zusatz zum Selbstgekochten verwendet, muß man sich unbedingt an die Dosierungsanweisungen der Hersteller halten.

Bedarfsgerechte Welpenernährung

Damit aus dem rasch wachsenden Welpen ein gesunder, stets lebensfreudiger und vor allem langlebiger Hund wird, muß man für seine optimale Ernährung sorgen. Vom ersten Tag an werden die Weichen für sein zukünftiges Leben auch in puncto Freßverhalten und Gesundheit gestellt.

Die Jugendentwicklung geht rasch vonstatten. Innerhalb eines Jahres durchläuft der Junghund eine Entwicklung, für die der Mensch etwa vierzehn Jahre braucht. Dies bedeutet aber auch, daß in recht kurzer Zeit viel neue Körpersubstanz (ein stabiles Knochengerüst, die Muskulatur, gesundes Bindegewebe und die inneren Organe) ausgebildet werden.

Die optimale Gewichtszunahme eines Welpen können Sie aus der nachstehenden Tabelle ersehen (entnommen aus »Empfehlungen zur Energie- und Nährstoffversorgung der Hunde«, DLG-Verlag GmbH, 1989).

Durchschnittliche tägliche Gewichtszunahme in g

Gewicht des ausgewachsenen Hundes in kg	Lebensmonat					
	1.	2.	3.	4.	5.+6.	7.–12.
5	20	23	25	25	16	6
10	31	43	49	49	33	11
20	48	85	98	98	59	27
35	63	149	172	149	98	44
60	96	196	236	236	197	66

Ein gesunder Welpe hat in Relation zu seinem Körpergewicht etwa den doppelten Nährstoff- und Energiebedarf wie ein erwachsener Hund.

Der Tip: Mit vier Monaten erreichen die meisten Hunde ca. 50% ihres vorgesehenen Endgewichtes. Vergleichen Sie diesen Wert mit der Wiegekarte Ihres Junghundes.

Für ein gesundes Wachstum muß also ein ernährungsphysiologisch wertvolles, vor allem ausgewogenes Futter, das auch noch hochverdaulich sein muß, zur Verfügung stehen. Unser Welpe soll ja nicht zu schnell wachsen, er darf nicht zu schwer oder gar fett werden, aber auch nicht unterversorgt sein.

Daneben muß auch das richtige Kalzium-Phosphor-Verhältnis vorhanden sein, ebenso der nötige Gehalt an Vitamin D. Nur dann ist ein gesundes Gebäude (Skelett) und ein gutes Zahnwachstum zu erwarten. Von Wachstumsproblemen sind besonders große Hunderassen z. B. viermal mehr betroffen als kleinere Rassen.

Aus den genannten Gründen sollte man als Hundefreund nichts falsch machen und auf Fertignahrung renommierter Hersteller zurückgreifen, die Qualität und richtige Nahrungszusammensetzung garantieren. Alles andere birgt zu große Unwägbarkeiten und Risiken. Fertigfutter hat auch den Vorteil, daß nicht noch vielerlei Futterergänzungsmittel gebraucht werden.

Die häufigsten Ernährungsfehler beim Welpen lassen sich leicht vermeiden:

- Ein bedarfsgerechtes, qualitativ hochwertiges Welpen-Fertigfutter verwenden.
- Überfütterung vermeiden (an Herstellerempfehlungen halten und eher etwas weniger als zuviel geben).
- Futterzusätze weglassen.
- Aufs Selberkochen verzichten.

Eine Überernährung des Welpen führt sowohl zu vergrößerten Fettzellen als auch zu einer Vermehrung ihrer Anzahl. Fettleibigkeit ist dadurch schon vorprogrammiert. Der erwachsene Hund vergrößert seine Fettzellen dann nur noch und bildet keine neuen mehr aus.

Was erwachsene Hunde brauchen

An die Futtermittel für den erwachsenen Hund sind dieselben Anforderungen wie ans Welpenfutter zu stellen. Darüber hinaus richtet sich die richtige Futterwahl nach der jeweiligen Lebenssituation, vor allem aber nach den Aktivitäten. Normal aktive Hund brauchen für ihren **Erhaltungsstoffwechsel** ein Futter, das auf diese Belange hin ausgerichtet ist.

Werden von einem Hund besondere Leistungen gefordert (z. B. als Schlitten-, Such-, Jagd- oder Hütehund), so gilt es, all das zu geben, was der **Leistungsstoffwechsel** braucht. Im Fachhandel gibt es solche Futtersorten, die jegliche Bedürfnisse in dieser Hinsicht erfüllen.

Der Tip: Überwachen Sie bitte das Gewicht Ihres erwachsenen Hundes und tragen Sie die Ergebnisse auf der Wiegekarte ein. Neben der regelmäßigen Gewichtskontrolle hilft der folgende Kurz-Check, die Ernährung richtig auszurichten.

- Bei der Gewichtskontrolle wird regelmäßig auch der Brust- und Bauchumfang gemessen und in der Wiegekarte vermerkt.
- Mit der Hand lassen sich beim normalgewichtigen Hund die Rippen gut ertasten, ohne Druck ausüben zu müssen.
- Der Kot soll geformt und normal braun sein.
- Ein dichtes, glänzendes Fell sowie klare glänzende Augen zeigen ebenfalls an, ob der Hund gesund ist.

Vermeiden Sie plötzliche Futterumstellungen. Dies gilt für Hunde jeden Alters. Dem Welpen wird deshalb zunächst das Futter gereicht, welches der Züchter bislang verwendet hat. Wenn Sie feststellen, daß der Welpe das vom Züchter mitgegebene oder empfohlene Futter schlecht verträgt, evtl. sogar Durchfall bekommt, sollten Sie sofort mit dem Tierarzt Kontakt aufnehmen und ein von ihm empfohlenes Futter verwenden.

Am ersten oder zweiten Tag im neuen Heim kann Durchfall aber auch normal sein. Alarmierend ist es, wenn der Welpe auch am dritten Tag noch Verdauungsprobleme hat. Wichtig ist, daß man nicht Woche für Woche etwas Neues ausprobiert und der Hund zum »Versuchskaninchen« wird. Denn jede Futterumstellung kann Probleme auslösen, wenn sie plötzlich erfolgt.

Bei Futterumstellungen gehen Sie am besten wie folgt vor:

- Pro Mahlzeit wird ein kleiner Teil (ca. 25–30%) des alten Futters gegen die gleiche Menge der neuen Nahrung ausgetauscht.
- Dieser Anteil wird alle zwei Tage um 10% der Futtermenge erhöht und das bisherige um denselben Wert vermindert, bis nur noch neues Futter gegeben wird.

Erziehung zum richtigen Freßverhalten

Wie der erwachsene Hund auch, braucht ein Welpe als »Gewohnheitstier« seine Ordnung – besonders, wenn es um das Essen geht. Je schneller der Kleine spürt, daß wir ihm nicht nur das gute Essen, sondern auch Ruhe und Ordnung in sein noch junges Leben bringen, um so wohler wird er sich bei uns fühlen. Schon beim Welpen werden so die Eßgewohnheiten fürs ganze Leben festgelegt. Aus diesem Grund empfiehlt es sich, sich konsequent an einige bewährte Regeln zu halten:

- Die Welpennahrung wird immer im gleichen Napf angeboten, der vor und nach der Nahrungsaufnahme mit heißem Wasser ausgewaschen wird.
- Steht der Napf immer an ein und demselben Platz, so wird sich der Welpe, wenn seine Essenszeit naht, von ganz alleine dort einstellen.
- Weil Küchendüfte ihn bei der Nahrungsaufnahme ablenken und immer die Gefahr besteht, daß beim Kochen etwas »Leckeres« abfällt und die guten Vorsätze über Bord geworfen werden, bleibt die Küche am besten für den Welpen tabu. (Bitte bedenken Sie, daß schon eine dünne Scheibe Schinken 15 % der Nahrungsmenge ausmachen kann, die ein Welpe am Tag insgesamt benötigt – abgesehen davon, daß Schinken u. a. wegen des Pökelsalzes ohnehin keine geeignete Hundenahrung ist.)
- Wenn überhaupt, dann sollten auch Hundekuchen etc. nur über den Napf gereicht werden, damit der Hund nicht zum Bettler wird. (Die Belohnungshappen draußen verquickt er nicht mit der regelmäßigen Fütterung.) Alle Belohnungshappen müssen aber von der Tagesration abgezogen werden.
- Weil die Mengenvorgaben der Futtermittelhersteller oft ohnehin recht hoch angesetzt sind, wird jedes Zuviel zwangsläufig zum Gewichtsproblem.
- Die Tagesration wird wie folgt verteilt: Bis zur 16. Lebenswoche werden fünf Mahlzeiten angeboten, von der 16. bis zum abgeschlossenen Zahnwechsel vier, danach drei Mahlzeiten; wenn es nicht anders möglich ist, kann der erwachsene Hund auch zwei Mahlzeiten pro Tag bekommen. Mehrere kleine Mahlzeiten sind wichtig, weil der Magen des Welpen noch klein ist. Beim erwachsenen Hund ist er zwar recht dehnbar und der Hund kann große Mengen auf einmal in sich hineinschlingen (oft mehr, als bekömmlich ist), kleine Futtermengen können aber schneller und

besser von Verdauungssäften durchdrungen und aufgeschlüsselt werden. Außerdem wird so, besonders bei großen Rassen, die Gefahr einer Magendrehung deutlich verringert.

Wer auf den Gedanken kommt, seinem Hund die ganze Tagesration (oder womöglich noch mehr) zur freien Verfügung (»ad libitum«) hinzustellen (frei nach dem Motto: »Wenn er satt ist, hört er schon auf zu fressen«), begeht einen großen Fehler. Er geht das Risiko ein, daß der Welpe sich erbricht, zu schnell wächst und auf Dauer fett und krank wird. Das Wechselspiel von Trieben und Bedürfnisbefriedigung wird dadurch anhaltend gestört.

Man kann ohnedies beobachten, daß Hunde ihre Nahrung zum größten Teil innerhalb kürzester Zeit verschlingen. Durch große Mengen werden sie zum gewohnheitsmäßigen Vielfraß, was in ihrer wölfischen Vergangenheit begründet ist. Dort war nach Völlezeiten auch mal Schmalhans Küchenmeister.

Bei nur einer Mahlzeit am Tag kann der Hund zum ewigen Bettler werden und stets auf der Suche nach Freßbarem sein. Es ist kaum zu glauben, was Hunde so alles finden und welche Nahrungsquellen sie sich erschließen. Jeder Spaziergang wird zur Qual, wenn Papierkörbe, Schulhöfe, Abfalltüten, Gräben und Komposthaufen nach Freßbarem abgesucht werden. Liebevolle Nachbarn haben es schwer, den bettelnden Hundeaugen zu widerstehen. Die Folgen sind bekannt und auch gefährlich. Deshalb wollen wir unseren Hund ja dazu bringen, nur aus dem eigenen Napf zu essen. Alles andere ist tabu!

- Damit sich der Organismus an die regelmäßige Verdauung (auch an die regelmäßige Urin- und Kotabgabe) gewöhnt, hält man sich an möglichst feste Fütterungszeiten. Je nach Nahrungsangebot wird eine Mahlzeit nach ca. zehn bis zwölf Stunden verdaut sein, und dann wird die Entleerung fällig. (In Zoos wird übrigens nicht der Besucher wegen an festen Fütterungszeiten festgehalten, sondern weil die Tiere feste Futterzeiten bevorzugen.)
- Die erste Mahlzeit sollte dem Hund vor 8.00 Uhr morgens angeboten werden.
- Die letzte, etwas kleinere etwa zwischen 19.00 und 20.00 Uhr, weil der Vierbeiner dann ohne Hungergefühle durchschläft und sich zuvor noch einmal lösen kann.
- Alle Mahlzeiten werden stets mit etwas zimmerwarmem Wasser oder ungesalzener Fleischbrühe angewärmt. Dies setzt die vorhandenen Geschmacksstoffe besser frei und ist bekömmlicher. Das angewärmte Futter soll aber noch »Biß« haben.

- Niemals heißes oder zu kaltes Futter aus dem Kühlschrank anbieten.
- Während der Hund seine Mahlzeit zu sich nimmt, braucht er Ruhe und sollte auch nicht abgelenkt oder gestört werden. Sonst wird er noch gieriger schlingen als üblich.
- Was der Hund nach zehn bis fünfzehn Minuten stehenläßt, wird weggenommen. Es gibt unter den Hunden übrigens durchaus Genießer, die sich jeden Bissen buchstäblich auf der Zunge zergehen lassen, nachdem die erste Gier gestillt ist.
- Angegammeltes und übriggebliebene Nahrung aus der menschlichen Küche sollte immer tabu sein.
- Es muß stets frisches Wasser zur Verfügung stehen.
- Wenn Sie nicht wollen, daß Ihr Hund bei jeder Mahlzeit, die Sie einnehmen, heftig speichelnd am Tisch steht oder Nahrungsmittel klaut, wo dies nur möglich ist, heißt es konsequent sein und niemals vom Tisch zu füttern. Wenn sein flehentlicher Blick nie mit einem leckeren Brocken belohnt wird, wird er das Betteln auch bleiben lassen. Einmal schwach geworden, heißt mühsam abgewöhnen oder lebenslang damit leben. Achten Sie vor allem auf Kinder, die gerne das, was ihnen nicht schmeckt, in einem unbeobachteten Augenblick ihrem vierbeinigen Freund zustekken oder einfach unter den Tisch fallen lassen.
- Sonn- und Feiertage, Familienfeiern oder lieber Besuch sind stets eine große Verlockung, dem Hund etwas zuzustecken.
- Denken Sie daran, daß unerzogene Hunde erfinderisch sind, wenn es um die Nahrungsbeschaffung geht. Ein schlechtes Gewissen nach menschlichen Maßstäben ist ihnen ja unbekannt.
- Ein schöner Hundespaziergang vor der Mahlzeit macht hungrig. Allerdings sollte man noch nicht gleich füttern, wenn der Hund total abgehetzt ist. Erst verpusten und trinken lassen – das kann schon 20 bis 30 Minuten dauern.
- Nach dem Essen soll der Hund ruhen und erst nach dem Aufwachen zum Lösen nach draußen gehen.

Was schadet, ist verboten

Da Ihnen an der Gesundheit Ihres vierbeinigen Lieblings gelegen ist, sollten Sie Futter, das ihm wirklich schaden kann, auf die Verbotsliste setzen:

- Rohes Fleisch aller Art (siehe Seite 173).
- Angegammelte, mehrmals aufgetaute und wieder eingefrorene Innereien.
- Unsachgemäß gelagertes Frostfutter (es verdirbt von Auftauen zu Auftauen immer mehr, wenn die »Kühlkette« unterbrochen war; dabei können sich krankmachende Keime vermehren).
- Gepökeltes oder geräuchertes Fleisch und stark gewürzte Speisen führen zu Verdauungsstörungen.
- Knochen aller Art (nicht nur Röhrenknochen) werden oft nicht verdaut, sondern wieder erbrochen. Außerdem können Knochensplitter im Rachenraum Verletzungen hervorrufen und zu Zahnfrakturen führen. Knochenteile können im Schlund oder Verdauungstrakt einen Verschluß hervorrufen, der oft nur durch eine Notoperation zu beseitigen ist. Knochen entziehen dem Dickdarm Wasser und führen so zum gefürchteten weißen »Knochenkot«, der nur durch starkes Pressen zu entleeren ist, was zu Hämorrhoiden und einem Dammbruch führen kann. Manchmal ist solcher Knochenkot nur mehr mittels Zange und einer schmerzhaften Darmspülung vom Tierarzt zu entfernen. Knochen enthalten bekanntlich viel Kalzium und Phosphor, und genau deshalb sind hohe Gaben (auch von Knochenmehl) bedenklich, wenn in der Nahrung schon alles enthalten ist, was der Hund braucht.
- Obwohl man Hunden nachsagt, daß sie sogar Angegammeltes vertragen, gilt es doch zu bedenken, daß solches Futter Pilze und Bakterien enthalten kann, die zu schweren Vergiftungen führen.
- Nahrungsmittel direkt aus dem Kühlschrank gefüttert sind ebenfalls tabu.
- Vor rohem Hühnereiweiß sei ausdrücklich gewarnt. Es zerstört Vitamin A und wird nicht vertragen.
- Fisch darf nur entgrätet und abgekocht verfüttert werden, weil darin zunehmend Würmer zu finden sind. Das Enzym Thiaminase, das in rohem Fisch enthalten ist und das Vitamin B_1 zerstört, muß durch Kochen inaktiviert werden.
- Schokolade, Kuchen und andere Süßigkeiten machen dick, verführen zum Betteln und sind ungesund. Auch bei Hunden kommt es dann vermehrt zu Karies.
- Nüsse werden gerne gefressen, oft sogar recht gut geknackt. Sie machen aber auch dick, und ranzige Nüsse schaden der Verdauung.
- Milch, vor allem der darin enthaltene Milchzucker, wirkt stark abführend. Wenn ein Hund von klein auf daran gewöhnt ist (Hunde vom Bauernhof), wird sie noch am ehesten vertragen.

- Rohes Gemüse ist ebenfalls unverdaulich, soweit es überhaupt gefressen wird. Rohe Bohnen und grüne Kartoffelteile sind sogar giftig.
- Gewürze aller Art (vor allem hoch dosiert) führen zu Darmreizungen.
- Verhindern Sie bitte auch, daß Ihr Hund von den Zimmerpflanzen nascht. Sie könnten giftig sein (siehe Seite 223).

Futterkauf und Lagerung

Damit die Vitamine wirksam bleiben, soll Hundefutter stets dunkel, kühl (unter 20°C) und völlig trocken gelagert werden. Niemals in der Nähe von Chemikalien (Haushaltsreiniger) aller Art lagern! Neben Giften und Düngemitteln, die für die Blumen- oder Gartenpflege gedacht sind, hat Hundefutter auch nichts verloren.

Kaufen Sie nie Trockenfutter in Tankstellen, wenn es dort mit Benzoldämpfen in Berührung gekommen sein könnte.

Achten Sie bei offen angebotenem Futter darauf, was es enthält. Kaufen Sie lieber verschlossene Packungen von Markenherstellern.

Überlagertes Futter ist zu meiden, auch wenn es noch so preiswert angeboten wird.

Feuchtigkeit fördert den Wuchs von Schimmelpilzen. Diese sind für den Vierbeiner genauso schädlich wie für uns Menschen. Wenn Schimmelpilze im Futter auftauchen, dann bitte das Futter so entsorgen, daß der Hund es nicht mehr erreichen kann.

Die Futterpackungen sollten nur so groß sein, daß der Inhalt vom Hund innerhalb von zwei Monaten restlos aufgefressen werden kann.

Nach außen gewölbte und stark eingedellte Futterdosen sind verdächtig. Wenn es beim Öffnen zischt und der Inhalt anders als sonst riecht, könnte er verdorben sein. Werfen Sie die Dose so weg, daß der Hund nicht mehr drankommen kann.

Geöffnete Großpackungen sind so zu lagern, daß sie vom Hund nicht erreicht werden können. Den feinen Hundenasen bleibt nichts verborgen, und beim Naschen sind unsere Vierbeiner unübertroffen.

Ammenmärchen über die Fütterung

Kaum zu glauben, aber wahr – nach jahrzehntelanger Aufklärung durch Fachbücher, Hundezeitschriften und Fachleute halten sich Ammenmärchen immer noch recht ausdauernd in den Köpfen mancher Hundefreunde.

Die folgenden Ammenmärchen sind samt und sonders von Fachleuten widerlegt worden:

- Hunde brauchen unbedingt Knochen (siehe Seite 188).
- Hunde sind reine Fleischfresser (siehe Seite 172).
- Frisches Fleisch macht besonders scharf.
- Hunde brauchen rohen Pansen, weil dies den Geruchssinn fördert.
- Käse verdirbt die Hundenase. (Den Geruch von Käse hat der Hund erwiesenermaßen lange in der Nase, so daß vor jeglicher Nasenarbeit einige Stunden vergehen müssen. Dann ist der Geruchssinn aber wieder voll da.)
- Zucker macht blind. (Als schnelle Energiezufuhr macht er meistens dick, genauso wie Schokolade, Kuchen, Bonbons und andere Süßigkeiten auch. Zucker kitzelt die Geschmackssinne. Gesund ist er für den Hund nicht.)
- Rohe Eier sind gesund (siehe Seite 188).
- Kastraten werden immer dick. (Sie werden nur dann dick, wenn sie falsch ernährt werden und zuwenig Bewegung haben.)
- Schnaps verhindert, daß der Hund zu groß wird. (Jede Art von Alkohol ist eine grobe Tierquälerei und schädigt die Leber.)
- Ein Hungertag pro Woche ist für den Hund gesund. (Es gibt keine ernährungsphysiologische Notwendigkeit. Im Gegenteil: der hungrige Hund wird bei der nächsten Fütterung noch gieriger schlingen, und er wird zum potentiellen Bettler. Der Hund kann auch nicht begreifen, daß sein Mensch ihn plötzlich nicht mehr versorgt; das verunsichert ihn.)
- Hunde brauchen beim Fressen Abwechslung. (Die wissenschaftliche Forschung und Langzeitversuche haben bewiesen, daß der Hund mit einer guten Fertigfuttersorte ein Leben lang auskommt. Die Abwechslung ist mehr ein menschliches Bedürfnis.)
- Wenn ein Hund Gras frißt, gibt es schlechtes Wetter oder der Hund ist krank (siehe Seite 222).
- Lebertran ist wichtig (siehe Seite 174).
- Die Industrie verwendet Tierkadavermehl bei der Zubereitung von Hundefutter. (Das stimmt nicht. Seriöse Hersteller garantie-

ren dafür. Wenn Sie Zweifel haben, fragen Sie bei Ihrer Verkaufsstelle nach und lassen Sie es sich schriftlich vom Hersteller bestätigen, daß das gekaufte Produkt einwandfrei ist. Wer nichts zu verbergen hat, gibt willig Auskunft.)

- Einmal füttern am Tag ist genug (siehe Seite 186).

Auch Leckereien machen dick

Es genügen schon die Belohnungshappen, um den Vierbeiner zu mästen, wenn diese oft sehr hochwertige Nahrung zusätzlich gegeben und nicht von der Tagesration abgezogen wird. Wenn man unterwegs ist und bei Erziehungsübungen viele Belohnungshappen gibt, könnte man sogar eine Mahlzeit ganz ausfallen lassen.

Sieht man sich auf dem Markt um, so wird man von dem vielfältigen Angebot oft verunsichert. Die wohlschmeckenden Leckerli (auch freßbares Spielzeug gehört dazu) werden allesamt unter dem Begriff »Ergänzungsfuttermittel« geführt. Es gibt hart gebackene Hundekuchen, Plätzchen mit und ohne Farbe, Hundebiskuits und gepreßte Rinderhautchips; selbst Hundedrops und -schokolade sind im Angebot, damit es dem Vierbeiner ja an nichts fehlt.

Als Belohnung geben Sie am besten das, was der Hund gewöhnt ist, z.B. einige Brocken Trockenfutter oder ähnliches. Als letzte Mahlzeit kann man einen Hundekuchen anstatt des normalen Hundefutters geben, das beruhigt die Magennerven und belastet nicht. Neuerdings gibt es auch Hundefutter, das beim Kauen die Zähne reinigt. Das kann eine sinnvolle und leckere Belohnung sein.

Ein Wort noch zu den getrockneten Schweineohren. Ungenügende Trocknung kann die Erreger der Aujetzkyschen Krankheit nicht abtöten, sondern konserviert sie eventuell sogar. Gerade dieser Virus hat eine hohe Widerstandskraft gegenüber Temperaturen. Wenn sich also ein solcher Virus im Blut infizierter Schweine befindet, ist auch über bei der Trocknung unzureichend erhitzte Ohren noch die Gefahr einer Infektion gegeben.

Geben Sie besser getrocknete Rinderohren oder getrockneten Pansen, der aber sehr kalorienreich ist. Das gleiche gilt für sogenannte Bullenpesel (»Ochsenziemer«), die oft unter den abenteuerlichsten Namen angeboten werden. Sie werden zwar gerne gefressen, riechen aber doch etwas streng nach Harn.

Am Ausstoß läßt sich viel erkennen

Der Tip: Prüfen Sie täglich die Hinterlassenschaften Ihres Hundes, um festzustellen, ob die Verdauung in Ordnung ist.

- Der Kot sollte stets wohlgeformt und normal braun gefärbt sein.
- Der Kotabsatz darf dem Hund keine Qualen bereiten.
- Anhand der Kotfarbe, der Kotmenge und der Formung läßt sich auch die Qualität der gegebenen Nahrung beurteilen:
  - Besonders große Haufen deuten auf viele Ballaststoffe, also wenig Verdauliches hin. Das Trockenfutter kann mit zuviel billigem und wenig aufgeschlossenem Füllmaterial auf Volumen gebracht worden sein. Dann ist die Gefahr einer Magendrehung gegeben.
  - Bei ziegelrotem oder andersfarbig aussehendem Kot liegt der Verdacht nahe, daß Farbstoffe die fehlende Qualität des Futters ersetzen müssen.
  - Kleiner, fast schwarzer, übelriechender Kot läßt auf zuviel Fleischanteil (Leber?) in der Nahrung oder auf eine Erkrankung schließen. Wenn sich nach einer Futterumstellung nichts ändert, muß der Tierarzt aufgesucht werden.
  - »Kalkstuhl« ist hell, fast weiß, hart und porös und kann nur mit Qualen abgesetzt werden. Dafür ist die Knochenfütterung verantwortlich.
- Durchfall kann viele Gründe haben. Man muß abklären, ob er ernährungsbedingt ist oder ob andere Ursachen vorliegen. Häufig kommt Durchfall vor, wenn Ungeeignetes gefressen wurde, also eine Fehlgärung vorliegt. Auch die Fütterung von zuviel Leber, Lunge, rohem Pansen, Euter oder Milch kann durchschlagen. Wenn der Hund Meerwasser oder aus Pfützen getrunken hat, ist eine solche Gefahr ebenfalls gegeben. Wenn sich der Darm nach einem Tag nicht völlig beruhigt hat, sollte man seinen Tierarzt konsultieren. Langanhaltende Durchfälle bringen den Elektrolythaushalt des Hundes total durcheinander (siehe Seite 220).
- Ideal ist ein mittelgroßer Haufen – auf die Größe des Hundes bezogen –, der sich problemlos absetzen läßt, wohlgeformt (also weder zu weich noch zu hart) und von mittelbrauner Farbe ist.

Die Wiegekarte

Eine Wiegekarte ist für den fortschrittlichen Hundehalter unerläßlich. So läßt sich jederzeit erkennen, ob der Hund sein Idealgewicht hat. Abweichungen von 5 bis 10% nach oben oder unten sind nicht alarmierend, sollten aber beobachtet werden.

Das regelmäßige Wiegen hat noch einen weiteren Nutzen: Der Hund gewöhnt sich an das Hochheben und wird sich das auch beim Tierarzt, in Notsituationen usw. gefallen lassen, ohne in Panik auszubrechen.

Man nimmt den Hund, nachdem er sich gelöst hat, auf den Arm und steigt dann auf die Badezimmerwaage. Vom Gesamtgewicht wird das zuvor festgestellte Eigengewicht abgezogen. Bei erwachsenen Großhunden muß man sich eine geeignete Waage zulegen oder ausleihen.

Gute Tierärzte wiegen Ihren Hund gerne, wenn Sie zu einem Routine-Check in die Praxis kommen.

Welpen werden wöchentlich gewogen, erwachsene Hunde (ab einem Jahr) monatlich.

Wiege- und Meßkarte
Rasse:
rassetypisches Idealgewicht:

Datum	Gewicht in kg	Umfang in cm Brustkorb	 Lenden

Hundegewichte

Welches Gewicht der ausgewachsene Hund einmal erreichen kann, hängt von seiner Körpergröße und Gestalt ab und kann ganz erheblich schwanken. Rüden sind meistens etwas schwerer als Hündinnen. Außerdem weichen die Standardgewichte von Land zu Land oft erheblich voneinander ab. Demzufolge sind die angegebenen Werte nur als Orientierungshilfe zu sehen.

Rasse	**Gewicht in kg**
unter 30 cm Schulterhöhe	
Australian Terrier	6,5
Cairn Terrier	6,5
Chihuahua	1–3
Lhasa Apso	6–8
Papillon	4–5
Pekingese	4–5
Scottish Terrier	10,5
Shih Tzu	5,5–8
Skye Terrier	10,5–11
West Highland White Terrier	6–10
Yorkshire Terrier	2,5–3,5
Zwergdackel	3,5–4,5
Zwergspitz	3
30–39 cm Schulterhöhe	
Basset	11–20
Belgischer Griffon	5
Bologneser	4
Border Terrier	7
Cavalier King Charles Spaniel	9
Dackel	9
Foxterrier	8
Französische Bulldogge	8–14
Malteser	2–4
Mittelspitz	7,3–8
Mops	6–8
Sheltie	7,3–8
Welsh Terrier	9,5
Zwergpudel	3–5
Zwergschnauzer	6–7

Rasse	Gewicht in kg
40–49 cm Schulterhöhe	
Basenji	11
Beagle	8–14
Bedlington Terrier	9–10
Boston Terrier	7–12
Cocker Spaniel	13,5–14,5
Deutscher Jagdterrier	10
Engl. Bulldogge	18–25
Irish Terrier	12
Kerry Blue Terrier	17
Puli	11,5
Staffordshire Bullterrier	17
Whippet	5–12
50–59 cm Schulterhöhe	
Bobtail	30
Bullterrier	23–30
Chow Chow	27–30
Großpudel	25
Kleiner Münsterländer	17
Mittelschnauzer	16–19
PON	17
Samojede	25
Shar Pei	23
Siberian Husky	16–27
60–69 cm Schulterhöhe	
Airedale Terrier	23–25
Alaskan Malamute	34–39
Belg. Schäferhund	27–39
Berner Sennenhund	30–45
Bordeaux-Dogge	55
Bouvier des Flandres	32–45
Boxer	25–32
Briard	25–32
Bullmastiff	59–65
Collie	23–30
Dalmatiner	21–27
Deutscher Schäferhund	27–39
Deutsch Kurzhaar	21–32

Rasse	Gewicht in kg
Dobermann	29–37
Eurasier	23–32
Irish Setter	27–32
Golden Retriever	27–34
Gordon Setter	29
Labrador Retriever	25–34
Magyar Vizsla	30
Pointer	20–30
Rhodesian Ridgeback	32–45
Rottweiler	40–53
70 und mehr cm Schulterhöhe	
Afghanischer Windhund	23–30
Barsoi	34–48
Bernhardiner	65–80
Deutsche Dogge	52–60
Hovawart	35
Komondor	45–60
Kuvasz	34–55
Mastiff	75
Mastino Napoletano	90
Neufundländer	55–72
Pyrenäenberghund	50
Riesenschnauzer	35–45
Saluki	27–30

Die Pflege

Gesundheit und Körperpflege sind eng miteinander verbunden. Je besser ein Hund gepflegt wird, desto wohler wird er sich fühlen, und um so enger wird er sich an den Pfleger anschließen. Denn dieser läßt ihm bei der Körperpflege viele Streicheleinheiten zuteil werden. Besonders wenn der Hund es bereits als Welpe gewohnt war, daß man sich mit ihm pflegend beschäftigt, werden alle Pflegemaßnahmen bald zur wohlgelittenen Routine. Die richtige Pflege ist dabei immer auch Gesundheitsfürsorge.

Haut und Fell

Das Fell ist die Visitenkarte eines jeden Hundes. Fell und Haut schützen den Vierbeiner vor chemischen und physikalischen Einflüssen wie Hitze, Kälte, Austrocknung, Wind, mechanischen Beschädigungen, Krankheitserregern usw. Das Fell gibt dem Hund das rassetypische Aussehen und zeigt, wenn es dicht und elastisch ist, seidig glänzt und angenehm riecht, daß der Hund optimal ernährt ist, an die frische Luft kommt und sich rundum wohl fühlt.

Richtige und regelmäßige Fellpflege ist mehrfach nützlich: Totes Haar, Schmutz, Kletten, Grannen, aber auch Ungeziefer werden entdeckt und sofort entfernt. Darüber hinaus ist es für die Durchblutung der Haut gut, wenn sie beim Bürsten massiert wird. Dabei lassen sich auch Anzeichen von Wunden, Ekzemen, Pusteln etc. leicht erkennen. Außerdem regt die regelmäßige Fellpflege das gesunde Haarwachstum an.

Kurzhaariges Fell läßt sich zwar leichter bearbeiten, aber pflegen, also mit einem Floh- oder Spezialkamm kämmen und bürsten, muß man es wie langhaariges Fell auch – nämlich alle zwei bis drei Tage. Manchmal auch öfter, wenn z.B. beim Spaziergang einiges darin hängengeblieben ist.

Wenn Hunde im Frühjahr und im Herbst stark haaren, braucht man sich keine Sorgen zu machen, weil dieser Fellwechsel normal ist. Er dauert 43 bis 54 Tage. Der Welpen-Haarwechsel findet etwa mit sechs Monaten statt. Nur wenn kahle Stellen auftreten, sollte man Rat beim Tierarzt holen. Da heutzutage viele Hunde überwiegend in Wohnungen bei trockener Luft und gleichmäßiger Wärme leben, kann es allerdings auch vorkommen, daß der saisonale Haarwechsel gestört ist und der »Wohnungshund« das ganze Jahr über mehr oder weniger haart. Bei solchen Hunden empfehlen sich Spezialprodukte aus dem Zoofachhandel, die den Haarwechsel fördern (bitte richten Sie sich genau nach den Herstellerempfehlungen).

Tauchen beim Hund übermäßig viele Schuppen auf, so kann eine Seborrhoe vorliegen. Dabei kann es vorkommen, daß der Hund recht stark riecht oder daß die Haut juckt. Die Ursachen der Schuppen können vielfältig sein (z. B. Stoffwechsel- oder Hormonstörungen, Leber- oder Nierenerkrankungen). Nach Absprache mit dem Tierarzt muß zuerst die Ursache festgestellt und behoben werden; dann können zusätzlich die Schuppen mit medizinischen Spezialshampoos behandelt werden.

Bei Fellproblemen besteht immer die Möglichkeit einer massiven Stoffwechselstörung. So kann eine unzureichende Ernährung zu einem stumpfen, trockenen, vor allem brüchigen Haarkleid führen.

Manche Rassehunde und einige Mischrassige sind mit einem wunderschönen Bart ausgestattet, der nach jeder Mahlzeit mehr oder weniger stark verschmutzt sein kann. Damit dieser Bart immer sauber und schön aussieht, sollte er nach jedem Fressen mit einem feuchten Waschlappen gesäubert und dann gekämmt werden.

Besonders bei großen Hunden kann man oft über den Ellenbogenhöckern sog. Liegeschwielen entdecken. Sie sehen wie verhornte Schwellungen aus. Diese Liegeschwielen können sich im ungünstigsten Fall auch entzünden und heilen oft nur schwer ab. Die Ursache ist, daß die Hunde häufig auf Beton oder rauhen Steinböden liegen (obwohl sie dies nicht müßten). Schmerzen haben die Hunde nicht, solange keine Entzündung vorliegt. Am besten sorgt man dafür, daß die Vierbeiner nur auf weichen Unterlagen liegen. Die verhornte Haut sollte man regelmäßig mit einem guten Hautfett pflegen (z. B. Ballistol oder Ballenbalsam).

Soll man Hunde baden?

Normalerweise braucht man einen gesunden Hund kaum zu baden – außer er hat sich in Übelriechendem gewälzt. Kaum ein Hundebesitzer ist davor gefeit: Plötzlich, wie aus heiterem Himmel, schmeißt sich der Vierbeiner in die Landschaft und reibt zuerst den Kopf am Boden, um sich dann genüßlich über die Schulter zu rollen und auf den Rücken zu wälzen. Beim ersten Mal ist man völlig ratlos, wenn der Hund dann über und über verschmutzt ist und wie eine ganze Jauchegrube zum Gotterbarmen stinkt. Finstere Drohungen wie »So kommst du mir nicht ins Haus!« sind dann die Folge.

Wenn man Glück hat, ist ein Gewässer in der Nähe, und der Hund läßt sich zu einem Bad animieren. In der Regel will er das aber nicht, denn mit dem Wälzen hat er sich ja gerade erst geruchlich getarnt. Vermutlich soll bei Wölfen der Duft als Informationsmittel dienen, das dem Rudel zeigt, daß er mögliche Beute entdeckt hat, oder das Tier will den Geruch seiner Beute annehmen, um sich so leichter anschleichen zu können. Es könnte aber auch sein, daß dieses Verhalten eine Komponente enthält, die den (für uns) so Anrüchigen besonders interessant macht. Es gibt verschiedene Deutungen des Wälzens, aber daß es sich um einen Instinkt handelt, steht außer Frage.

Unsere Begriffe von Sauberkeit passen nicht in dieses Instinktprogramm des Hundes, und deshalb ist es auch sinnlos, einen Hund dafür auszuschimpfen. Besser ist es, dieses Wälzen nach Möglichkeit zu verhindern, indem man den Hund ablenkt, ihn beschäftigt oder ihn in einem Gebiet, in dem es schon für uns nach Unrat riecht oder aussieht, an die Leine nimmt.

Vor dem Wälzen bleibt der Hund an der interessanten Stelle stehen und riecht intensiv an der Duftquelle. Dies dauert länger als das übliche »Duftlesen«, so daß man, wenn man Glück hat, noch eingreifen kann.

Ist das Bad nicht zu vermeiden, so sollte in jedem Fall rückfettendes Spezial-Hundeshampoo verwendet werden, das im Zoofachhandel erhältlich ist (wichtig, damit der natürliche Fettmantel der Haut nicht zerstört wird). Es versteht sich von selbst, daß beim Waschen kein Schaum in die Augen und Ohren gelangen darf. Die Wassertemperatur soll bei etwa 30°C liegen.

Vor dem Baden sollte der Hund sich gelöst haben, damit er anschließend, wenn er womöglich noch nicht ganz trocken ist, nicht gleich nach draußen muß.

Nach einem Spaziergang im Regen oder in schlammigem Gelände werden, wenn nötig, nur der Bauch und die Läufe mit klarem Wasser abgewaschen und der Körper mit einem Frotteetuch gut trokkengerieben. An das Trockenfönen muß man Hunde erst langsam gewöhnen. Der Fön darf nicht zu nahe ans Fell gehalten werden!

Weil der Hund sich nach einem Spaziergang bei schlechtem Wetter nicht die Füße abtritt, legt man am besten bereits vorher einen feuchten Lappen im Flur bereit, um den Hund abputzen zu können, bevor er den Perserteppich erreicht. Leichte Verschmutzungen im Fell lassen sich auch mit einem Hundetrockenshampoo entfernen.

Pfoten und Krallen

Pfoten und Krallen bedürfen besonders sorgfältiger Beachtung und Pflege. Möglichst nach jedem Spaziergang werden die Pfoten daraufhin untersucht, ob sich ein Fremdkörper in oder zwischen den Ballen eingenistet hat.

Im Winter kann der Vierbeiner mit Streusalz in Berührung kommen. Schnee macht den Hundepfoten in der Regel nicht viel aus, aber das Salz greift die Fußballen an und muß sofort abgewaschen werden. Anschließend werden die Ballen mit sogenanntem Ballenbalsam eingerieben. Man kann ihn auch gut vor dem Spaziergang auftragen, wenn Rauhsplitt, Harsch oder Streusalz zu erwarten sind.

Besonders langhaarige Hunde leiden, wenn sich Eisklumpen zwischen den Zehen festgesetzt haben. Mit lauwarmem Wasser werden die Klumpen langsam aufgetaut und entfernt. Am besten schneidet man die langen Haare an den Pfoten regelmäßig ab. Grundsätzlich wird zum Schneiden am Hund eine vorne abgerundete Schere benutzt, um Verletzungen zu vermeiden. Besondere Vorsicht muß man walten lassen, wenn man damit Fremdkörper aus den Behängen oder Fahnen entfernen will.

Auch im Hochsommer, wenn der Asphalt weich wird, verkleben die langen Haare zwischen den Ballen häufig, spitze Steinchen und Splitt setzen sich fest und führen zu Entzündungen.

Verklebte Haare zwischen den Ballen können immer Fremdkörper enthalten oder durch den starken Filz beim Laufen schmerzhaft drücken. Die Zehenzwischenräume sind also bei allen Hunden gleichermaßen sauberzuhalten. Dann kommt es kaum zu den gefürchteten Zwischenzehenekzemen. Die Ballenzwischenräume sollte man auch stets auf Rötungen (Milben) hin untersuchen.

Im Normalfall laufen sich die Krallen ganz von selbst ab – vorausgesetzt, der Hund hat genügend Bewegung auf unterschiedlichen Böden. Wenn sie trotzdem zu lang werden und deutlich über den Zehenballen hinausragen, müssen sie gekürzt werden. Dies gilt besonders für die Daumenkrallen an den Vorderpfoten und die Wolfskrallen an den Hinterpfoten, die keinen Bodenkontakt haben.

Das Krallenkürzen kann der Tierarzt beim Routine-Check durchführen. Oder man kürzt sie selbst ein, nachdem man es sich von jemandem mit Erfahrung hat zeigen lassen. Dazu ist eine Krallenzange aus dem Zoofachgeschäft nötig, mit der sich die Kralle gut schneiden läßt und die verhindert, daß das Horn gequetscht wird. Am besten schneidet man die Krallen nach dem Baden, dann ist das Horn weicher. Der Schnitt darf nicht zu hoch gesetzt werden, weil sonst das (bei hellen Krallen gut sichtbare) Blutgefäß geschädigt werden kann. Sollte dies wider Erwarten doch einmal passieren, kann die Blutung mit Sprühpflaster versorgt werden.

Bei Hunden mit dunklen Krallen läßt man das Kürzen besser vom Tierarzt durchführen oder feilt die Krallen geduldig auf die erwünschte Länge zurecht. Da vielen Hunden das Berühren der Zehen bzw. der Ballenzwischenräume unangenehm ist und sie dabei zurückzucken, arbeitet man lieber zu zweit: einer hält fest, der andere schneidet.

After- und Analdrüsenpflege

Besonders langhaarige Hunde können, wenn der Kot dünn ist, zur Verschmutzung der Afterregion neigen. Diese Verschmutzung muß man sofort mit warmem Wasser oder zumindest einem Hygienetüchlein entfernen, weil es zu Verklumpungen kommen würde, wenn der Hund, der ja besonders reinlich ist, daran schleckt. Wenn man unterwegs kein warmes Wasser zur Verfügung hat, kann man die feuchten Stellen mit Trockenshampoo bestäuben und getrocknet auskämmen. Ich kenne einige Besitzer von langhaarigen Hunden, die in diesem Bereich die Haare regelmäßig einkürzen. Wird die Pflege in dieser Region vernachlässigt, können sich neben dem Geruch auch Fliegenmaden unangenehm bemerkbar machen.

Wenn der Hund auf dem Hinterteil herumrutscht (»Schlittenfahren«) und ein fauliger Geruch zu bemerken ist, neigt er zu verstopften Analbeuteln. Dies sind Drüsen beiderseits des Afters, die normalerweise beim Kotabsatz entleert werden. Sind sie verstopft, muß man sie regelmäßig ausdrücken (sprechen Sie den Tierarzt darauf an). Waschen Sie sich nach solchen Verrichtungen gründlich die Hände, um eine Wurmübertragung zu verhindern.

Der Genitalbereich des Rüden und der Hündin wird bei der Körperpflege auf ungewöhnliche Sekretion hin beobachtet. Wenn so etwas auftritt, gehen Sie bitte mit dem Hund zum Tierarzt.

Augenpflege

Am ehesten fallen Unregelmäßigkeiten am Auge auf. Stets tränende Augen sind immer verdächtig, ebenso zäher, gelbgrüner Ausfluß. Besonders bei hellhaarigen Hunden fallen oft sogenannte Sekretrinnen auf, die ebenfalls auf eine Augenentzündung hindeuten.

Beim gesunden Hund ist die Bindehaut weder geschwollen noch gerötet. Hier reicht es völlig aus, wenn man das Auge jeden Morgen, nachdem man die Verkrustungen aufgeweicht hat, auswischt, indem man mit einem weichen, nicht fusselnden Tuch, das mit einem Augenpflegemittel getränkt ist (Zoofachhändler oder Tierarzt), vorsichtig von innen nach außen wischt. Besonders bei langhaarigen Hunden ist dies wichtig, weil es sonst zu schwer löslichen Verkrustungen kommen kann.

Wenn sich Hunde auffällig mit den Pfoten an den Augen reiben und starke Sekretion zu beobachten ist, kann ein sogenanntes Ektropium oder Entropium vorliegen (Aus- oder Einwärtsdrehen der Lider). Einige Rassen wie Shar Pei, Bernhardiner, Bordeauxdoggen und Cocker Spaniel sind davon besonders betroffen. Stellt man starken Tränenfluß, Rötungen des Augapfels oder der Bindehaut oder starken Juckreiz fest, ist der Tierarzt zu konsultieren.

Ohrenpflege

Um chronische Ohrenerkrankungen zu vermeiden, muß man die Ohren regelmäßig kontrollieren. Ohrenschmalz wird vorsichtig mit einem weichen Tüchlein entfernt, das mit einem Ohrpflegemittel befeuchtet wurde. Auf keinen Fall mit einem Wattestäbchen oder anderen Gegenständen im Ohr herumstochern! Nur soweit reinigen, wie man in das Ohr hineinsehen kann, dabei das Ohr etwas hochziehen!

Besonders bei langhaarigen Hunden mit Schlappohren kann es nötig werden, einmal monatlich vorsichtig die Haare am Eingang des Gehörganges auszuzupfen, damit genügend Luft ins Ohrinnere gelangen kann. Denn die langen Haare reizen, verkleben und verfilzen. Das Ausrupfen klingt schlimmer, als es ist; die Haare sitzen dort sehr locker und lassen sich mit einer anatomischen Pinzette oder mit einem Ohrhaar-Trimminstrument gut entfernen, ohne daß der Hund Schmerzen leidet.

Ein gesundes Ohr reinigt sich normalerweise selbst; aber manche Hunde neigen dazu, den Kopf in allerlei Schmutz zu stecken und z. B. stark zu buddeln. Im schlimmsten Fall können sich Bakterien, Viren, Hefen, Milben und Pilze ansiedeln, aber auch Fremdkörper können eindringen und Entzündungen hervorrufen. Die Hunde leiden dann unter starkem Juckreiz. Deshalb sollte das Ohr regelmäßig kontrolliert und ggf. wie oben beschrieben gereinigt werden.

Sollten Sie bei der täglichen Kontrolle starke Rötungen, Ausfluß, Geruch oder borkige Stellen feststellen oder beobachten, daß sich der Hund häufig hinter dem Ohr kratzt, den Kopf schüttelt oder schief hält oder beim Ohrenkraulen Schmerzenslaute ausstößt, ist ein Besuch beim Tierarzt angesagt.

Zahnpflege

Auch Hunde sind nicht vor Karies und Parodontose gefeit. Zahnstein verursacht bei ihnen Mundgeruch, üble Zahnfleischentzündungen und frühzeitigen Zahnverlust.

Bereits bei Junghunden ist darauf zu achten, daß das Gebiß in Ordnung ist, das heißt, die Milchzähne müssen spätestens nach dem sechsten Lebensmonat ausgefallen sein und dem bleibenden Gebiß Platz gemacht haben. Andernfalls muß der Tierarzt helfen, damit die zweiten Zähne ihren richtigen Platz finden.

Zur regelmäßigen Gebißpflege gehört die tägliche Gabe eines zahnpflegenden Kauproduktes. Dazu eignen sich z. B. hart gebackene Hundekuchen oder sog. Kauknochen aus Büffelhaut sowie ein spezielles Hundefutter, das laut Herstellerangaben den Zahn dadurch reinigt, daß er in den Futterbrocken eindringt und dabei durch die Reibung gesäubert wird. Knochen eignen sich für die Gebißpflege überhaupt nicht. Es gibt auch Zahnpasta für Hunde, die man mit einer normalen Zahnbürste oder einem Bürstenfingerling auftragen kann oder die über eine lange Kunststoffspritze direkt in den Mundraum des Tieres gebracht wird und sich dort verteilt. Darin enthaltene Enzyme lösen beim Kauen automatisch Zahnbelag und Zahnstein. Laut Hersteller ist die Zahnpasta verdaulich und schmackhaft, so daß Hunde sie gerne mögen. Liegen die Hunde beim Putzen auf der Seite, hat man besseren Zugang. Hinter den Fang- und Backenzähnen bildet sich am ehesten Zahnstein, deshalb diese Stellen nicht vergessen!

Der Tip: Wenn Ihr Hund einmal geröntgt werden muß, sollte der Tierarzt während der Narkose auch gleich den Zahnstein entfernen. Dies wird heutzutage meist mit Ultraschall gemacht.

Manche Hunde sind diese Pflegemaßnahmen nicht von klein auf gewohnt, sie bringen der pflegenden Hand Mißtrauen und Abwehr entgegen. Ich umgehe dies, indem ich vor jeder Aktion mit dem Hund Tellington-Touch betreibe. Ich beginne möglichst weit weg, z. B. an den Beinen, wenn etwas am Ohr zu tun ist, und arbeite mich langsam bis zum »wunden Punkt« vor.

Pflegeplan

täglich

- den gesamten Hund begutachten,
- die Augen säubern,
- je nach Gelände den Hund nach Ektoparasiten und Fremdkörpern absuchen,
- im Winter nach dem Gassigehen die Pfoten pflegen,
- Fellpflege mit Pflegehandschuh und Ungezieferkamm betreiben,
- Zahnpflege betreiben,

wöchentlich

- die Ohren säubern,
- die Geschlechtsteile kontrollieren,
- die Liegestatt reinigen,

monatlich

- die Krallen kontrollieren,
- wiegen und Gewicht in Wiegekarte eintragen,

vierteljährlich

- Kotproben auf Wurmbefall untersuchen lassen, ggf. entwurmen,

jährlich

- Auffrischungsimpfungen und Gesundheits-Check beim Tierarzt vornehmen lassen.

Ektoparasiten

Selbst bei peinlichster Sauberkeit und täglicher Fellpflege kann es vorkommen, daß unser Freund von saugenden Parasiten heimgesucht wird.

Flöhe

Heute haben bei uns gesunde und gut gepflegte Hunde nur noch sehr selten Flöhe, so daß bei Hundebegegnungen kaum einmal ein Floh seinen Wirt wechselt. Es kann aber vorkommen, daß der Vierbeiner Flöhe erwischt, wenn er auf einen Igel trifft (manche Igel haben mehr Flöhe als Stacheln) oder einem Vogelnest schnüffelnd zu nahe kommt. Auch Katzenflöhe gehen auf Hunde.

Häufig findet man nicht den Floh selbst, sondern seinen dunkel- bis rotbraunen Kot, der zwischen den Hundehaaren klebt oder beim Kämmen auf die Unterlage fällt. Oder der Hund wird von starkem Juckreiz geplagt.

Durch Massenbefall und intensives Kratzen kann es zu Hautekzemen kommen. Durch den Flohspeichel können die Hunde auch sog. Flohallergien entwickeln. Bei größerem Befall kann es beim Hund zu Blutarmut (Anämie), Blutvergiftung, Gelbsucht und sogar zu Leberschäden kommen. Darüber hinaus kann der Hundefloh Überträger des Gurkenkernbandwurms sein.

Nicht nur der Hundefloh (*Ctenocephalides canis*), sondern auch alle anderen Flöhe befallen Warmblüter zum Blutsaugen. Häufig sitzen sie dabei hinter den Ohren, am Hals, unter den Achseln und an den Schenkelinnenseiten.

Nicht jedes Kratzen bedeutet aber Flöhe. Bevor man zur chemischen Keule greift, sollte die Diagnose »Flohbefall« (lebende Flöhe oder Flohkot sind zu sehen) einwandfrei feststehen. Dies ist auch deshalb wichtig, weil Flohstiche auch noch nach Wochen jucken, wenn der Floh schon längst wieder weg ist.

Von den Flohweibchen werden weiße, 0,5 mm lange Eier in das Fell, von wo sie auf die Liegestatt herunterfallen können, aber auch an anderen Plätzen abgelegt. Daraus entwickeln sich in Spalten und Ritzen, sogar im Hochflorteppich und an anderen schlecht zugänglichen Stellen, borstige Larven, die sich vom bluthaltigen Flohkot und organischen Stoffen ernähren. Über ein Puppenstadium entwickeln sich innerhalb von zwei bis drei Wochen neue Flöhe. Man findet Flöhe deshalb überall dort, wo sich der Hund oft aufhält. Bei optimalen Bedingungen (feuchte Wärme) kann schon nach 14 bis 18 Tagen eine neue Flohgeneration zum Saugen antreten. Sind die Bedingungen schlecht (niedrige Temperaturen), kann die Entwicklung im Kokon stoppen und erst nach Monaten wieder einsetzen.

Der Tip: Flöhe auf dem Hund werden durch Kämmen mit dem Flohkamm und einem gut verträglichen Flohmittel bekämpft. Es gibt jetzt auch Flohmittel ohne Giftstoffe. Der Wirkstoff verklebt die Freßwerkzeuge und Atemwege der Flöhe. Dieses natürliche, auch ökologisch unbedenkliche Mittel wirkt dazu noch haut- und fellpflegend. Darüber hinaus müssen die Liegeplätze des Hundes ebenfalls mit einem wirksamen Flohmittel behandelt werden, und zwar mindestens zwei Monate lang jeweils im Abstand von zwei Wochen (danach immer gründlich lüften). Peinlichste Sauberkeit durch regelmäßiges Waschen der Unterlagen und Staubsaugen ist außerdem notwendig (den Beutel danach *sofort* entsorgen).

Um sicherzugehen, daß kein Neubefall mehr stattfindet, sollte der Hund für mindestens drei Monate ein Spezial-Flohhalsband tragen. Verwenden Sie nur solche Bänder, bei denen die Ungiftigkeit für Kinder und Junghunde ausdrücklich zugesichert wird und die recyclebar sind, weil über die Unschädlichkeit vieler Substanzen Zweifel bestehen. Das bewährte Zerdrücken des Peinigers zwischen den Fingernägeln und dünnem Papier erfordert anschließend absolute Hygiene, damit keine Krankheiten (Bandwürmer) auf den Menschen übertragen werden können.

Läuse

Neben den Flöhen finden sich hin und wieder auch Hundehaarlinge (Beißläuse, *Trichodectes canis*), die bei Körperkontakt von einem Hund auf den anderen gelangen können. Dies sind 2 mm lange graue Tierchen, die sich von Hautschuppen ernähren. Am schnellsten entdeckt man sie, wenn man den Hund mit einem Läusekamm über einem weißen Tuch oder Papier auskämmt. Starker Befall verursacht Juckreiz und kann evtl. sogar zu Haarausfall oder Ekzemen führen.

Läuse wie die Sauglaus *Linognathus setosus* findet man meist nur auf langhaarigen oder schlecht gepflegten Hunden. Die Übertragung erfolgt von Hund zu Hund. Die Laus sticht und saugt Blut und verursacht dadurch starken Juckreiz. Durch heftiges Kratzen entstehen Hautentzündungen mit Krustenbildungen.

Mit dem Läusekamm läßt sich schnell feststellen, ob ein solcher Befall vorliegt. Gut zu erkennen sind weiße Schüppchen und Eipakete an den Haaren. Mit einem Anti-Parasiten-Halsband oder Sprühkontaktinsektiziden lassen sich die Tierchen bekämpfen. Bei starkem Befall muß der Hund nach Anweisung des Tierarztes z. B. mit einem Anti-Insekten-Bad behandelt werden.

Milben

Milben stellen für den Hund immer eine Gefahr dar. Es gibt Fellmilben (Raubmilben, *Cheyletiella yasguri*), Hautmilben (*Sarcoptes canis*), Haarbalgmilben (*Demodex canis*) und Herbstgrasmilben (*Neotrombicula autumnalis*) und als wohl häufigste die Ohrmilbe (*Otodectes cynotis*, auch als Ohrräude bekannt und gefürchtet). Meistens erfolgt die Übertragung von Hund zu Hund, aber auch über Bodenkontakt und bei der Herbstgrasmilbe über Pflanzen und organische Substanzen. Fellmilben, Hautmilben und Herbstgrasmilben können auch den Menschen befallen.

Erkennbar ist der Befall dann, wenn starker Juckreiz, Haarausfall und Entzündungen mit Krustenbildung auftreten. Bei jeglichem Milbenbefall und schon beim geringsten Verdacht ist unverzüglich der Tierarzt aufzusuchen, der eine entsprechende Behandlung einleitet. Es versteht sich von selbst, daß man bei übertragbaren Ektoparasiten auf Sauberkeit und Hygiene achtet.

Der Tip: Hundekörbe, Decken, Kissen und dergleichen müssen bei Milbenbefall desinfiziert oder möglichst ausgekocht werden. Teppiche usw. werden mit einem Anti-Parasiten-Spray behandelt.

Zecken

Wird es draußen in der Natur ab April wieder warm, dann kriechen sie aus ihren Verstecken heraus und krabbeln auf Gras, Stauden und Gehölze, um sich auf lebende Geruchs- und Wärmequellen, wie z. B. einen Hund, fallen zu lassen. Mit ihren Sinnesorganen in den vorderen der acht Beine nehmen sie ihr Opfer wahr.

Die Zecke sucht dann schnell nach einer geeigneten, meist wenig behaarten Stelle, z. B. Ohren, Nase, die Augenpartie oder der Bereich zwischen den Schenkeln. Selbst die Lefzen dienen den Zecken als Saugstelle.

Am häufigsten kommt bei uns der Gemeine Holzbock (*Ixodes ricinus*) vor. Er sieht vollgesaugt wie ein Rhizinussamen aus. Es gibt aber auch noch andere Zeckenarten wie die Igelzecke *(Ixodes hexagonus), Haemaphysalis concinna, Dermacentor marginatus* und *Dermacentor pictus* oder die Fuchszecke *(Ixodes canisuga)*. Sie befallen, wie die anderen, auch den Hund. Als Urlaubsimport aus dem Mittelmeerraum kommt die Rote Hundezecke (*Rhipicephalus sanguineus*) zu uns. Wenn sie nicht sofort auf dem Hund entdeckt wird, kann sie sich in der warmen Wohnung vermehren.

Was die Zecken neben dem Blutsaugen noch unangenehm, ja gefährlich macht, ist die Tatsache, daß sie beim Saugen gefährliche Krankheitserreger wie z. B. die Lyme Borreliose (*Borrelia burgdorferi*), Filarien (beim Reh), FSME (Hirnhautentzündung beim Menschen in eng begrenzten Regionen) und durch die Rote Hundezecke Babesien (*Babesia canis*) und Ehrlichien (*Ehrlichia canis*) übertragen.

Zurück zum Gewöhnlichen Holzbock, bei dem die schwärzlichen Männchen ca. 4mm messen: Sie saugen kein Blut, sondern befruchten das rötliche, mit schwarzem Schild versehene Weibchen, das vor dem Saugen 6mm und vollgesaugt 15mm mißt. Es ist erstaunlich, welche Menge Blut solch eine vollgesaugte Zecke enthält. Zum Saugen benutzt das Weibchen den mit Widerhaken bewehrten »Rüssel« (Hypostom). Beim Saugvorgang wird blutverdünnendes Sekret in die Wunde abgegeben. Je nach Art saugen die Weibchen fünf bis 14 Tage lang, bis sie vom »Wirt« wieder abfallen. Danach legen sie ihre 5000 bis 7000 Eier ab.

Aus den Eiern schlüpfen sechsbeinige Larven, die in der Krautschicht, z.B. auf Gras und dergleichen, auf einen Wirt warten. Vollgesaugt fallen sie von diesem ab, und nach einer Häutung entstehen aus den Larven achtbeinige Nymphen, die wiederum Blut saugen, abfallen und sich zu einer geschlechtsreifen Zecke häuten. Nymphen und Zecken lauern ca. 150cm über dem Boden auf Ästen etc. auf ihr Opfer.

Erkrankt ein Hund nach einem Zeckenbiß, so zeigt sich dies wie folgt: Anfangs fällt ungewohnte Mattigkeit auf, dann tritt für ca. eine Woche Fieber von ca. 40 °C ein, anschließend lahmt das Tier deutlich, und die Gelenke schwellen an. Bei einem lahmenden Hund sollte man deshalb auch an eine Borreliose-Infektion denken. Im fortgeschrittenen Stadium der Erkrankung können Herz- und Nierenbeschwerden auftreten. Bei solchen Anzeichen, aber auch bei einem Massenbefall mit Zecken, ist aus Sicherheitsgründen sofort der Tierarzt zu konsultieren. Ansonsten heißt es, wie immer: Vorbeugen ist besser als heilen.

Vorbeugen heißt:

- Zeckenträchtige Gegenden meiden, vor allem auch lichte Mischwälder und heckenreiche Waldränder.
- Nach jedem Spaziergang wird der Hund nach Zecken abgesucht (Flohkamm mit engstehenden Zinken benutzen).
- Zecken lassen sich leicht entdecken, wenn sie noch krabbeln, aber auch fühlen, wenn sie sich festgesetzt haben.
- Entdeckte Zecken gleich entfernen.
- Dabei darf der Zeckenleib nie vom Kopf abgerissen werden, weil er sich unter der Haut entzünden kann.
- Auf den Zeckenkörper sollte man weder Alkohol, Öl, Fett noch andere Substanzen geben, weil dadurch die Zecke zwar losläßt, sich vorher aber noch tiefer in den Körper bohrt und ein Sekret abgibt, das Krankheitserreger enthalten könnte.
- Beim Ablösen mit einer sog. Zeckenzange darauf achten, daß der Hinterleib nicht gequetscht wird, weil sonst ebenfalls Sekret in die Wunde gelangt.

Der Tip: Am besten unterfaßt man den Zeckenkörper mit der Zeckenzange möglichst nahe am Mundwerkzeug. Die Zange wird nicht gedreht, sondern vorsichtig hin- und herbewegt. Dabei zieht man stetig und wohldosiert, bis sich die Widerhaken lösen. Die zurückbleibende Wunde wird mit einer desinfizierenden Salbe behandelt.

Als Zecken-Prophylaxe empfiehlt es sich grundsätzlich, dem Hund vor dem Spaziergang ein sog. Zeckenhalsband auf Puderbasis anzulegen. Das Puderhalsband empfiehlt sich deshalb, weil es wasserfest ist, der Puder langsam freigesetzt wird und nicht zu schnell an Wirkung verliert. Außerdem lassen sich solche Bänder recyceln und sind laut Herstellerangaben (bitte darauf achten!) für Kinder und Welpen unschädlich.

Nicht vergessen: Auch die Liegestatt des Hundes muß man desinfizieren, weil jede abgefallene Zecke Eier ablegt und der Entwicklungskreislauf von vorne beginnen würde.

Gesund soll er sein

Leider können Hunde uns ihr Unwohlsein nicht mit Worten mitteilen. Sie leiden oft stumm oder leise winselnd vor sich hin, und häufig merkt man nur an ihrem veränderten Verhalten, wenn sie z. B. appetitlos oder apathisch sind, daß mit ihnen etwas nicht stimmt.

Bei jedem Krankheitsverdacht sollte man den Tierarzt so früh wie möglich eine Diagnose stellen lassen, damit rechtzeitig eine wirkungsvolle Therapie eingeleitet werden kann. Warten Sie nicht ab, bis aus einer harmlosen Unpäßlichkeit eine ernste Erkrankung geworden ist.

Ein verantwortungsbewußter Hundebesitzer kann anhand der täglichen Kontrolle und am Verhalten seines vierbeinigen Lieblings eine Erkrankung bereits im Frühstadium erkennen. Wenn er dann noch alles notiert, was wichtig ist, erhöht dies die Heilungschancen und spart nicht zuletzt oft erhebliche Kosten. Denn je früher man eine Behandlung beginnt, um so schneller ist eine Erkrankung in der Regel ausgeheilt.

Man sollte möglichst nicht selbst Tierarzt spielen wollen, auch wenn dies sog. Hundekenner immer wieder anraten. Und auf gar keinen Fall sollte man Medikamente geben, die für Menschen bestimmt sind. Denn sie können für den Hund tödlich sein.

Fiebermessen

Erste Hilfe (siehe Seite 233) kann man natürlich zu Hause leisten und eventuell noch Fieber messen. Fieber deutet meistens auf eine Infektionskrankheit oder Entzündung hin. Optisch ist es an einer trockenen Nase, trüben Augen, heißen Ohren und einem heißen Körper zu erkennen.

Zum Temperaturmessen benötigt man ein möglichst schnell reagierendes Fieberthermometer. Es wird grundsätzlich im Enddarm gemessen. Dabei empfiehlt es sich, daß eine Person den Hund und insbesondere seine Rute hält und die andere das mit Vaseline eingefettete Thermometer einführt und festhält. Solange der Meßvorgang dauert (bei einem modernen Gerät ca. eine Minute), muß der

Hund absolut still liegen. Gemessen wird, wenn der Hund ruhig ist, also nicht nach einem Spaziergang oder sonstiger Aufregung.

Die normale Körpertemperatur beträgt bei kleinen Hunderassen 38,5 bis 39 °C, bei großen Rassen 37,5 bis 38,5 °C. Beachten Sie auch, daß junge Hunde eine etwas höhere Temperatur als ältere Hunde haben. Übrigens ist eine kalte Hundenase nicht immer ein Zeichen für Gesundheit und eine warme nicht immer für Fieber. Deshalb ist es besser, zu messen.

Der richtige Tierarzt

Schon bei der Anschaffung des Hundes empfiehlt es sich, Ausschau nach einem Tierarzt zu halten. Häufig werden Tierärzte von Freunden oder Bekannten empfohlen, aber einige Kriterien sollten darüber hinaus zusätzlich Ihre Wahl beeinflussen:

- Ist die Praxis schnell und gut erreichbar (auch mit öffentlichen Verkehrsmitteln) und hat sie einen Parkplatz?
- Hat der Tierarzt auch am Telefon ein offenes Ohr für Ihre Belange, oder werden Sie auf einen Termin vertröstet?
- Ist der Tierarzt auch außerhalb der Praxiszeiten ansprechbar (auch an Wochenenden) und macht er notfalls auch Hausbesuche? Dies kann besonders für ältere oder gehbehinderte Hundebesitzer wichtig sein, außerdem wenn man züchtet.
- Ist der Warteraum groß genug und unterteilt, damit sich die Patienten aus dem Weg gehen können und Hunde sich nicht gegenseitig anstarren müssen? Ist der Raum sauber und hygienisch einwandfrei?
- Können Sie mit Ihrem Vierbeiner auch außerhalb des Wartezimmers warten, z. B. im Auto? Dies mindert für den Hund den Streß und verringert das Risiko einer Infektion im Wartezimmer.
- Über welche Diagnosegeräte und -möglichkeiten verfügt der Arzt selbst? Eine Röntgeneinrichtung z. B. ist unverzichtbar.
- Gibt es einen höhenverstellbaren Behandlungstisch, auf den der Hund selbst steigen kann und nicht gehoben zu werden braucht?
- Gibt der Tierarzt Fragebögen mit, in die Sie Ihre Beobachtungen im Zusammenhang mit einer Erkrankung des Hundes eintragen können?
- Verständigt der Tierarzt Sie, wenn die nächste Impfung fällig ist?
- Regelt der Tierarzt seine Vertretung, wenn er in Urlaub ist? (Hin-

weis auf andere Tierärzte oder sogar Vertretung in der eigenen Praxis?)

- Fragen Sie andere Hundebesitzer nach ihren Erfahrungen mit diesem Tierarzt: welches Verhältnis er zu seinen Patienten hat, wie er mit aufgeregten oder ängstlichen Hunden umgeht und ob er sie womöglich gleich ruhigstellt.
- Erklärt der Tierarzt Ihnen alles verständlich, oder spricht er Fachchinesisch?
- Arbeitet der Tierarzt mit veterinärmedizinischen Universitätskliniken zusammen? (Wichtig bei schwierigen Diagnosen oder selten auftretenden Erkrankungen.)
- Dürfen Sie bei der Behandlung des nicht narkotisierten Hundes dabeisein? Der Hund braucht unsere Nähe, weil er nicht verstehen kann, warum es ihm schlechtgeht und daß der Tierarzt ihm helfen will. Unsere Nähe nimmt ihm einen Großteil seiner Ängste.

Es empfiehlt sich, vor jedem Tierarztbesuch zunächst telefonisch Kontakt aufzunehmen.

Besteht Ansteckungsgefahr, so wartet man besser draußen vor der Praxis. Beim Tierarzt bleibt der Hund angeleint, und man hat auch einen eigenen Maulkorb dabei.

Der Tip: Unbedingt zum Tierarzt mitbringen: Hundepaß, Impfbescheinigung und Notizen über die Beobachtungen (Checkliste siehe Seite 214).

Ein ruhiger und besonnener Hundebesitzer kann dem Tierarzt seine Arbeit erleichtern, Zeit, Geld und dem Hund einiges an Leid ersparen. Hunde, die gut gepflegt und sauber sind, sich problemlos anfassen lassen, sich gut auf den Tisch heben und hinlegen lassen und sich gegen eine Untersuchung der Augen, der Ohren und der Zähne nicht sträuben, haben es leichter, weil sie nicht ruhiggestellt werden müssen.

Für den Weg vom und zum Tierarzt ist es wichtig, daß man selbst möglichst ruhig bleibt, weil sich Aufregung leicht auf den Hund überträgt. Ist der Hund verletzt, transportiert man ihn wie auf Seite 239 beschrieben.

Fälle für den Tierarzt

- Wenn sich Temperament und Wesen auffällig verändern.
- Bei Fieber (bei Unsicherheit lieber den Tierarzt anrufen).
- Bei Blutungen aus dem Fang oder anderen Körperöffnungen.
- Bei fühlbaren Geschwülsten, Knoten und sich verändernden Warzen.
- Bei Krampfzuständen (z. B. Katzenbuckel).
- Bei Kreislaufproblemen: bleiche Schleimhäute, Zittern, blaue Zunge, kurzfristige Ohnmacht.
- Wenn Sie feststellen, daß der Hund beim Spazierengehen auffällig zurückbleibt, sich häufig hinsetzt und die Zunge dabei blau anläuft.
- Lahmen während und nach Sport (Springen), nach einem Unfall und bei Verdacht auf Knochenbruch oder Verrenkungen.
- Bei Bewegungsproblemen, z. B. Humpeln, Lahmen oder Schwierigkeiten beim Aufstehen und Hinlegen.
- Bei Bewegungsstörungen, starkem Speicheln, Zittern, auffällig geweiteten Pupillen.
- Bei Taumeln und weichen Knien.
- Bei stark anschwellenden Insektenstichen mit Atemnot.
- Bei stark blutenden Verletzungen.
- Bei nicht oder schlecht heilenden Wunden.
- Bei Verdacht auf Milben (Symptome: starker Juckreiz, auffällige Rötungen, Krustenbildung, empfindliche Ohrmuscheln).
- Bei Verdacht auf Pilzbefall (Symptome: Haarausfall, haarlose Stellen, Hautverfärbung, starke lokale Schuppenbildung, auffälliges Kratzen oder Lecken).
- Bei andauernder Appetitlosigkeit.
- Bei auffälliger Gewichtsabnahme.
- Bei Gewichtsabnahme trotz Heißhunger.
- Bei anhaltendem Durchfall mit und ohne Erbrechen.
- Bei anhaltendem Erbrechen mit und ohne Durchfall.
- Bei erfolglosem Würgen mit starkem Speicheln.
- Wenn der Bauch aufgetrieben ist und der Hund würgt und sich nicht erbrechen kann.
- Bei Fremdkörpern in Maul, Rachen oder Verdauungstrakt.
- Bei plötzlich einsetzender Unsauberkeit und vermehrtem Trinken.
- Bei Verdacht auf Wurmbefall (Symptome: Rutschen auf dem

Hinterteil, starker Juckreiz, Ekzembildung, Würmer oder Bandwurmglieder im Kot).
- Wenn Probleme beim Harnen und beim Kotabsatz auftreten.
- Bei auffallenden Trübungen der Augen.
- Bei Verletzungen am Auge (Fremdkörper) und eitrigem Ausfluß.
- Bei starker Sekretion aus Nase und/oder Augen.
- Bei häufigem Kratzen am Ohr und Schütteln des Kopfes sowie Schiefhalten des Kopfes, Druckempfindlichkeit des Ohres, Geruch aus dem Ohr.
- Bei üblem Mundgeruch.
- Bei andauernden Atembeschwerden oder Husten.
- Bei Ausfluß aus den Geschlechtsorganen.
- Bei Verdacht auf Vergiftungen (Symptome: Erbrechen, Durchfall, Muskelkrämpfe, Zittern, Atemnot, starkes Speicheln, blutige Mundschleimhaut).

Vor dem Tierarztbesuch beachten

Der Hundepaß sowie die Impfbescheinigung sollte immer am selben Platz griffbereit liegen, damit im Notfall nicht erst lange nach Adressen von Tierarzt, Tierklinik usw. gesucht werden muß.

Nach Möglichkeit wird alles, was die Unpäßlichkeit oder die Krankheit des Hundes betrifft, aufgeschrieben, um eine noch schnellere Diagnose zu ermöglichen. Dazu zählt:
- Wie schwer ist das Tier?
- Wann wurde was zuletzt gefressen?
- Sind Appetit und Durst normal?
- Wann hat er sich zuletzt gelöst, wie war der Kot (hart oder weich, normal geformt, breiig oder Durchfall; mittelbraun/gelb/ schwarz/ weißlich)?
- Hat der Hund Fieber (siehe Seite 210)?
- Wie hoch ist der Puls (siehe Seite 235)?
- Hat er sich erbrochen? (Erbrochenes mitnehmen!)
- Welche körperlichen Veränderungen haben Sie festgestellt?
- Wann haben Sie die Unregelmäßigkeiten das erstemal festgestellt?
- Hat er von etwas Giftigem genascht, dann die Reste davon, Pakkungen, Pflanzen usw. mitbringen.

Impfungen

Auch ohne daß eine Unpäßlichkeit oder Erkrankung vorliegt, sollte man seinen Hund mindestens einmal, besser zweimal jährlich dem Tierarzt vorstellen. Eine gute Gelegenheit dafür sind die Impftermine, denn regelmäßige Schutzimpfungen und Entwurmungen sind unverzichtbarer Bestandteil der Krankheitsvorbeugung. Rechtzeitige Impfungen schützen nicht nur den Hund vor gefährlichen Infektionskrankheiten, sondern auch seinen Besitzer, weil Bandwürmer und einige Krankheiten auch auf den Menschen übertragbar sind (z. B. Tollwut).

In den ersten Lebenswochen ist der Welpe durch die mit der Muttermilch (Kolostralmilch) aufgenommenen Antikörper gegen Infektionskrankheiten geschützt – besonders solche, gegen die die Hündin geimpft wurde. Nach dem Abstillen entfällt dieser Schutz, und bereits der Züchter beginnt damit, die notwendigen Impfungen vornehmen zu lassen, die im Impfpaß festgehalten werden. Wenn Sie einen Welpen erworben haben und ihn bald dem Tierarzt vorstellen, nehmen Sie dazu den Impfpaß mit und besprechen gleich die nächsten Termine. Der untenstehende Impfkalender dient als Orientierung und sollte mit dem Tierarzt auf die individuelle Situation Ihres Hundes abgestimmt werden. Er entscheidet, ob eine Impfung gegen Zwingerhusten nötig ist, und wird außerdem vor jeder Impfung prüfen, ob der Hund gesund und wurmfrei ist.

Impfkalender

Alter	Impfung gegen
6–8 Wochen 8–10 Wochen 10–12 Wochen 12–14 Wochen	Parvovirose, Zwingerhusten Staupe, HCC, Leptospirose Parvovirose, Zwingerhusten Staupe, HCC, Leptospirose, Tollwut
jährliche Wiederholung	Leptospirose, Parvovirose, Zwingerhusten, Tollwut
Wiederholung alle 1–2 Jahre	Staupe, HCC

Immer mehr Tierärzte gehen dazu über, mit 16 Wochen nochmals nachzuimpfen, weil die vorherigen Impfungen unter Umständen noch nicht anschlagen konnten, wenn der Welpe lange gesäugt wurde und somit noch Abwehrstoffe aus der Muttermilch hatte. Vor allem ist es wichtig, daß man darauf besteht, einen absolut hochwertigen Impfstoff zu verwenden, damit der Schutz auch wirklich gewährleistet ist.

Der Tip: Tragen Sie die Impftermine in Ihren Kalender ein, und merken Sie sie auch für die folgenden Jahre vor, um sie nicht zu vergessen. Es kann nicht oft genug darauf hingewiesen werden, daß beim Hund lebenslang Impfschutz vorliegen muß, weil sich tödlich verlaufende Infektionen besonders seit Öffnung der Grenzen nach Osten wieder vermehrt ausbreiten.

Würmer

Hunde können von verschiedenen Würmern befallen werden. Besonders Welpen sind dafür äußerst anfällig. Erwachsene Hunde leiden weit weniger unter diesen Parasiten. Je gesünder ein Hund insgesamt ist, desto weniger können ihm Würmer zusetzen.

Magen- und Darmwürmer leben als Schmarotzer im Hund. Er wird, je nach Befall und Wurmart, durch den Entzug von Nährstoffen und auch Blut sowie die Stoffwechselprodukte der Würmer beeinträchtigt. Außerdem werden innere Organe geschädigt und verletzt, die die Würmer während ihres Entwicklungszyklus durchwandern.

Für manche Würmer kann auch der Mensch als Wirt dienen. Auch deshalb ist es so wichtig, den Kot des erwachsenen Hundes vom Tierarzt regelmäßig, mindestens zweimal im Jahr, auf Würmer und Wurmeier hin untersuchen zu lassen und, wenn nötig, das Tier zu entwurmen. Junghunde werden bis zum Alter von einem Jahr vierteljährlich entwurmt.

Der Tip: Für den Transport der Kotprobe verwenden Sie am besten die für den Humanbereich verwendeten Behältnisse und Gerätschaften, die in der Apotheke erhältlich sind.

Achten Sie bei der täglichen Gesundheitskontrolle darauf, ob sich im oder auf dem Kot und ggf. im Erbrochenen Würmer befinden. Besonders bei Bandwurmbefall lassen sich Bandwurmglieder (weiße bis 1 cm lange Stücke) im Kot und bei langhaarigen Hunden auch im Fell um den After herum finden. Durchfall, Abmagerung, Blutarmut und Juckreiz am After (»Schlittenfahren«) sind weitere typische Symptome eines Wurmbefalls. Gehen Sie schon beim Verdacht auf Wurmbefall unbedingt mit dem Hund zum Tierarzt.

Vorbeugung gegen Wurmbefall

Würmer werden hauptsächlich über die mit dem Kot ausgeschiedenen Eier übertragen. Die sich daraus entwickelnden Larven bleiben bei günstigen Bedingungen einige Zeit infektiös. Bandwürmer holt sich der Hund in erster Linie beim Verzehr von Fleisch, Fressen von Kot, aber auch beim Zerbeißen von Flöhen (Nutztiere und Flöhe sind Zwischenwirte). Hakenwurmlarven bohren sich aber auch durch die Haut aktiv in ihren Wirt ein.

Wurmvorbeugung:

- Den Hund keinen Kot aufnehmen lassen und ihn überhaupt davon fernhalten.
- Plätze meiden, an denen erfahrungsgemäß andere Hunde ihren Kot absetzen (z. B. sog. Hundeklos und viel frequentierte Hundeausführgebiete).
- Plätze meiden, wo andere Hunde sitzen, z. B. vor Geschäften.
- Draußen nichts fressen lassen.
- Keine erbeuteten Mäuse, Ratten usw. fressen lassen.
- Fisch und Fleisch nur gekocht verfüttern.
- Flöhe und Haarlinge bekämpfen (sie können Bandwürmer übertragen).

Medikamente richtig eingeben

Hat der Tierarzt eine genaue Diagnose gestellt, so wird er Sie damit betrauen, die entsprechenden Medikamente zu verabreichen. Leider können dabei Probleme auftreten, denn beim Schlucken von Medizin stellen sich manche Hunde wie kleine Kinder an. Sie verweigern schlicht die Aufnahme.

- Schon beim Tierarzt fragt man, wie man die Medikamente im einzelnen verabreicht. Besonders bei Tabletten sind eventuell die Fütterungsintervalle wichtig, damit die Wirkstoffe über den Dünndarm auch aufgenommen werden können.

- Tabletten, Dragees und Kapseln kann man mit einer List eingeben, indem man sie in eine Hundewurstkugel drückt oder in eine geeignete Leckerei verpackt. Ist diese Methode ohne Erfolg, weil der Hund keinen rechten Appetit zeigt oder die Leckerei samt Inhalt verweigert, kann man die Tablette mit einem sog. Tabletteninjektor ins Maul schieben: Der Injektor wird über die Zunge so weit wie möglich in den Rachenraum eingeführt und die Tablette freigegeben (siehe Gebrauchsanweisung). Der Schluckreflex wird durch Streicheln am Hals gefördert.
- Man öffnet die Hundeschnauze, indem man sie mit einer Hand von oben umfaßt und seitlich auf die Lefzen drückt. Die andere Hand zieht den Unterkiefer nach unten. Von Vorteil ist es, wenn zwei Personen dabei tätig sind: eine öffnet das Maul und die andere verabreicht die Tablette. Anschließend die Schnauze zuhalten und sich überzeugen, daß das Medikament auch geschluckt wurde.
- Zu zweit lassen sich auch Flüssigkeiten leicht eingeben, indem man eine Lefze hochzieht und das Medikament mit einer Einwegspritze (ohne Nadel) durch die Gebißlücke vor den Backenzähnen ins Maul gibt. Dabei muß man darauf achten, daß der Hund schluckt und die Flüssigkeit nicht in die Luftröhre gelangen kann (den Kopf nicht zu steil nach oben halten).
- Medikamente in Pastenform lassen sich relativ einfach verabreichen, weil sie meistens aromatisiert sind und man sie gut unters Feuchtfutter mischen kann. Wenn der Hund nicht frißt, kann man die Paste bei geöffnetem Fang mit dem Finger auf die Backenzähne schmieren.
- Pulver wird entweder unters Futter gemischt oder in Wasser gelöst und wie ein flüssiges Medikament eingegeben.
- Bei Augen- und Ohrensalben oder -tropfen verfährt man genau nach Packungsvorschrift bzw. Anweisung des Tierarztes.
- Wichtig ist, daß die Medikamente stets »frisch sind«, d.h. noch nicht abgelaufen sind.
- Bis sie aufgebraucht sind, muß man sie richtig (meist kühl und trocken) lagern (Packungshinweise beachten).
- Der Erfolg der Medikamentengabe ist davon abhängig, daß genau nach Anweisung dosiert wird und die Arznei konsequent zum vorgeschriebenen Zeitpunkt gegeben wird (nicht nach dem Motto: »Viel hilft viel«).
- Achten Sie bitte darauf, ob das verabreichte Medikament auch »behalten« wird.
- Bei jeder Medikamentengabe hilft es, dem Hund gut zuzureden

und ihn liebevoll zu behandeln. Ein krankes Mitgeschöpf wird schneller gesund, wenn es das Gefühl hat, umsorgt zu sein.

Wichtig ist, daß man die Kosten nicht scheut, wenn zum Schutz von Wunden z.B. ein sog. Halskragen, ein medizinischer Hundeschuh oder Schutzverbände nötig sind. Sie dürfen auch nicht eigenmächtig entfernt werden, weil der Hund sonst durch Lecken oder Abreißen des Verbandes den Heilungsprozeß in Frage stellen könnte. Darüber hinaus sollte man niemals eine begonnene Behandlung eigenmächtig abbrechen, auch wenn der Hund offensichtlich schon wieder gesund zu sein scheint.

Es sollte eine Selbstverständlichkeit sein, daß man besonders auf die eigene Hygiene achtet, wenn der Hund krank ist.

Allergien

Auch Hunde leiden zunehmend an Allergien, die sich häufig durch Hautrötungen, starken Juckreiz (auch nach Insektenbissen können Allergien auftreten) oder Bläschenbildung bemerkbar machen. Allergien können beim Hund bereits ererbt sein, durch falsche Ernährung (allergieauslösende Nahrungsbestandteile) ausgelöst werden oder als Kontaktallergie durch Pflanzen oder Stoffe, die auch Menschen krank machen, entstehen (Medikamente, Chemikalien, Biozide und vielerlei Stoffe, die auch über die Atemwege aufgenommen werden können oder mit denen der Hund in Berührung kommt).

Eine Allergie liegt immer dann vor, wenn das Immunsystem bei der Konfrontation mit einem körperfremden Stoff (Allergen) durch Überproduktion von Immunglobulin und entsprechenden Zellkomplexen reagiert.

In all diesen Fällen ist vom Tierarzt eine genaue Diagnose zu stellen. Die Ursache muß abgestellt werden, indem man den allergieauslösenden Stoff meidet. Dann kann die Behandlung mit geeigneten Medikamenten eingeleitet werden. Auch bei allen Hautproblemen steht vor jeder Behandlung erst eine genaue Diagnose. Selbstbehandlungen, und seien sie noch so gut gemeint, können mehr schaden als nutzen.

Magen-Darm-Probleme

Bei Erkrankungen des Magen-Darm-Traktes können eine allgemeine Infektionskrankheit, z. B. Staupe, Würmer, Salmonellosen (durch rohes Fleisch und rohe Eier), Medikamentengaben, Trinken aus Pfützen, Schneefressen, Futterumstellungen (Fütterungsfehler), unzuträgliches Futter (z. B. Milch, rohes Eiweiß, rohe Kartoffeln, zuviel Leber und andere Innereien usw.), falsche Darreichung des Futters, zuviel Futter, Streß, Vergiftungen oder krankhafte Darmentzündungen (Enteritis) die Ursache sein.

Durchfall

Am häufigsten treten bei Hunden Verdauungsprobleme auf, an erster Stelle steht der Durchfall (Diarrhoe), der vielerlei Ursachen haben kann. Man unterscheidet je nach Erscheinungsbild zwischen dünnbreiigen, stark wäßrigen oder blutigen Durchfällen. Der Durchfall an sich ist keine Krankheit, sondern stellt nur ein Symptom dar, das zu erkennen gibt, daß etwas mit der Verdauung nicht in Ordnung ist. Besonders Welpen können von Durchfällen geplagt werden. Bei blutigem Kot muß sofort der Tierarzt aufgesucht werden!

Länger anhaltende, schwere Durchfälle führen zu bedenklichen Störungen des Wasser- und Elektrolythaushaltes bei gleichzeitiger Unterversorgung mit lebensnotwendigen Nährstoffen. Der Kreislauf und die entgiftenden Organe (Nieren) werden belastet, die Darmschleimhaut wird gereizt und in schweren Fällen sogar geschädigt. Eine möglichst frühzeitige Abklärung des Krankheitsbildes ist daher unumgänglich.

Alte Hausmittel wie Kohle und dergleichen sollte man meiden. Besser ist es, den Hund einen Tag fasten zu lassen und ihm dabei genügend Wasser (nicht unter 10 °C) mit einer Elektrolytmischung zur Verfügung zu stellen oder Kamillentee bzw. schwarzen Tee zum Ausgleich des Flüssigkeitsverlustes anzubieten. Dauert der Durchfall an oder ist er mit Fieber verbunden, gehen Sie bitte sofort zum Tierarzt!

Ansonsten wird am nächsten Tag mit kleinen Mengen Diätfutter, wie z. B. gekochtem Geflügel- oder Schaffleisch mit Reis, das es auch als Fertigfutter gibt, die Verdauung langsam wieder in Gang gebracht, wobei man die Futtermengen auf zwei bis vier kleine Mahlzeiten über den Tag verteilt. Ist der Kot wieder normal geformt, kann man die Nahrungsmenge wieder steigern. Das Verdächtige ist aber wegzulassen.

Nach starken Durchfällen ist es wichtig, daß der Körper mit Vitaminen versorgt wird (Tierarzt fragen).

Verstopfung

Wie schon erwähnt, kann die Verstopfung (Obstipation) durch Fehlernährung hervorgerufen werden, besonders nach Knochengaben (siehe Seite 188) oder wenn zuwenig Ballaststoffe im Futter enthalten sind. Bei Verstopfungen leiden die Hunde bei jedem Kotabsatz. Manche Verstopfungen können nur durch schmerzhafte Darmspülungen oder mechanisch vom Tierarzt behoben werden. Selbst ein Dammbruch oder Mastdarmvorfall ist möglich.

Wenn der Hund sich zwar unter heftigem Drücken, aber doch noch einigermaßen normal lösen kann, so können Sie durch eine Futterumstellung, Milch- oder Ölzugaben bzw. mit dem Anbieten von Leber oder Euter zu helfen versuchen. In jedem Fall ist aber die Ursache zu ermitteln und natürlich abzustellen.

Ein anrüchiges Thema: Blähungen

Durch mangelhafte Verdauung (Enzymmangel usw.) oder ungenügende Verdaulichkeit eines Futters (rohes oder kaum gekochtes Gemüse, besonders Kohl und Hülsenfrüchte; Milch, Süßes, zuviel Sojaeiweiß oder reine Fleischfütterung) kann es im Darm zu Fäulnis und damit einhergehender starker Gasbildung kommen. Die Blähungen quälen den Hund nicht nur, sondern machen ihn auch zum unbeliebten Mitbewohner. Bei übermäßigen Blähungen ist zuerst einmal das Futter in Frage zu stellen; evtl. Diätfutter geben, bis sich das Darmmilieu verbessert hat.

Wenn der Tierarzt eine Erkrankung ausschließt, kann etwas Bierhefe, gemahlener Kümmel oder das Beimengen von Heilerde zum Futter Erleichterung bringen.

Erbrechen

Auch Hunde können sich erbrechen. Die Ursache kann eine Störung bei der Futteraufnahme sein, d. h., der Vierbeiner verschlingt, wenn er sich dazu genötigt sieht, gierig und so schnell wie möglich eine große Portion, um sich dann in einer ungestörten Ecke zu erleichtern und das Erbrochene in Ruhe zu zerkleinern und noch einmal zu fressen.

Aber auch unbekömmliches oder verdorbenes Futter, zu große Brocken, Knochen oder zu kaltes Futter aus dem Kühlschrank sowie die Aufnahme von Meerwasser, Eis oder Schnee oder stark gesalzenen Nahrungsmitteln können Erbrechen auslösen. Es besteht meistens kein Grund zur Sorge, wenn das Erbrechen nicht zur Regel wird. In diesem Fall bleibt nur der Besuch beim Tierarzt.

Wenn Hunde ins Gras beißen

Häufig ist zu beobachten, daß Hunde geradezu gierig (instinktgeleitet) saftige und stark faserige Gräser, hauptsächlich Quecke, fressen. Der Grund wird schnell augenscheinlich, denn nach dem Grasfressen würgt der Hund und erbricht Knochenreste, Haare oder gar Fremdkörper. Das Gras dient ihm so als Magenputzer, aber auch zur Darmreinigung.

Das Grasfressen hat aber auch noch andere Gründe. Der Hund versucht instinktiv, den pH-Wert seiner Verdauungssäfte im Magen zu beeinflussen. Außerdem werden mit dem Gras Vitamine, Mineralien und Spurenelemente aufgenommen, die eventuelle Mängel ausgleichen können. Besonders häufig ist das Grasfressen bei reiner Fleischfütterung zu beobachten.

Von Natur aus ist unser Hund versucht, wie sein Vorfahr Wolf seinen pflanzlichen Nahrungsbedarf mit den Innereien seiner pflanzenfressenden Beutetiere zu decken. Als Heimtier wird der Hund aber vom Menschen ernährt, und wir müssen dafür sorgen, daß es ihm an nichts mangelt.

Damit der Hund nicht gezwungen ist, Gras von stark befahrenen Straßen oder biozidbelasteten Flächen oder gar Garten- oder Zimmerblumen zu fressen, säen wir in einer Schale sog. Katzengras aus, so daß schon nach wenigen Tagen frisches Grün zur Verfügung steht.

Vergiftungen

Wie schon erwähnt, besteht die Gefahr, daß Hunde sich vergiften. Als Welpen sind sie besonders gefährdet, weil sie es noch nicht gelernt haben, nur das zu fressen, was ihnen ausdrücklich zugewiesen wurde. Darüber hinaus erkunden Hunde alles mit dem Maul. Wie oben beschrieben, naschen sie in Ermangelung gesunder Gräser von giftigen Zimmer- und Gartenpflanzen.

Giftige Pflanzen		
in Haus und Wintergarten, auch in Gestecken und Sträußen		
Agaven	Feigenbaum	Mistel
Aloen	Fingerhut	Mittagsblume
Alpenveilchen	Flamingoblume	Myrte
Amaryllis	Geranien	Narzissen
Aronstab	Hakenlilien	Oleander
Azaleen	Hortensien	Osterglocken
Bogenhanf	Hyazinthen	Passionsblume
Christrose	Ilex	Porzellanblume
Christusdorn	Immergrün	Primeln
Chrysanthemen	Kalla	Rhizinus
Clivie	Krokus	Rhododendren
Dieffenbachie	Kroton	Stechapfel
Efeu	Lavendelheide	Virginische Zeder
Efeutute	Lebensbaum	Wandelröschen
Eibe	Liguster	Weihnachtsstern
Eisenhut	Lupinen	Wolfsmilchgewächse
Engelstrompete	Mahonie	Zimmerkalla
Farne	Maiglöckchen	Zwergmispel

Giftige Gehölze im Garten		
Berglorbeer	Goldregen	Pfaffenhütchen
Besenginster	Hartriegel	Sadebaum
Blasenstrauch	Heckenkirsche	Schneebeere
Blauregen	Ilex	Seidelbast
Buchsbaum	Jelängerjelieber	Sommerflieder
Efeu	Kirschlorbeer	Wacholder
Eibe	Lebensbaum	Zwergholunder
Essigbaum	Liguster	
Falsche Akazie	Oleander	

Giftige Wildpflanzen		
Bärlauch	Buschwindröschen	Narzissen
Bilsenkraut	Eisenhut	Rebendolde
Bingelkraut	Fingerhut	Sauerklee
Bittersüßer Nachtschatten	Gundermann	Schneeglöckchen
	Hundspetersilie	Schwedenklee
Bleicher Schöterich	Maiglöckchen	Wasserschierling
Bunte Kornwicke	Nachtschattengewächse	Wolfsmilchgewächse

Das Naschen von solchen Pflanzen muß nicht unbedingt tödlich sein, aber es kann zu Unpäßlichkeiten und ernsten Gesundheitsstörungen führen. Hunde zeigen als Beutetierfresser schnell Vergiftungssymptome wie vermehrten Speichelfluß, deutliche Pupillenerweiterung, Erbrechen, Durchfall, motorische Unruhe, Krämpfe sowie Atemnot und Bewußtlosigkeit. Wenn die Aufnahme von Gift auch nur geringfügig war, so können doch Leber- und Nierenschäden entstehen.

Ausdrücklich soll an dieser Stelle noch einmal auf Vergiftung durch Biozide (Pflanzenschutzmittel), die im Garten und auch von der Landwirtschaft ausgebracht werden, aufmerksam gemacht werden. Besonders im Frühjahr und im Herbst, wenn gedüngt wird, ist die Gefahr groß, daß die Hunde sich durch phosphor- oder blausäurehaltigen Dünger Vergiftungen zuziehen. Diese Stoffe nehmen sie beim Grasfressen auf oder wenn sie z. B. mit einem Ball oder Bringsel spielen und der Dünger durch den Speichel daran kleben bleibt.

Aber auch Giftköder, die z. B. in südlichen Ländern verwendet werden, um gegen streunende Hunde vorzugehen, oder die von Hundehassern ausgelegt werden, können zu massiven Vergiftungen mit tödlichem Ausgang führen. Weitere Vergiftungsmöglichkeiten bestehen darin, daß der Hund aus Teichen, Gräben, Pfützen oder Putzeimern trinkt, in denen sich Unbekömmliches gebildet hat oder giftige Substanzen gelöst sind. Aber auch durch Gifte, die im Haus eingesetzt werden (Biozide, Ratten- und Mäusegift, Schnecken- und Ameisenbekämpfungsmittel), sowie durch das Einatmen von Pflanzenschutzmitteln beim Versprühen kann er sich vergiften.

Bei Verdacht auf Vergiftungen ist es wichtig, daß Sie feststellen, wovon das Tier gefressen oder getrunken hat. Am besten eine Probe davon zum Tierarzt mitnehmen. Ebenso verfährt man mit Erbrochenem, das Aufschlüsse über die Ursache der Vergiftung geben kann. Der Tierarzt wird versuchen, das Gift möglichst schnell aus dem

Körper zu entfernen und den Allgemeinzustand zu stabilisieren sowie die entgiftenden Organe zu stärken. Auf keinen Fall sollte man Milch oder Kohle reichen!

Nach überstandenen Vergiftungen ist es wichtig, den Hund sachgerecht weiterzuernähren, damit die angeschlagenen entgiftenden Organe (Leber, Nieren) nicht zusätzlich durch eine Fehlernährung belastet werden.

Magendrehung

Eine nicht zu unterschätzende Gefahr besteht durch eine Magenerweiterung (Dilatation) und Magendrehung (Torsio vetriculi). Besonders bei großwüchsigen und tiefbrüstigen Rassen kann sich der Magen über seine normalen Maße hinaus überdehnen und sich um seine Achse drehen, weil er über keine stabile Befestigung im Bauchraum verfügt. Dabei wird die Verbindung zur Speiseröhre abgeschnürt, so daß der Hund weder erbrechen noch aufstoßen kann, und der Mageninhalt kann auch nicht mehr weiter in den Darm fließen.

Dadurch entsteht im Magen eine rapide Gasbildung, Blutgefäße werden abgeschnürt, das Blut staut sich in den Bauchorganen, das Zwerchfell und die Milz werden stark in Mitleidenschaft gezogen, und durch die zudem austretenden Toxine kann es zu Kreislaufversagen und schließlich zum Tod kommen. Als erste Symptome zeigen sich eine unnatürliche Aufblähung des Bauches, die Hunde hecheln, speicheln und können sich, obwohl sie würgen, nicht erbrechen.

In einem solchen Fall kommt es auf jede Minute an. Sofort den Tierarzt verständigen oder, wenn dieser nicht anzutreffen ist, den tierärztlichen Notdienst anrufen, sonst ist der Hund verloren!

Die Gefahr einer Magenerweiterung mit solchen schlimmen Folgen wird durch das Füttern einer einzigen großen Mahlzeit am Tag begünstigt, besonders, wenn der Hund nach dem Fressen nicht ruht, sondern umhertobt. Man vermeidet die Magenerweiterung und Magendrehung also, wenn man, wie im Ernährungskapitel empfohlen, die Tagesration auf mehrere Mahlzeiten verteilt, Trokkenfutter gut einweicht und nach jeder Fütterung eine Ruhepause von einer halben bis einer Stunde einhält.

Beim Fressen sollte der Hund ungestört bleiben, damit er sich nicht veranlaßt sieht, das Futter hastig hinunterzuschlingen. Dabei könnte er Luft schlucken. Das Futter sollte außerdem in nicht zu großen Brocken angeboten werden, ebenso ist auf hygienisch einwandfreies Futter (Verfallsdatum) zu achten. Von Vorteil ist es auch, wenn für größere Hunde der Napf erhöht steht, so daß sie sich beim Fressen nicht übermäßig zu bücken brauchen.

Ach, du dicker Hund

Überernährte Hunde, das sind laut Erhebungen ca. 40% aller in der BRD lebenden Vierbeiner, fühlen sich nicht wohl, sie werden träge, kurzatmig und leiden unter Stoffwechselstörungen. Sie werden häufiger krank (Organe, Gebäude, Herz, Kreislauf, Haut) und sterben früher als schlanke Hunde. Das haben sie mit vielen übergewichtigen Menschen gemeinsam.

Aber welcher Hundefreund gibt schon zu, daß ausgerechnet »sein« Pflegling zu dick ist? Eher heißt es: »Das sind alles Muskeln« oder »Das dicke Fell trägt so stark auf. Außerdem passen wir doch toll zusammen.« Das bekommt man besonders von solchen Leuten zu hören, die selbst dazu neigen, einiges an »Muskeln« mit sich herumzutragen und schon zig vergebliche Abmagerungskuren hinter sich haben. Dicke Hunde sind auch nicht immer die gemütlicheren, sie sind nur träger. Manche Tierliebhaber haben auf den Hinweis des Tierarztes, ihr Hund sei zu dick, den Tierarzt gewechselt.

Übergewicht ist stets das Ergebnis aus Energiezufuhr und Energiebedarf (siehe Seite 172). Wer Falsches oder nur nach Gefühl füttert, seinen Hund bei jeder passenden oder unpassenden Gelegenheit mit Essensresten, Häppchen oder Leckereien verwöhnt oder wessen Hund einen oder mehrere spendenfreudige Zugehplätze kennt, verliert leicht die Übersicht, was der Vierbeiner so über den Tag hinweg konsumiert. Darüber hinaus kann auch die Veranlagung (Disposition) des Hundes am Übergewicht beteiligt sein.

Dick machen:

- Zuviel Futter; es wird mehr gegeben, als auf den Fütterungsanweisungen (die ohnedies reichlich bemessen sind) steht.
- Falsch zusammengestelltes (selbstgekochtes) Futter.
- Zu energiereiches Futter ohne Rücksicht auf rassespezifische oder lebenssituationsbedingte Bedürfnisse des Hundes.
- Zusätzliches in Form von Hundekuchen, Knabbereien, Snacks und Belohnungshappen – oder gar das absolut unsinnige »Leber-

wurstbrot«, das bei gleichbleibender Futterration zum Frühstück gereicht wird.

- Das Futter wird ad libitum – also zur freien Verfügung – angeboten. Nach dem Motto: der Hund wird schon wissen, wann er satt ist. Dabei wird nicht bedacht, daß unser Vierbeiner, wie einst sein Urahn Wolf auch, soviel als möglich – auf Vorrat – verschlingt, weil ja beim Wolf der Völlerei auch magere Tage folgten.
- Zuwenig Bewegung und Auslastung bzw. zuwenig körperliche Forderung.
- Der Hund wird immer fetter, weil er bei zunehmendem Gewicht immer weniger Energie zur Aufrechterhaltung seiner Körpertemperatur braucht. Fazit: Er setzt immer mehr Kalorien in Form von Fett an.

Anfangs fällt nur auf, daß der Vierbeiner immer kurzatmiger, träger und langsam unförmig wird. Spätestens dann, wenn der Tierarztbesuch fällig wird oder wenn ein liebenswürdiger Mitbürger mehr oder weniger diskret die Bemerkung fallen läßt: »Oh, da führt einer ein Schwein an der Leine«, wird die Fettleibigkeit des Hundes ernst genommen.

Fragt man den Besitzer von »Dickerchen«, woran es liegen könnte, daß sein heißgeliebter Vierbeiner zu rundlich ist, dann folgen häufig Klagen über das unerwünschte Betteln des Hundes, dem ja kein wahrer Tierfreund auf Dauer widerstehen kann. Das ist auch verständlich, denn bettelnden Hunden kann man wirklich nur schwer etwas verweigern. Solche, die das Betteln in allen Facetten beherrschen, glauben stets daran, daß für sie immer »Essenszeit« ist. Als Hauptbeschäftigung ist »Lauern«, auch »Aufpassen« genannt, angesagt. Das bringt wenigstens noch etwas Bewegung ins Hundeleben: immer wenn der Kühlschrank geöffnet wird oder Geschirr klappert, wird eilends die Küche oder der Eßtisch aufgesucht, um mit allerlei Tricks und Gesten die ach so karge Tagesration aufzubessern. Bis das »dicke Ende« da ist und der Hund auf tierärztlichen Rat hin auf das richtige Maß zurückgeführt werden muß.

Wer selbst einmal abgespeckt hat, der weiß, daß das keine leichte Übung ist. Beim Hund geht es aber leichter, weil er ja nicht »verführt« wird (z. B. beim Einkaufen), sondern letztlich nur das essen kann, was ihm von seinen Menschen zugestanden wird.

Fastentage oder die simple FdH-Methode sind aus vielerlei Gründen nicht zu empfehlen. Damit würde nur unnötiger Heißhunger entstehen. Mit der Reduzierung der Energiezufuhr ist es nämlich nicht getan. Verringert man die bisherige Futtermenge z. B. auf die Hälfte, so kann es zu Vitamin- und Mineralstoffmangel kommen. Darüber hinaus macht die halbe Menge nicht satt, besonders bei Hunden, die große Futtermengen gewohnt sind. Der Hund läuft bettelnd und mißmutig herum.

Problemlos abnehmen kann der Hund, wenn Sie sich an folgende Tips halten:

- Regelmäßig wiegen und das Gewicht aufschreiben (mehr als 10% über dem rassetypischen Idealgewicht aus den Standards bzw. dem Gewicht ähnlicher Rassehunde gilt als Übergewicht). Brust- und Taillenumfang werden ebenfalls regelmäßig gemessen und in die Wiegekarte (siehe Seite 193) eingetragen.
- Als Nahrung reicht man Spezial-Fertigfutter, das vom Hersteller kalorienreduziert wurde, aber sonst alle wichtigen Stoffe, die der Hund braucht, enthält (Vitamine, Spurenelemente, vor allem aber Ballaststoffe). Seien Sie nicht überrascht, wenn die Ausstoßmenge sich bei Reduktionsfutter deshalb erhöht.
- Dieses Futter wird in reichlich handwarmem Wasser eingeweicht (nie heißes Wasser verwenden, es zerstört Vitamine).
- Die Tagesration wird auf vier bis fünf Mahlzeiten verteilt. Halten Sie sich genau an die Fütterungsempfehlungen des Herstellers, besonders an die Mengenangaben.
- Füttern Sie möglichst immer zu denselben Tageszeiten.
- Belohnungshappen dürfen weiter gegeben werden, nur muß der Nährstoffgehalt von der Tagesration des Reduktionsfutters abgezogen werden. Es gibt übrigens auch kalorienreduzierte Belohnungshappen.
- Reichlich Trinkwasser anbieten, denn Wasser schwemmt aus.
- Bei Unsicherheiten fragen Sie bitte den Tierarzt.
- Die Gewichtsabnahme sollte pro Woche 2% bis 5% des Übergewichtes nicht überschreiten.
- Achten Sie darauf, daß niemand dem Hund Futter außer der Reihe zusteckt. Der Besuch bei den spendablen Nachbarn muß ihm verwehrt werden.
- Selbst der Kauknochen aus Rinderhaut enthält Nährstoffe und muß bei der Tagesration mit eingerechnet werden.
- Küche und Eßtisch sind ab sofort für den Hund Tabuzonen.
- Wenn Sie beobachten, daß trotzdem jemand schwach wird und dem Hund etwas zusteckt, oder wenn dieser sich etwas klauen konnte, ziehen Sie dies rigoros von der Tagesration ab.
- Die Beschäftigungszeiten mit Spazierengehen, Spielen oder Üben sollten nicht nur eingehalten werden – besser ist es, für

noch mehr Bewegung zu sorgen. Dabei ist es wichtig, daß man den Hund besonders zu Anfang, wenn er noch alles Gewicht mit sich herumschleppt, nicht überfordert.

- Die neuen Gewohnheiten sind mit Konsequenz einzuhalten, sonst hat der Hund das verlorene Gewicht schnell wieder drauf.
- Werden im Haushalt mehrere Hunde versorgt, muß man darauf achten, daß bei der gewohnten Fütterung nur dahingehend ein Unterschied gemacht wird, daß der Übergewichtige »sein« kalorienarmes Futter bekommt. Bei Belohnungshappen wird die Menge reduziert und auf die Tagesration angerechnet.
- Jeder Hund wird separat gefüttert, so daß bei der Fütterung kein Futterneid entstehen kann, denn grundsätzlich fressen Hunde mehr und noch schneller, wenn ihre Näpfe nebeneinander stehen.
- Bedenken Sie, daß der Hund nicht in wenigen Wochen dick wurde, und daß es genauso lange dauert, bis er wieder rank und schlank ist, d.h., bis man seine Rippen wieder sehen und, ohne zu drücken, fühlen kann.
- Zu bedenken ist auch, daß nicht der Vier-, sondern der Zweibeiner das eigentliche Problem ist.

Der Tip: Viel Körperpflege (Bürsten und Massieren) sowie Streicheleinheiten können das Abnehmen sinnvoll unterstützen.

Sollte der Hund das Reduktionsfutter verweigern, so kann man es langsam unter das reduzierte gewohnte Futter mischen. Die Nahrungsumstellung wird meist problemlos vertragen, wenn das Diätprodukt vom gleichen Hersteller stammt wie das bisherige Futter. Eine weitere Möglichkeit besteht darin, das verweigerte Futter nach ca. 15 Minuten wegzunehmen, um es nach einiger Zeit wieder vorzulegen.

Eine Futterverweigerung von bis zu zwei Tagen bringt einen übergewichtigen Hund noch lange nicht um. Frißt er dann endlich, dann hat er Heißhunger. Bieten Sie deshalb zunächst nur kleinste Mengen an. Halten Sie als Mensch durch! Ihr Hund ist weder unterernährt noch total ausgemergelt, er verträgt kurzfristiges Fasten. Erfahrungsgemäß bringt der Hungerstreik eines sonst gesunden Vierbeiners für seinen Menschen größere Probleme als für den Protestierenden. Vor einem gefüllten Napf ist noch kein gesunder Hund verhungert!

Verläuft das Abspecken erfolgreich und ist das Normalgewicht erreicht, verfährt man weiter wie gehabt, nur wird dem Reduktionsfutter schrittweise normales Futter untergemischt. Das Gewicht des

Hundes sollte konstant bleiben. Das läßt sich am besten mit der regelmäßigen Gewichtskontrolle überwachen.

Noch ein Hinweis: Sogenanntes Diätfutter gibt es nicht nur für übergewichtige Hunde, sondern auch für Hunde, die krankheitsbedingt eine spezielle Nahrung benötigen, z.B. bei Allergien, Herz- und Nierenkrankheiten, Diabetes, Verdauungsschwäche oder Fettleber. Solche Schondiäten, die auf die Erkrankungen speziell abgestimmt sind, dürfen nur nach Empfehlung des Tierarztes verabreicht werden.

Der untergewichtige oder mäkelnde Hund

Sollten Sie feststellen, daß Ihr Hund untergewichtig ist, müssen Sie die Energiezufuhr erhöhen. Dies kann besonders beim Welpen, bei Futterumstellungen und nach Durchfällen nötig sein.

Hunde, die als Mäkler durch Appetitlosigkeit auffallen, sollte man dem Tierarzt vorstellen, damit eine eventuelle Erkrankung ausgeschlossen werden kann. Außerdem besteht die Möglichkeit, daß sie sich einfach überfressen oder sich den Magen verdorben haben – vor allem, wenn sie plötzlich, von einem Tag auf den anderen, das gewohnte Futter nicht mehr fressen. Wenn man dann eine oder zwei Mahlzeiten ausläßt, ist das Problem meist behoben. Kontrollieren Sie den Kot, damit Sie erkennen, ob die Verdauung in Ordnung ist. Wenn in der Nachbarschaft eine läufige Hündin ist, kann dies einem Rüden deutlich den Appetit verschlagen.

Hat der Hund erst einmal erkannt, daß er, wenn er das normale Futter verweigert, besondere Leckerbissen vorgesetzt bekommt (Tischreste, Leberwurstbrot etc.), dann wird die Futterverweigerung zur lieben Gewohnheit. Lassen Sie es also gar nicht erst soweit kommen!

Der Tip: Reichen Sie das gewohnte Futter in anderer Form, das heißt zum Beispiel mit warmem Wasser angewärmt (das ist geschmacksverstärkend) oder bei Trockenfutter durch das Untermischen von bestem Dosenfutter (aber nicht zusätzlich). Man kann auch ungewürzte, ungesalzene Fleischbrühe oder eine kleine Menge der im Zoofachhandel angebotenen Hefeflocken zugeben. Das sollte aber beim gesunden mäkelnden Hund das einzige Zugeständnis sein.

Naturheilverfahren

Sie nehmen einen immer breiteren Raum bei der Gesundheitsfürsorge unserer Vierbeiner ein. Viele Tierärzte und Naturheilpraktiker arbeiten auch mit sog. alternativen Heilmethoden und Naturheilmitteln. Sie benutzen diese als sinnvolle Ergänzung und Unterstützung der klassischen Tiermedizin, z.B. die Notfalltropfen (Rescue Remedy) der Bach-Blüten-Essenzen. Auch die anderen Bachblüten lassen sich bei Hunden mit Erfolg einsetzen.

Besonders bei der Rekonvaleszenz und Nachsorge, bei unklaren Befunden und schwer zu therapierenden Beschwerden kann die Naturheilkunde helfen und zur Stärkung des Immunsystems beitragen. Selbst bei Fällen, wo sozusagen schon Hopfen und Malz verloren zu sein scheint, bleibt manchem Tierfreund die Naturheilkunde als letzte Hoffnung. Ein großer Vorteil wird immer darin gesehen, daß Naturheilpräparate kaum Nebenwirkungen haben.

Behandlung auf Krankenschein?

Ungeschoren kommt kein Hundebesitzer davon. Tierarztbesuche aus Krankheitsgründen sind irgendwann einmal fällig. Damit man vor den finanziellen Folgen der Erkrankung seines Hundes geschützt ist und die Impf- und Entwurmungskosten erstattet bekommt, kann es sich lohnen, eine Tierkrankenversicherung für den Hund abzuschließen. Denn nichts ist schlimmer, als wenn jemand seinen Hund leiden läßt, weil er die Tierarztkosten scheut oder nicht aufbringen kann.

Wie vor allen Versicherungsabschlüssen üblich, sollte man sich möglichst die Angebote mehrerer Versicherungsunternehmen einholen und die Leistungen und vor allem Leistungsausschlüsse vergleichen, bevor man abschließt.

Im allgemeinen erstatten die Versicherungen rund 70% der Behandlungskosten für folgende Leistungen bei freier Tierarztwahl: Krankheitskosten, Unfallkosten, Operationen, stationäre Unterbringung, Labor- und Röntgenkosten und geben Schutz bei Auslandsreisen. Der Zuschuß zu den Impfkosten ist meist auf einen bestimmten Betrag jährlich (rund 60,–DM) begrenzt.

Kastration

Kastration der Hündin

Hündinnen kennen keine Wechseljahre. Sie sind bis zur letzten Läufigkeit im hohen Alter fruchtbar. Es gibt zwei Möglichkeiten, um unerwünschten Nachwuchs zu verhindern: zum einen eine tierärztliche Hormonbehandlung (Spritze), mit welcher die Läufigkeit unterdrückt wird, zum anderen die Kastration.

Dessen ungeachtet kann eine Hündin im fortgeschrittenen Alter vermehrt Hormonprobleme bekommen und die Läufigkeit unregelmäßig, d. h. verlängert verlaufen. Die Gefahr einer Gebärmutterentzündung ist dadurch sehr groß, und daraus kann schnell eine Vereiterung entstehen. Ausfluß, apathisches Verhalten sowie vermehrtes Wassertrinken sind Frühsymptome dieser Erkrankung. Im fortgeschrittenen Stadium der Gebärmuttervereiterung kommt noch Erbrechen und ein Nierenschaden hinzu.

Gebärmutterentzündungen entstehen häufig nach hormoneller Läufigkeitsunterdrückung zur Empfängnisverhütung oder nach einer Trächtigkeitsunterbrechung (»Spritze danach«), die meist mit unerwünschten Nebenwirkungen einhergehen. Darüber hinaus leiden viele Hündinnen unter der sogenannten Scheinträchtigkeit (siehe Seite 58): die nicht gedeckte Hündin benimmt sich wie eine Hundemutter nach der Geburt der Welpen und zeigt eine Reihe von Verhaltensveränderungen.

Um unerwünschte Belegung, Gebärmutterentzündungen sowie Scheinträchtigkeit zu vermeiden und das Risiko von Gesäugetumoren zu mindern, empfehlen Tierärzte vermehrt eine Kastration. Dabei werden die Eierstöcke und meist auch noch die Gebärmutter entfernt. Eine Kastration zählt heute bereits zu den Routineeingriffen und wird in der Tierarztpraxis durchgeführt. Wichtig ist jedoch, daß eine Kastration bereits möglichst früh, zwischen der ersten und zweiten Läufigkeit, vorgenommen wird.

Entgegen landläufiger Meinungen bringt eine Kastration kaum psychische oder physische Probleme für die Hündin mit sich. Das oft genannte Dickwerden ist meines Erachtens überwiegend das Problem einer Fehlernährung und weniger auf den Eingriff zurückzuführen.

Augenscheinlich werden durch das Ausbleiben der Läufigkeit bzw. der Scheinträchtigkeit Störungen im Allgemeinbefinden der

Hündin weniger; im Gegenteil: manche Hündinnen werden nach der Kastration eher ausgeglichener und aktiver. Allerdings kann es nach dem Eingriff bei einigen Hündinnen zur Inkontinenz (Harnträufeln) kommen.

Selbstredend ist eine Kastration ein schwerwiegender Eingriff, weil die Folgen unumkehrbar sind (man kann mit der Hündin nicht mehr züchten) und jede Narkose eine Belastung für das Tier darstellt. Aber unter Berücksichtigung der vielen Vorteile (Empfängnisverhütung und Gesundheitsvorsorge) ist er verantwortbar.

Kastration des Rüden

Bei der Kastration des Rüden werden beide Hoden entfernt, so daß es zu keiner Spermienbildung mehr kommen kann. Dieser Eingriff wird vom Tierarzt nur selten empfohlen.

Vorteile einer Kastration:

- Sie kann einen notorischen Streuner häuslicher machen.
- Die Aggression anderen Rüden gegenüber nimmt ab.
- Eine evtl. Überdominanz, auch Familienmitgliedern gegenüber, schwindet.
- Auch die Hypersexualität nimmt ab.
- Prostataerkrankungen und Hodentumore treten seltener auf.
- Der Rüde kann mit Zuchthündinnen zusammenleben.
- Sie beugt einer bösartigen Entartung vor, wenn ein oder beide Hoden in der Bauchhöhle verblieben sind (Monorchismus oder Kryptorchismus).
- Unerwünschte Deckakte sind nicht mehr möglich.

Erste Hilfe

Schneller als man denkt, kann man vor der Situation stehen, dem Hund Erste Hilfe leisten zu müssen. Manche möchten dies dann auch gerne tun, wissen aber nicht, wie. Selbst besonnene Menschen, die in der Lage sind, anderen Menschen zu helfen, geraten in Panik, wenn es um ihr eigenes Tier geht. Aufgeregtheit und unbedachtes Handeln können aber mehr schaden als nutzen. Dabei kann man dem Hund, wie einem Menschen, wertvolle Hilfe leisten, bis der Tierarzt eintrifft oder man dort angelangt ist.

Nach einem Unfall

Nach einem Unfall kommt es häufig vor, daß der Vierbeiner in Panik gerät und trotz seiner Verletzung wegläuft, um sich, oft schon nach kurzer Strecke, bei der nächstbesten Gelegenheit zu verkriechen. Bei einer Suchaktion sollte man dies einkalkulieren.

Ist der Hund glücklich gefunden, so kann es sein, daß er vor Angst und Schmerzen so verstört ist, daß er nicht einmal seinen Besitzer an sich heranläßt. Man muß in solchen Fällen die Ruhe bewahren und versuchen, mit besänftigenden Worten und beruhigenden Gesten auf das Tier einzuwirken. Man muß aber auch damit rechnen, daß der Hund vor Schmerzen beißt. Deshalb sollte man versuchen, ihm einen Maulkorb anzulegen und ihn anzuleinen. Unterstützend wirken die Bach-Notfalltropfen und Massage der Ohrspitzen (Ohrarbeit nach Tellington, siehe S. 316).

Bewußtlosigkeit

Bei Bewußtlosigkeit atmet der Hund noch, ist aber nicht ansprechbar. Dann ist es wichtig, den Kopf schräg nach unten zu lagern, damit Schmutz, Blut und Erbrochenes nach außen abfließen können.

Fremdkörper, Erbrochenes und dergleichen werden mit dem Finger aus dem Rachen entfernt und die Zunge mit einem Papiertaschentuch seitlich nach außen gezogen, so daß die Zungenspitze deutlich außerhalb des Fangs liegt. So kann der bewußtlose Hund nicht ersticken.

Atemstillstand

Bei Atemstillstand kann es, wie beim Menschen, nötig werden, den Hund zu beatmen. Dies ist über die Nase möglich, wenn der Nasenbereich unverletzt ist. Dabei wird der Fang geschlossen und aus Sicherheitsgründen mittels Gewebemaulkorb fixiert. Dann wird durch die Nasenlöcher Luft eingeblasen, bis sich der Brustkorb hebt; dies wird alle drei Sekunden wiederholt.

Wenn diese Art der Beatmung wegen einer Nasenverletzung nicht möglich ist, wird die sogenannte Brustkompression vorgenommen: Dabei wird dem auf der Seite liegenden Hund der Brustkorb kraftvoll zusammengedrückt und abrupt wieder losgelassen, bis der Hund beginnt, wieder selbständig zu atmen.

Herzstillstand

Der Puls läßt sich fühlen, indem man auf der Innenseite des Oberschenkels die Arterie ertastet. Am besten übt man dies bereits am gesunden Hund – genauso, wie sich der Herzschlag beim nicht zu dicken Hund gut fühlen läßt, wenn man an der linken Seite eine Hand flach auf den Brustkorb legt.

Bei Herzstillstand, wenn kein Puls zu fühlen ist, wird der Brustkorb für zwei Sekunden kräftig zusammengedrückt, dann zwei Sekunden Pause und im selben Rhythmus fortgefahren, bis der Tierarzt da ist. Wichtig ist auch hier, die Atemwege freizuhalten.

Um den Erfolg der Brustkorbkompression kontrollieren zu können, ist es möglich, mit einer Taschenlampe ins Auge zu leuchten. Dabei verengt sich im Erfolgsfall die Pupille. Außerdem kann man immer wieder nach dem Puls tasten.

Schock

Besonders nach Unfällen kann der Hund unter Schock stehen. Erkennbar ist das daran, daß der Hund stark zittert und häufig unterkühlt ist. Dabei ist die Mundschleimhaut blaß bis weißlich. Der Hund wird weich gelagert, zugedeckt und, je nach Witterung, möglichst warm gehalten. Vergessen Sie nicht, dem Tierarzt über den Schock zu berichten.

Nicht nur bei Schock oder Panik, sondern auch bei Unfällen, Verbrennungen, nach Insektenstichen, bei Allergieanfällen, Krämpfen, Koliken, Angst oder Unruhe, nach körperlichem oder seelischem Trauma, Nervosität und vor bzw. nach Tierarztbesuchen kann man die von der Bachblüten-Therapie her bekannten Notfalltropfen (Rescue-Remedy) oder Notfall-Creme unterstützend einsetzen. (ausführliche Informationen über Bachblüten finden Sie in dem Buch »Naturheilkunde für Hunde« von Dr. Wolfgang Becvar, siehe Seite 316).

Hitzschlag

Wenn bei hohen Temperaturen der Verdacht naheliegt, daß der Hund einen Hitzschlag erlitten haben könnte (Bewegungsstörungen, Zittern, heftige Atmung, rasender Puls, heiße Ohren), heißt es sofort handeln. Das Tier wird in einen kühlen Raum oder in den

Schatten gebracht, mit kühlenden nassen Tüchern abgerieben und abgedeckt. Vor allem sollte man die Beine feucht machen, aber niemals kaltes Wasser über den Körper gießen. Nehmen Sie mit dem Tierarzt Verbindung auf!

Blutende Wunden

Blutet der Hund stark, so stillt man die Blutung so, wie man es auch im Erste-Hilfe-Kurs lernt: Wenn der Hund liegt, das blutende Bein hochhalten, dann die Stelle mit einem sauberen Verband bedecken, zudrücken und dann einen Druckverband anlegen (nicht abbinden!).

Ohrverletzungen können besonders stark bluten. Man legt einen Druckverband an oder bindet ein steriles Tuch um den Kopf und bringt den Hund zum Tierarzt.

Auch wenig blutende Wunden sollten grundsätzlich versorgt werden, das heißt entweder mit einem Verband vor Verschmutzung und Austrocknung geschützt oder mit einem keimfreien Tuch abgedeckt werden. Letzteres gilt besonders für offene Brüche.

Beißereien

Bei Beißereien unter Hunden kommt es immer wieder vor, daß kleine Zahneindrücke (Bißstellen) nicht lange bluten und kaum zu sehen sind. Kleinere Wunden werden von Hunden oft selbst versorgt. Da aber bei Hundebissen immer Keime unter die Haut gelangen, besteht die Gefahr, daß sich solche kleinen Wunden böse entzünden. Untersuchen Sie Ihren Hund nach einer Rauferei also sehr sorgfältig! Auch kleinste Wunden sollte man immer mit einem Wunddesinfektionsmittel (Tierarzt oder Apotheke) reinigen und genau beobachten. Wenn sie stark anschwellen, sofort den Tierarzt aufsuchen!

Schnittverletzungen

Sie können durch Glassplitter oder Stacheldraht hervorgerufen werden und treten meist an den Pfoten auf. Sie sind deshalb unbedingt zu reinigen (wenn nichts anderes vorhanden ist, mit klarem, kaltem Wasser aus der Charly-Box von innen nach außen auswaschen). Zwischen die Zehen gibt man etwas sauberes Papiertaschentuch, was die weitere Wundversorgung erleichtert. Außerdem muß man das betroffene Bein mit einem Tuch vor Verschmutzungen schützen und in jedem Fall baldmöglichst den Tierarzt aufsuchen. Bei stark blutenden Ballenwunden darf man den Hund nicht mehr laufen lassen, sondern muß ihn tragen.

Der Tip: Alle Wunden müssen spätestens nach sechs bis acht Stunden vom Tierarzt versorgt werden, weil sonst die Wundränder nicht mehr gut zusammenheilen können.

Knochenbrüche

Stellt man fest, daß der Hund offensichtlich nicht mehr richtig laufen kann, ist besondere Vorsicht geboten. Zum einen könnte ein Beinbruch vorliegen, zum anderen sogar Wirbelsäule, Becken oder Brustkorb verletzt sein. Dann ist es wichtig, daß man den Hund so zum Tierarzt bringt, daß sich dabei weder die Bruchstelle noch das Skelett überhaupt verschieben können. Dazu legt man ihn auf eine harte Unterlage und bindet ihn darauf fest, damit er beim Transport nicht herunterfallen kann (Leine, Gürtel, Schal).

Erstickungsgefahr durch Fremdkörper

Knochen oder andere Gegenstände können im wahrsten Sinne des Wortes im Halse steckenbleiben. Der Hund würgt dann keuchend, versucht mit der Schnauze am Boden oder mit den Pfoten seitlich am Fang, den Gegenstand reflexartig wegzuwischen. Jetzt heißt es sofort handeln und zu versuchen, mit den Fingern den Fremdkörper zu entfernen. Ist er nicht mehr tastbar, muß man den Vierbeiner an den Hinterläufen hochheben (den Griff über dem Knie ansetzen) und leicht schwenkend schütteln. Ist der Patient dafür zu groß oder zu schwer, wird mit den Händen knapp hinter dem Brustkorb kräftig, aber kurz gepreßt, so daß der Fremdkörper nach vorne ausgeworfen werden kann.

Ist der Gegenstand bereits abgeschluckt und man nicht sicher, um was es sich gehandelt hat, sollte auf jeden Fall der Tierarzt konsultiert werden, weil die Gefahr besteht, daß der Fremdkörper den Körper nicht auf natürlichem Weg verlassen kann.

Insektenstiche

Manche Hunde haben die üble Angewohnheit, nach allem, was da kreucht und fleucht, zu schnappen. Dabei können sie von Bienen, Wespen, Hornissen gestochen werden. Die daraus resultierende Schwellung kann lebensgefährlich werden, besonders wenn der Stich im Rachenraum sitzt. Dann heißt es, auf schnellstem Weg einen Tierarzt aufzusuchen.

Sitzen Insektenstiche auf der Haut, wird zuerst der Stachel entfernt und die Einstichstelle mit einem Insektenstift oder einer Antihistaminsalbe (vom Tierarzt) behandelt. Sollte der Vierbeiner in einen ganzen Schwarm geraten sein, kann man nur mit einem nassen Handtuch für Kühlung sorgen und schnellstmöglich den Tierarzt aufsuchen.

Da auch Hunde auf Insektengifte mit Schock und Allergien reagieren können, muß man nach einem Stich den traktierten Freund beobachten.

Verbrennungen

Wenn möglich mit kühlem (nicht eiskaltem) Wasser kühlen und keine Hausmittel verwenden. Bei großflächigen Verbrennungen die Stelle locker mit einer beschichteten, keimfreien Brandwunden-Folie aus dem Erste-Hilfe-Kasten vor Schmutz schützen und sofort den Tierarzt aufsuchen. Brandwunden dürfen nicht verbunden werden.

Vergiftungen

Wenn Sie den Verdacht haben, daß der Hund etwas Giftiges gefressen hat (starkes Zittern, Bewegungsstörungen, starkes Speicheln, Schaum vor dem Maul), müssen Sie auf dem schnellsten Weg den Tierarzt aufsuchen. Auf keinen Fall zu Hausmitteln greifen! Öl, Rhizinus, aber auch Kohle schaden unter Umständen mehr, als sie nutzen. Auf gar keinen Fall Milch oder Salzwasser zu trinken geben!

Wichtig ist, daß man herauszufinden versucht, was der Hund gefressen hat. Reste davon, leere Packungen und ggf. Erbrochenes zum Tierarzt mitnehmen! Denken Sie auch darüber nach, ob der Hund beim Spaziergang etwas aufgenommen hat. Besonders Vergiftungen durch Pflanzen können böse Folgen haben (siehe Seite 223).

Transport zum und vom Tierarzt

Im Auto kann der kranke oder verletzte Patient auf dem Rücksitz liegen (so, daß seine Beine nach vorne zeigen), im Kombi wird er auf der Ladefläche mit dem Rücken zur Rückenlehne gelagert. In beiden Fällen wird er während des Transportes (wenn nicht gerade ein Hitzschlag vorliegt) mit einer Decke zugedeckt und möglichst am Aufspringen gehindert.

Kann man einen großen Hund nicht tragen, zieht man eine Decke unter seinen Körper und hebt diese mit mehreren Personen von allen vier Seiten an.

Nachdem der Hund ärztlich versorgt wurde, stellt sich natürlich wiederum die Transportfrage. Folgen Sie hier den Ratschlägen und Anweisungen des Tierarztes.

Der Tip: Grundsätzlich sollte man, bevor man in einem Notfall blindlings losfährt, zuerst telefonisch mit dem Tierarzt Kontakt aufnehmen, um sicher zu sein, daß dieser überhaupt anwesend ist, und um bereits wichtige Ratschläge zu erhalten. Der Tierarzt kann dann auch schon alles Nötige vorbereiten.

Von der Praxis aus sollte man daheim anrufen, damit Vorbereitungen für die Pflege getroffen werden können und Helfer bereitstehen, die den Patienten aus dem Auto heben.

Aufwachen aus der Narkose

Vom Tierarzt erfährt man auch, wie lange der Hund noch in der Narkose »nachschläft«. Wichtig ist, daß der Patient, solange er noch nicht wach ist, überwacht wird und beim Aufwachen eine ihm vertraute Person anwesend ist.

Man braucht nicht zu erschrecken, wenn man feststellt, daß der Hund sich während der Narkose auffallend kühl anfühlt, weil sein Temperaturregulationsvermögen noch weitgehend ausgeschaltet ist. Aus diesem Grund sollte unser Pflegling auch weich gepolstert und warm liegen (mit einer Decke bis zu den Schultern zudecken). Natürlich darf man ihn nicht in die Sonne oder direkt an eine bullernde Heizquelle legen (Überhitzung ist auch schädlich).

Wenn der Patient aufwacht, versucht er sich zu erheben und wird dabei taumeln. Auch das ist normal. Obwohl er noch nicht richtig ansprechbar ist, redet man ruhig mit ihm und achtet darauf, daß er beim Aufstehen nirgendwo anstoßen und sich verletzen kann. Jault und wimmert unser Freund, so kommt dies meistens nicht von den Schmerzen, sondern durch Irritationen, die das Narkosemittel hervorrufen kann. Auf keinen Fall sollte man versuchen, das Aufstehen zu forcieren. Je länger der vierbeinige Patient liegen bleibt, um so besser ist es. Wichtig ist, daß er fühlt und merkt, daß er in vertrauter Umgebung und bei seinen Menschen ist.

Auch nach einer Narkose sind die Bach-Notfalltropfen (Rescue Remedy) und Ohrarbeit nach Tellington (siehe S. 316) hilfreich. Durch die sanft streichelnden Berührungen stellt sich beim Vierbeiner ein gutes Gefühl ein und die Lebensgeister werden wieder geweckt.

Damit der Vierbeiner trinken kann, stellt man seinen Wassernapf in die Nähe des Lagers. Will er nach draußen, um sich zu lösen, muß man ihn begleiten und auf ihn achten. Wann er wieder essen soll, das sagt Ihnen der Tierarzt, denn dies richtet sich nach der Art des Eingriffs.

Unterwegs mit dem Hund

Viel Bewegung ist wichtig

Regelmäßiges Spazierengehen mit möglichst viel Freilauf ist unverzichtbar – ganz gleich, ob der Hund jung oder alt, klein oder groß ist. Weil Hunde je nach Rasse, Verwendungszweck (Zuchtziel) oder Lebensphase auch unterschiedliche Bewegungsbedürfnisse haben, lassen sich keine festen Regeln über die »Menge« der Bewegung aufstellen. So verlangt z. B. ein Jack Russell Terrier mehr Action als ein Bullmastiff. Das gleiche gilt auch für die Dauer und Wegstrecke des Spazierganges. Man sollte nur niemals gleich nach dem Essen spazierengehen. Auf einer längeren Wanderung kann ein Hundekuchen o. ä. auch einmal eine Mahlzeit überbrücken.

Welpen, die jünger als sechs Monate sind, dürfen keine längeren Wanderungen unternehmen. Auch auf ältere oder gar gebrechliche Hunde muß man Rücksicht nehmen. Mit ihnen geht man lieber mehrmals täglich kurze Strecken. Sollte der Vierbeiner zurückbleiben oder sich hinsetzen, ist eine Pause fällig. Wie bei einer Bergwanderung wird die gesamte Strecke so geplant, daß auch der Rückweg ohne Schwierigkeiten und Müdigkeit bewältigt werden kann.

Achten Sie vor allem darauf, ob der Hund auffällig hechelt, merklich langsamer wird, humpelt, eine blaue Zunge oder hell gefärbtes Zahnfleisch bekommt. Dann könnte eine Krankheit vorliegen, die es durch den Tierarzt abzuklären gilt. In solch einem Fall kehrt man unverzüglich um und geht mit dem Hund sehr langsam, mit vielen Pausen, zurück.

Ein unangeleinter Hund legt übrigens beim Vor- und Zurücklaufen und Schnüffeln am Wege ein Vielfaches unserer Wegstrecke zurück. Muß der Vierbeiner unterwegs an der Leine bleiben, so sollte man wenigstens eine Langlaufleine oder sog. Suchleine mit bis zu 20 Meter Länge verwenden. Wird vor dem eigentlichen Spaziergang noch ein geeigneter Platz zum Auslaufen und Herumtoben angesteuert, so hat der Hund schon mal Dampf abgelassen und wird den Spaziergang ruhiger angehen.

Wer selbst gesundheitlich in der Lage dazu ist, sollte die gemeinsamen Unternehmungen als »Intervallspaziergang« gestalten. Wie der Name schon sagt, laufen wir nach dem Aufwärmen auf der Freilauffläche im wechselnden Gehrhythmus mit unterschiedlichen Geschwindigkeiten und vielen Richtungsänderungen. Dabei machen wir auch Kehrtwendungen, so daß der Hund immer gespannt ist, wohin es gehen soll, und seine Laufgeschwindigkeit nach uns ausrichten muß. Dadurch ist er auch besser zu leiten. Je abwechslungsreicher das Gelände ist, desto mehr wird der Vierbeiner dadurch zur Aufmerksamkeit angehalten.

Vergessen Sie nicht, unterwegs immer eine Wasserbox, Belohnungshappen und das Erste-Hilfe-Täschchen für den Hund mitzunehmen.

Wie schon bei der Erziehung zur Leinenführigkeit erwähnt (siehe Seite 134), muß man nicht nur der Mitmenschen wegen den Hund mancherorts an die Leine nehmen, sondern weil dies auch durch die Länder oder Kommunen vorgeschrieben sein kann. Die als Beispiel abgedruckte Landesverordnung von Schleswig-Holstein zeigt, was der Hundehalter alles zu beachten hat.

Landesverordnung über das Halten und Beaufsichtigen von Hunden (Hundeverordnung)
Vom 8. März 1976 (GVOBl. Schl.-H. S. 117)

Aufgrund der §§ 171 und 172 des Landesverwaltungsgesetzes wird verordnet:

§ 1 Umherlaufenlassen von Hunden
(1) Es ist verboten, Hunde außerhalb des befriedeten Besitztums umherlaufen zu lassen, ohne daß sie wirksam beaufsichtigt werden. Sie dürfen im freien Gelände höchstens 50 m, in geschlossenen Ortschaften höchstens 20 m von der Aufsichtsperson entfernt frei laufengelassen werden.
(2) Zur Nachtzeit (von Sonnenuntergang bis Sonnenaufgang) müssen Hunde so gehalten werden, daß sie das befriedete Besitztum, auf dem sie gehalten werden, nicht gegen den Willen des Hundehalters verlassen können.

§ 2 Leinenzwang

Hunde sind an der Leine zu führen
1. bei Umzügen, Aufzügen, Volksfesten und sonstigen Veranstaltungen mit großen Menschenansammlungen,
2. in Gaststättenbetrieben,

3. in der Allgemeinheit zugänglichen umfriedeten oder anderweitig begrenzten Park-, Garten- oder Grünanlagen,
4. in Sportanlagen und auf Zeltplätzen,
5. auf Friedhöfen und
6. auf Märkten und Messen.

§ 3 Mitnahmeverbot

Es ist verboten, Hunde mitzunehmen
1. in Kirchen, Schulen und Krankenhäuser,
2. in Theater, Lichtspielhäuser, Konzert-, Vortrags- und Versammlungsräume und
3. auf Kinderspielplätze, auf Liegewiesen, in Badeanstalten und auf Badeplätze.

§ 4 Gefährliche Hunde

In Gewahrsam zu halten sind
1. Hunde, die zum Umhertreiben, zum Hetzen oder Reißen von Wild oder Vieh neigen,
2. bissige Hunde und solche, die gewohnheitsmäßig vorübergehende Menschen, Tiere oder Fahrzeuge anbellen oder anspringen und
3. läufige Hündinnen.

Außerhalb des befriedeten Besitztums sind diese Hunde an der Leine zu führen. Bissige Hunde müssen dabei einen das Beißen verhindernden Maulkorb tragen.

§ 5 Halsbänder

Außerhalb befriedeten Besitztums müssen frei laufende Hunde ein Halsband tragen, auf dem der Name und die Wohnungsanschrift des Eigentümers oder Halters des Hundes angebracht sind.

§ 6 Ausnahmen

(1) §§ 1 und 5 gelten nicht für Hirtenhunde beim Hüten und für Jagdhunde bei ihrer jagdlichen Verwendung.

(2) § 3 gilt nicht für Blindenhunde.

(3) Die Bürgermeister der amtsfreien Gemeinden und die Amtsvorsteher als örtliche Ordnungsbehörden können von den §§ 1 bis 3

Ausnahmen zulassen, wenn im Einzelfall eine Gefahr für die öffentliche Sicherheit oder Ordnung nicht zu befürchten ist.

§ 7 Örtliche ergänzende Sonderregelungen

Die Bürgermeister der amtsfreien Gemeinden und die Amtsvorsteher als örtliche Ordnungsbehörden können den örtlichen Verhältnissen entsprechende ergänzende Regelungen durch Verordnungen über die öffentliche Sicherheit und Ordnung treffen.

§ 8 Ordnungswidrigkeiten

Ordnungswidrig nach § 172 Abs. 3 des Landesverwaltungsgesetzes handelt, wer
1. entgegen § 1 Hunde umherlaufen läßt oder hält,
2. entgegen § 2 Hunde nicht an der Leine führt,
3. entgegen § 3 Hunde mitnimmt,
4. entgegen § 4 Hunde nicht in Gewahrsam hält, nicht an der Leine führt oder ihnen nicht einen Maulkorb umhängt oder
5. als Besitzer eines Hundes duldet, daß dieser sich entgegen § 5 ohne Halsband außerhalb befriedeten Besitztums aufhält.

§ 9 Inkrafttreten

Diese Verordnung tritt am Tage nach der Verkündung in Kraft.

Bitte zusätzlich beachten:
1. Nach § 23 Absatz 1 Nr. 5 des Landeswaldgesetzes müssen Hunde im Wald (auch auf Waldwegen) immer an der Leine geführt werden.
2. Nach § 21 Absatz 4 des Landesjagdgesetzes ist es nicht gestattet, Hunde in einem Jagdbezirk (= außerhalb geschlossener Ortschaften) unbeaufsichtigt zu lassen.
3. Nach § 21 Absatz 2 Nr. 2 des Landesjagdgesetzes dürfen Hunde, die in einem Jagdbezirk außerhalb der Einwirkung ihres Herrn angetroffen werden, getötet werden.

Wie Sie sehen, wird weder dem Hundehalter noch seinem vierbeinigen Freund sehr viel Raum gelassen, was sich leider die Hundehalter oft selbst zuzuschreiben haben. Wie Sie sicher selbst feststellen können, sind Hunde nicht überall gleich gelitten, besonders, wenn sie ohne Leine sind. Wo Leinenzwang herrscht und wo nicht, kann man am besten bei der jeweiligen Gemeindeverwaltung erfragen, wenn man den Hund zur Hundesteuer anmeldet.

Manche Hundehalter unterliegen dem Irrglauben, daß sie sich mit ihrem Vierbeiner in einem gesetzlosen Raum bewegen, und ignorieren diese Vorschriften. Es kann ein bitteres Erwachen geben, wenn der Hund einmal auffällig wird. Ich möchte allerdings nicht mißverstanden werden: Mir geht der »Freilauf« meiner Hunde über alles, aber man kann nur kurze Zeit gegen den Strom schwimmen. Will man nicht fortwährend gegen Gesetze verstoßen und mit seinem vierbeinigen Partner die Freizeit ohne Ärger genießen, so muß man oft lange suchen. Aber trotz aller Widrigkeiten lassen sich immer noch Gegenden finden, in denen der Freilauf gestattet ist. Dies gilt nicht nur für den Alltag, sondern auch für mehrtägige Wanderungen oder für den Urlaub mit Hund. Zum Glück ist es den Hunden ohnehin egal, wie und wo sie mit ihrem Rudel zusammen sind; Hauptsache ist, sie sind dabei, wenn es was zu erleben gibt.

Ausdrücklich sollen hier die Möglichkeiten erwähnt werden, die über Hundevereine auf den Übungsplätzen und auf ihren Spaziergängen gegeben sind.

Fest steht aber auch, daß es kaum Probleme gibt, wenn ein Hund gut erzogen ist. Erinnern wir uns an die Bestimmung der Schleswig-Holsteinischen Landesverordnung, die »wirksame Beaufsichtigung« vorsieht. Danach dürfen Hunde, wenn es die Gemeindeverordnung nicht anders vorschreibt, maximal zwanzig Meter im freien Gelände, höchstens aber fünfzig Meter von der Aufsichtsperson entfernt »frei« laufengelassen werden. Auf jeden Fall muß der Hund beim Kommando »Komm« sofort gehorchen, sich abrufen lassen und augenblicklich zum Hundeführer zurückkehren.

Für den Waldspaziergang oder Naturschutz-, Vogelschutz-, Wildschutz- und Landschaftsschutzgebiete gelten besonders strenge Vorschriften. Grundsätzlich gilt Leinenzwang, oft gibt es auch Betretungsverbote, die allerdings per Schild ausgewiesen werden müssen (z.B. Tollwutsperrgebiete).

Solange man sonst auf dem Weg bleibt, der Hund die erlaubten Distanzen nicht wesentlich überschreitet und aufs Wort gehorcht, darf er frei laufen. Bei der Begegnung mit Joggern, Radfahrern, Reitern und anderen Spaziergängern mit Hund gilt das gleiche: den Hund abrufen und anleinen.

Vor allem muß man im Frühjahr aufpassen, weil dann viele Wildtiere ihre Jungen in der Feldflur ablegen und einem stöbernden

Hund kaum ein Wildtier entgeht. Auch wenn einem der Elterntiere etwas zustößt, sind die Jungtiere verloren.

Der Tip: In der Nähe von Wildfütterungsplätzen oder wenn Sie sehen, daß eine Jagd veranstaltet wird, wird der Hund sofort angeleint. Am besten umgeht man diese Gebiete. Fuchs- und Dachsbauten sollte man ebenfalls weiträumig umgehen, damit der Hund auch nicht mit dem Fuchsbandwurm oder Milben (Fuchsräude etc.) in Berührung kommen kann. Die angebrachten Warnschilder, die vor Tollwut oder Schlagfallen warnen, sollte man sehr ernst nehmen.

Im Wald gehören Hunde grundsätzlich an die Leine! Vor kurzem wurde sogar ein Hund beim Überqueren einer schmalen Schneise erschossen, der an einer sog. Langlaufleine vorauslief. Zum Glück sind viele der Jagdberechtigten keine blindwütigen Schießer (auch sie gibt es!), selbst Hundefreunde und drücken auch mal ein Auge zu, wenn ihnen der Hund eines Bekannten unangeleint begegnet, oder sie geben einen Warnschuß ab bzw. spüren den Hundehalter auf, um ihn, völlig zu Recht, zu verwarnen.

Als Tierfreund sollte man sich mit einem unangeleinten Hund, selbst wenn er exzellent erzogen ist, während der Dämmerung auch nicht in der freien Feldflur aufhalten. Dämmerungszeit ist Äsungszeit, und das Wild ist auf seine Ruhe bei der Nahrungsaufnahme angewiesen.

Auf besonders gekennzeichneten Geländen (Trimm-Pfaden, Langlaufloipen, Badestränden etc.) kann die Mitnahme von Hunden (auch angeleint) ebenfalls untersagt werden. Es ist aber nicht automatisch verboten. Kommt man mit seinem Hund an öffentlich zugängliche Gewässer, gilt es, sich an die evtl. vorhandenen »Gebotsschilder« zu halten. Fortschrittliche Gemeinden weisen ausdrücklich Hundestrände aus, die aber nicht immer am Ende der Welt zu sein bräuchten.

In Unterkünften wie Berghütten, Motels, Gasthöfen, aber auch Hotels reagieren die Inhaber, die »Hausrecht« haben, oft unterschiedlich auf mitgebrachte Hunde. Vor Antritt einer Tour sollte man daher immer die Übernachtung im voraus buchen und sich schriftlich bestätigen lassen, daß auch der Hund willkommen ist. »Hundefeindliche« Orte und Lokale bzw. Unterkünfte meide ich grundsätzlich – auch dann, wenn ich keinen Hund dabeihabe.

Hundehinterlassenschaften

Man kann nicht oft genug daran erinnern, daß es nicht nur eine Frage der Höflichkeit, sondern mancherorts sogar verboten ist, die Hinterlassenschaft des vierbeinigen Gefährten liegenzulassen. Wird dagegen verstoßen, so kann sogar ein Bußgeld fällig werden. Dies läßt sich zum einen dadurch vermeiden, daß man mit dem Gassigehen nicht bis auf den letzten »Drücker« wartet, sondern rechtzeitig rausgeht, so daß man in Ruhe einen »erlaubten« Platz aufsuchen kann. Oder man benutzt einen der im Fachhandel angebotenen »Kotgreifer« und entsorgt die heiße Hinterlassenschaft, wie es sich gehört. Am besten, man stellt sich ein Set aus Greifer, Mach-mit-Tüte oder Plastikbeutel, Einweghandschuh und Deotüchlein zusammen.

Auch hier zahlt sich wieder die richtige Hundeauswahl (Stadthunde sind klein), aber auch die richtige Ernährung mit festen Fütterungszeiten aus. Die Zeit zum Lösen ist abzusehen, die Haufen bleiben beim richtigen Futter relativ klein und wohlgeformt. Selbst der Geruch ist bei gutem Futter noch zu ertragen.

Hunde dürfen mit

In öffentlichen Verkehrsmitteln, der Bundesbahn, auch in Taxen dürfen Hunde jederzeit mit, wenn sie wohlerzogen sind, d.h. niemanden bedrohen etc. Bei großen Hunden empfiehlt es sich, einen Maulkorb mitzuführen. Empfehlenswert ist es, auch im Interesse des Hundes, nicht gerade zur Rush-hour öffentliche Verkehrsmittel zu benutzen. Der Fahrpreis ist je nach Ort und Beförderungsmittel unterschiedlich. Meistens entspricht er dem Fahrpreis für Kinder.

Hunde müssen draußen bleiben

Auf dieses »Gebot« stößt man jeden Tag, wenn man seinen Hund zum Einkaufen mitnimmt. Bevor man ihn vor einem Geschäft anbindet oder abliegen läßt, sollte man ihn lieber zu Hause oder im

Auto lassen. Denn für einen Hund ist das Angebunden-sein ausgesprochener Streß. Mit »Sitz« oder »Platz und bleib« ist es nicht getan. Das kann ein Hund lernen. Aber inmitten einer fremden Umgebung mit oft ungewohnten Geräuschen und Gerüchen allein zu sein, das fordert viel vom Hund. Bedenkt man noch, daß ein solcher Warteplatz auch noch von anderen Hunden benutzt wird, so liegt es auf der Hand, daß sich der Hund dort an Speichelresten und Hinterlassenschaften mit Würmern usw. infizieren kann.

Außerdem könnte der Vierbeiner von Passanten mit allerlei »Leckereien«, die nicht unbedingt gesund sind, vollgestopft oder sogar geneckt, gequält oder anderweitig belästigt werden. So gesehen, können für unseren Freund Minuten zu Stunden werden.

Hilfe, wo ist der Hund?

Trotz großer Vorsicht und Aufmerksamkeit kann es vorkommen, daß unser vierbeiniger Freund plötzlich verschwunden ist, in Panik davonrennt (nach einem Autounfall oder einem anderen großen Schreck) oder ausreißt – aus Neugierde oder weil ein Rüde den Duft einer läufigen Hündin in die Nase bekommen hat.

Darüber hinaus sind Hunde gefährdet, weil professionelle Hundefänger es auf sie abgesehen haben. Durch die Öffnung der Grenzen ist auch bei uns dieser Zweig der Geldbeschaffung vermehrt von Bedeutung. Früher wurden Hunde hauptsächlich für Tierversuche geklaut. Heute landen vor allem die Rassehunde auf dubiosen Märkten und werden dort billig an ahnungslose, aber kaufwillige Menschen losgeschlagen. Im besten Fall wird der Hund seinem Besitzer gegen eine Belohnung wieder zurückgegeben.

Auch deshalb sollte man den Hund nach Möglichkeit nicht angebunden irgendwo warten lassen, wenn er ohne Gewaltanwendung mit Fremden mitgehen würde. Selbst aus Autos wurden in letzter Zeit Hunde gestohlen.

Da heißt es vorsorgen. Als sichere Markierung kann die Tätowierung beim Rassehund gelten. Seit kurzem kann auch ein sog. »Mikrochip« verwendet werden. Er wird vom Tierarzt ohne Narkose unter die Haut implantiert. Der kleine, nur 12 mm lange und 2 mm dicke Datenträger enthält einen Code mit Informationen über Geschlecht, Alter und Besitzerangaben, die zentral gespeichert werden. Mit einem Lesegerät kann der Chipcode abgelesen und mit den

Daten im Computerregister verglichen werden. Der Deutsche Tierschutzbund in Bonn führt das Register. Die Eintragung ist kostenlos und an keine Vereinszugehörigkeit gebunden. Viele Tierheime und Tierärzte verfügen bereits über solche Lesegeräte. Weitere Informationen über diese neue Art der Tierkennzeichnung erhalten Sie von Tierärzten und beim Tierschutzbund (siehe Seite 313).

Weniger sicher, aber besser als überhaupt nichts ist die Steuermarke am Halsband oder eine sog. Adreßtube, in der die Adresse und Telefonnummer des Besitzers deponiert werden können. Die Metalltuben gehen leicht auf, deshalb empfiehlt es sich, das Gewinde mit einem Tropfen Nagellack oder etwas Kleber sicher zu verschließen. Als zusätzlicher Adreßträger läßt sich das Hundehalsband verwenden, wenn es innen hell ausgefüttert ist. Mit einem wasserfesten Stift kann die Adresse eingetragen werden. Es gibt auch Halsbänder, die mit einem Metallplättchen versehen sind, auf dem sich die Adresse eingravieren läßt.

Für ehrliche Finder ist es dann kein Problem, den Hund zurückzugeben. Anderenfalls ist das Zurückbehalten des Hundes eine klare Fundunterschlagung.

Der Tip: Für den Fall, daß der Hund abhanden kommt, ist der vorgeschlagene Hundepaß (siehe Seite 318) besonders wichtig.

Damit der Hund auch in der Dämmerung gesehen wird, gibt es reflektierende Halsbänder und auch Leinen, die sowohl den Hund als auch den Hundeführer beim Abendspaziergang und im Wald besser erkennen lassen.

Beutetrieb und Jagdlust

Für die meisten Hunde ist es äußerst schwer, dem Reiz, den eine flüchtende »Beute« auf sie ausübt, zu widerstehen. Ausgesprochene Jagdhunde gehören deshalb auch in Jägerhände und nicht zu »normalen« Hundefreunden in eine Stadtwohnung. Schon für manchen Hundebesitzer kam das böse Erwachen, wenn aus seinem Stadthund (der sich »aus Wild nichts macht ...«), draußen vor der Stadt ein leidenschaftlicher Jäger wurde. Aber auch *in* der Stadt kann das schon passieren, denn Kaninchen, Eichhörnchen, Marder, Enten und anderes Wild haben diesen Lebensraum entdeckt, und selbst die ehemals scheuen Graureiher sind zu Kulturfolgern geworden.

Das Wildern ist bei einem Hund als ehemaliges Laufraubtier, das noch immer in ihm steckt, kein Fehlverhalten. Alles, was damit zusammenhängt, wie Suchen, Hetzen, Stellen und Erlegen von Beutetieren, ist ihm angeboren. Dies betrifft nicht nur die sog. Jagdhunderassen, sondern nahezu alle Rassen und mischrassige Hunde, in deren Blut immer noch Wolfsblut strömt und deren Jagdinstinkt mehr oder weniger stark ausgeprägt ist. Sehr wenig Jagdinstinkt haben z. B. Hütehunde.

Der Jagdinstinkt hat natürlich Auswirkungen auf das Zusammenleben mit unserem Vierbeiner, dem wir ja möglichst viel Bewegung in freier Natur gewähren wollen. Das geht nur unter der Prämisse, daß er keinem anderen Mitgeschöpf etwas zuleide tut: Als Hundehalter hat man also dafür zu sorgen, daß der Hund nicht wildert. Tut er es doch, dann kann er vom Jagdausübenden erschossen werden. Dieses Recht (siehe Seite 244) formulieren die Landesjagdgesetze ganz klar und unmißverständlich. Dabei muß der Hund nicht einmal ein Tier reißen. Es kann bereits zu schwersten Unfällen kommen, wenn er Wild aus seinem Einstand hochscheucht und dieses in Panik auf eine Straße läuft. Hier haftet der Hundeführer für alle entstehenden Schäden.

Den Jagdberechtigten, die in ihrem Revier einen wildernden Hund erschießen können, sind aber Grenzen gesetzt: Die Ausübung des Jagdrechtes ist auf die festgelegten Jagdbezirke begrenzt. So dürfen sie z. B. in befriedeten Bezirken (Wohnbezirke, Hofräume, Hausgärten etc.) keinen Hund erschießen. Schutzlos nach dem Gesetz sind alle Hunde, die sich offensichtlich allein, ohne Aufsicht und Einflußnahmemöglichkeit ihres Besitzers, im Wald bzw. im Jagdrevier aufhalten.

Der Tip: Nehmen Sie möglichst Verbindung mit dem Jagdberechtigten des Bezirks auf, in dem Sie mit Ihrem Hund spazierengehen wollen. Stellen Sie Ihren Hund vor und sprechen Sie über die relevanten Dinge. Je besser Ihr Verhältnis zu den Jagdberechtigten ist, um so eher lassen sich Mißverständnisse ausräumen, und um so mehr gegenseitige Rücksicht wird praktiziert.

Leider gibt es auch Unbelehrbare auf beiden Seiten, was nicht nur zu ständigen Reibereien, sondern auch zu Prozessen und außergerichtlichen Auseinandersetzungen führt. Wenn Ihnen Unrecht geschieht, Ihr Hund angeschossen oder »erlegt« wird, während Sie in seiner Nähe waren oder er gar angeleint war, so können Sie bei der Initiative jagdgefährdeter Haustiere e.V., Hollweg 34, 51519 Odenthal, Tel. 02202-78380 Rat einholen und gegebenenfalls einen

Rechtsbeistand einschalten. Das macht Ihren Vierbeiner zwar auch nicht wieder gesund oder lebendig, hilft aber vielleicht, weiterem Unrecht an anderen Hunden vorzubeugen.

Weit besser ist die Vorsorge. Sie kann z. B. darin bestehen, seinen Hund jagdlich auszubilden. Dazu braucht es kein ausgesprochener Jagdhund zu sein, und man muß nicht vorhaben, selbst zu jagen. So läßt sich die Jagdpassion in vernünftige Bahnen lenken, indem der Hund Wild nur anzeigt, indem er z. B. »vorsteht«. Mit einiger Übung und entsprechender Belohnung ist das zu bewerkstelligen.

Oder man bildet seinen immer lernwilligen Hund zum »Nichtwilderer« aus. Dann muß er auf den Spaziergängen ununterbrochen beschäftigt werden: etwas tragen lassen, Intervallspaziergänge machen mit eingestreuten Gehorsamsübungen. Vor allem das »Down« muß sitzen. Das hundertprozentige Rezept gibt es nicht, aber viele Möglichkeiten, das Schlimmste zu verhindern. Wie schon gesagt, der Hund muß folgen, wenn er sein Leben nicht durch eine Kugel verlieren oder lebenslang nur an der Leine gehen soll. Man kann nicht früh genug mit einem Welpen anfangen, den Gehorsam zu üben.

Für einen Hund kann es aber immer eine große Versuchung bleiben, hinter einer flüchtenden Beute herzusausen. So ist es mir bei einem Spaziergang in der freien Feldflur passiert. Unmittelbar zwischen mir und den Hunden hat ein Hase das berühmte Panier ergriffen und ist davongespurtet. Die Hunde standen zähneklappernd vor, waren aber gut an der Leine zu halten. Dann folgte das Groteske: Plötzlich kam uns der Hase im wilden Spurt wieder entgegen und sauste zur Überraschung aller zwischen uns hindurch. In diesem Moment war ich mir nicht mehr sicher, ob ein Abruf noch gewirkt hätte.

Fazit: In wildreichem Gelände muß man sehr gut und sehr weit vorausschauen können und seine Hunde im Auge haben; vor allem aber sicher sein, daß sie aufs Wort folgen. Querfeldein, soweit dies überhaupt irgendwo noch möglich ist, sollte man mit dem Hund nur an der Leine gehen.

Sollte es doch einmal passieren, daß der Vierbeiner auf und davon ist, wartet man an Ort und Stelle, weil er meistens auf seiner eigenen Spur wieder zurückkehrt. Dann heißt es besonnen handeln, obwohl man natürlich aus Angst um seinen Hund und auch vor Wut oder Enttäuschung innerlich kocht. Man darf ihn nicht einmal schimpfen, er kam ja zurück. Als einzige Möglichkeit bleibt, das Training noch mehr zu forcieren und selbst besser aufzupassen.

Der Hund im Auto

Für uns und viele Hunde gehört das Auto zum Alltag. Gerade der Städter ist zunehmend auf das Auto angewiesen, wenn er seinem Hund etwas Freiheit und Auslauf bieten will. Wie autofest der Vierbeiner ist, davon hängt also viel für ihn ab – ob er überall mitdarf oder daheim bleiben muß, weil er sich im Auto ständig übergibt oder gar die Inneneinrichtung demoliert.

Es gibt ausgesprochene Autofans, die nichts lieber tun, weil damit immer etwas besonders Angenehmes verbunden ist. Damit wäre schon das Wichtigste zu diesem Thema gesagt: Wenn der Welpe schon von Anfang an mit der Hündin zusammen etwas als positiv erlebt, dann wird es auch später keine Probleme damit geben.

Für den Autobesitzer gibt es einiges zu beachten, damit die Autofahrt für den Hund zum ungefährlichen, streßfreien Spaß wird. Ausgesprochen gefährlich und falsch ist der oft zu lesende Tip, den Hund im Fußraum vor dem Beifahrersitz (ungesichert) mitzuführen. Wenn ein Unfall passiert, weil der Hund z. B. zum Fahrer hinüberklettert, wird dies in der neueren Rechtsprechung als grobe Fahrlässigkeit ausgelegt, und der entstehende Schaden wird von der Kaskoversicherung nicht übernommen. Denn bei einem Hund muß man immer damit rechnen, daß er sich völlig »daneben benimmt« und unberechenbar reagieren kann. Außerdem kann bei einem Unfall der ungesicherte Hund zum gefährlichen Geschoß werden und nicht nur sich selbst, sondern auch die Fahrzeuginsassen verletzen.

Genauso gefährlich und tierquälerisch wäre es, das Tier im Kofferraum zu transportieren. Abgesehen von der Enge und der Dunkelheit können Autoabgase in den Kofferraum gelangen und das Tier vergiften.

Bleibt also die Rückbank und beim Kombi die Ladefläche. Damit beides nicht zum Schleudersitz für den Vierbeiner werden kann, empfehlen sich einige äußerst praktische Utensilien. Da wäre für die Rückbank z. B. ein Hundegeschirr, das sich am Sicherheitsgurt befestigen läßt und beim Aussteigen als Leine benutzt wird. Der Hund ist damit genauso gesichert wie ein Mensch. Als Auflage dient eine Schondecke, die es für fast alle Wagentypen gibt. Weiter läßt sich die hintere Sitzbank von den Vordersitzen mit einem Netz trennen, so daß der Hund sich während der Fahrt nicht etwa auf den Schoß des Fahrers begeben kann. Auf das Anschnallen sollte man aber auf gar keinen Fall verzichten.

Für die Ladefläche des Kombis sind ein Absperrnetz bzw. ein

ebensolches Gitter zu empfehlen. Leider dienen sie in erster Linie dem Schutz der Insassen und kaum dem des Hundes; er wird bei einem Unfall an das Gitter knallen. Deshalb sollte man sich einen zusätzlichen Haltegurt hinten in das Heck des Wagens montieren lassen und für eine gute Abpolsterung sorgen. Außerdem gibt es für fast jeden Wagentyp sog. Preßformwannen aus Kunststoff, in die eine rutschfeste Decke gelegt werden kann.

Manche Hundebesitzer verwenden für den Transport des Hundes sog. Reiseboxen mit Gitter, die m. E. aber nur für kurze Strecken geeignet sind und nur dann, wenn der Fond des Wagens sich abschattieren läßt. Die Gefahr des Hitzestaus ist trotz der Lüftungsschlitze schnell gegeben. Wer schon erlebt hat, wie schnell Hunde beim Autofahren hecheln, wenn es im Wagen etwas wärmer als normal wird, der kann diese Warnung sicher verstehen.

Vor dem Start und nach dem Halt muß von Anfang an sicher sein, daß unser Vierbeiner absitzt und nur auf Kommando ins Auto oder heraus springt. Er darf beim Einsteigen ruhig der erste und beim Aussteigen der letzte sein. Geübt wird anfangs selbstverständlich wie immer mit der Leine. So kann der Hund bei aller Begeisterung nicht ein fremdes Auto entern oder, wenn er sich erschreckt, vor ein Fahrzeug laufen oder im Gelände verschwinden.

Dann wäre da noch die Sache mit der guten Luft im Auto. Auf die ist der Hund nämlich besonders angewiesen, damit er keine Kreislaufbeschwerden bekommt. Wie schon gesagt, Hitze verträgt das Tier sehr schlecht. Deshalb ist es eine grobe Tierquälerei, wenn jemand den Wagen in der Sonne parkt, ohne für ausreichende Lüftung und Schatten zu sorgen. Wer den Sonnengang bedenkt, der wird auch so parken, daß die Sonne auf ihrem Weg den Wagen nicht erreicht. Der Hund bleibt besser nie länger als einige Minuten alleine im Wagen, wenn es draußen heiß ist. Schon in wenigen Minuten kann sich der Wagen in einen Backofen verwandeln. Auch vor dem Einsteigen muß der Wagen kühl sein. Die Hitze gilt es auch zu beachten, wenn man in einen Stau gerät. Da helfen Umschläge mit einem feuchten Tuch. Ein zweites wird bei voll laufender Lüftung vor die Lüftungsschlitze gehängt und genügend Wasser zum Trinken gegeben.

Zugluft vertragen Hunde auch nicht. Deshalb bleibt der Hundekopf während der Fahrt im Wagen! Das schützt zweifach, weil keine Fremdkörper das Auge schädigen können und einer Bindehaut- und Mandelentzündung vorgebeugt wird. Wer keinen vollklimatisierten Wagen besitzt, der muß bei längeren Fahrten noch mehr Pausen machen. Eine Klimaanlage sollte kühl, aber nicht zu kalt eingestellt werden.

Wahre Tierfreunde ersparen es dem Hund, im Auto in einer Nikotinwolke zu sitzen. Während der Fahrt wird also nicht geraucht; das läßt sich bei der Pause im Freien gut nachholen.

Der Vorteil sogenannter Lüftungsgitter in Scherenform, die man in die halb geöffnete Scheibe klemmen kann, liegt darin, daß während des Parkens Luft in das Wageninnere gelangt. Beim Fahren zieht es meist zu sehr. Im Cabriolet werden die meisten Hunde krank. Da muß man auf den Hund Rücksicht nehmen und kann nicht »oben ohne« fahren.

Auf längeren Touren braucht der Vierbeiner nach zwei Stunden eine Pause mit Kurzspaziergang zur nächsten Lösestelle.

Wegen des empfindlichen Gleichgewichtsorganes des Hundes empfiehlt es sich, so ruhig und gleichmäßig wie möglich zu fahren. Übersensiblen Hunden kann aber trotz aller Vorsichtsmaßnahmen schlecht werden. Dies äußert sich durch heftiges Hecheln, Speicheln, Würgen und Zittern. Schon bei den ersten Anzeichen von Übelkeit muß man sofort anhalten und dem Hund Ruhe und Frischluft gönnen.

Bevor man beruhigende Medikamente verabreicht (unbedingt den Tierarzt fragen), kann man auch homöopathische Mittel ausprobieren, die gegen Reisekrankheit bei Tieren wirken sollen. Diese Mittel sind über den Tierarzt oder auch in guten Fachgeschäften zu beziehen. Es empfiehlt sich vor einer längeren Autoreise, diese Mittel erst auf kurzen Strecken zu testen.

Längere Autofahrten werden erfahrungsgemäß am besten mit leerem Magen vertragen. Deshalb gibt man ca. sechs Stunden vor Reiseantritt nichts mehr, aber während der Zwischenstopps darf der Hund Wasser trinken. Läßt man ihn vor Reisebeginn noch richtig laufen und toben, so wird er, müde geworden, die meiste Zeit verschlafen.

Je mehr positive Erfahrungen der Hund mit dem Autofahren verbindet, desto weniger werden Sie und er Probleme haben.

Wenn es wirklich einmal schiefgeht und er sich übergibt, darf man ihn trotz allen Weltschmerzes nicht zu sehr bedauern. Er könnte sonst schnell erkennen, wie er Sie in Aufruhr bringt, wenn es ihm nur schlecht genug geht. Autofahrten mit unangenehmen Erlebnissen sollte man immer mit etwas Schönem ausklingen lassen, z.B. Toben und Spielen mit einer kleinen Belohnung. Das hilft besser vergessen.

Dann gibt es noch den Fall, daß der Vierbeiner seinen Besitzanspruch am Revier »Auto«, das er als seine Höhle ansieht, auslebt und jeden bedroht, der es auch nur wagen sollte, in die Nähe des Wagens zu kommen. Das kann bei Grenzkontrollen peinlich werden. Solches Verhalten ist schon im Welpenalter zu unterbinden, hinterher nützt kein Schimpfen und Zetern. Nach Möglichkeit wird der Hund nicht allein im Auto gelassen. Der Beifahrer beschäftigt den Hund mit Kauknochen, spielt mit ihm oder lenkt ihn anderweitig ab.

Auch Parkhäuser sind gewöhnungsbedürftig. Der Hund sollte hier nie länger alleingelassen werden, weil er mit der ungewohnten Situation, der Dunkelheit, dem Verkehr, aber vor allem mit dem Gestank sehr schlecht zurechtkommen kann. Also dran gewöhnen, ihn aber nie längere Zeit warten lassen.

Der Tip: Längere Fahrten im Sommer sollte man in die Nacht- oder die frühen Morgen- oder späten Abendstunden verlegen, wenn es nicht so heiß ist.

Der Hund am Fahrrad

Viele Menschen genießen es, ihre Freizeit mit dem Fahrrad zu verbringen, und wollen dabei auf ihren Hund nicht verzichten. Für einige Hunderassen, die besonders viel Bewegung brauchen oder trainiert werden sollen, gehört das Laufen neben dem Fahrrad zum Alltag – vorausgesetzt, der Mensch beherrscht das Fahrrad perfekt und der Hund gehorcht aufs Wort.

Kleine Hunde und Kleinsthunde lassen sich im Körbchen am Lenker oder auf dem Gepäckträger (angeschnallt mit Hundegeschirr) mitnehmen. Die großen laufen an der Leine rechts neben dem Rad her. Aber das hat seine Tücken. Zum einen will das Laufen neben dem Fahrrad gut trainiert sein. Mögliche Gefahren sollte man auch nicht unterschätzen: Wenn der Hund sich erschreckt oder plötzlich irgendwo etwas Interessantes entdeckt und unvermittelt stehenbleibt oder losprescht, kann der Radler das Gleichgewicht verlieren, und schon ist das Malheur geschehen.

Das Wichtigste, die Gesundheit des Hundes, wird häufig von gedankenlosen Hundebesitzern nicht berücksichtigt: Erst wenn der Hund mit eineinhalb bis zwei Jahren ausgewachsen ist, darf er am Fahrrad laufen. Sonst könnte der Bewegungsapparat überbelastet werden. Genauso wichtig ist es, daß der Hund vor Trainingsbeginn beim Tierarzt einen Gesundheits-Check absolviert, bei dem festgestellt wird, ob er für das Laufen am Fahrrad überhaupt geeignet ist.

Soll ein Hund längere Strecken am Fahrrad mitlaufen, so muß man ihn wie einen Marathonläufer mit langsam steigenden Trainingseinheiten darauf vorbereiten. Bevor man losfährt, sollte man dem Hund immer die Möglichkeit geben, sich zu lösen. Dann beginnt man mit den Training, indem der Hund neben dem geschobenen Rad hergeht. Dabei gewöhnt sich der Vierbeiner auch an das Gehen auf der rechten Seite.

Wenn das Gelände günstig ist (möglichst glatter Boden ohne Splitt, Glasscherben usw.), sollte man auf kurzen Strecken das richtige, verkehrsgerechte Verhalten üben, denn von diesem Training profitieren dann beide. Der Hund muß ohnedies am Fahrrad seine Kommandos beherrschen, sonst wird jede Kreuzung und jeder ampelgeregelte Übergang zur akuten Gefahr für beide. Er muß lernen, auf Kommando langsamer zu laufen bzw. stehenzubleiben und im richtigen Tempo zu folgen. Die Fahrgeschwindigkeit sollte dem »Hundetrab« angepaßt sein. Es wird niemals gerast.

Zur Ergänzung der Leine ist ein gefederter Leinenhalter, den es im Fachhandel gibt, zu empfehlen. Er wird am Rahmen des Fahrrads befestigt und gleicht plötzliche Bewegungen des Hundes aus, verhindert das Verheddern einer kurzen Leine genauso wie die Möglichkeit, daß der Vierbeiner vors Rad läuft. Dabei können beide Hände am Lenker bleiben, und so ist das Gleichgewicht leicht zu halten. Bei Hindernissen (Laternenpfahl etc.) kann die Notauslösung tätig werden. Ein weiterer Vorteil ist das ruck- und zugfreie Anleinen direkt am Fahrrad. Auf keinen Fall sollte man die Leine am Lenker festbinden!

Während der heißen Jahreszeit wird ein Hund beim Laufen in der Sonne zu stark beansprucht, die Gefahr eines Kreislaufkollapses ist sehr groß. Ein tierbewußter Mensch wird seinen Hund auch nicht an vielbefahrenen Straßen laufen lassen, weil durch die heftige Atmung des Hundes die Abgase auf direktem Weg in die Lungen gepumpt werden. Die Hundenase ist oft direkt in Auspuffhöhe!

Bedauerlich ist nur, daß der Hund am Fahrrad nicht schnüffeln kann.

Der Hund im Urlaub

In unserer mobilen Gesellschaft, in der das Thema »Urlaub« einen immer breiteren Raum einnimmt, taucht mit Sicherheit die Frage auf: »Wohin mit dem Hund?« Darüber sollte man sich rechtzeitig Gedanken machen.

Es gibt einige Möglichkeiten, die mehr oder weniger empfehlenswert sind. Ideal für den Hund ist es, wenn er mit in den Urlaub kann. Das ist für ihn das Beste und sicherlich auch das Schönste. Die Wanderungen, das Herumtollen und die gemeinsame Beschäftigung tun Hund und Mensch gut. Auf Spaziergängen macht uns der Hund im Urlaub auf vieles aufmerksam, was wir sonst gar nicht bemerken würden.

Im Inland gibt es die wenigsten Probleme, wenn man sich zeitig den idealen Urlaubsort aussucht, eine hundefreundliche Unterkunft wählt und sich über das Transportmittel im klaren ist. Wichtig sind für den Hundehalter folgende Informationen: Wo darf der Hund schlafen? Darf er mit ins Restaurant? Wo kann er sich in der Umgebung aufhalten? (Darf er mit an den Strand, an den Swimmingpool, oder gibt es Geländeverbote?) Am besten lassen Sie sich alle mündlichen Zusagen schriftlich bestätigen.

Es gibt immer mehr Unterkünfte, in denen das Mitbringen eines Hundes nicht nur gestattet ist, sondern sogar gern gesehen wird: Achten Sie auf entsprechende Anzeigen in Hundezeitschriften. Wohlerzogene Hunde als Gäste belästigen weder die Zimmermädchen, noch putzen sie ihre Schuhe an den Teppichen oder Vorhängen ab, und sie entwenden auch keine Handtücher und Aschenbecher als Souvenirs.

Manche Unternehmen bieten Urlaub in Verbindung mit Erziehungskursen oder Wandertouren für Hunde an.

Bei einer Auslandsreise sollten Sie mindestens zwei Monate vor Reiseantritt die Einreise- und Impfbestimmungen des jeweiligen Landes erfragen (Tierarzt, ADAC, Reisebüro).

Im Hotel

Natürlich muß man sich mit dem Hund auf den Urlaub im Hotel vorbereiten, dann wird es mit dem Vierbeiner auch keine Probleme geben. Am besten erhält der Hund auch im Hotelzimmer einen festen Liegeplatz zugewiesen. Hängt man einige Kleidungsstücke außerhalb des Schrankes auf und läßt den geöffneten Koffer stehen, so »paßt« der Geruch, und der Hund fühlt sich schnell heimisch. Wenn er nicht mit ins Restaurant darf, so kann man den Zimmerservice in Anspruch nehmen. Alleine sollte man den Hund im Hotel möglichst nicht lassen, auch wenn er dies zu Hause gewöhnt ist. Die fremde Umgebung könnte ihn verwirren. Gewöhnen Sie Ihren Vierbeiner außerdem rechtzeitig an die Benutzung eines Fahrstuhls.

Es zeigt sich auch hier, daß gerade im Hotel ein Hund von Vorteil ist, der die unterschiedlichsten Situationen kennengelernt hat und sich immer zu benehmen weiß.

Beim Camping

Campingreisen mit dem Hund sind in der Regel unproblematisch, weil diese naturverbundene Form des Urlaubs für den Vierbeiner am wenigsten Neues mit sich bringt, da er sowohl an die Fahrten als auch an »sein« Zelt oder »seinen« Wohnwagen gewöhnt ist. Nur wenige Campingplätze verbieten das Mitbringen eines Hundes; trotzdem sollte man sich rechtzeitig danach erkundigen.

Aus Rücksichtnahme sollte man sofort nach Eintreffen nach einem Platz Ausschau halten, an dem der Hund sich lösen kann, ohne daß jemand mit den Hinterlassenschaften konfrontiert wird.

Für den Urlaub grundsätzlich und im speziellen für den Campingurlaub gilt, daß man in der warmen Jahreszeit darauf achtet, Spaziergänge dann zu unternehmen, wenn es noch nicht oder nicht mehr heiß ist. Darüber hinaus sollte immer ein ruhiges und schattiges Plätzchen für den Hund reserviert sein. Besonders Hunde mit einem schwach pigmentierten Nasenspiegel können sonst leicht einen Sonnenbrand bekommen.

Der Tip: Die Gefahr, daß der Hund auf dem Campingplatz mit leckerem Grillgut und Knochen aller Art versorgt wird, ist sehr groß. Seien Sie besonders aufmerksam, damit er sich nicht den Magen verdirbt, denn jedes ungewohnte Futter kann zu Verdauungsproblemen führen. Wichtig ist auch, daß der Hund chlorfreies Trinkwasser bekommt, ggf. stilles Mineralwasser.

Reisen mit der Bahn

Diese Form der Reise wird dem Hund, ebenso wie die Flugreise, am wenigsten behagen. Das Ein- und Aussteigen (wenn der Bahnsteig tiefer liegt) ist ungewohnt, ebenso das Brummen und Rattern und die ungewohnten Bewegungen des Abteils. Darüber hinaus sollten Hunde nur auf Kurzreisen mit der Bahn mitgenommen werden, weil sonst das Problem, daß sie die Verdauung zwickt, zu groß werden kann: Die kurzen Aufenthalte auf den Stationen lassen einen Spaziergang zu diesem Zweck meist nicht zu.

Mit kleinen Hunden hat man es relativ leicht; sie dürfen mit ins Abteil und dort auf dem Schoß sitzen. Neuerdings gibt es spezielle »Taschen« aus gepolstertem Stoff, in denen nur der Körper des Hundes steckt – Kopf und Beine schauen heraus. Am »Rücken« sind Stoffschlaufen eingearbeitet, mit denen der Hund kurze Strecken wie eine Tasche getragen werden kann – z.B. beim Ein- und Aussteigen.

Bei größeren Hunden muß man Rücksicht auf die Mitreisenden nehmen, besonders auch bei schlechtem Wetter, weil dann das Fell intensiv riechen kann. Platzreservierung empfiehlt sich immer. Wenn man zu zweit ist und gegenüberliegende Plätze reserviert, kann der Hund bequem zwischen den Füßen sitzen.

Schon vor Antritt der Reise ist auch für den Hund eine Fahrkarte zu lösen (in der Regel ein Kinderticket). Man sollte die Leine und einen Maulkorb stets griffbereit haben für den Fall, daß Schaffner oder Mitreisende verbellt werden.

Ins Zugrestaurant darf man einen Hund nicht mitnehmen, im Liege- oder Schlafwagen nur, wenn das gesamte Abteil gemietet wurde. Hier stellt sich aber wieder das Problem, daß der Hund während der Fahrt nicht zum Lösen ausgeführt werden kann.

Flugreisen

Die Fluggesellschaften schließen den Transport von Hunden nicht aus. Kleine Hunde bis zu einem Gewicht von 5 kg dürfen in einem Reisebehältnis, das nicht größer als 55×40×20 cm sein darf, als Handgepäck in die Kabine mitgenommen werden. Größere Hunde müssen in einer sog. Jet-Box im beheizten, klimatisierten Frachtraum untergebracht werden. Da nahezu alle Fluggesellschaften unterschiedliche Bestimmungen haben, muß man sich rechtzeitig, am besten ein halbes Jahr vor Reiseantritt, erkundigen und eine Reservierung für den Hund vornehmen.

Meines Erachtens ist der Lufttransport aber abzulehnen, weil die Flugreise in jedem Fall einen kolossalen Streß für den Hund darstellt, wenn nicht gar eine Qual. Dies haben unter anderem auch Fernsehdiskussionen bewiesen, die klar erkennen ließen, daß Fluggesellschaften Probleme mit Tiertransporten haben: Fehlverladungen, Streiks, logistische Probleme lassen den Flug für einen Hund und seinen Besitzer zur Angstpartie geraten. Der Hund kann zwar an eine sog. Jet-Box gewöhnt werden, aber der Luftmangel, die ungewohnten Geräusche, Kerosingestank und auftretende Turbulenzen, die schon manchen Menschen gehörig zu schaffen machen, sind für sensible Hundesinne eine Quälerei. Das gleiche gilt für Probleme, die der Hund, wie wir, mit dem Druckausgleich haben kann. Kurzschnäuzige Hunde kommen in Jet-Boxen besonders schnell in Atemnot. Kranke Vierbeiner oder trächtige Hündinnen dürfen überhaupt nicht fliegen.

Schiffsreisen

Schiffsreisen sind auch nicht unbedingt die Sache eines jeden Hundes. Für Hundefreunde mit eigenem Boot empfiehlt es sich, die im Fachhandel erhältlichen Schwimmwesten für Hunde zu verwenden. Bei geplanten Schiffsreisen muß man rechtzeitig abklären, ob Hunde an Bord willkommen sind und, wenn ja, unter welchen Bedingungen. Auf Fähren dürfen sie erfahrungsgemäß im Auto bleiben. Natürlich muß man dann darauf achten, daß der Wagen nicht gerade in der Sonne brät.

Reise-Utensilien

Folgende Utensilien sollten Sie bei Urlaubsreisen mit dem Hund bei sich haben:

- Tierpaß (siehe Seite 318), Impfpaß und Kopie der Haftpflichtversicherungspolice,
- eine zweite Garnitur (Halsband und Leine),
- einen Maulkorb (empfehlenswert ist ein Maulkorb, der mit einem Clipverschluß am Hinterkopf verschlossen wird, aus weichem, unterpolstertem Gewebe besteht und sich klein zusammenlegen läßt),
- eine Charly-Box, gefüllt mit Frischwasser (für längere Autofahrten empfiehlt sich zusätzlich ein Plastikkanister mit Wasser),
- Hundedecke oder -korb, Paßformwanne mit Matte,
- Lieblingsspielzeug,
- Kot-weg-Set und Desinfektionstüchlein,
- Einweghandschuhe, wie sie beim Tanken verwendet werden,
- eine Rolle Küchenpapier,
- das gewohnte Futter in ausreichender Menge, da es dies am Urlaubsort oft nicht zu kaufen gibt, und ggf. Dosenöffner; kleine Dosen mitnehmen, damit keine angebrochenen Reste verderben können; angebrochene Reste am besten in der Kühltasche lagern,

- Kauknochen,
- Hundekuchen als Zwischenmahlzeit bei längeren Fahrten (die Hauptmahlzeit gibt man erst nach der Ankunft),
- Pflegeutensilien (Bürste, Entfilzungskamm, Schere usw.),
- eine kleine Reiseapotheke mit Ungezieferhalsband, Zeckenzange, Flohkamm, Trockenshampoo (wenn er sich doch einmal suhlt), Mittel gegen Durchfall und Verstopfung (vom Tierarzt), blutstillender Watte, Wundsalbe, Mullbinden, Ballenbalsam, Kamillentee, Augentropfen, Antihistamin-Gel (gegen Bienen- und Wespenstiche), medizinische Kühlpackungen (gegen Insektenstiche; ist auch in der Kühltasche praktisch), Notfalltropfen oder -creme (siehe Seite 235) und Medikamente, die der Hund regelmäßig braucht.

Urlaubsbetreuung für den Hund

Wenn es nicht möglich ist, den Hund in den gemeinsamen Urlaub mitzunehmen, sollte in jedem Fall vorher abgeklärt werden, ob nicht ein Hundesitter zur Verfügung steht, der den Vierbeiner in seiner gewohnten Umgebung zu Hause betreut. Ideal wäre es, wenn der Sitter dem Hund bereits bekannt und mit seinen Eigenarten vertraut ist.

Hundesitter vermittelt:
- Die Initiative des Deutschen Tierschutzbundes »Nimmst Du mein Tier, nehm ich Dein Tier« (beim örtlichen Tierschutzverein fragen),
- der Bundesverband Tierschutz e. V.,
- die »Mobile Tierrettung«,
- die Redaktion von »Partner Hund« (legen Sie einen mit DM 3,– frankierten Rückumschlag bei; vermittelt wird auf Gegenseitigkeit, d. h., wenn auch Sie Tiere über die Ferien aufnehmen),
- der professionelle Tier- und Babysitterdienst Bayern,
- evtl. Ihr Zoofachhändler,
- evtl. Ihr Tierarzt.

Alle Adressen im Anhang (siehe Seite 314).

Damit der Hund wie gewohnt versorgt werden kann, wird nach Futterplan gefüttert. Bitten Sie ausdrücklich darum, daß keinerlei Futterumstellung vorgenommen wird und keine Futterzusätze gegeben werden. Darüber hinaus werden die »Hundepapiere« (Ausweis,

Impfpaß) sowie die wichtigen Adressen einschließlich Ihrer Urlaubsanschrift hinterlassen.

Ist die Urlaubspflege im eigenen Heim nicht möglich, sollte man sich rechtzeitig nach einer geeigneten Tierpension umsehen. Dabei ist es wichtig, daß man sich die Pension genau ansieht und sich informiert, welchen Ruf sie hat. Damit der Hund nicht in ein völlig unbekanntes Revier muß, ist es gut, wenn man mit ihm vor Urlaubsantritt dort schon einige Male vorbeigeschaut hat. Fragen Sie auch bei Ihrem Tierarzt, beim Tierschutzverein oder Ihrem Zoofachhändler, ob man etwas über die Tierpension weiß, damit Sie keine unliebsamen Überraschungen erleben.

Achten Sie auf folgendes:
- Sind die Boxen und die Näpfe sauber?
- Ist Heizung, Belüftung, Beleuchtung vorhanden?
- Welchen Zustand hat die Umfriedung? Ist sie ausbruchssicher?
- Fragen Sie, mit welchem Tierarzt das Unternehmen zusammenarbeitet.
- Wie geht das Pflegepersonal mit den Pfleglingen um?
- Sprechen Sie die Fütterung ab, vermeiden Sie auch hier Futterumstellungen; ggf. liefern Sie Ihr eigenes Futter mit.
- Fragen Sie nach den Serviceleistungen wie tägliches Gassigehen etc.; wenn Ihnen dies zuwenig erscheint, fragen Sie, ob Sie gegen einen geringen Aufschlag mehr buchen können.
- Fragen Sie nach den Unterlagen, die Sie mitbringen müssen.

Der Tip: Mit den nötigen Impfungen sollte auch ein allgemeiner Check vom Tierarzt durchgeführt werden, damit Sie sicher sind, daß der Hund gesund ist, wenn er dem Streß der Urlaubspension in fremder Umgebung ausgesetzt wird.

Für eine gute Pensionszeit:
- Ihre Hündin sollte während dieser Zeit nicht läufig sein.
- Veranlassen Sie rechtzeitigen Impfschutz.
- Fragen Sie Ihren Tierarzt, welche Prophylaxen evtl. vor dem Pensionsaufenthalt nötig sind.
- Hundepaß mit Impfschein und Urlaubsadresse hinterlegen.
- Ans Halsband gehört eine Adreßtube mit der Anschrift der Hundepension und Ihrer eigenen.
- Legen Sie dem Hund in jedem Fall ein Ungezieferhalsband um.
- Ihr Hund sollte, wenn möglich, in seinem eigenen Hundebett oder -korb schlafen können.

- Die eigenen Pflegeutensilien wie Kamm und Bürste, auch das gewohnte Spielzeug lassen den Hund die Zeit Ihrer Abwesenheit besser ertragen.

Eine Liste aller Tierpensionen in Deutschland ist bei der »Aktion Mensch und Tier« erhältlich.

Grundsätzliche Regeln für den Urlaub

Bedenken Sie immer, daß während der schönsten Wochen des Jahres der Hund nicht durch Leichtsinn oder Urlaubseuphorie krank werden darf.

- Auf das Thema Wasser sei an dieser Stelle noch einmal ausdrücklich hingewiesen: Nicht überall hat das Leitungswasser wirkliche Trinkwasserqualität.
- Achten Sie vor allen Dingen darauf, daß der Hund besonders in südlichen Ländern nichts fressen kann, was Sie nicht selbst begutachtet bzw. ihm gegeben haben. Bei uns muß z. B. das Auslegen von Rattengift durch Zettel kenntlich gemacht werden, im Ausland kennt man diese Vorschriften weniger. Außerdem sollte man bei Spaziergängen möglichst auf den Wegen bleiben, um den Hund vor Scherben, aber auch vor Giftschlangen, Skorpionen etc. und Schlagfallen zu schützen.
- Denken Sie daran, daß Pflanzen giftig sein können. Deshalb sollte der Hund – wie immer – nur das fressen, was Sie ihm geben.
- Getrunkenes Seewasser kann zu Erbrechen führen.
- Wenn Sie am Strand Urlaub machen, so ist es für den Hund in jedem Fall wichtig, daß er unter einem Sonnenschirm ein schattiges Plätzchen findet.
- Nach jedem Bad im Meerwasser sollte man den Hund möglichst mit Süßwasser abduschen. Beim gemeinsamen Toben darf man ihm kein Meerwasser in die Augen spritzen.
- Meiden sollte man auch Kontakte mit den einheimischen Hunden und ihren Hinterlassenschaften, um den eigenen Vierbeiner vor Ungeziefer und Würmern zu bewahren. Zum täglichen Check gehört das gründliche Bürsten, damit Zecken und Flöhe sofort abgesammelt werden können.

Daß man die Hinterlassenschaften des eigenen Hundes beseitigt, ist nicht nur daheim Pflicht, sondern auch im Urlaub eine Selbstverständlichkeit.

Hunde brauchen sinnvolle Beschäftigung

Gesellschaft, Spiel und etwas zu tun – damit fühlt sich ein Hund erst richtig wohl. Ganz gleich, ob klein oder groß, unsere Hunde brauchen viel Bewegung und Beschäftigung. Zu viele unserer Vierbeiner sind restlos unterfordert. Das bequeme Leben als verwöhnter Schoßhund behagt keinem auf Dauer, auch wenn der Mensch davon überzeugt ist, daß es seinem Hund an nichts fehlt.

Ihrer Not gehorchend, lungern viele Vierbeiner gelangweilt herum und lauern geradezu begierig auf jede sich bietende Gelegenheit, sich zu bewegen, etwas zu tun oder zu erleben. Manche suchen sich auch ein Ventil, um ihren Frust und die Langeweile des Alltags abzubauen. Sie entwickeln, wie manche Zootiere auch, Stereotypien, indem Sie ruhelos hin- und herwandern, jeden Vogel vor dem Fenster anbellen oder draußen immer am Zaun entlanglaufen und jeden Passanten – ganz gleich, ob mit oder ohne Hund – wild anzugehen versuchen. Oder sie kauen stundenlang auf einem Gegenstand, der nicht einmal freßbar zu sein braucht, herum und zerstören ihn. Sie handeln sich Schelte ein, ohne daß der Hundebesitzer merkt, daß sein Tier an Langeweile und/oder Bewegungsmangel leidet.

Früher hatten Hunde Aufgaben zu erfüllen. Manche wurden sogar nur zum besonderen Einsatz und für spezielle Aufgaben gezüchtet. Diese Hunde waren ausgelastet, sie hatten etwas zu tun. Vieh hüten oder treiben, etwas tragen oder ziehen, wachen und beschützen waren ihre Aufgaben, oder sie wurden als Jagdgehilfen herangezogen. So ausgelastet sind heutzutage nur noch Dienst-, Blinden-, Rettungs-, Jagd-, Hüte- und Schlittenhunde. Alle anderen warten oft vergeblich darauf, daß sie gefordert werden – und wenn es nur im Spiel ist, sind sie schon glücklich. Spielen wollen sie alle, oft noch bis ins hohe Alter. Mit zunehmendem Alter ändern sich übrigens die Spiele, auch das haben die Hunde mit uns Menschen gemeinsam.

Spielen

Hunde, die spielen wollen, zeigen dies mit gut erkennbaren Signalen: Sie bellen uns in einem ganz bestimmten, hellen Ton an, stupsen mit dem Fang oder der Pfote, schleppen ihr Lieblingsspielzeug herbei, das sie vor uns hin oder auf uns legen. Es überrascht schon, wenn man sieht, was da so angeschleppt wird: Bälle, Socken, Lappen, Stricke, dünne Zweige, dicke Äste, Tannenzapfen oder der seit Generationen liebevoll gehütete Teddy. Ihnen ist alles recht, wenn ihr Mensch dies nur versteht.

Oder sie zeigen durch den ganzen Körper – für Hunde unmißverständlich – an, daß sie es jetzt wissen wollen: Das Hinterteil steht hoch, die Rute (soweit vorhanden) auch, und die Hinterbeine sind durchgestreckt. Vorne liegt der Kopf auf den am Boden ausgestreckten Vorderläufen, die Brust liegt ebenfalls auf, und dabei wird auffordernd gebellt. Dem kann man doch einfach nicht widerstehen – zumal die Enttäuschung des Vierbeiners gewaltig wäre, wenn diese Geste nicht verstanden würde.

Hunde sind äußerst kreativ und ideenreich beim Spiele-Erfinden. Man muß ihnen nur zusehen und den nötigen Freiraum lassen, wenn sie Blätter, die der Herbstwind vor sich herweht, fangen oder wenn sie Überfall spielen und uns aus einem Hinterhalt heraus erschrecken. Es ist *ihr* Spiel, nicht unseres, wenn auch feststeht, daß Mensch und Hund gleichermaßen davon profitieren. Das Spiel hält jung und gesund, es entkrampft und entspannt und läßt krause Gedanken erst gar nicht aufkommen.

Hunde haben ihrem Menschen eines voraus: Sie haben immer Zeit, um mit uns etwas zu unternehmen. Sie sind wie Pfadfinder – für jedes Abenteuer gut und allzeit bereit.

Allerdings sollten bei allem Ideenreichtum Steine oder andere Gegenstände beim Spiel tabu sein, an denen der Hund sich die Zähne beschädigen kann oder die ihn verletzen könnten, wenn er sie verschluckt (sie müßten dann operativ entfernt werden). Das gilt besonders für die so beliebten Tennisbälle, die völlig unverdaulich und unbekömmlich sind, wenn es dem Hund gelingt, sie zu zerbeißen und Stücke zu verschlucken. Auch die Leine bleibt außen vor. Sie ist keine Beute, sondern hat andere Zwecke zu erfüllen.

Der Tip: Drinnen wählen *wir* das Spielzeug aus. Draußen achten wir darauf, ob das, was der Hund so findet und anbringt, zum Spielen geeignet ist. Dabei können die unmöglichsten Dinge passieren. Bei einem Hundespaziergang brachte ein Boxer einen Gegenstand im Fang herbei, setzte sich vor sein Herrchen hin und legte das Ding ab – ganz so, wie es sich beim Apportieren gehört. Das »Ding« war eine Übungshandgranate, die er wohl neben dem benachbarten Truppenübungsplatz aufgelesen hatte …

Damit die Sinne und Instinkte unseres Familienhundes, der ja auch irgendwann einmal zu bestimmten Zwecken gezüchtet wurde, nicht ganz verkümmern, haben wir die Pflicht, wenigstens die Lust am hundlichen Spiel zu erhalten und zu fördern. So können sich über das Spiel wenigstens einige Triebe ausleben. Wieviel Spiel und Bewegung ein Hund nun braucht, ist nicht mit Regeln oder Rezepten zu beantworten. Das hängt zum großen Teil von Alter und Gesundheitszustand, aber auch von seiner Kondition ab.

Beim Spiel bestimmt der Hund die Strecke und die Gangart. Wie bei allen gemeinsamen Aktionen achten wir auch hier darauf, daß der Vierbeiner nicht überfordert wird. Noch bevor er die Lust verliert und müde wird, also dann, wenn es am schönsten ist, bricht man ab und macht erst mal eine Pause, bevor es entweder munter weitergeht oder der Heimweg angetreten wird.

Im Spiel kann man natürliche Verhaltensweisen des Hundes aufgreifen und nachahmen, deshalb ist es auch als wichtiges Erziehungshilfsmittel einsetzbar. Über das Spiel erfährt der vierbeinige Partner außerdem viel Zuwendung, Zärtlichkeit und Anregungen. Es fördert ihn vielfältig. Spielerisch kann er Aggressionen und Spannungen abbauen, und so manches lernt er spielend. Außerdem fördern die gemeinsamen Aktivitäten das Zusammengehörigkeitsgefühl und festigen Ihre Position als Rudelführer.

Ein junger Hund ist, wie ein kleines Kind, überaus neugierig, noch nicht so beständig in seinem Tun. Er neigt deshalb zur Unaufmerksamkeit und wechselt seine Aktionen sprunghaft, was es zu beachten gilt. Er braucht daher Abwechslung, sie ist für seine Entwicklung kolossal wichtig. Dies gilt für das Spiel selbst, aber auch für das Spielzeug. Je älter der Hund wird, um so beständiger werden auch seine Vorlieben für bestimmte Dinge und Abläufe.

Hunde haben Vorlieben

Am liebsten gehen sie natürlich mit uns spazieren (siehe Seite 214), dann folgen allerlei Spiele:

- Laufen in jeder Form, fangen und fangen lassen, weglaufen und kommen. Manchmal rasen sie in immer enger werdenden Kreisen, um sich Bewegung zu verschaffen und ihre Lebenslust zu zeigen.
- Jagdspiele mit Bringen.
- Geworfenes auch aus der Luft fangen.
- »Beute« festhalten und schütteln, kraftvoll daran zerren und sie tragen (Tasche, Schirm, Stock etc.). Am besten mit Kommandos spielen! Das Loslassen läßt sich dabei bestens üben.
- Versteckspielen mit Suchen.

- Buddeln, etwas ein- und ausgraben, etwas Verstecktes in der Erde finden.
- Miteinander über Stock und Stein laufen, springen, Rudeljagd spielen.
- Raufspiele.

Vor allem über die Raufspiele lohnt es sich nachzudenken. Sie sind besonders wichtig, weil Welpen dabei das wohldosierte Zubeißen üben können. Ohne Beißhemmung, welche die erwachsenen Hunde auch erst lernen mußten, wird jedes Raufspiel zur blutigen Angelegenheit, denn Welpenzähne sind spitz. Man muß den Kleinen mit dem klaren Kommando »Aus!« klarmachen, daß weder unsere Haut noch die Kleidung dick genug sind, um ihrem Zugriff standzuhalten. Außerdem muß der Welpe lernen, daß uns das Beißen weh tut und wir es nicht zulassen. Läßt er trotz Kommando nicht aus, faßt die andere Hand über seinen Fang und drückt, wohldosiert so lange gegen die Lefzen, bis er nachgibt.

Außerdem bleiben wir als Rudelführer beim Raufspiel immer »oben«. *Wir* beenden das Raufspiel, wenn der Hund auf dem Rükken liegt (wenn nötig nachhelfen) und halten ihn noch einen Moment fest, indem wir rechts und links des Halses ins Fell fassen. Damit er auch zu seinem Erfolgserlebnis kommt, darf er noch etwas »Leckeres« finden.

Dies gilt auch für alle Zerrspiele, bei denen er auch das Auslassen üben kann und lernt, daß er dabei nie aggressiv werden darf. Sowohl beim Rauf- als auch beim Zerrspiel ist immer darauf zu achten, daß alles ein Spiel bleibt. Sollte der Hund das Spiel zu einer »Machtprobe« nutzen wollen, wird sofort unterbrochen und mit einer Unterordnungsübung, die bei Befolgen mit einem Lob endet, weitergemacht.

Raufspiele mit einem großen Hund sollte man besser unterlassen, wenn man damit rechnen muß, daß er durch seine Körperlichkeit die Oberhand behalten könnte. Mit solchen Hunden spielt man Dinge, die mehr der Unterordnung dienen, z. B. Apportieren. Ihre Spiele und Arbeitseinheiten brauchen Großhunde aber genauso wie die Kleineren.

Wer mit einem Hund auf Spieltour geht, sollte sich nicht unbedingt den feinsten Zwirn oder eine Designer-Kluft anziehen. Das Widerstandsfähigste und Schmutzunempfindlichste ist dabei gerade gut genug.

Hier einige Spielvorschläge als Anregung. Sie lassen sich jederzeit modifizieren.

- Im Wechsel davon- und hinter dem Hund herrennen, am besten im Slalom über kleine Hindernisse (z. B. Polster), über Schemel, um Pappkartons, Röhren und andere unzerbrechliche »Slalomstangen«.
- Hinter einem gerollten Ball herrennen lassen.
- Apportieren üben.
- Beute fangen und festhalten. Auf »Aus« üben wir das Hergeben. Beim Zerren darf man natürlich nicht reißen, um die Welpenzähne nicht zu beschädigen.
- An einer Schnur etwas vor dem Hund herziehen. Mit Tempo- und Richtungsänderungen macht es doppelten Spaß.
- Springen nach einem Gegenstand. Bitte nicht zu oft, damit sich der Hund nicht überanstrengt und sich womöglich einen Schaden zuzieht.
- Etwas suchen und finden lassen. Man kann z. B. etwas unter einer Decke verstecken und dabei mit den Fingern rascheln. Hunde reagieren darauf wie Katzen: Sie orten das Geräusch und versuchen »es« von oben zu erhaschen, bevor sie darauf kommen, daß man mit dem Fang unter die Decke angeln muß. Bei Erfolg ist die Freude dann riesig.
- Sich selbst, Gegenstände oder auch Leckereien verstecken und den Hund suchen lassen. Dieses Spiel läßt sich gut mit einer Bleib-Übung verbinden.
- Auch rangeln, raufen und zerren läßt sich in der Wohnung. Bitte dabei die Rolle des Rudelführers beachten (siehe oben).

Spiele für draußen

Draußen macht alles natürlich noch viel mehr Spaß, und die Möglichkeiten für den Einfallsreichtum des Hundes sind weitaus größer als in einer Wohnung, in der alle Beteiligten doch auf so viele zerbrechliche Einrichtungsgegenstände Rücksicht nehmen müssen.

Die Gehorsamkeitsregeln müssen draußen aber sitzen, damit das Spiel angst- und streßfrei ablaufen kann. Mit einem Welpen spielt man ohnedies entweder im umfriedeten Gelände oder dort, wo ihm keine Gefahren durch Straßenverkehr usw. drohen.

- Alle Laufspiele sind beliebt, aber so zu gestalten, daß der Hund mit Kommandos gelenkt wird. Er darf überhaupt nicht auf den

Gedanken kommen, auch hinter Kindern, Wild, Pferden, Joggern, Radfahrern oder Fahrzeugen herzujagen.

- Apportieren in jeder Form.
- Verstecken spielen. Bitte rechtzeitig beenden, bevor es langweilig oder der Hund müde wird. Sonst ergeht es ihnen wie mir, als ich gut versteckt (nach dem x-ten Mal) darauf gewartet habe, daß mich die liebe Aira (damals noch eine Halbstarke) sucht. Sie kam und kam nicht, auch nicht auf Ruf oder Pfiff. Nach einigem Warten hatte ich genug und ging sie suchen. Vergeblich. Dann eilte ich nach Hause, um die Suche mit dem Auto fortzusetzen. Und da saß sie in aller Unschuld und vorwurfsvoll guckend – wie es mir schien – vor der Haustür. Als Lehre habe ich daraus gezogen, daß man aus dem Versteck heraus den Hund nicht gänzlich aus den Augen lassen darf und daß man nie zu lange Verstecken spielen sollte.
- Abenteuerspiele: Ein Teil des Spazierganges wird dazu benutzt, über alles drüber zu laufen, was im Wege liegt, oder im Zickzack darum herum. Baumstämme, Gatter und große Steine sind willkommene Hindernisse, hinter denen man sich auch verstecken kann. Man verfährt wie beim Intervallspaziergang (siehe Seite 241).
- Hänsel-und-Gretel-Spiel: Man versteckt beim Hinweg vor den Augen des Hundes einen Gegenstand und läßt ihn auf dem Rückweg suchen. Dann wird er sich mit Sicherheit daran erinnern und den Gegenstand anzeigen, evtl. sogar verbellen. So läßt sich auch ein an sich langweiliger Weg für den Hund attraktiv gestalten. Und der Mensch freut sich, wenn er sieht, wie schnell sein Vierbeiner dieses Spiel beherrscht.
- Viele Hunde lieben es, wenn man ihnen eine »tragende« Rolle überläßt und bestimmte Aufgaben überträgt. So freue ich mich immer wieder, wenn ich eine Labrador-Hündin beobachten kann, die ihrem Frauchen die Frühstückssemmeln oder andere leichte Einkäufe voller Begeisterung nach Hause trägt. Anfangs muß man natürlich drauf achten, daß die Tasche mit den Autoschlüsseln nicht beim Schnüffeln oder anderem wichtigen Tun unbemerkt liegenbleibt.
- Ballspiele aller Art sind ebenfalls beliebt. Der Ball sollte natürlich der Größe des Hundes angepaßt sein. Besonders beliebt sind Latex-Bälle, die »Ecken« haben und dadurch wild und unberechenbar hin und her springen und so die Aufmerksamkeit des Hundes fordern.
- Frisbee und Flyball heißen die neuen Zauberworte, wenn es um

interessante Hundespiele geht. Dies sind Spiele, bei denen der Hund entweder die Frisbeescheibe, die es auch als Kauartikel gibt, oder einen Ball aus einer Wurfmaschine fangen darf.

Solche Spiele und noch mehr Aktivitäten werden neben sinnvollen Übungen für die Begleithundeprüfung und fortführender Ausbildung in Hundesportvereinen angeboten. Es gibt Vereine, bei denen jeder Hundefreund, gleich mit welchem Hund er kommt, mitmachen darf.

Grundsätzlich gilt: Alles was man mit seinem Vierbeiner unternimmt, muß beiden Freude machen. Wenn es am schönsten ist, hört man mit dem Spiel auf, damit Unlust erst gar nicht aufkommen kann. Dann bleibt alles ein wunderbarer Spaß.

Der Tip: Nie auf frisch gedüngten Wiesen, Rasenflächen oder Feldern spielen. Nicht nur, daß Gülle unangenehm riecht – gefährlich sind trocken ausgebrachte Mittel, die man oft nur als weiße oder blaue Kügelchen oder durch eine matte Auflage auf Gras und Getreide erkennen kann. Über den Speichel können die Hunde giftige Partikel aufnehmen (siehe Seite 224). Man spielt auch nicht, wo Gefahren drohen (z. B. in Kiesgruben oder wo Abfall liegt), und nicht bei großer Hitze.

Apportieren

Dem Beutefangen und -festhalten geht das (unbewußte) Apportieren voraus. Das Apportieren gehört also zum natürlichen Repertoire des Hundes. Er kann dabei hetzen, laufen, suchen, also seinen Beutetrieb unter unserer Kontrolle ausleben. Wölfe bringen das Erjagte instinktiv an einen sicheren Ort oder zu den Jungen in die Wurfhöhle. So wird unser Greenhorn seine Beute auch zu uns bringen, um wenigstens das begonnene Spiel fortzusetzen. Dies tun selbst Hunde, die vom Zwangsapportieren selbst nichts halten und es nur widerwillig tun.

Die Freiwilligkeit läßt sich auch dafür nutzen, daß man sich das »Apportel«, das sowohl ein Dummy als auch jedes beliebige Spielzeug sein kann, immer direkt in die Hand legen läßt. (Selbst aufheben kommt nicht in Frage! Sonst benutzt Ihr Hund Sie nur als Wurfmaschine.) Gehen Sie sonst einige Meter weg und warten Sie ab, was der Hund tut. Meistens holt er das Apportel, um es erneut zu bringen. Beim Ablegen in die Hand kann man natürlich unterstützend helfen, bis er versteht, was man will. Hat er es kapiert, so folgt natürlich augenblicklich das Lob. Das Ganze wird dann geübt, bis es auch auf »Kommando« klappt. So lernt unser Freund etwas aus dem Spiel heraus, was ihm Spaß macht, und seinen Rudelführer bestärkt es genauso wie das Zusammengehörigkeitsgefühl.

Ausbildung

Wurde ein Hund schon als heranwachsender Welpe sinnvoll beschäftigt und dabei die Grundlage einer guten Erziehung gelegt, so gibt es als »Weiterbildung« und Steigerung gemeinsamer Aktivitäten eine ganze Anzahl von Fortbildungsmöglichkeiten (Aufbautraining).

Aber auch für einen Junior oder erwachsenen Hund (aus zweiter Hand) gibt es noch Möglichkeiten der Erziehung und Weiterbildung. Im Deutschen Hundesportverband (Adresse im Anhang) kann man erfahren, wo vor Ort solche Möglichkeiten bestehen. Der Vorteil liegt klar auf der Hand: Meist in unmittelbarer Nähe können mit dem Hund auf einem geeigneten umfriedeten Gelände allerlei Bewegungsübungen, Spiele oder auch mal ein kleiner Wettkampf durchgeführt werden. Das Schöne dabei ist, daß nicht nur Rassehunde, sondern auch mischrassige gerngesehene Gäste sind.

Angeboten werden möglicherweise Welpenkurse bzw. Welpenspieltage (erst besuchen, wenn voll wirksamer Impfschutz gegeben ist!). Dann gibt es unterschiedliche Kurse, bei denen die meisten Hunde zu Beginn des Lehrgangs etwa sechs Monate alt sind (der Zahnwechsel ist abgeschlossen), z. B. den Team-Test (offener Kurs) und die Begleithunde-Ausbildung (mit der Möglichkeit, ein Zertifikat abzulegen). Diese beiden Kurse haben die Erziehung sowie die soziale Verträglichkeit des Hundes zum Ziel.

Außerdem gibt es Agility (mit Variationen wie Jumping), Mobility, Obedience, Turnierhundsport sowie Spezialausbildungen zum Diensthund (Führhund, Fährtenhund, Arbeitshund, Wachhund und Schutzhund nach Begleithundeprüfung).

Eine Bemerkung zur Schutzdienstausbildung sei an dieser Stelle gestattet: Jeder normal geprägte, gut erzogene Hund wird sein Revier bewachen und bei Gefahr auch seinen Menschen mutig zur Seite stehen, ohne speziell dafür ausgebildet zu sein. Wer trotzdem jemals mit dem Gedanken spielt, einen ausgebildeten Schutzhund zu kaufen, muß wissen, daß dieser auf seinen Hundeführer fixiert ist und nur diesem gehorcht. Ein neuer Besitzer muß erst in einer gründlichen Ausbildung mit dem Hund erlernen, wie er sich zu verhalten hat, damit ihn der Schutzhund als neuen Hundeführer akzeptiert. In die Hände von Laien gehören solche Hunde auf gar keinen Fall!

Die oben genannten Spezialausbildungen, auch die Jagd-, Windhund- und Schlittenhundausbildung, können an dieser Stelle nicht weiter abgehandelt werden, das würde den Rahmen des Buches sprengen. Näher Interessierte seien auf die Fachliteratur oder Vereine verwiesen.

Man sieht, das Angebot für körperliche Betätigung, Lernen und sinnvolle Freizeitgestaltung mit dem Hund ist groß. Es empfiehlt sich, das auszunutzen, was der Hund gerne tut, und spielerisch nach seinen Veranlagungen, Fähigkeiten und Fertigkeiten vorzugehen. Für den Hund stehen natürlich die gemeinsamen Aktivitäten an erster Stelle. Genauso wichtig ist aber für beide auch die gute Erziehung, die alle Möglichkeiten für ein soziales Miteinander mit anderen Hunden und Menschen eröffnet.

Voraussetzungen beim Sport

Vor jeder sportlichen Tätigkeit, bei der unser Vierbeiner größere Strecken laufen, Hindernisse überspringen oder Leistungen, die über das normale Maß hinausgehen, vollbringen soll, ist der Hund von einem Tierarzt auf seine Tauglichkeit und Reife (auch körperliche) hin zu überprüfen. Vor allem muß sicher sein, daß der Hund weder an HD noch an anderen Gelenkserkrankungen leidet.

Team-Test

Beim Team-Test, der auf örtlichen Übungsplätzen des VDH durchgeführt wird, werden Hunde – ob klein, ob groß, mit oder ohne Ahnenpaß, aber alle mit Impfausweis – zum Mitmachen eingeladen. Gelehrt und geübt werden

- Leinenführigkeit,
- Freifolge,
- Sitzübungen und Bleiben (angebunden),
- Platz,
- Herankommen,

- unbefangenes Verhalten des Vierbeiners gegenüber Personen und Fahrzeugen,
- Verhalten bei Begegnungen mit Passanten (auch Gruppen) mit oder ohne Hund sowie Sportlern (Joggern, Radfahrern).

Wer Lust hat, kann mit seinem Hund auch eine Abschlußprüfung machen.

Begleithundeprüfung

Wenn der Hund über ein Jahr alt ist, empfiehlt es sich, die sog. Begleithundeprüfung anzustreben. In der Gefahrhundeverordnung in Nordrhein-Westfalen wird sie als erzieherische Maßnahme bei Auffälligkeiten eines Hundes im Rahmen des sog. Hundeführerscheins gefordert.

Die Ausbildung zum Begleithund ist eine modifizierte und umfangreichere Weiterführung des Team-Test. Neben den Gehorsamsübungen wird alles auch unter Ablenkung durch einen oder mehrere andere Hunde geübt; ebenso, wenn sich der Hundeführer ca. 40 Schritte vom Hund entfernt hat. Außerdem wird die Schußgleichgültigkeit geprüft, und es werden praxisnahe Aufgaben bewältigt, die mit alltäglichen Situationen im Straßenverkehr zu tun haben. Nach dem Absolvieren der Ausbildung und einer bestandenen Prüfung erhält der Hund das Zertifikat »Begleithund«.

Turnierhundsport

Weiter bieten Hundesportvereine den sog. Turnierhundsport an. Dies hat nichts mit Hochleistungssport zu tun. Viele Vierbeiner und ihre Menschen haben Spaß daran, in der Gruppe einen Vierkampf zu bestreiten, auch auf Wettkampfbasis.

Als Gehorsamsübung wird Leinenführigkeit, Freifolge, Sitz und Platz gefordert, außerdem Hürdenlauf (bei dem, wie der Name schon sagt, Hürden zu nehmen sind), Slalomlauf (bei dem Stangen im Zickzack zu durchlaufen sind), Hindernislauf (hier müssen die Hunde Treppen, Tunnel, Reifen, Laufdielen, Hoch- und Weitsprung hinter sich bringen), Geländelauf (2000 oder 5000 Meter in der freien Natur, Hund angeleint). Beim CSC (Combinations Speed Cup) haben drei Hundeführer mit ihren drei Vierbeinern die Hindernisse zu bewältigen.

Beim Hundesport hört allerdings der ausschließliche Spaß auf, weil es sich um einen Wettkampf handelt, bei dem es um Punkte und Zeiten geht. Außerdem müssen beide, nämlich Mensch und Hund, alles gemeinsam bewältigen, was nicht nur Fitneß vom Tier, sondern auch eine gute Kondition und Gesundheit des Menschen erfordert.

Agility statt Drill

Die Tatsache, daß Hunde auch gerne Hindernisse bewältigen, hat man sich zuerst in England zunutze gemacht. Dort hat Hundesport Tradition. Die Idee des Agility wurde als Pausenfüller bei einer Reitsportveranstaltung geboren. Aus dem Bewegungsbedürfnis des Hundes, seiner Wendigkeit und seiner Lust am Tun wurde ein Hindernislauf mit dem Hundeführer zusammen, der die notwendigen Anweisungen gibt und den Hund begleitet. Neben Führigkeit, Geschicklichkeit und Schnelligkeit fördert diese Beschäftigungsform das Zusammenwirken von Mensch und Hund und hat erzieherischen, sportlichen und fitneß-fördernden Wert.

Die Übungen umfassen Laufsteg (Körperbeherrschung), Wippe (Konzentration), Schrägwand und Tisch (Geschicklichkeit und Sprungkraft). Furchtlosigkeit und Vertrauen zeigen sich bei Buschhürde, Viadukt und Mauer, der Slalom fördert die Wendigkeit, der Tunnel (fest oder aus losem Stoff) den Mut, Reifen und Weitsprung Augenmaß und Kraft. Um dies alles zu bewältigen, heißt es viel üben und Geduld haben. Aber je besser alles klappt, um so mehr Freude haben Mensch und Vierbeiner daran.

Agility kann man mit allen Hunden betreiben, die dazu körperlich in der Lage sind. Es ist für alle geeignet, die den Spaß an erster Stelle sehen und den Hund nicht überfordern, vor allem geduldig sind. Denn ein armer Hund ist nicht der, der sinnvoll beschäftigt und bewegt wird, sondern der, der körperlich und geistig verkommt.

Mobility

Wenn der Hund gerne Hindernisse aller Art auf direktem Weg überwindet, so ist für ihn unter Umständen auch Mobility (Beweglichkeit) richtig. Es sind dabei nur verschiedene Hindernisse zu bewältigen, es geht nicht um Zeit, und der Hundeführer braucht keine körperlichen Leistungen zu vollbringen. Solcherlei Betätigung hilft dem Hund, Selbstvertrauen aufzubauen und ungewöhnliche Situationen des täglichen Lebens angstfrei zu meistern.

Bedenken Sie aber: Für Hunde, die es lernen, Hindernisse zu bewältigen, stellen Zäune und dergleichen keine unüberwindlichen Hürden mehr dar, wenn die Vierbeiner unbeaufsichtigt sind.

Obedience

Ganz langsam faßt bei uns eine im angelsächsischen Raum verbreitete Form des Hundegehorsams Fuß. Sie wird Obedience (Gehorsam) genannt. Dabei werden Gehorsamsübungen nur auf Sichtzeichen des Hundeführers hin ausgeführt. Dieser steht zehn Meter vom Hund entfernt, und der Hund befolgt die gegebenen Handzeichen. Wenn das Training dazu ohne psychischen und physischen Druck abläuft, kann Obedience eine wertvolle Möglichkeit sein, einen Hund zum problemlosen Freund des Menschen zu machen, der in jeder Situation, auch von Hundekritikern, akzeptiert wird.

Überall dort, wo man in Vereinen darauf bedacht ist, den Hund liebevoll, mit Geduld und Einfühlungsvermögen zu erziehen, also seriös arbeitet, und Sie vor allen Dingen voll mit einbezieht, sind Sie genau an der richtigen Adresse.

Sollten Sie jedoch auf eine Gruppe stoßen, wo es laut zugeht (Kasernenhofton) oder mit körperlicher Züchtigung (mittels Elektroschock usw.) gearbeitet wird, wo geschrien, getobt und gestraft wird, sollten Sie schleunigst Leine ziehen, um sich eine bessere Übungsgelegenheit zu suchen. Ebenso, wenn Sie beobachten, daß ein Tier, mit Gewalt gebrochen, sklavenhaft neben seinem Peiniger einherschleicht und ihm immer ängstlich zugewandt ist. Das wirft ein schlechtes Licht auf Ausbilder und Verein.

Hunde besser verstehen

Tag für Tag beschäftigen wir uns mit unserem vierbeinigen Freund. Wir kommunizieren auf unsere Art, also auf Menschenart, mit ihm über die Stimme, indem wir Kommandos geben, rufen, loben, tadeln, und sprechen zu ihm wie zu einem Menschen, obwohl er unsere Worte nicht verstehen kann. Aber aus dem Klang der Worte entnimmt er, was wir meinen. Darüber hinaus geben wir aber auch Körpersignale, drücken uns mit Handbewegungen und Sichtzeichen aus, streicheln, liebkosen und führen (über die Leine). Wir tun also alles, was wir für nötig halten, um mit dem Hund aktiv zusammenzuleben.

Aber was wissen wir wirklich von den hundlichen Kommunikationsmöglichkeiten – außer dem, was wir intuitiv zu deuten vermögen? So gesehen ist es verständlich, daß es in der Hund-Mensch-Beziehung so viele Mißverständnisse gibt, die ein gedeihliches Miteinander nachhaltig trüben können. Dabei ist es aber äußerst interessant und auch beglückend, wenn man den Vierbeiner wirklich versteht.

Obwohl es weltweit über 350 Hunderassen und eine riesige Anzahl mischrassiger Hunde gibt, kommunizieren sie alle auf die gleiche Weise miteinander. Hunde sind in der Lage, ihren Stimmungs- und Gemütszustand auszudrücken. Sie verfügen über eine ganze Reihe von Mitteln und Möglichkeiten der innerartlichen Kommunikation, die auch dem Menschen gegenüber gezeigt wird. Diese Verständigungsmöglichkeiten (Körpersprache, Mimik, Lautäußerungen) sprechen eine deutliche Hundesprache. Der Gesamtausdruck ist deutbar, Einzelabläufe sind dagegen oft schwerer zu analysieren bzw. zu interpretieren. Die Signale des Hundes sind aber immer eindeutig und »ehrlich«, denn er kann sich nicht verstellen.

Der Tip: Um ein genaues Bild von den Lautäußerungen und Körpersignalen zu erhalten, empfiehlt es sich, diese über einen längeren Zeitraum zu beobachten, vielleicht auch aufzuschreiben. So kommt man seinem Hund in jeder Beziehung näher und kann auch beobachten, wie er auf unsere Signale reagiert. Je besser man ihn versteht, um so problemloser und erfüllter ist das Zusammenleben.

Wer Hunde so intensiv beobachtet, wird feststellen, daß sie sehr viel Zeit darauf verwenden, ihre Menschen zu observieren. Aus der

Körperhaltung, aus Gesten, Mimik und der Stimmlage, aber auch aus unseren »Düften« zieht der Vierbeiner seine Schlüsse, und dies alles steuert seine Reaktionen. Ermöglicht wird ihm dieses genaue Beobachten durch seine leistungsfähigen Sinnesorgane.

Der Geruchssinn

Am höchsten entwickelt ist der Geruchssinn, den man wirklich als phänomenal bezeichnen kann. Der Mensch wußte dies schon immer zu nutzen und setzte den Hund für seine Zwecke ein, z. B. zum Suchen von Rauschgift oder Lawinenopfern oder bei der Jagd. Sogar zum Pilzesuchen lassen sich Hunde ausbilden. Diese erstaunlichen Leistungen sind möglich, weil das Riechfeld der Hunde ca. 30mal größer ist als das des Menschen. Der Geruchssinn übertrifft den des Menschen um ein Mehrtausendfaches.

Die Nase wird durch ein Sekret feucht gehalten, sobald dem Hund Gerüche in die Nase steigen. So können die Duftmoleküle in gelöster Form zu den Sinneszellen gelangen. Der Hund erhält buchstäblich »Geruchsbilder« von seiner Umgebung, so daß er sich, auch ohne zu sehen, gut orientieren kann. Es ist ihm auch möglich, auf seiner eigenen Spur, mit der Nase »sehend«, nach Hause zu finden. Aus Duftmarken anderer Hunde (Urin, Kot, Analdrüsen- und Schweißdrüsensekret) kann er unendlich viel herauslesen; sie sind sozusagen die Visitenkarte der Hunde. Für jeden Hund ist es deshalb wichtig, daß er interessanten Düften ungehindert nachschnüffeln kann.

Der Tip: Lassen Sie den Hund während des Spaziergangs ausgiebig und nach Belieben schnüffeln, und hindern Sie ihn nicht ungeduldig daran. Das wäre so, wie wenn uns jemand die Tageszeitung zeigen würde, sie uns aber nicht lesen ließe.

Vor allen Dingen ist es wichtig, daß man dem Hund das sog. soziale Beschnüffeln seiner Artgenossen gestattet und nicht etwa Anstoß daran nimmt, daß sich die Hunde nicht nur in der Mundwinkel-, sondern auch in der Afterregion intensiv beriechen. Für Hunde ist oft der erste Eindruck entscheidend, den man beim gegenseitigen Beschnüffeln »im Kreis herum« vom anderen erhält.

Hunde als Nasentiere erkunden auch gern heftig schnüffelnd den Menschen, den immer eine Wolke von körpereigenen und überdeckenden Düften umgibt – selbst wenn er gerade geduscht hat. Dies kann wiederum bei Menschen, die mit Hunden wenig im Sinn haben, zu peinlichen Irritationen führen.

Das Gehör

Ähnlich gut ausgebildet ist beim Hund das Gehör. Sein Hörvermögen ist dem des Menschen vielfach überlegen. Deshalb ist es eigentlich nicht nötig, im Umgang mit dem Hund jemals zu schreien.

Hunde können auch noch in höheren Frequenzbereichen als der Mensch hören. Dies macht man sich bei den lautlosen Hundepfeifen zunutze: sie geben weit tragende Hochfrequenz-Pfeiftöne ab, die wir Menschen nicht wahrnehmen können. Je nach Windrichtung hört der Hund diese Pfeife noch in einer Entfernung von 150 bis 400 Metern.

Obwohl das Hundeohr so angelegt ist, daß es sich vor überlauten Geräuschen abschirmen kann, sollte man dem Hund keinen Lärm mit hohen Frequenzen zumuten. Der Ohrenansatz ist durch Muskeln beweglich, so daß die Ohrmuscheln in Richtung einer Geräuschquelle gedreht werden können. Selbst bei schlappohrigen Hunden kann man dies noch beobachten. Das Ohrenspiel ist auch ein Ausdrucksmittel, das entscheidend an der gesamten Mimik beteiligt ist und zur Kommunikation eingesetzt wird.

Die Augen

Die Augen eines Hundes sind ausdrucksstark, der Blick wirkt variantenreich und sagt Hundekennern mehr als viele Worte. Glänzende Hundeaugen sind der Ausdruck von Gesundheit und einem munteren Wesen. Die Pupillen können sich nicht nur entsprechend der Lichtmenge, sondern auch je nach Stimmung erweitern (freundlich, interessiert) und verengen (aggressiv, fixierend, drohend).

Das Gesichtsfeld des Vierbeiners hängt von seiner Kopfform ab und ist von Rasse zu Rasse verschieden. Je weiter die Augen vorne am Kopf beieinander liegen, um so größer ist der Bereich des räumlichen Sehens und um so geringer ist die Rundumsicht.

Hunde besitzen eine reflektierende Schicht in der Netzhaut, die sozusagen als Restlichtverstärker wirkt und es ihnen ermöglicht, auch in der Dämmerung relativ gut zu sehen. Sie sind besonders in der Lage, weit entfernte bewegte Objekte zu erkennen – z. B. auch auf größere Entfernung gegebene Sichtzeichen.

Hundliche Ausdrucksmittel

Die Augen werden auch als Kommunikationsmittel eingesetzt, der direkte Blick auf einen anderen Hund kann Dominanz, Provokation oder Drohung genauso wie natürliches Interesse ausdrücken. Unsicherheit, Angst, Unterwürfigkeit, Zurückhaltung und friedlicher Sinn wird durch Wegsehen oder Abwenden des Kopfes zum Ausdruck gebracht.

Hunde reagieren auf Drohstarren durch Artgenossen und Menschen, indem sie entweder weggucken oder, wenn sie sich durch längeres Anstarren in die Enge getrieben fühlen, mit Verteidigung (Drohgesten). Daher einem fremden Hund niemals in die Augen starren! Weil der eigene Hund uns kennt, nimmt er unseren direkten Blick oft gelassen hin. Sein Blick kann auf uns als stumme Botschaft, mit Spannung, Interesse und absolutem Wohlwollen ruhen. Aber trotzdem läßt sich beobachten, daß der Kopf meistens von uns abgewendet wird, unser Blick ist ihm also doch nicht so geheuer. Eine weitere Ausdrucksmöglichkeit ist das Hochziehen der Augenlider, verbunden mit Stirnrunzeln.

Hunde beobachten uns unentwegt. Ihnen entgeht nicht die geringste Regung, sie haben uns also vor Augen, in der Nase und im Gehör. Man ist wirklich geneigt zu sagen: »Big dog is watching you« und braucht sich deshalb nicht zu wundern, wenn Hunde oft ganz unerwartet auf uns reagieren.

Mit den Lefzen bedeckt oder entblößt ein Hund seine Waffen, die Zähne. Sie sind also ein beredtes Ausdrucksmittel und werden situationsbedingt eingesetzt, nicht nur beim Drohen und Zähnefletschen (siehe Nachsatz), sondern z. B. auch beim sog. Spielgesicht: Dabei wird der Fang leicht geöffnet, die Lefzen werden etwas nach hinten gezogen, aber die Zähne bleiben bedeckt.

Das Stupsen mit dem geschlossenen Fang entstammt dem Bettelstoß, der gegen das Maul der Hündin gerichtet ist und das Vorlegen von Nahrung auslösen soll. Darüber hinaus wird das Stupsen auch als Ausdruck der Zuneigung, der Begrüßung oder Beschwichtigung gezeigt. Schnappt der Hund mit hochgezogenen Lefzen in die Richtung eines Kontrahenten, so sieht dies wie eine ernstzunehmende Drohung aus und ist auch so gemeint (die Zähne und der Rachen sollen furchterregend wirken).

Auch das Fell wird vom Hund als Ausdrucksmittel eingesetzt. Ein eng anliegendes Fell bedeutet, daß er sich kleiner macht, sich duckt. Erregung und Drohen hat zur Folge, daß sich das Fell sträubt. Bei vielen Hunden ist eine deutliche Bürste auf dem Rücken zu sehen, besonders über der Schwanzwurzel. Auch Kopfhaare können dabei aufgestellt werden, so daß eine »Drohmaske« entsteht. Um imponierender zu wirken, macht sich der Hund dabei möglichst groß und stelzt hoch aufgerichtet.

Auch die Rute stellt ein weiteres wichtiges Instrument mit Signalfunktion dar. Sie wird zur Kontaktaufnahme eingesetzt, mit ihr zeigt der Vierbeiner durch Wedeln Freude und Lust, aber auch Drohung sowie Angst, Unterwürfigkeit und Schmerz, indem er sie einklemmt. Er benutzt sie eingeklemmt zum Schutz der Geschlechtsteile, steuert mit ihr beim Schwimmen und braucht sie zum Balancieren. Selbst ein verstümmelter kupierter Hund versucht die Rute noch einzusetzen, es kommt dabei aber nicht mehr als ein klägliches Wackeln des Hinterteils zustande.

Alle Körpersignale, Mimik und Lautäußerungen zusammen lassen auf die Stimmung des Vierbeiners schließen. Man kann sich also nicht allein auf ein einzelnes Signal verlassen, wie das Beispiel zeigt: In der Regel heißt es, daß, wenn ein Hund heftig wedelt, dies Freundlichkeit ausdrücken soll. Übersieht man dabei aber, daß zudem das Fell gesträubt ist und der Hund droht, so kann es zu einem schmerzhaften Mißverständnis kommen.

Auch die Pfoten kann der Hund als Kommunikationsmittel einsetzen. Das Pfötchengeben kann eine Bettel- oder Beschwichtigungsgeste sein, Aufmerksamkeit fordern oder Bestandteil des Begrüßungsrituals sein. Mit einer kratzenden Pfotenberührung kann der Hund zeigen, daß er etwas will. Nach dem Lösen dient kräftiges Scharren mit den Pfoten dazu, daß der Duft möglichst weit verstreut wird. Dies ist ein Imponier- und Markierverhalten. Je ausgeprägter es stattfindet, um so sicherer und dominanter fühlt sich der Hund. Als Dominanzgeste können die Vorderpfoten eingesetzt werden, indem sie den anderen niederdrücken.

Auch mit der Körperhaltung drückt sich der Hund aus und macht sich verständlich (Vorsatz):

- Sich auf den Rücken werfen, Bauch und Kehle darbieten bedeutet Unterwerfung und Beschwichtigung, wenn es mit etwas Harnen verbunden ist. Im »normalen« Umgang mit seinen Menschen will der Hund auch nur liebkost werden.

- Ein strammer, hoch aufgereckter Körper mit hoch getragener Rute demonstriert Dominanz und Selbstbewußtsein. In dieser Haltung will der Hund imponieren, sie kann auch als Drohgebärde verstanden werden.
- Hunde imponieren auch, indem sie sich zur vollen Größe aufrichten und Breitseite zeigen.
- Je geduckter sich der Vierbeiner gibt, desto schlechter bzw. unterlegener und kleiner fühlt er sich – ausgenommen, er schleicht sich an oder er fordert zum Spiel auf.
- Bei der Spielaufforderung sind die Hinterbeine durchgedrückt (hinten hoch), und die Vorderbeine liegen ausgestreckt auf dem Boden; dazu gehört ein aufforderndes Bellen.
- Sich ranwerfen oder anlehnen an den Körper heißt Solidarität und Zusammengehörigkeit und fordert Streicheleinheiten. Dieses Verhalten ist auch beim gemeinsamen Ruhen (Rudelliegen) zu beobachten, was Hunde überaus schätzen.
- Bleibt unser Vierbeiner stehen und hebt dabei ein Vorderbein an, so zeigt er, daß er etwas entdeckt hat: er »steht vor«.

Lautäußerungen

Bellen

Das Bellen wurde vom Hund erst im Zusammenleben mit dem Menschen entwickelt bzw. perfektioniert. Wölfe verständigen sich mehr durch Heulen. Je nach Tonlage, Tonfolge und Modulation hat das Bellen unterschiedliche Bedeutung, was sich im täglichen Zusammenleben mit unserem vierbeinigen Freund gut beobachten und heraushören läßt. Dem Bellen gehen manchmal mehr oder weniger hörbare »Wuffs« voraus (ein Laut, der zwischen Knurren und Bellen liegt).

- Bellen ist an die Rudelmitglieder gerichtet, zeigt einen Erregungszustand an und bedeutet Alarm; der Hund will auf etwas aufmerksam machen.
- Vor Gefahr soll das Bellen warnen, wenn es mit Knurren vermischt ist. Es soll als Drohung verstanden werden.

- Mit Bellen will sich der Hund bemerkbar machen. Er zeigt an, daß er etwas gerne hätte oder möchte (z.B. Gassi gehen). Auch als Aufforderung zum Spiel wird das Bellen eingesetzt, aus Freude und Übermut und bei der Begrüßung. Jagdhunde sprechen bei der Jagd ihre beredte Sprache: beim Stöbern, Verfolgen oder Auffinden geben sie unterschiedlich Laut.
- Dauerbellen, das von Heultönen durchsetzt ist, will uns sagen, daß sich der Vierbeiner allein fühlt.

Nicht alle Hunde sind gleich bellfreudig, manche beginnen bereits im Welpenalter damit, andere äußerst zögerlich, wenn sie bereits erwachsen sind. Auch zwischen den Rassen gibt es Unterschiede in der Bellfreudigkeit. Häufig führt das Bellen zu Mißverständnissen, weil es auf manche Menschen grundsätzlich bedrohlich wirkt, sie die situationsbedingten Bellnuancen nicht kennen und dadurch falsch reagieren.

Weitere Lautäußerungen

Neben dem Bellen haben unsere Hausgenossen noch andere Möglichkeiten, sich akustisch verständlich zu machen, z.B. stöhnen, schniefen, fiepen, winseln, heulen und knurren sie in vielerlei Nuancen.

Das Winseln und Fiepen des Welpen wird auch vom erwachsenen Hund häufig beibehalten. Es bedeutet in der Regel Unbehagen. Sehnsucht oder Schmerz können es ebenfalls auslösen. Es wird in situationsbezogenen Variationen eingesetzt. Kommt große Angst oder Schmerz hinzu, so kann beides buchstäblich in Schreien übergehen, wenn die Not übermächtig wird.

Aufjaulen kann aus Schmerz oder Trauer, Schock oder in Notsituationen auftreten. Ein echter, gequälter Aufschrei wird vom Menschen meistens verstanden, in der Regel liegt auch ein Grund vor. In dem Fall heißt es natürlich helfen, schützen und trösten.

Nicht zu verwechseln mit dem Aufjaulen ist das wölfische Heulen, das zur sozialen Kontaktaufnahme auch von Hunden angestimmt wird. Aber auch als Trennungsheulen, wenn der Hund sich allein gelassen fühlt, ist es bekannt. Manche Hunde können durch bestimmte Geräusche (Musik, »Heulen« ihres Menschen) zum Heulen als Zeichen des Zusammenhaltes angestiftet werden.

Auch Knurren wird, wie das Bellen, von Menschen häufig ausschließlich als Bedrohung und Zeichen von Aggressivität empfunden. In all seinen Variationsmöglichkeiten ist das Knurren aber eher eine Warnung, die Unsicherheit und Angst, Mißtrauen oder Widerwillen gegen eine spezielle Situation ausdrücken kann. Natürlich kann ein Hund auch drohend unmittelbar vor einem Angriff knurren. Wer ein solches Knurren je gehört hat, wird es auch nie mißverstehen. Wie beim Bellen gilt beim Knurren, daß es dem Vierbeiner um so ernster mit seiner Drohung ist, je dunkler, dumpfer und lauter der Ton wird. Das kann die letzte Warnung vor einer Auseinandersetzung sein.

Drohsignale

Bevor ein Hund wirklich zubeißt (ausgenommen Beutebiß), zeigt er so viele unmißverständliche akustische und körperliche Signale, daß für Tier und Mensch genügend Zeit bleibt, diese richtig zu deuten:

- Sträuben des Felles,
- Knurren,
- Zähne zeigen mit Falten auf dem Nasenrücken,
- Drohstarren,
- Schnappen in Richtung des Kontrahenten,
- sprungbereite Körperhaltung.

Als Mensch sollte man in bedrohlichen Situationen einem fremden Hund nicht in die Augen starren, sich abwenden, den Hund nicht körperlich bedrohen und nicht weglaufen.

Angstsignale

Auch die Angst eines Hundes ist an eindeutigen Signalen sehr gut erkennbar:

- Niedergeduckte Körperhaltung,
- unter den Körper gezogene Rute,
- eng angelegte Ohren,
- ausweichender Blick,
- Katzenbuckel,
- deutliches Zurückweichen,
- Hecheln,
- Winseln,
- Zittern,
- Harnen oder Koten,
- krause Nase,
- Zähne zeigen.

Probleme mit dem Hund

Fast ist man geneigt, es hinzunehmen oder zu verdrängen, daß es bei ca. fünf Millionen Hunden in der Bundesrepublik viele Besitzer gibt, die Probleme mit ihren Hunden haben. Meistens wird man wachgerüttelt, wenn wieder eine schlagzeilenträchtige Schreckensmeldung über Hundebisse oder aggressives Verhalten mit den schrecklichen Folgen kursiert oder man selbst gewahr wird, welche Risiken man bei der Anschaffung eines Hundes eingegangen ist. Viele der Probleme werden allerdings überhaupt nicht öffentlich, weil manche Hundehalter, ihre Familienmitglieder oder andere Betroffene hoffen, daß sich das Problem von alleine geben wird.

So manches Problemverhalten der Hunde ist leicht zu erkennen und wäre bereits im Vorfeld vermeidbar: beginnend beim Hundekauf, weiter bei der Aufzucht, bei der Erziehung vom ersten Tag an und im täglichen Zusammenleben mit dem Vierbeiner. Wahre Hundeliebe manifestiert sich nämlich nicht nur durch die Gabe von Lekkereien oder übertriebenes Verhätscheln, sondern dadurch, daß man alles tut, was dem Hund zu einem problemlosen Miteinander verhilft.

Wird allerdings konkretes Problemverhalten festgestellt, muß man etwas tun; das ist man seinem Vierbeiner, sich selbst und seinen Mitmenschen schuldig. In den meisten Fällen gibt es keine »rezeptartigen« Lösungen, ohne das Verhalten und das »Warum?« genau zu analysieren.

Wenn jemand nicht mehr weiter weiß, kann man nur raten, rechtzeitig professionelle Hilfe in Anspruch zu nehmen, denn je länger man zuwartet, um so mehr manifestiert sich das unerwünschte Verhalten. Es ist allerdings nicht sinnvoll, den Hund dann zum »Umerziehen« in eine Hundeschule zu geben, ohne selbst dabeizusein, und zu hoffen, daß der Hund hinterher »funktionieren« wird. Wir müssen den Hund selbst unter Anleitung eines Fachmannes erziehen bzw. sein Verhalten ändern.

Auslöser von Problemverhalten

- Erbanlagen (Krankheiten, Charaktereigenschaften, Wesen), aber auch aktuelle Gesundheitsprobleme.
- Heischen um Aufmerksamkeit, das sich durch Bellen, Jaulen, Winseln, aufdringliches Verhalten, aber auch durch Vandalismus und Aggression äußert (die oft als Eifersucht gegen Gegenstände wie Staubsauger, Putzlappen usw. ausgelegt wird).
- Fehler bei der Aufzucht (schlechte Bedingungen, auch isolierte Aufzucht in sog. Hundefabriken).
- Fehlende Prägung und Sozialisierung, fehlender Kontakt mit Mensch, Tier und Umwelt (siehe Seite 80).
- Antiautoritäre, nicht erfolgte oder zu spät begonnene Erziehung.
- Fehler, die dem Hund »anerzogen« werden; z. B. Dinge, die beim Welpen belächelt anstatt korrigiert werden (der Welpe zeigt bereits Dominanz, sitzt z. B. auf dem Stuhl und verteidigt diesen oder knurrt, wenn sich jemand seinem Futternapf nähert, oder er bestimmt, wo es langgeht). Alles hingenommene Makken, die beim heranwachsenden Hund zu ernsten Problemen werden können. Auch Beißhemmung muß der Welpe nach der Übernahme von seinen Menschen lernen. Das neue Rudel muß da weitermachen, wo die Hündin oder ein Rüde beim acht- oder zehnwöchigen Welpen abbrechen mußten.
- Prägende Erlebnisse und schlechte Erfahrungen, die der Welpe mit Menschen gemacht hat (z. B. wenn der Welpe einen Menschen beschnüffelt und von diesem getreten oder mit einem Gegenstand geschlagen wird). Aversionen gegen bestimmte Personen, die ihren Grund in Mißhandlungen oder angstbesetzten Erlebnissen haben, sitzen tief.

Aggression

Am häufigsten und unangenehmsten fallen natürlich aggressive Hunde auf. Dabei wirkt erschwerend, daß Aggression viele Gesichter hat: angefangen vom dominanten Verhalten (Drohen, Knurren, Zähneblecken) bis hin zum Beißen. Noch vielfältiger sind die Ursachen, z. B. physische (Krankheiten, Schmerzen, Nervenschwäche,

Hypersexualität) und psychische (Angst, Erbanlagen und gemachte Erfahrungen), die es individuell herauszufinden gilt, um Lösungen zu erarbeiten.

Zum Thema Aggression bei Hunden geistern auch immer wiederkehrende Ammenmärchen herum. So stimmt es nicht, daß aggressive Hunde besonders mutig seien (das Gegenteil ist der Fall); daß bellende Hunde nicht beißen; daß Hunde mit Beißkorb an Aggressivität verlieren, weil sie resignieren; daß Angstbeißer oder Hunde mit Zerstörungswut sich nach einer Kastration ändern; daß Aggression nicht therapierbar ist; daß nur aggressive Hunde wachsam und schutzbereit sind; daß Tierheimhunde häufiger aggressiv sind.

Oft hört man die Behauptung: »Mein Hund ist nicht aggressiv!« Diese Ansicht ist nicht nur falsch, sondern unter Umständen auch gefährlich, denn man muß sich darüber im klaren sein, daß jeder Hund über ein mehr oder weniger ausgeprägtes natürliches Aggressionspotential verfügt, das der Mensch so oder so beeinflussen kann. Natürliches Aggressionsverhalten gehört zum normalen Verhaltensrepertoire eines Hundes. Grundlage ist das Beute- und Verteidigungsverhalten (Schutzverhalten). Dies wird im eigenen Revier und zusammen mit dem eigenen Rudel besonders intensiv ausgelebt.

Aggression gegenüber Menschen

Hier gibt es vielfältige Gründe für aggressives Verhalten und ebenso viele mögliche Lösungen.

Oft reagieren Hunde aggressiv auf etwas, was wir tun oder von ihnen erwarten, weil ihnen das Schmerzen verursacht. Wenn Hunde bei Berührung bestimmter Körperpartien, z. B. der Ohren, oder bei der Wundversorgung knurren oder gar beißen oder sich weigern, von etwas herab- oder über etwas hinwegzuspringen, so ist es wahrscheinlich, daß sie dabei Schmerzen leiden und sich davor schützen wollen. Lassen Sie diese Möglichkeit vom Tierarzt abklären.

Ist der Hund gesund, kann eine natürliche Scheu (durch isolierte Aufzucht mit zuwenig Menschenkontakt) oder ein negatives Erlebnis (Handscheu durch Schläge) der Auslöser sein. In solchen Fällen hat sich der Tellington-TTouch bewährt, bei dem beruhigende Berührung nach einem bestimmten Muster den Hund entspannen und das Mißtrauen schwinden lassen (siehe Seite 316). Handscheuen Hunden kann man auch helfen, indem man bis zur Besserung des Zustandes das Futter nur aus der Hand reicht. Darüber hinaus darf kein Anlaß mehr gegeben sein, die positive Verknüpfung wieder in

Frage zu stellen (also keine erschreckenden Handbewegungen in Richtung Hund machen usw.).

Häufig gehen Aggressionen von besonders dominanten Hunden aus. Sie werden dazu gemacht. Je mehr und je länger man dominantes Verhalten durchgehen läßt, desto schwieriger wird es, dem Hund zu zeigen, daß er die unterste Rangposition innehaben soll. Dominante Hunde können sich zu wahren Haustyrannen entwickeln; sie bedrohen jeden, dem sie sich überlegen fühlen und der ihre Vorherrschaft in Zweifel zieht.

Zum Beispiel hört man immer wieder, daß ein Hund – wenn überhaupt – nur einer Person gehorcht, alle anderen aber bedroht, wenn sie z.B. sein Verhalten tadeln, ihn aus dem Bett oder von der Couch verweisen, sich seinem Futternapf nähern oder Spielzeug wegnehmen wollen. Dann muß jedes der betroffenen Familienmitglieder seine Überlegenheit täglich unter Beweis stellen und sich vor allen Dingen im wahrsten Sinne des Wortes nicht vor dem Hund »klein« machen. Z.B. sollten Kinder nie im Liegen mit dem Hund spielen!

Außerdem muß man sich den Dominanzgesten des Vierbeiners entziehen, z.B. nicht zulassen, daß der Hund auf den Schoß springt, an einem hochsteigt, die Pfoten auf die Schultern oder über den Körper legt, darüber steht oder gar aufreitet. Dieses Entziehen darf nicht mit einer Strafe einhergehen: Nach einem deutlichen »Naaah!« geht man ohne weiteren Kommentar weg und beachtet den Hund für kurze Zeit nicht mehr. Dann wird er gerufen und erhält seine Streicheleinheiten.

Man nutzt jede Gelegenheit, am besten die Spaziergänge an völlig neutralen Orten (hier ist der Hund unsicherer und mehr seinem Rudel zugewandt), um Unterordnungsübungen durchzuführen und im Spiel die eigene Überlegenheit zu demonstrieren. Z.B. greift man spielerisch über den Fang oder legt den Hund auf den Rücken, um ihm den Bauch zu kraulen und ihn dabei festzuhalten; der Mensch bestimmt also das Spiel.

Des weiteren wird dem Hund alles, was er zu Hause verteidigt, nach Möglichkeit verleidet. So wird das Bett, die Couch oder ein Stuhl mit einem Besen oder sonstigen ungemütlichen Gegenständen belegt, man selbst setzt sich aber hin und zeigt ihm Tag für Tag, daß er sich fügen muß. Auch hier gilt es also, nicht nur zu reagieren, sondern dem Dominanzverhalten des Hundes durch Eigeninitiative zuvorzukommen.

Geht beim Hund die Wachsamkeit so weit, daß sich seine eigenen Familienmitglieder z.B. nachts nicht mehr im Haus bewegen können, ohne angeknurrt zu werden, muß man dieses Verhalten in die richtigen Bahnen lenken. Jeder Betroffene muß sich tagsüber intensiv mit dem Hund beschäftigen und dies auch während der Dämmerung oder in der abgedunkelten Wohnung fortsetzen.

Häufig gibt es mit dem Hund Probleme, wenn eine sogenannte Ein-Personen-Fixierung vorliegt. Besonders Familienmitglieder, aber auch Hundesitter usw. können mit solch einem Hund Probleme bekommen, der außer seiner Bezugsperson niemanden an sich heranläßt bzw. nicht gehorcht. Hier hilft nur, wenn diese Familienmitglieder alle nach dem gleichen Muster mit dem Hund Gassi gehen, ihn füttern, mit ihm spielen und üben. Die bevorzugte Person darf in dieser Zeit überhaupt nichts mit dem Hund unternehmen. So lernt er, die anderen zu akzeptieren.

Manche Hunde sind an der Leine gegenüber Fremden äußerst aggressiv – aus Unsicherheit oder Angst oder aufgrund eines starken Schutztriebes reagieren sie beim geringsten Anlaß völlig überzogen. Um dieses Verhalten abzubauen, muß man mit hundeerfahrenen Personen gestellte Begegnungen herbeiführen, um in entspannten Situationen (während der Hund das Kommando »Sitz« erhält), ein Gespräch anzufangen und die Ängste des Hundes von Mal zu Mal abzubauen. Ebenso wird auf dem Grundstück und in der Wohnung mit Besuchern geübt, um Aggressionen schrittweise abzubauen.

Der Tip: Wer einen aggressiven Hund ändern will, muß sich selbst kontrollieren, ruhig und gelassen bleiben und dem Hund gegenüber sicher auftreten. Dann wird es dem Hund eher möglich, Freunde und eine wirkliche Bedrohung auseinanderzuhalten.

Auf keinen Fall darf ein Hund, der Problemverhalten zeigt, geschlagen werden. Auch schmerzauslösende Erziehungshilfen (sog. Dressurmittel) sind abzulehnen. Sie machen nur noch aggressiver, und bei einem wehrhaften Tier kann Schmerz sogar gefährlich für den Menschen werden.

Aggression gegenüber Hunden

Hier fallen ausgesprochene Raufer besonders unangenehm auf. Ihr schlechter Ruf eilt ihnen voraus, obwohl solche Hunde dem Menschen gegenüber manchmal wie fromme Lämmer sein können. Auch bei dieser Form der Aggressivität heißt es zuerst, Ursachenforschung zu betreiben.

So kann eine Ursache z. B. besonders ausgeprägtes Schutzverhalten sein, das bei Unsicherheit oder gar Angst des Hundebegleiters in pure Aggressivität umschlägt. Besonders an der Leine können solche Hunde zur Belastung werden, weil jeder Spaziergang Streß bedeutet. Sie fühlen sich an der Leine besonders stark. Je bedrohlicher dem Hund eine Begegnung erscheint, um so eher ist er bereit, ohne die üblichen Rituale zuzubeißen. Mit jeder erfolgreichen Attacke verstärkt sich dieses Verhalten, und in Verbindung mit »Rükkendeckung« durch den Hundehalter vervielfältigt es sich.

Es versteht sich von selbst, daß man keine Aggression durchgehen lassen darf oder den Hund gar aufstachelt – im Gegenteil. Man muß ganz gezielt versuchen, solch einem Hund durch eigenes Verhalten zu zeigen, daß man keine Angst hat, und mit mehreren hundeerfahrenen Helfern, die gut sozialisierte Vierbeiner besitzen, Begegnungen herbeiführen. Zuerst werden auf Sicht gemeinsame Spaziergänge an neutralen Orten (also außerhalb der eigenen Reviere) durchgeführt, wobei mit dem Hund auch Unterordnung geübt wird. Langsam kommt man sich immer näher, und wenn der aggressive Hund sich beruhigt, kann man die Distanz langsam aber sicher aufheben, bis aus der ursprünglichen Aggressivität Gelassenheit und Normalität wird. Wir lassen die Leine locker und ermöglichen dem Hund die Kontaktaufnahme mit seinen Artgenossen. Wenn nötig, Spezialgeschirr (»Halti«) zur anfänglichen Unterstützung anlegen.

Während des Spazierganges muß dem Hund auch das Gefühl gegeben werden, daß die anderen Hunde willkommen sind und keine Feinde darstellen. Dazu spricht man schon in einigem Abstand mit den Helfern, führt eine entspannte Situation herbei und läßt den Hund dabei absitzen. So wird aus Spannung Gelassenheit.

Des weiteren kann bei manchen Rüden die Aggressivität auf einer Hypersexualität beruhen. Von dieser Dominanz-Aggressivität sind Deckrüden überdurchschnittlich betroffen. Für sie ist jeder andere Rüde ein ausgesprochener Konkurrent, der in die Schranken gewiesen werden muß. Hypersexuellen Rüden kann man, wie schon erwähnt, durch eine Kastration helfen.

Aber auch bei »normalen« Rüden ist dieses Verhalten festzustellen. Sie raufen bei jeder sich bietenden Gelegenheit mit anderen Rüden – mit Theaterdonner, aber, soweit sie normal geprägt sind, in der Regel ohne sich ernsthaft zu verletzen. Man ist geneigt, in diesem Verhalten mehr ein Kräftemessen und Imponiergehabe zu sehen. Solche »Kommentkämpfe« laufen nach festgelegten Regeln ab, wenn man die Hunde gewähren läßt. Es ist aber wichtig zu wissen, ob der eigene und der andere Rüde eine gute Sozialisierung erfahren haben, weil es sonst zu Verletzungen kommen kann. Normal geprägte Rüden dürfen sich auch ohne Leine begegnen. Spannungen kann man vermeiden, indem man den eigenen Hund schon vor der Begegnung beschäftigt.

Raufereien zwischen Rüden und Hündinnen sind weitaus weniger verbreitet. Wie schon erwähnt (siehe Seite 55), kommt es zwischen Hündinnen zu schwerwiegenderen Auseinandersetzungen, besonders wenn eine Hündin Welpen führt oder mit einem Rüden zusammenlebt. Dieses Verhalten ist also nicht abnorm, sondern von Urinstinkten geleitet, wobei man hier nichts generalisieren kann. Es gibt auch Hündinnen, die im Umgang miteinander ein weniger aggressives Verhalten an den Tag legen.

Häufig hat die Aggressivität anderen Hunden gegenüber auch ihre Ursache in einer mehr oder weniger stark ausgeprägten Angst. Ein ängstlicher Vierbeiner fühlt sich schnell in die Defensive gedrängt und wehrt sich mit sofortigem Zubeißen. Ein solches Verhalten resultiert entweder aus schlechten Erfahrungen, die der Hund mit einem anderen »Beißer« gemacht hat, aus zu früher Abgabe an den Welpenkäufer oder daraus, daß er isoliert heranwachsen mußte und keine Sozialisierung hatte, d.h., ihm wurden keine Begegnungen mit anderen Hunden ermöglicht.

Zunächst muß genau beobachtet werden, in welchen Situationen der Vierbeiner Angst zeigt und anfängt, aggressiv zu reagieren. In diesem Moment muß man ihn ablenken, mit etwas beschäftigen und positive Verknüpfungen mit den angsteinflößenden Dingen herstellen.

Wichtig ist, daß man bei Hunden, die Angst haben, dafür sorgt, daß sie nie in die Enge getrieben werden. Dann brauchen sie, auch zu ihrer eigenen Erleichterung, nicht zu beißen. Am besten wirkt es, wenn man das eigene Tier durch viele positive Erlebnisse mit gut geprägten Hunden lernen läßt, daß ihm nichts geschehen kann und nichts geschehen wird. Mit viel Geduld und Einfühlungsvermögen und völlig ohne Druck wird dem Vierbeiner so Schritt für Schritt die Angst genommen.

Angst vor Gegenständen und Geräuschen

Solche Ängste lassen sich, wenn man die Auslöser (z.B. Motorenlärm, Schüsse, Haushaltsgegenstände) kennt, häufig abbauen, indem man Unangenehmes mit Positivem überlagert. Häufig muß man dabei sozusagen die Prägungsphase nachholen, was recht mühsam sein kann. Hilfreich ist es dabei, wenn man weiß, was der Vierbeiner am liebsten tut oder mag, weil man dies zur Desensibilisierung nutzen kann.

Der Tip: Hat ein Hund z.B. Angst vor Motorenlärm und spielt er andererseits gerne und läßt sich gerne mit Leckereien verwöhnen, so kann man in der Nähe des angstauslösenden Lärms intensiv spielen und dabei noch ein Häppchen reichen. Wenn das angstauslösende Geräusch im Hause ist, z.B. der Staubsauger, wird genauso vorgegangen. Der Einsatz eines Kassettenrecorders mit Aufnahmen der beängstigenden Geräusche kann dabei sehr nützlich sein.

Bellen

Soll er nun, oder soll er nicht? An dieser Frage reiben sich Hundefreunde und Hundegegner gleichermaßen. Und die Gerichte sehen sich bei Dauerkläffern gezwungen, oft geradezu groteske Urteile zu fällen. Ein Hund darf z.B. nur so und so lange (bis zehn Minuten) oder nur zu dieser, aber nicht zu jener Zeit und so und so oft bellen (z.B. kein Dauergebell nachts, mittags, an Sonn- und Feiertagen, nicht mehr als 30 Minuten am Tag und nie länger als zehn Minuten am Stück).

Durch das Dauergebell eines Hundes (vor allem nachts) wird laut Gerichtsurteilen das Grundrecht der Nachbarn auf körperliche Unversehrtheit stark eingeschränkt, und dies hat zur Folge, daß das Grundrecht des Hundehalters auf Entfaltung seiner Persönlichkeit hinter diesem zurückstehen muß. Ein Hund darf also niemals zum Dauerstörer werden.

Dagegen werden andere Hundefreunde schon nervös und ersehnen das Bellen herbei, wenn der Junghund nach einem dreiviertel oder ganzen Jahr noch keine Veranlassung sieht, Laut zu geben. Denn das Bellen ist ein Bestandteil der Kommunikation (siehe auch Seite 281), Hunde lassen mit dem Bellen ihren Gefühlen freien Lauf und drücken dabei auch ganz konkrete Wünsche aus. Im Zusammensein mit den Menschen sichert ihnen das Bellen so oder so volle Aufmerksamkeit.

Die Schwierigkeit liegt also darin, daß einerseits vom Hund erwartet wird, daß er in bestimmten Situationen bellt, wenn wir dies für nötig halten, z.B. wenn ein Fremder auf dem Grundstück, vor der Tür oder in der Wohnung ist oder sich uns bedrohlich nähert. Andererseits soll das Bellen so gehalten sein, daß es weder von uns selbst noch von den Mitmenschen als ruhestörender Lärm empfunden wird. Es soll also nicht zu lange anhalten und in Lautstärke und Tonfall vom menschlichen Ohr als angenehm empfunden werden. Dabei ist so mancher Hund überfordert, zumal er nicht aus seiner Haut heraus kann und sein Bellen situationsbedingt auf bestimmte Reize hin erfolgt. Dabei ist fast jedem Hund eine andere Stimmlage, Tonfolge und Bellart zu eigen.

Hunde hören viel besser als wir, und sie schlagen oft aus Gründen an, die für uns nicht auszumachen sind. Darüber hinaus kann selbst das wohlgelittene Hundegebell den Nachbarn stören, der ja den Grund des »Alarms« nicht kennt und dem unter Umständen jeder Beller ein Dorn im Auge ist. Deshalb ist es für den vierbeinigen Freund, seinen Besitzer und die Mitmenschen, die ohnehin unter Lärm leiden, am besten, das Bellen in die richtigen Bahnen zu lenken.

Um richtig reagieren zu können, ist es erst einmal wichtig zu wissen, wann und warum Hunde bellen. Bellende Hunde bestraft man grundsätzlich nicht, weil das Bellen für Hunde ein wichtiges Kommunikationsmittel darstellt.

- Einsame und sich verlassen fühlende Hunde versuchen nach Wolfsart, Kontakt mit Artgenossen aufzunehmen, indem sie richtig losheulen, was von kurzem, aber eindringlichem Bellen unterbrochen wird.
- Um auf sich aufmerksam zu machen oder etwas zu erreichen, wird Bellen ebenfalls eingesetzt. Der Hund will z. B. in die Wohnung, ins Auto, raus, er möchte Futter, Wasser oder einen Lekkerbissen haben oder spielen.
- Außerdem heißt bellen für den Hund auch »Alarm« und Warnung vor Gefahr, wenn z. B. Mensch oder Tier ins Revier eindringen oder der Hund sich bzw. seine Rudelmitglieder bedroht sieht.
- Besonders wenn der Hund ins Flegelalter kommt (je nach Rasse ab dem 6. bis 12. Lebensmonat) wird lauthals zum Imponieren gebellt und randaliert, wenn es nur jemand wagen sollte, am Revier vorbeizugehen oder dort einzudringen. Der Auslöser ist die Geschlechtsreife. Gleichzeitig festigt sich auch der Schutztrieb, und manches, was schon saß, wird plötzlich ignoriert.
- Eine meiner Hündinnen läuft manchmal aufgeregt bellend zur Tür, wenn wir beim Essen sitzen – obgleich es nicht geklingelt hat und auch niemand draußen steht. Sie bezweckt ganz offen-

sichtlich, uns vom Tisch wegzulocken, um dann ungestört etwas vom Teller klauen zu können. »Leider« haben wir diesen Trick nach dem ersten erfolgreichen Mundraub durchschaut.

Oft werden bellende Hunde in ihrem Tun noch dadurch bestärkt, daß der Mensch aufgeregt oder ängstlich reagiert – besonders wenn der Hund noch angebrüllt wird, endlich ruhig zu sein, was wiederum wahre Bellsalven auslöst, weil es für den Hund als Verstärker wirkt. Eine typische Situation: Es klingelt an der Tür, der Vierbeiner bellt, was das Zeug hält, der Mensch springt wie von der Tarantel gestochen auf, rennt aufgeregt und angespannt zur Tür, schimpft mit dem Hund wegen des Lärms. Der empfindet dies als aufmunternde Zustimmung (er versteht ja unsere Menschensprache nicht), und so wird das harmlose Klingeln in Zukunft zum streßerfüllten Ereignis für Mensch und Tier.

Das Fazit daraus ist, dem Hund klarzumachen, daß er bellen darf, auf ein Hörzeichen hin auch bellen soll (wenn er es nicht von selbst tut), aber daß er auch aufzuhören hat, wenn man dies von ihm verlangt. Dabei ist es wichtig, daß wir selbst ruhig sind und er sich nicht durch unsere Signale (Unsicherheit, Angst) genötigt sieht, mit dem Bellen fortzufahren.

Gegen unerwünschtes Dauerbellen läßt sich durchaus etwas unternehmen:

- Gut ausgelastete, zufriedene Hunde, die viel bewegt werden, häufig spielen können und vielfältigen Eindrücken ausgesetzt sind, werden kaum zu Kläffern.
- Beendet der Hund sein Bellen nicht von alleine, wird ihm dies mit dem Kommando »Still« befohlen, und dabei hält man ihm, von oben über den Fang greifend, denselben zu. Dann erfolgt ein »Sitz«- oder »Platz«-Kommando, das, nachdem die Ruhe wiederhergestellt ist, aufgehoben wird. Es sei nochmals darauf hingewiesen, daß man selbst dabei angstfrei, ruhig und gelassen ist!
- Man kann den bellenden Hund aber auch ablenken, indem man ihn z. B. etwas apportieren läßt oder ihm einen Kauknochen oder ein Spielzeug in den Fang zum Halten gibt. Das Ablenken ist stets so einzusetzen, daß der Hund nicht verknüpfen kann: »Wenn ich belle, dann spielen meine Menschen mit mir.« Das gleiche gilt, wenn das einwandfrei durchgeführte Kommando »Platz« nach dem »Still« wieder aufgehoben wird.
- Besonders unangenehm kann das Verbellen von erwünschten Besuchern sein. In diesem Fall bittet man einen Bekannten, der in das Vorhaben eingeweiht ist, als Besucher zu fungieren. Der

Helfer klingelt also an der Haustür, der Hund erhält den Befehl »Sitz« und »Still«. Folgt er nicht, nehmen wir ihn kurz an die griffbereite Leine und begleiten ihn zu seinem Platz, lassen ihn mit dem Kommando »Bleib« abliegen und gehen erst dann zur Tür, um zu öffnen.

- Grundsätzlich gehen wir immer als erste an die Tür, nicht der Hund.
- Sollte der Hund nach mehrmaligem Üben auf das Kommando »Still« noch nicht reagieren, wird unmittelbar nach dem »Still« die lautlose Hundepfeife eingesetzt und somit das verbale Kommando mit dem für Hundeohren oft unangenehmen Pfeifton verstärkt. So lernt er das Kommando »Still« zu deuten und sich letzten Endes zu fügen.
- Bei besonders hartnäckigen Bellern hilft es, wenn man sie »Platz« machen läßt, denn die Erfahrung hat gezeigt, daß es sich im Liegen ausgesprochen schlecht bellen läßt; meist hören die Hunde, wenn sie liegen, von alleine damit auf.
- Auf Aufforderungs- und Bettelbellen darf man niemals mit einer Belohnung reagieren, sonst wird der Hund bellen, bis er sein Ziel erreicht hat. Denn in der Regel erkennen Hunde schnell, wenn auf das Bellen eine Belohnung folgt.
- Sollten Sie feststellen, daß der Hund nach Ertönen bestimmter Geräusche bellt, liegt der Verdacht nahe, daß er Angst hat. Diese Angst muß man ihm nehmen, indem man während gemeinsamer Aktivitäten (das kann auch Rudelliegen sein) eine Tonbandaufnahme dieser Geräusche abspielt und so den Vierbeiner daran gewöhnt, bis er begreift, daß er bei uns vor nichts Angst haben muß.

Vandalismus im Auto

Die Überraschung ist oft ebenso groß wie die Ratlosigkeit, wenn der ansonsten wohlerzogene Vierbeiner im Auto nicht allein bleiben will und mit Zerstörung des Interieurs reagiert. Dieser Vandalismus ist gar nicht so selten. Bei dieser Unart geht es dem Hund nur darum, Aufmerksamkeit zu heischen – nach dem Motto: »Hauptsache, Frauchen oder Herrchen kommt bald zurück, auch wenn es dann Schelte gibt.« Unser Schimpfen nutzt nur dann etwas, wenn wir den Vierbeiner bei seinem Tun ertappen. Sonst kann er das Schimpfen nicht mit der Zerstörungsaktion in Zusammenhang bringen. Besser ist es also, vorzubeugen:

- Der Platz des Vierbeiners im Heck des Wagens wird mit einem Netz oder Gitter vom Fahrgastraum abgetrennt, so daß der Hund die Polster nicht erreichen kann. Sitzt der Hund darüber hinaus noch in einer sog. Paßformwanne aus Kunststoff, so wird auch der Bodenbelag im Heck vor möglichen Attacken geschützt.
- Als Ablenkung einen Kauknochen oder das Lieblingsspielzeug geben.
- Läßt man das Autoradio leise laufen, trägt das sehr zur Beruhigung des Hundes bei (Sender mit Wortbeiträgen sind am besten geeignet).
- Der Hund wird langsam, minutenweise an das Alleinbleiben im Auto gewöhnt (Wartezeiten im Wagen sind grundsätzlich so kurz wie möglich zu halten).
- Aus einer Deckung heraus wird das Verhalten des Hundes beobachtet, um bei einem Aufflammen von Vandalismus sofort eingreifen zu können. Es empfiehlt sich, anfangs schon nach wenigen Minuten, für den Hund völlig überraschend, wieder zu erscheinen und, wenn nötig, die Tür heftig aufzureißen und ihm die Leviten zu lesen.
- Als letzte Konsequenz, z.B. bei Hunden aus zweiter Hand, wird ein Maulkorb aus unterfüttertem Nylon angelegt, der aber genügend Platz zum Hecheln läßt.
- Besonders wenn der Vandalismus in die Zeit des Zahnwechsels fällt, so sollte man grundsätzlich etwas zum Kauen reichen und gleichzeitig die gefährdeten Gegenstände durch ein sog. Anti-Knabberspray schützen (aus einer Pumpflasche ohne FCKW), das aus ungefährlichen Bitterstoffen besteht und sowohl im Auto als auch in der Wohnung angewandt werden kann. Die mit dem Spray behandelten Gegenstände werden zuverlässig gemieden.

Der Verfolger

Es gibt Hunde, die bei jeder sich bietenden Gelegenheit alles verfolgen, was sich bewegt. Selbst an der Leine wird zumindest der Versuch einer Verfolgung gestartet, und es bedarf aller Aufmerksamkeit und Kraft des Menschen, damit der Vierbeiner sich nicht losreißt und hinter dem »Opfer« herjagt.

Obwohl solches Verhalten normal und bei jedem Hund ein mehr oder weniger stark ausgeprägter Jagdtrieb angeboren ist, kann das Verfolgen von Menschen, Tieren und Fahrzeugen aller Art nicht geduldet werden. Solche Aktionen gefährden nicht nur das gejagte Objekt, sondern auch den Vierbeiner selbst und können auch seinem Führer nicht unerheblichen Ärger einbringen.

An dieser Stelle sei noch einmal darauf hingewiesen, daß auch Hunde mit überaus starkem Selbstbewußtsein und ausgeprägtem Revierverhalten gerne hinter »störenden Eindringlingen« (vermeintlichen Nahrungskonkurrenten) herjagen. Leider kann es kein Patentrezept gegen diese Unart geben, weil sie unterschiedliche Ursachen haben kann.

Gerade Rassen, die ursprünglich die Jagd, das Rennen bzw. das Verfolgen als Arbeitsinhalt hatten, sind jederzeit bereit, als Ersatzbefriedigung Jogger, Tiere oder Fahrzeuge zu jagen. Das gleiche gilt für kraftstrotzende Hunde, die nicht ausgelastet sind und sich nicht anderweitig sinnvoll ausleben können.

Auch in diesem Fall gilt, daß wir draußen agieren, indem wir uns mit dem Hund beschäftigen, und nicht erst reagieren, wenn er anfängt, etwas zu jagen.

Leider gibt es auch sog. Hundefreunde, die ein solches Verhalten ihres Vierbeiners noch fördern, indem sie ihn sozusagen auf Befehl hinterherjagen lassen. Diese Aufforderung wird sofort befolgt, weil der Hund seinen Verteidigungs- und Beschützer- bzw. Jagdtrieb ausleben kann und dabei noch Lob erntet.

Fatal wird es dann, wenn man z. B. aus zweiter Hand einen solchen Hund bekommt. Dieses Verhalten ist kaum mehr reparabel, wenn es über Jahre gepflegt wurde, zumindest läßt es sich nicht in Tagen oder Wochen abgewöhnen. Ein lebenslanger Gang an der Leine ist dann das Schicksal des armen Hundes.

Damit es erst gar nicht soweit kommt:

- Mit besonders selbstbewußten Hunden besucht man beim täglichen Gassigehen möglichst verschiedene Gebiete, die nicht zu nahe am eigenen Revier liegen sollten.
- Weil »beschäftigte« Hunde keine Zeit haben, hinter etwas herzujagen, sorgt man dafür, daß der Vierbeiner sich auf seinen Menschen konzentriert. Man läßt also einfache Übungen und Spiele einfließen.
- Da der Hund jede Form von Angst, Aufgeregtheit, ja unseren Streß riecht und sofort reagiert, muß man gelassen bleiben, wenn jagbare Objekte auftauchen.
- Die Kommandos »Komm«, »Sitz« und »Platz und bleib« helfen

in jeder Situation. Je besser sie sitzen, um so weniger Probleme wird es geben.

- Wenn der Spaziergang für den Hund zur interessanten Abwechslung wird und wir dafür sorgen, daß keine Langeweile aufkommt, wird der Vierbeiner erst gar nicht auf dumme Gedanken kommen.
- Passiert es trotz aller Aufmerksamkeit einmal, daß ein notorischer Verfolger auch an der Leine unvermittelt in Richtung Jagdbares startet, so signalisiert man ihm mit einem scharfen Kommando (»Naaah!«) und einem kurzen, leichten Leinenruck, daß dieses Verhalten nicht akzeptiert wird. Anschließend folgt eine Unterordnungsübung, deren Erfolg durchaus wieder belohnt werden sollte.

Der Tip: Grundsätzlich muß das gesprochene Kommando vor der körperlichen Korrektur erfolgen, damit der Hund das Hörzeichen lernt und später allein auf dieses hin reagiert.

- Weil Ablenkung hilft, kann man dem Vierbeiner in brenzligen Situationen im Vorfeld auch etwas Kaubares in den Fang geben.
- Fühlt man sich alleine überfordert und soll dem Hund seine Untugend möglichst schnell abgewöhnt werden, so empfiehlt es sich, ein »Opfer« in Form eines Bekannten zu organisieren, der sich für die Begegnung präpariert und z. B. aus einem verfolgten Auto Wasser auf den Hund schüttet, etwas Schepperndes, einen Pappkarton oder einen wassergefüllten Luftballon vor die Läufe wirft. Wählen Sie dafür ein geeignetes Gelände, in dem niemand behindert oder gefährdet werden kann!
- Ein joggender Helfer spritzt dem »Mitläufer« mit einer Wasserpistole ins Gesicht, wirft einen wassergefüllten Luftballon vor die Pfoten oder betätigt ein »Heulgerät« (druckluftbetriebenes Horn, wie es von Fußballfans verwendet wird) oder ein herkömmliches Alarmgerät. Manchmal reicht auch schon eine Tröte aus. Gleichzeitig wendet der Hundeführer und startet in die entgegengesetzte Richtung (möglichst laufend), damit der Missetäter hinterherrennen muß, um wieder beim Rudel zu sein. Der Hund wird weder ausgeschimpft noch verlacht. Man geht weiter, als wäre nichts gewesen, und beschäftigt ihn; das wird er dann weitaus interessanter finden, als Jogger zu jagen.

Als Training sollte man Begegnungen nicht etwa meiden, sondern versuchen, den Hund mit den oben beschriebenen Methoden »umzupolen«.

Manchmal hat man auch das Glück, daß der Hund nicht durch

uns, sondern aus Erfahrung klug wird. Z.B. habe ich es erlebt, daß ein Hund, der Kühe jagen wollte, unfreiwillig Bekanntschaft mit einem Schwachstrom-Weidezaun gemacht hat und seit dieser Zeit Tiere, die hinter Zäunen sind, unbehelligt läßt. Sucht der Vierbeiner nach einem solchen Erlebnis bei seinen Menschen Schutz, so wird ihm dieser natürlich gewährt, und er wird getröstet (nicht belohnt!). Der Vorteil bei dieser Art des Lernens liegt darin, daß der Hund das merkliche Erschrecken nicht mit seinen Menschen in Verbindung bringen kann.

Streunen und Weglaufen

Begreiflicherweise ist die Enttäuschung groß, wenn man feststellen muß, daß der geliebte Hund bei jeder sich bietenden Gelegenheit ausrückt und erst nach mehr oder weniger langer Zeit wieder zurückkommt. Obwohl bekannt ist, daß Hunde kein schlechtes Gewissen kennen, glauben viele Hundebesitzer fest daran, weil sie dies aus den Reaktionen ihres Vierbeiners schließen. Dabei reagiert ihr Hund nur mit deutlichen Unterwerfungsgesten auf die verbalen und nonverbalen Signale (auch Ausdünstungen), wenn er auf seinen wütenden Menschen zukommt.

Daher sollte man gute Miene zum bösen Tun machen und das Weglaufen einfach ignorieren. Wenn man den Hund bei der Rückkehr ausschimpft oder bestraft, könnte er dies nicht mit dem Weglaufen, sondern nur mit dem Zurückkommen in Verbindung bringen und würde in Zukunft weniger gern zu uns kommen.

Im Interesse des Hundes ist es immer besser, vorzubeugen und sich zu fragen, warum der Hund denn weglaufen könnte. Viele Streuner suchen sich ein Ventil, weil sie Langeweile verspüren; sie verschaffen sich entbehrte Reize. Deshalb hilft es oft schon, wenn man sein eigenes Verhalten dem Hund gegenüber verändert und ihn möglichst reizvoll beschäftigt, ihm Abwechslung auch beim Spazierengehen und Spielen bietet. Dann braucht er sich dies nicht »auswärts« zu holen. Tag für Tag, jahrein, jahraus immer dieselben Düfte und Geräusche, nur ein kleines Areal zum Lösen und sonst nichts – das läßt jeden Hund zum Streuner werden.

Letzteres gilt auch, wenn Rüden hypersexuell (besonders triebig) sind. Sie nutzen jede Gelegenheit, um hinter der Spur einer heißen Hündin herzujagen. Dabei werden oft beachtliche Entfernungen zurückgelegt, um dann, sehr zum Leidwesen der Hündinnenbesitzer, vor deren Domizil herzerweichend zu heulen und sehnsüchtig auf Erhörung zu warten – und dies oft tagelang ohne Nahrungsaufnahme. Es kommt vor, daß solche Rüden erst nach der Läufigkeit der Hündin wieder nach Hause zurückkehren.

Hat man dann noch das Pech, daß in der näheren Umgebung viele Hündinnen leben, kann es passieren, daß ein Rüde mehr außer Haus als daheim ist. In solchen Fällen hat schon oft die Kastration dazu beigetragen, das Streunen merklich einzudämmen.

Aber auch Hündinnen neigen während ihrer heißen Phase zum Streunen (siehe Seite 57).

Problematisch können auch Hunde werden, die man aus dem Urlaub mitbringt, wenn sie wenig auf den Menschen geprägt sind und mehr im Hund ihren Partner sehen – so, wie sie es bislang gewohnt waren. Da heißt es besonders in der Eingewöhnungsphase gut aufzupassen und dem Hund viel menschliche Zuwendung zu geben, vor allen Dingen dafür zu sorgen, daß er uns folgt.

Der Tip: Wichtig ist auch, daß man solchen Tieren keine Möglichkeit zum Ausrücken läßt. Gräbt der Hund sich unter dem Zaun durch, so könnte man ein tiefgezogenes Fundament gießen oder einen »Hasenzaun« ca. 50 cm tief eingraben. Zu niedrige Zäune sind zu erhöhen. Wenn man beobachtet, daß der Hund aus dem Garten entweichen will, kann man ihm dies mit einem scharfen Wasserstrahl aus dem Gartenschlauch verleiden.

Hilfreich kann es auch sein, wenn man den Hund zu festen Zeiten und immer erst nach dem Spaziergang füttert. So ist er draußen hungrig und weiß aus Erfahrung, daß es daheim Futter geben wird.

Anspringen und Hochspringen

Jeder hat es schon erlebt, daß der eigene oder ein fremder Hund an ihm hochgesprungen ist – meist aus Begeisterung oder Wiedersehensfreude. So manches gute Kleidungsstück ist dabei schon beschmutzt worden oder sogar kaputtgegangen.

Auf viele Menschen, denen dieses Verhalten unbekannt ist, vor allem auf Kinder, wirkt es furchteinflößend und erschreckend. Große Hunde sind durchaus in der Lage, jemanden aus purer Begeisterung umzuschmeißen oder daran zu hindern, vom Sofa aufzustehen.

Obwohl dieses Verhalten zum normalen Repertoire eines Hundes gehört (Betteln durch Mundstoß, große Sympathie oder schlichte Begeisterung), ist es nötig, ihm diese »Unart« abzugewöhnen. Eine Korrektur ist durchaus möglich. Dazu gehört aber viel Konsequenz.

- Beim Welpen erstickt man schon die Absicht, indem man ihm mit der Hand entgegenkommt und am Kopf so krault, daß die Hand ihn dabei sanft nach unten drückt und am Hochspringen hindert.
- Den Junghund läßt man sofort beim erkennbaren Ansatz auf Kommando absitzen, dann gibt es eine Belohnung. Anschließend, nach Aufheben des Kommandos, erhält unser Freund Gelegenheit, sich beim Spielen oder Toben abzureagieren.
- Man muß darauf achten, daß das Anspringen konsequent von allen Familienmitgliedern gleichermaßen abgelehnt wird.
- Schon beim ersten Versuch kann man den Hund kräftig schubsend an sich vorbeileiten und selbst dabei zur Seite treten. So springt er ins Leere. Dabei erfolgt auch das mißbilligende, scharf ausgesprochene »Naaah!«. Anschließend folgt der Sitz-Befehl, und nach erfolgreicher Ausführung gibt es eine Belohnung.
- Wer über genügend Körperkraft und Reaktionsschnelligkeit verfügt, kann, wenn der Hund hochspringt, das Knie etwas hochziehen und ihn auf dem schräg gehaltenen Oberschenkel abgleiten lassen. Lassen Sie ihn nicht gegen das spitz vorgereckte Knie prallen, er könnte sich verletzen!
- Um das Anspringen schon im Ansatz zu vermeiden, sollte man, wenn der Hund auf einen zukommt, ihm bereits die Hand entgegenstrecken und, wie beim Welpen, am Kopf kraulend nach unten drücken.
- Ist man noch in der Übungsphase, so wird besonders bei Besuchern darauf geachtet, daß der Vierbeiner auf seinem Platz bleibt, der Besucher sich hinsetzen kann und dann die Kontaktaufnahme mit dem Hund erfolgt. Um das Verhalten des Hundes gegenüber einem Besucher zu üben, bittet man wieder einen Bekannten um Mithilfe.
- Man kann auch eine Wasserpistole einsetzen und mit einem gezielten Strahl auf den Fang das Anspringen verleiden.
- Man geht in die Hocke und hält den Hund, der hochspringen will, an den Vorderpfoten fest, bis es ihm unangenehm ist.

Vorsicht: Aus einer wohlgelittenen Instinkthandlung, die in uns zweifellos auch Sympathien weckt, kann schnell eine ungeliebte Angewohnheit werden.

Betteln und Stehlen

Häufig wird unter Hundefreunden über die Streiche von Vierbeinern geschmunzelt, die alles mögliche anstellen, um an Freßbares zu kommen.

Eine meiner Hündinnen hat es einmal ganz raffiniert angestellt, als sie auf dem Balkon einen frisch gebackenen großen Guglhupf entdeckte, der dort abkühlen sollte. Völlig »unbeteiligt« drückte sie sich auf dem Balkon herum, bis alle wieder reingegangen waren und die Tür geschlossen hatten. Dann verspeiste sie den gesamten Kuchen und begehrte durch Scharren und Bellen wieder Einlaß. Wir wunderten uns zunächst nur, daß wir den Vierbeiner draußen »vergessen« hatten. Verdacht schöpften wir erst, als die Hündin mit kugelrundem Bauch ächzend auf ihr Lager sank, um ein Verdauungsschläfchen zu halten.

Eigentlich ist das Betteln etwas ganz Normales. Jeder Welpe versucht, während der Mahlzeiten der Meute etwas abzubekommen, um zu überleben. Er weiß ja nicht, daß der Züchter dafür sorgen wird, daß auch er satt wird. Nachdem aber der Mensch nun seinen vierbeinigen Freund bestens versorgt, das Betteln das Ernährungskonzept erheblich durcheinanderbringt und darüber hinaus »unsere« Speisen für den Hund nicht unbedingt gesund sind, ist jedes Betteln zu unterbinden.

Zugegebenermaßen fällt es äußerst schwer, bei flehentlichen Hundeblicken, einem deutlichen Schnauzenstoß oder Pföteln einem Hund etwas zu verwehren. Oft wird der Hund auch zum Bettler gemacht, wenn ihm bei jeder Gelegenheit etwas zugesteckt wird. Solche Hundefreunde übersehen dabei, daß dem Betteln häufig genug das Stehlen folgt. Zumindest sieht der Hund dies als Aufforderung zur Selbstbedienung. Selbst der Mundraub ist einem Hund nicht unbekannt; als willkommene »Spender« dienen ihm häufig Kinder.

Betteln und Stehlen sind nur zu vermeiden, wenn man absolut konsequent ist und dafür sorgt, daß außerhalb der Hundemahlzeiten nichts abfällt. Vor allen Dingen sollte man auch Besucher darum bitten, dieses Erziehungskonzept nicht zu unterlaufen. Man führt den Hund auch nicht in Versuchung, denn Gelegenheit macht Diebe. Vor den eigenen Mahlzeiten wird der Hund ruhig, aber bestimmt auf seinen Platz geschickt, wo er während der Mahlzeit bleiben soll.

Darüber hinaus muß man schon mit dem Welpen und Junghund

üben, damit nichts außerhalb der Fütterung aufgenommen wird. Das Fremdfutter-Verweigern dient nicht nur einer gesunden Ernährung, sondern auch der Sicherheit des Hundes.

Man übt zu Hause, indem man Leckeres auslegt (z.B. auf die Tischkante) und den Hund an der Leine nahe daran vorbeiführt. Schon beim ersten Schnuppern wird mit dem bekannten, scharf ausgesprochenen »Naaah!« und einem kurzen Leinenruck (nicht Reißen) die Aufnahme verhindert. Man geht mehrmals mit ihm am begehrten Futterbrocken vorbei, bis der Hund das »Naaah!« kapiert hat und nicht einmal mehr die Nase in Richtung Leckerli wendet.

Als nächster Schritt kommt dann die Überwachung. Man kann dazu TV-Überwachungsgeräte einsetzen, die man ausleihen kann. So kann man im Moment des Zugriffs den Vierbeiner überraschen, eventuell sogar über einen Lautsprecher ansprechen. In einem Nebenraum kann man bei angelehnter Tür, mit einer Wasserpistole bewaffnet, darauf lauern, daß der Hund schwach wird, und ihn wiederum mit einem Wasserstrahl an das Tabu erinnern.

Es muß also etwas passieren, was der Hund als unangenehm oder unheimlich empfindet. Daher kann es auch ein probates Mittel sein, Köder zu präparieren, um dem Hund das Stehlen zu verleiden. Z.B. kann man einen Köder so anbringen, daß bei seiner Aufnahme etwas scheppernd zu Boden fällt oder Wasser über den Missetäter ausgegossen wird (Fleisch wird am Griff eines wassergefüllten unzerbrechlichen Gefäßes angebunden). Speisen vom Tisch zu verleiden gelingt, wenn man diese mit Senf, Essig, Wermuth oder Ascorbinsäure präpariert.

Notorischen Mülleimer-Sortierern gewöhnt man dies ab, indem man etwas Schepperndes (z.B. eine Dose mit einigen Steinen) auf den Deckel stellt. Am besten wird die Küche ganz zur Tabuzone erklärt.

Kot- und Aasfressen

Ein Hund, der die Ausscheidungen anderer Tiere, z.B. Pferdeäpfel, frißt (»Koprophagie«), ist nicht etwa krank. Es ist vielmehr anzunehmen, daß er dies instinktiv tut, um einen möglichen Mangel in seiner Ernährung auszugleichen. Auch wenn zuviel Fleisch in der Nahrung enthalten ist, reagiert der Körper auf einen Säureüberschuß mit der natürlichen Gier nach alkalischer Kost, z.B. nach Aas, in dem alkalisches Ammoniak vorhanden ist. Dem gleichen Zweck kann auch das Grasfressen dienen (siehe Seite 222).

Hat der Hund also das Bedürfnis, Kot oder Aas zu fressen, sollte man entsprechend reagieren und den pflanzlichen Anteil in seiner Nahrung erhöhen. Das Fressen von Kadavern und Kot birgt nicht unerhebliche Gefahren – denken wir nur daran, daß sich der Vierbeiner dabei mit Krankheiten und Parasiten infizieren kann.

Erwähnenswert ist in diesem Zusammenhang nochmals, daß es sich immer wieder auszahlt, wenn der Hund es lernt, draußen nichts aufzunehmen, was ihm nicht ausdrücklich erlaubt wurde.

Der kluge Mensch baut vor

Der Hund muß wieder aus dem Haus

Leider kommt es immer wieder einmal vor, daß ein Vierbeiner aus seinem Heim gerissen wird, weil die Umstände es erfordern. Sei es durch einen Schicksalsschlag wie Krankheit oder Tod des Besitzers, oder weil andere schwerwiegende Gründe dies für unabwendbar erscheinen lassen. Dann ist die Not oft groß, weil von einem Tag auf den anderen kaum eine Möglichkeit besteht, dem Tier ein adäquates neues Zuhause zu bieten. Manche Menschen handeln dann kurz entschlossen und geben den Hund im Tierheim ab.

Oft kann man aber bei Problemhunden durch fachlichen Rat und praktische Hilfe (z. B. durch den Hundeverein) erreichen, daß die mißliebigen Vierbeiner, die in den meisten Fällen nichts für die Situation können, doch bei ihren Menschen bleiben können.

Wenn es sich längerfristig abzeichnet, daß man sich von seinem Vierbeiner trennen muß, so sollte man alles versuchen, um ihn innerhalb der Familie oder des engeren Freundes- bzw. Bekanntenkreises zu vermitteln. Am besten wäre ein Platz bei Menschen, die er bereits kennt und wo ihm kein größerer Ortswechsel bevorsteht. Ansonsten könnte man sich auch im Tierheim erkundigen, wer gerne einen Hund aufnehmen möchte.

Darüber hinaus kann es helfen, wenn man beim Zuchtwart des Rassehundvereines nachfragt, ob eine seriöse Stelle bekannt ist, die den Hund aufnimmt. Oft sind solche Hunde an Interessenten zu vermitteln, die eine bestimmte Rasse bevorzugen und vielleicht froh sind, wenn sie einen schon »fertigen« Hund bekommen können. Manche Züchter führen ohnedies im Kaufvertrag den Passus, daß der Hund dem Züchter zum Rückkauf angeboten werden muß, bevor er anderweitig veräußert wird.

Auch Tierärzte können manchmal helfen, weil sie Menschen kennen, deren Hund verstorben ist und die wieder einen Hund haben möchten. Auch im Zoofachgeschäft kann man nachfragen und evtl. sogar einen Aushang machen lassen – am besten mit einem Foto des Vierbeiners.

Auf keinen Fall sollte der Hund über ein Zeitungsinserat angeboten werden, weil die Gefahr besteht, daß er in unrechten Händen, zum Beispiel bei einem Hundehändler oder in einem Versuchslabor landet.

Das Hundetestament

Senioren und anderen vorsorglich denkenden Menschen sei ein guter Rat an die Hand gegeben: Regeln Sie für den Fall der Fälle, schon zu Lebzeiten, was mit dem Hund geschehen soll. Das ist man seinem Vierbeiner wirklich schuldig. Trennungsopfer gibt es ohnedies schon viel zu viele.

Machen Sie ein »Hundetestament«, in dem Sie festlegen, daß die Person, die den Hund bis an sein Lebensende gut pflegt, mit einer monatlichen Apanage oder einer einmaligen Zahlung bedacht wird. Der Hund selbst kann nicht erben. Am besten beraten Sie sich mit einem Rechtsanwalt oder Notar, damit dieser Teil Ihres Testamentes auch den gesetzlichen Erfordernissen entspricht.

Im Bundesverband Tierschutz e.V. gibt es einen »Freundeskreis betagter Tierhalter«, dem man beitreten kann (Adresse im Anhang). Hier wird sichergestellt, daß im Todesfall des Besitzers der Hund liebevoll betreut und in gute Hände vermittelt wird.

Ein Tip für Alleinstehende

Damit im Fall einer plötzlichen Erkrankung, eines Unfalls usw. sofort für den Vierbeiner gesorgt werden kann, sollten Singles, gleich welchen Alters, eine Anweisung mit folgendem Inhalt bei sich tragen und zu Hause an gut sichtbarer Stelle hinterlegen:

»Hiermit verfüge ich, daß mein Hund für den Fall, daß ich nicht mehr selbst darüber bestimmen kann, an ... (Name, Adresse, Telefonnummer) zu übergeben ist. Dazu darf ihn ... auch aus meiner Wohnung holen.«

Fügen Sie Ort und Datum und Ihre Unterschrift hinzu. Es versteht sich von selbst, daß Sie diese Regelung im Vorfeld mit der betreffenden Person abgesprochen haben.

Der Umzug

Für manche Hunde bedeutet dies weit mehr als für den Menschen. Es gibt Vierbeiner, die anfangs immer wieder zum alten Wohnsitz zurückkehren, obwohl ihr Rudel – die Familie – mit ihnen zusammen umgezogen ist. Sie scheinen sich mit der neuen Situation noch nicht richtig abfinden zu können.

Der Tip: Geben Sie Ihrem Hund einen Adreßanhänger ans Halsband, in dem Sie Ihre Anschrift und Telefonnummer notieren und einen möglichen Finder des Hundes bitten, Sie sofort zu verständigen. Wenn möglich, können Sie diese Angaben zusätzlich auch in die Innenseite des Halsbandes schreiben. Informieren Sie auch Ihren Nachmieter darüber, daß Ihr Hund bei ihm auftauchen könnte.

Ein Hund vermißt nach einem Umzug die wohlbekannte Umgebung, die dort herrschenden Gerüche und typischen Geräusche, sein abgestecktes (markiertes) Revier, seine Hundefreunde und seine Lieblingsspazierwege, wo ihm Bekanntes Vertrauen gibt. Diesen Streß kann man dem Vierbeiner weitgehend ersparen. Man nimmt ihn bereits vor dem Umzug bei jeder sich bietenden Gelegenheit mit zur neuen Wohnung.

Er begleitet uns wie immer mit großer Begeisterung, auch beim Erkundungsspaziergang im neuen Revier. Dort kann er bereits »vormarkieren« und sich langsam aber sicher mit den neuen Gegebenheiten vertraut machen. Je öfter, intensiver und länger ihm dies ermöglicht wird, um so leichter wird ihm der Umzug fallen.

Weil vor jedem Einzug die Wohnräume renoviert oder zumindest gründlich gereinigt werden, ist es wichtig, daß einige Gegenstände weiterhin den Hundeduft tragen und von dieser Putzaktion ausgespart werden, z. B. Decken, der Hundekorb und sein Spielzeug. Mit diesen Utensilien sollten Sie bereits vor dem Umzug die Räume, die Ihrem Vierbeiner zugänglich sein werden, ausstatten. Dann riecht die neue Wohnung für ihn gleich viel sympathischer, und er reagiert nicht mit Urinmarken und dergleichen.

Fremden Hunden Gutes tun

Wenn es die Umstände nicht oder nicht mehr zulassen, daß Sie sich einen eigenen Hund zulegen, so seien Sie nicht zu traurig und mutlos. Es gibt noch andere Wege, um mit einem Hund beglückende Stunden verleben zu können: Da bietet es sich an, fremden Hunden Gutes zu tun – oft solchen, die ohne Ihr Wirken ein armer Hund wären.

Hören Sie sich bei Freunden oder Nachbarn um, ob nicht Not am Hund herrscht und dringend ein Hundesitter gesucht wird. Die Nachfrage ist erfahrungsgemäß größer als das Angebot. Es gibt viele Situationen, in denen Menschen verzweifelt sind, weil sie durch eine Krankheit ans Bett gefesselt oder im Krankenhaus sind und der Hund zu versorgen ist. Es gibt auch genügend Fälle, wo ein Mensch von einem Tag auf den anderen nicht mehr so viel laufen kann, wie der Hund es braucht.

Wer schnell oder für länger verreisen muß, ohne sein Tier mitnehmen zu können, ist auf Hilfe dringend angewiesen. Ein großer Vorteil für den Hund ist dabei, daß er in seiner gewohnten Umgebung weiterleben kann und nicht außer Haus muß.

Auch Senioren schätzen es, wenn jemand für den Fall der Fälle bereit ist, sich um den heißgeliebten Vierbeiner zu kümmern. Je länger sich Hund und Pfleger kennen, desto besser klappt das Zusammensein.

Sollte in Ihrem Umfeld kein Bedarf vorliegen, so kann eine Kleinanzeige im Lokalblatt oder am Schwarzen Brett im Supermarkt (kostenlos), mit der Sie Ihre Dienste als Hundesitter anbieten, schnell von Erfolg gekrönt sein. In den USA sind solche Dienstbarkeiten übrigens gang und gäbe. Oft sind es die eigenen Verwandten, die nur noch nie etwas sagen mochten, die Ihr Angebot begeistert annehmen.

Auch Tierschutzorganisationen und Tierheime sind meistens froh, wenn sich Hundefreunde ehrenamtlich mit um ihre einsitzenden Vierbeiner kümmern. Fragen Sie dort ruhig nach, es wird Ihnen sicher der angestrebte Kontakt geboten. Dort werden häufig Spaziergangbetreuer, aber auch aktive und passive »Tierpaten« gebraucht. Tierpaten leisten finanzielle Unterstützung oder helfen vor allem den Ärmsten der Armen, den nicht mehr vermittelbaren Tieren, indem sie ihnen Liebe, Geborgenheit und Betreuung geben.

Auch Tierärzte wissen oft, wo ein Hundefreund gebraucht wird. Das Gesagte kann aber auch als Tip für genervte Eltern gelten, die Heranwachsenden klarmachen müssen, daß Hundehaltung nicht nur Streicheln und Toben heißt, sondern ganz schön Arbeit macht und eine Verpflichtung für viele Jahre bedeutet.

Auch unser Hund wird immer älter

In einer Zeit, in der ein wahrer Jugendkult getrieben wird, bleibt kaum Platz, um über das Alter, das auf Mensch und Tier gleichermaßen zukommt, nachzudenken oder sich gar mit diesem biologischen Vorgang auseinanderzusetzen. Jeder ist geneigt, das Altern zu verdrängen.

Selbst bei Hunden macht diese Einstellung des Menschen nicht halt. Wäre es anders, so würden nicht so viele »alte« Hunde, die sicher einen anderen Lebensabend verdient hätten, abgeschoben und müßten im Tierheim auf die letzte Chance eines späten Glücks warten. Zum Glück bleibt aber der Mehrzahl unserer vierbeinigen Lebenskameraden ein solches Schicksal erspart. Mensch und Hund werden miteinander älter.

Meistens fällt nur auf, daß unser Freund, je nach Rasse, so ab dem siebenten Lebensjahr nicht mehr so temperamentvoll ist oder etwas langsamer, bedächtiger und überlegter reagiert. Er ist nicht mehr so impulsiv und genießt eben mehr Ruhepausen zwischen den Aktivitätsphasen. Um den Bart oder an den Läufen ergraut er langsam, und dieses oder jenes Wehwehchen kann ihn zwicken. Sein Vorteil: er kennt keine Wechseljahre oder Midlife-crisis.

Das Altwerden des Hundes muß nicht unbedingt mit einem langen Siechen einhergehen. Altern ist eine Lebensphase und keine Krankheit. Manche gut gepflegten, vor allem aber optimal ernährten Hunde bleiben fit und aktiv bis an ihr Ende. Selbst auf Zuchtschauen dürfen sie noch in der Veteranenklasse starten. Dies beweist nicht nur guten Willen, sondern auch die Achtung der Veranstalter vor dem in Ehren ergrauten Champion.

Generell kann man sagen, daß große und schwere Hunderassen schneller altern als kleinere Hunde. Aber auch die mischrassigen Senioren werden noch heiß geliebt und geschätzt. Stellen doch unsere Hunde häufig den einzigen Halt und die Verbindung zu anderen Menschen und der Umwelt dar. Sie sind für viele Menschen allein durch ihr Dasein lebenserhaltende Verpflichtung.

Damit der älter werdende Hund sich auch in dieser Lebensphase gut fühlen kann, sollte man sich auf seine Bedürfnisse einstellen. Bei der Beschäftigung, beim Gassigehen und der Gestaltung gemeinsamer Ausflüge ist auf den Senior Rücksicht zu nehmen. Verzichten braucht man auf die liebgewonnenen Gewohnheiten aber nicht. Vor allem sind wir bestrebt, unseren Freund geistig jung zu erhalten. Am besten geschieht dies, indem man ihn auch weiterhin fordert, z. B. Verstecktes suchen läßt, eine gut riechbare Fährte legt, ihn nach Vergrabenem buddeln läßt und seine Interessen und Eigenarten beim Spiel in geistige Arbeit ummünzt, ohne daß er körperlich zu sehr gefordert wird. Machen Sie vor allen Dingen alles, was er vordem im Laufen tat, weiter – nur eben im Gehen.

Wie beim älteren Menschen werden die Strecken auf ein erträgliches Maß reduziert, die Spaziergänge während der heißen Jahreszeit mehr auf den frühen Vormittag oder in die Abendstunden verlegt. Die Spiele brauchen nicht verändert zu werden, sie müssen nur dem jeweiligen Temperament angepaßt werden.

Das Alter hat aber auch viele Vorteile, vor allem, weil der Hund noch mehr auf seine Menschen fixiert und seinem menschlichen Rudel noch mehr zugetan ist.

Die Fellpflege wird intensiviert, d. h., es wird noch mehr Wert auf die bürstende Massage gelegt und mit sog. Fellpflegemitteln (auch als Nahrungszusatz) nachgeholfen, so daß neben der Sauberkeit auch das gute Aussehen des Haarkleides gewahrt bleibt.

Vor allem aber muß auf die optimale Ernährung geachtet werden. Das heißt: Wegen des verminderten Energiebedarfs muß die Energiezufuhr gedrosselt werden, indem das Futter kalorienärmer wird, wobei aber die Vitamin- und Spurenelementeversorgung gesichert sein muß. Im Zoofachhandel werden solche hochwertigen Seniorenfutter angeboten, die nicht fett machen und frei sind von all den Stoffen, die den Organismus zusätzlich belasten könnten (wie z. B. zuviel Natrium und Phosphor). Bestes Seniorenfutter von hoher biologischer Qualität enthält leichtverdauliche Inhaltsstoffe, genügend Ballast, vor allem aber mehrfach ungesättigte Pflanzenöle, altersgerechte Vitamin- und Spurenelementzugaben. Helfen Sie dem Hund durch die richtige Fütterung, gesund zu bleiben.

Auch die Organe des Hundes können sich altersbedingt verändern und in ihrer Funktionalität geschwächt werden. Bei Organerkrankungen gibt es ebenfalls spezielles, auf das Krankheitsbild abgestelltes Diät-Fertigfutter. Sämtliche diätetischen Maßnahmen sollten nur unter tierärztlicher Anleitung und Kontrolle durchgeführt werden.

Die durchschnittliche Lebenserwartung der Hunde ist – sieht man von zuchtbedingten Ausnahmen ab – durch die hochwertige Ernährung der Junghunde gestiegen. Das Altern erfolgt merklich beschwerdefreier. Aber diese Tatsachen entbinden den Hundehalter nicht davon, auch im Alter für gesunde Ernährung zu sorgen.

Der Tip: Die regelmäßige Gewichts- und Figur-Überwachung läßt den Hund in bester Form bleiben, weil man jederzeit reagieren kann.

Auch die Gesundheitsfürsorge ist auf den älter werdenden Hund abzustimmen. Sie soll Ihnen nicht Angst vor dem Altwerden des Hundes machen, wohl aber sensibler dem Tier gegenüber, weil man zwar das Altern nicht stoppen, aber doch erträglich für Mensch und Tier machen kann.

Auf die Verdauung (Urin- und Kotabgabe) ist noch mehr zu achten als vordem. Regelmäßige Zahnpflege hält Zähne und Zahnfleisch gesund und verhindert vor allem Mundgeruch. Die Atmung soll einwandfrei funktionieren, und bei Husten ist der Tierarzt aufzusuchen. Auch die Augen und Ohren muß man besonders beachten. Bei der Hautpflege wird auf Knoten, Geschwülste, wuchernde Warzen oder Hautschäden (Verkrustungen) geachtet. Flächiger oder unnatürlicher Haarausfall sollte vom Tierarzt begutachtet werden. Sollte der Hund lahmen oder humpeln, so muß man ebenfalls den Tierarzt konsultieren.

Zu den üblichen Gesundheits-Checks sollte ein zusätzlicher Senioren-Check hinzukommen, auch wenn er nicht unbedingt nötig erscheint. Neben der Überwachung von Herz, Lunge, Nieren, Leber und Verdauungstrakt (auch auf Alterszucker) und den Geschlechtsorganen sollte der Tierarzt bei jeder sich bietenden Gelegenheit die Zähne sanieren (Zahnsteinentfernung etc). Die Augen werden auf beginnenden Alters-Star hin begutachtet, außerdem geben sie dem Augendiagnostiker einen Einblick in den Allgemeinzustand des Tieres.

Damit sich der Vierbeiner wohl fühlt, wird soweit wie möglich auf das gesteigerte Ruhebedürfnis Rücksicht genommen, d.h., es wird alles getan, damit der Hund ruhig und ungestört sowie warm und zugluftfrei liegen kann.

Ansonsten darf man sich über jeden Tag freuen, den man mit seinem liebgewonnenen Begleiter zusammen verbringen kann.

Trauer darf sein

Ein Teil des Hundelebens ist auch sein Dahinscheiden. Es tröstet uns vielleicht, daß für unsere Vierbeiner Altern und Tod keinen Schrecken darstellen und sie keine Angst davor kennen.

Erleidet der Hund durch einen Unfall oder aus Altersgründen einen plötzlichen Tod, so ist dies für uns natürlich schmerzhaft, aber man kommt besser damit zurecht, als wenn man selbst die Entscheidung treffen muß, wann man seinem geliebten Vierbeiner das ganz große Leiden ersparen sollte. So wird gegen besseres Wissen die Entscheidung zum Einschläfern oft immer wieder hinausgeschoben. Mit dem Tierarzt unseres Vertrauens, der den Hund ja auch schon lange betreut und das Problem kennt, muß man sich vertrauensvoll absprechen, wann der letzte Dienst nötig, ja unaufschiebbar geworden ist. Dies ist der Fall, wenn eine Besserung oder Heilung nicht mehr möglich ist und das Weiterleben nur mehr Schmerzen und Leiden bereitet.

Es wäre gut, wenn der Tierarzt zum Einschläfern ins Haus käme. Auf jeden Fall sollte man immer dabeisein, um den Hund auf seinem Weg in die Erleichterung im Arm zu halten, bis die Beruhigungsspritze wirkt. Sie stellt ihn ruhig und nimmt den Schmerz. Die anschließend injizierte Überdosis eines Narkosemittels führt dann zum sofortigen Atem- und Herzstillstand.

Spätestens jetzt taucht natürlich die Frage auf, was mit dem Hundekörper geschehen soll.

Soll man seinen Hund bestatten?

Wer das Glück hat, über ein eigenes Grundstück zu verfügen, der wird zu dem Entschluß kommen, den Körper dort zu begraben. Wer kein Grundstück hat, dem bleibt die Möglichkeit, sich nach einem Tierfriedhof umzusehen, um ihn dort beizusetzen oder einäschern zu lassen. Oder der Tierarzt übernimmt den Hund, um ihn der Tierkörperbeseitigung zu übergeben.

Auch die Entscheidung, was mit dem Körper nun geschieht, kann man keinem Hundebesitzer abnehmen – über den letzten Schritt herrschen zu viele widersprüchliche Meinungen. Aber ich denke, jeder Hundefreund wird die Entscheidung treffen, die er für richtig hält – und über die Trauer um den geliebten Freund ist er niemandem Rechenschaft schuldig.

Kaufvertrag

Zwischen dem **Verkäufer** (Name, Vorname, Straße und Nr., PLZ und Ort):

....

und dem **Käufer** (Name, Vorname, Straße und Nr., PLZ und Ort):

....

wird folgender **K a u f v e r t r a g** geschlossen:

Muster

Gegenstand des Vertrages ist der Rüde*) die Hündin*)

(Name) ....

der Rasse .... Wurfdatum ....

im VDH/FCI-Zuchtbuch des Rassehunde-Zuchtvereins

(Name) ....

(   ) **) eingetragen unter Nr. ....

(   ) **) zur Eintragung angemeldet. Tätowier-Nr.: ....

Der **Kaufpreis** beträgt DM .... (i. W. Deutsche Mark ....

....)

Der Käufer erklärt, daß er mit dem Hund nicht*) züchten und diesen nicht*) ausstellen will.

Der Verkäufer leistet für die Richtigkeit der in der Ahnentafel bzw. in der Meldung zum Zuchtbuch enthaltenen Angaben **Gewähr, gleiches gilt für die Angaben in weiteren übergebenden Urkunden. Er versichert,** daß ihm irgendwelche offensichtliche oder verborgene Mängel oder Krankheiten des Hundes nicht bekannt sind. **Er erklärt, daß der Hund gegen Staupe, Hepatitis, Leptospirose, Parovirose, Tollwut *) geimpft wurde, und händigt den Impfpaß dem Käufer aus.**

Der Käufer bescheinigt, den Hund besichtigt zu haben. **Er erklärt,** daß er über die für die Aufzucht und Haltung eines Hundes notwendigen Kenntnisse, Fähigkeiten und Möglichkeiten verfügt und daß ihm bekannt ist, daß insbesondere ein junger Hund tiergerecht aufgezogen und gehalten werden muß und unter keinen Umständen überfordert werden darf. Von der Haftung für Beeinträchtigungen und Schäden, die durch falsche Haltung, Aufzucht oder Behandlung entstehen, **stellt er den Verkäufer frei. Er sichert ferner zu,** den Hund nach den Bestimmungen des Tierschutzgesetzes und den auf Grund dieses Gesetzes erlassenen Verordnungen zu halten.

(   ) **) Die Ahnentafel ist dem Käufer übergeben worden.

(   ) **) **Der Verkäufer verspricht,** die Ahnentafel nach Erhalt vom Zuchtbuchamt dem Käufer unverzüglich zuzusenden.

Zusätzlich werden folgende Abreden getroffen:

....

....

....

....

....

Verkäufer und Käufer erklären, daß darüber hinaus weitere Abreden nicht getroffen wurden. Ergänzungen und Änderungen dieses Vertrages bedürfen der Schriftform. Verkäufer und Käufer erhalten je eine Ausfertigung dieses Vertrages.

(Ort) .... (Datum)..

DER VERKÄUFER DER KÄUFER

*) Nichtzutreffendes bitte streichen
**) Zutreffendes bitte ankreuzen

Literatur

Bücher

BECVAR, DR. WOLFGANG: Naturheilkunde für Hunde. Stuttgart 1994.
BREHM, DR. HELGA: Hundekrankheiten. Stuttgart 1995.
FEDDERSEN-PETERSEN, DORIT: Hunde und ihre Menschen. Stuttgart 1992.
FEDDERSEN-PETERSEN, DORIT: Hundepsychologie. Stuttgart 1987.
FELTMANN-V. SCHROEDER, GUDRUN: Hund und Mensch im Zwiegespräch. Stuttgart 1993.
GEBHARDT, HEIKO U. GERT HAUCKE: Die Sache mit dem Hund. Hamburg 1990.
HALLGREN, ANDERS: Hundeprobleme, Problemhunde. Reutlingen 1993.
HALLGREN, ANDERS: Lehrbuch der Hundesprache. Reutlingen 1992.
KEJCZ, YVONNE: So sag ich's meinem Hund. Stuttgart 1992.
KEJCZ, YVONNE: Unser Hund wird alt. Stuttgart 1994.
KRÄMER, EVA-MARIA: Der Kosmos-Hundeführer. Stuttgart 1995.
KRÄMER, EVA-MARIA: Mischlinge. Stuttgart 1999.
PRYOR, KAREN: Positiv bestärken, sanft erziehen. Stuttgart 1999.
RÄBER, HANS: Enzyklopädie der Rassehunde, Band 1. Stuttgart 1993.
RÄBER, HANS: Enzyklopädie der Rassehunde, Band 2. Stuttgart 1995.
RAKOW, DR. BARBARA: Der homöopathische Hundedoktor. Stuttgart 1999.
ROSS, JOHN und BARBARA MCKINNEY: Hunde verstehen und richtig erziehen. Stuttgart 1994.
SCHNABEL, ELISABETH: Unser Hund wird gut erzogen. Stuttgart 1992.
TELLINGTON-JONES, LINDA und SYBIL TAYLOR: Der neue Weg im Umgang mit Tieren. Stuttgart 1993.
TELLINGTON-JONES, LINDA: Tellington-Training für Hunde. Stuttgart 1999.
TRUMLER, EBERHARD: Der schwierige Hund. Mürlenbach 1986.

Zeitschriften

Das Tier. Ehapa-Verlag, Stuttgart.
Der Hund. Deutscher Bauernverlag, Berlin.
Ein Herz für Tiere. Gong-Verlag, Nürnberg.
Hunde – Haltung, Zucht, Sport. Paul Haupt AG, CH-Bern.
Hunde-Revue. Symposion-Verlag, Stuttgart.
Hundemagazin. Hundemagazin-Verlag, CH-Regensdorf.
Hundewelt. Minerva-Verlag, Viersen.
Partner Hund. Gong-Verlag, Nürnberg.
Schweizer Hundemagazin. Roro-Press Verlag, CH-Zürich.
Unser Rassehund. Selbstverlag des VDH, Dortmund.

Adressen

Verbände

Verband für das Deutsche Hundewesen e. V. (VDH)
Westfalendamm 174
44141 Dortmund
Tel.: 0231-565000
Fax: 0231-592440

Deutscher Hundesportverband e. V. (dhv)
Gustav-Sybrecht-Str. 42
44536 Lünen
Tel.: 0231-87949
Fax: 0231-8770813

Österreichischer Kynologenverband
Johann-Teufel-Gasse 8
A-1238 Wien
Tel.: 0222-887092
Fax: 0222-8892621

Schweizerische Kynologische Gesellschaft SKG
Länggaßstr. 8
CH-3012 Bern
Tel.: 031-235819
Fax: 031-240215

Fédération Cynologique Internationale FCI
13, Place Albert I
B-6530 Thuin
Tel.: 071-591238
Fax: 071-592229

Tierschutzorganisationen

Deutscher Tierschutzbund e. V.
Baumschulallee 15
53115 Bonn
Tel.: 0228-697701
Fax: 0228-631264

Bundesverband Tierschutz e. V.
Freundeskreis betagter Tierhalter
Dr.-Boschheidgen-Str. 20
47447 Moers
Tel.: 02841-25244
Fax: 02841-26236

Deutsches Tierhilfswerk e. V.
Waldmeisterstr. 95 b
80935 München
Tel.: 089-3515432

Gewerkschaft für Tiere e. V.
Promenadenplatz 12
80333 München

Europäisches Tierhilfswerk e. V.
Nikolausstr. 17
53129 Bonn
Tel.: 0228-231828

Tierhilfswerk Austria
Boschstr. 24/1
A-1190 Wien
Tel.: 0222-3189604

Zentralverband Österreichischer Tierschutzvereine
Khleslplatz 6
A-1120 Wien

Schweizer Tierschutz STS
An der Birsfelder Str. 45
CH-4052 Basel

Hundesitter und -pensionen

»Nimmst du mein Tier, nehm ich Dein Tier«
Deutscher Tierschutzbund e. V.
Baumschulallee 15
53115 Bonn
Tel.: 0228-697701
Fax: 0228-631264

Bundesverband Tierschutz e. V.
Hundesittervermittlung
Dr.-Boschheidgen-Str. 20
47447 Moers
Tel.: 02841-25244
Fax: 02841-26236

Deutsches Tierhilfswerk (DTHW)
Urlaubspflegeplätze-Vermittlung
Tel.: 02841-66601

Aktion Mensch und Tier e. V.
Tierpensionen-Liste
Wilhelmstr. 30
65183 Wiesbaden
Tel.: 0611-305638
Fax.: 0611-377892

Mobile Tierrettung
Hundesittervermittlung
Tel.: 08551-3666

Redaktion »Partner Hund«
Hundesittervermittlung
Nordendstr. 64
80801 München

Professioneller Tier- und Babysitterdienst Bayern
Tel.: 089-299900

Gesundheit

Institut für Bachblüten-Therapie
Eppendorfer Landstr. 32
20249 Hamburg
Tel.: 040-461041
Fax: 040-478048

»Arbeitsgemeinschaft kritische Tiermedizin«
Silke Schönthaler
Halskestr. 12
12167 Berlin
Tel.: 030-7969598

Haustierregister

ARGUS-Suchregister
Haldenbergstr. 27
86473 Ziemetshausen
Tel.: 08282-81454

TASSO
Haustierzentralregister für die BRD e. V.
Frankfurter Str. 20
65795 Hattersheim
Tel.: 06190-4088
Fax: 06190-5967

Zentrales Haustierregister des Deutschen Tierschutzbundes e. V.
Baumschulallee 15
53115 Bonn
Tel.: 0228-697701
Fax: 0228-631264

ANIS Animal Identity Service
Länggaßstr. 8
CH-3012 Bern
Tel.: 031-235819
Fax: 031-240215

Register

Hundepaß

Name des Hundes:	
Rasse:	Geschlecht:
geboren am:	gekauft am:
Tätowierungsnummer: registriert bei:	Mikrochip-Kennzeichnung ja/nein
Hundehaftpflichtversicherung bei: Policen-Nr.:	
Hundekrankenversicherung bei: Policen-Nr.:	
Besondere Merkmale:	

Wichtige Adressen

Züchter:

Zoofachhändler:

Tierarzt:

Tierärztlicher Notdienst:

Hundeverein:

Hundesitter:

Willenserklärung

Hiermit verfüge ich, daß mein Hund für den Fall, daß ich nicht mehr selbst darüber bestimmen kann (z. B. bei Unfall oder plötzlicher Erkrankung) an

Name:

Adresse:

Tel.:

zu übergeben ist. Dazu darf ihn diese Person auch aus meiner Wohnung holen.

Ort/Datum Unterschrift

Raum für Notizen, z. B. über Erkrankungen und besondere Vorkommnisse

Körpersprache des Hundes

Aufbau von Aggress

Der gelassene, int
sierte, aber völlig s
bewußte Schäferh
steht entspannt ur
aufmerksam mit n
vorne gerichteten
Ohren, die Rute h
gelassen herab.

Selbstsicher impor
render Hund, der s
aufrichtet, die Rut
hebt und das Nack
fell sträubt. Der G
sichtsausdruck ist a
merksam, dominie
bis drohend.

Unmißverständlic
hender Hund: ge-
spannte Körperhal
steil aufgerichtete
gesträubtes Nacke
der Blick ist stech
drohend, der Nase
rücken wird in Fal
gelegt und das vor
Gebiß freigelegt. N
cherweise grollt de
Hund tief. Der Fa
bleibt noch geschl
und wird erst bein
griff geöffnet.